普通高等教育管理类专业系列教材

企业资源计划（ERP）

第 2 版

主编 田 军 刘正刚
参编 李 晓 刘学理 王 成

机械工业出版社

前　言

本书第 1 版自 2007 年出版以来，受到了国内读者的欢迎。为更好地讲解企业资源计划（ERP）的原理并更清晰地反映 ERP 系统发展的脉络和趋势，我们进行了修订。

在体系结构方面，本书仍然按物料需求计划（MRP）、闭环式物料需求计划、制造资源计划（MRPⅡ）、企业资源计划（ERP）的 ERP 发展进程来组织内容，保留了企业资源计划的实施管理作为第六章，将原第一章和第七章合并为新的第一章。

在内容方面，在保留用 Excel 讲解 MRP 和闭环式 MRP 原理的同时，有以下五大变化。

（1）在按 ERP 发展进程讲解 ERP 系统原理时（尤其是应用 Excel 讲解 MRP 和闭环式 MRP 原理时），对软件中相关管理属性直接配了 ERP 软件讲解截图（包括 ERP 运行结果图和/或相关流程截图），而不像第 1 版那样将相关讲解截图集中放置于第四章和第五章。这样便于学生更快捷、更直观且更深刻地理解 ERP 系统原理，以及依托不断发展新的管理属性来提升 ERP 系统功能的企业信息化管理本质。

（2）聚焦制造企业及其核心业务流程来讲解 ERP 系统原理及其应用。①第一章在讲解"大规模生产管理理论与 MRP/MRPⅡ"之后，补充讲解"融合更多制造管理功能和制造系统的 ERP 系统""准时制生产与精益制造理论及其对 ERP 系统的影响""最优生产技术与约束理论及其对 ERP 系统的影响""敏捷制造理论及其对 ERP 系统的影响"等四节内容，以及在"ERP 系统的发展方向及展望"一节中介绍"物联网 ERP 与云计算 ERP"内容；②第四章中单列一节"制造资源计划的车间管理"，详细讲解车间管理的内容；③第五章分四节讲解"企业资源计划的销售管理""企业资源计划的采购管理""企业资源计划的库存管理""企业资源计划的财务管理"等制造企业中具有较强逻辑关联的功能，并限于篇幅舍弃原第五章内容中第三节至第八节的"ERP 的人力资源管理模块""ERP 的质量管理模块""ERP 的知识管理模块""ERP 的电子商务模块""ERP 的客户关系管理模块""ERP 的分销与物流管理模块"等叙述比较多的功能内容。这使得本书内容更聚焦于企业核心业务。

（3）在使用 ERP 软件讲解 ERP 系统原理时，增加介绍与制造企业核心业务紧密衔接的财务管理流程，包括"销售管理相关财务业务""采购管理相关财务业务""库存管理相关财务业务""生产管理相关财务业务"四大部分。

（4）采用 QAD 公司的 ERP 软件产品 MFG/PRO 来讲解 ERP 系统的原理及其应用，必要时配套 SAP 公司的 ERP 软件产品 R3 来讲解 ERP 系统中管理属性的发展。之所以选择 QAD 公司的 ERP 软件，主要基于三点考虑：①本书注重讲解大部分 ERP 软件通用的 MRP、MPS 和 CRP 等核心原理，而 QAD 公司 ERP 软件的 MFG/PRO 2000 版本非常简洁地实现这些通用核心原理，故其非常适合教学（也适合中小企业应用 ERP）；②在用 ERP 软件演示 ERP 核心原理时，本书不仅要展现相关 ERP 知识点，还想努力培养学生从理解企业管理需求至构建 ERP 系统解决方案（包括二次开发方案）的能力，故以 MFG/PRO 2000 版为主并以 SAP 公司功能更强大的 ERP 软件为辅来体现 ERP 中管理属性的发展是符合教学规律的；③尽量统一应用一个 ERP 软件来讲解 ERP 核心原理，可以使读者更好地理解 ERP 业务的衔接。

（5）修正了部分错误并舍弃了部分不必要的内容，具体包括：①修正了对选择式 MRP 的认知；②对于冲销时间按照大部分软件的使用方法修正了符号的正负方向；③舍弃了对 QAD 公司的 ERP 软件中不使用，且不如定期批量法的定期评估法的讲解。

杭州电子科技大学管理学院的李晓老师新加入本书编写团队，并贡献了较新的内容。五位作者共同努力完成了本次修订。本书作者自行研发了开源 ERP 制造原理核心教学模拟软件，可部分示范 QAD 公司的 ERP 软件产品 MFG/PRO 的相关功能，可用于教师教学研究和讨论，使用本书授课的教师如有需要，可联系刘正刚老师索取（QQ 号码：1154116689）。

本书在修订过程中参阅了许多中外文文献资料，主要参考文献已列在书后，借此机会对有关作者表示衷心的感谢。同时，作者谨向软件产品的厂家致以衷心的感谢。

由于作者水平有限，书中不妥之处在所难免，敬请读者批评指正。

田 军 刘正刚
2019 年 11 月于西安交通大学管理学院和杭州电子科技大学管理学院

目　　录

前　言

第一章　企业资源计划（ERP）系统的发展历程 ……………………………………………… 1
　　本章要点 ………………………………………………………………………………………… 1
　　第一节　制造业与企业制造管理概述 …………………………………………………………… 1
　　第二节　大规模生产管理理论与 MRP/MRP Ⅱ ………………………………………………… 5
　　第三节　融合更多制造管理功能和制造系统的 ERP 系统 …………………………………… 11
　　第四节　准时制生产与精益制造理论及其对 ERP 系统的影响 ……………………………… 14
　　第五节　最优生产技术与约束理论及其对 ERP 系统的影响 ………………………………… 19
　　第六节　敏捷制造理论及其对 ERP 系统的影响 ……………………………………………… 25
　　第七节　ERP 系统的发展方向及展望 ………………………………………………………… 28
　　思考题 …………………………………………………………………………………………… 32

第二章　物料需求计划（MRP） ………………………………………………………………… 34
　　本章要点 ………………………………………………………………………………………… 34
　　第一节　物料需求计划的生成 ………………………………………………………………… 34
　　第二节　批量法则与安全库存 ………………………………………………………………… 44
　　第三节　冲销时间与安全时间 ………………………………………………………………… 56
　　第四节　MRP 静态逻辑模型与服务业案例 …………………………………………………… 65
　　思考题 …………………………………………………………………………………………… 74
　　习题 ……………………………………………………………………………………………… 74

第三章　闭环式物料需求计划 …………………………………………………………………… 76
　　本章要点 ………………………………………………………………………………………… 76
　　第一节　闭环式物料需求计划的动态逻辑 …………………………………………………… 76
　　第二节　主生产计划（MPS） ………………………………………………………………… 109
　　第三节　能力需求管理 ………………………………………………………………………… 125
　　思考题 ………………………………………………………………………………………… 147
　　习题 …………………………………………………………………………………………… 148

第四章　制造资源计划（MRP Ⅱ） …………………………………………………………… 152
　　本章要点 ……………………………………………………………………………………… 152
　　第一节　制造资源计划概述 ………………………………………………………………… 152
　　第二节　制造标准之产品描述 ……………………………………………………………… 153
　　第三节　制造标准之生产工艺描述 ………………………………………………………… 184
　　第四节　制造资源计划的车间管理 ………………………………………………………… 189
　　思考题 ………………………………………………………………………………………… 200
　　习题 …………………………………………………………………………………………… 200

第五章　企业资源计划（ERP） ………………………………………………………………… 203
　　本章要点 ……………………………………………………………………………………… 203
　　第一节　企业资源计划的销售管理 ………………………………………………………… 203

第二节　企业资源计划的采购管理 …………………………………………………… 211
　　第三节　企业资源计划的库存管理 …………………………………………………… 220
　　第四节　企业资源计划的财务管理 …………………………………………………… 230
　　习题 …………………………………………………………………………………………… 249
第六章　企业资源计划的实施管理 ………………………………………………………… 250
　　本章要点 …………………………………………………………………………………… 250
　　第一节　启动 ERP 项目与 ERP 项目实施规划 …………………………………… 250
　　第二节　ERP 项目实施步骤与过程控制 …………………………………………… 254
　　第三节　ERP 系统实施的运行管理与关键成功因素 …………………………… 266
　　第四节　ERP 系统实施评估 ………………………………………………………… 272
　　思考题 ……………………………………………………………………………………… 277
参考文献 ……………………………………………………………………………………………… 278

第一章
企业资源计划（ERP）系统的发展历程

本章要点：
- 制造业与企业制造管理的概念。
- ERP的发展历程、各阶段的主要发展创新，以及各阶段的核心原理。
- 大规模生产管理理论的核心理念、内容与技术及其对ERP系统的影响。
- 准时制生产、精益制造理论的核心理念、内容与技术及其对ERP系统的影响。
- 最优生产技术、约束理论的核心理念、内容与技术及其对ERP系统的影响。
- 敏捷制造理论的核心理念、内容与技术及其对ERP系统的影响。
- 现有ERP系统的发展方向（ERPⅡ、TEI、物联网ERP、云计算ERP）。

第一节 制造业与企业制造管理概述

一、制造业

制造业泛指所有除进行采购和销售等必备活动外，还包含将低价值材料转换成高价值产品的过程的企业。它有两大特点：①供货商的材料经由工厂流到顾客手中（对应于材料流）；②信息流动到所有相关部门（对应于信息流）。这些信息包括过去的计划、实际业绩，以及未来的计划等。材料从原材料到完成品的流动过程中，价值不断提升，其物流和信息流涉及一连串的交易制度，亦即商流与资金流。

（一）制造业的分类

1. 连续性生产/流程式生产与离散性生产

依工艺过程的特点，制造业可分成连续性生产和离散性生产。连续性生产是指物料均匀、连续地按照一定工艺（常为混合、分离、成型或执行化学反应）顺序运动，不断改变形态和性能以提高附加价值，最后形成产品的生产。连续性生产又称为流程式生产。化工（如塑料、西药、化肥）、炼油、冶金、食品、造纸等行业属于连续式生产/流程式生产。离散性生产是指物料离散地按一定工艺顺序运动，在运动过程中不断改变形态和性能，最后形成产品的生产。比如轧钢是将原材料钢锭轧制成多种板材、型材和管材；汽车制造是将多种零部件组装成一种汽车产品。像汽车制造这样的离散性生产又可称为加工装配式生产。

由于流程式生产与加工装配式生产的特点不同，导致相应生产管理的特点也不同。对流程式生产来说，生产设施地理位置集中，生产过程自动化程度高，只要合理控制工艺参数就能正常生产合格产品，生产过程中的协作与协调任务也少。而加工装配式生产的生产设施的地理位置常比较分散，零部件加工和产品装配可以在不同地区甚至不同国家进行。由于零部件种类繁多，加工工艺多样化，并且涉及多种多样的加工单位、工人和设备，导致生产过程中协作关系十分复杂，计划、组织、协调任务相当繁重，生产管理大大复杂化。因此，生产管理及其管理信息化研究的重点一直是加工装配式生产。

2. 备货型生产与订货型生产

按照企业组织生产的特点，可以把制造业分成备货型生产（Make to Stock，MTS）和订货型生产两种。备货型生产是接到顾客订单之前就已经完成产品生产，接受客户订单之后直接从成品仓库出货的生产组织模式。此时，产品的生产依据需求预测而非客户订单，生产目的仅仅是为了补充成品库存。订货型生产是一种接到顾客订单之后才开始最终产品生产的生产组织模式。流程式生产一般为备货型生产，加工装配式生产既有备货型生产又有订货型生产。依接单生产前部件是否备好或设计好的情形，订货型生产又细分为面向订单组装（Assemble to Order，ATO）、面向订单制造（Make to Order，MTO）和面向订单设计（Engineer to Order，ETO）三类。ATO是一种接单前已对装配最终产品所需部件根据计划进行生产并入库，接单后依照顾客指示的产品规格，用库存的各种部件组装最终产品的生产组织模式。ETO是一种接单后才依据顾客指定的功能需求，由工程师开始设计产品，直至最终完成生产的生产组织模式。MTO是一种介于面向订单组装与面向订单设计之间的生产组织模式，接单前无须生产并储存相关部件，接单后也无须设计产品。

3. 大量生产、成批生产与单件生产

按照产品专业化程度高低可以将制造业分为大量生产、成批生产和单件生产。大量生产的特点是产品品种少、产量大，生产过程是稳定地、不断重复地进行；而每个工作环节只用高效率的专用设备完成一道工序或少数几道工序加工，并组织流水生产。大量生产的产品通常是适用面很广的产品，如螺钉、轴承等标准零件。单件生产是另一个极端，其生产品种繁多，但是每种仅生产一件，生产的重复程度低，并且大量采用通用设备来完成产品的制造，通常采用项目管理的方式组织生产。单件生产的产品通常都是按客户需求定制的产品，如船舶、工业汽轮机等定制产品。成批生产介于大量生产与单件生产之间，其特点是产品品种不单一，每种都有一定的批量，生产具有一定的重复性。成批生产的产品比较常见，如汽车、机床等。

当今世界，单纯的大量生产和单件生产都比较少，一般都是成批生产。鉴于成批生产的范围很广，通常将其分为大批生产、中批生产和小批生产。因大批生产与大量生产特点相近，常称"大量大批生产"。而小批生产与单件生产特点相近，常称"单件小批生产"。有的企业生产的产品品种繁多，批量大小的差别也很大，常称"多品种中小批量生产"。图1-1是对以上分类的交叉情况进行的生产稳定性与生产复杂性分析。面向订单组装的多品种中小批量离散性生产中，采用一些管理技术可做到连续性生产，常称"重复式生产"。

（二）制造业资源

传统的制造业资源包括四个M——材料（Material）、机器（Machine）、资金（Money）

图 1-1 不同类型制造业的生产稳定性与生产复杂性

与人力（Man Power）。近年来，计算机化管理信息系统已普遍应用于企业内部资源的规划与控制上，并且显著影响管理实务的变革。如今，信息资源被视为极重要的第五项资源。制造资源系统中的信息资源涵盖了四项传统资源，主要体现为主文件、计划文件与交易文件。

1. 主文件

主文件（Master File）记录各项资源的基本属性资料，如材料主文件、材料表、工艺流程/途程表、会计资料、财务资料、人事资料、存货资料、设备资料、客户资料、供货商资料等。其延伸资料还包括产品设计资料、制程设计资料、设备加工程序、设备维修记录等。

2. 计划文件

计划文件（Planning File）记录管理者对各项资源运用的计划，包括需求预测、需求计划、生产规划、主生产计划、物料需求计划、粗/细能力需求计划、采购计划、外包计划、各单位预算等。延伸资料还包括市场情报、竞争对手资料及外部经济预算资料等。

3. 交易文件

交易文件（Transaction File）记录各项资源实际异动状况，包括所有与作业有关的信息，如顾客订单、请购单、订购单、外包单、制令单、领料单、调拨单、入库单、出库单、出货单等。交易文件资料变更主文件内容并与计划文件资料做比较。

二、企业制造管理

（一）企业制造管理的内涵

制造业与其他行业的最本质区别，在于它涉及非常复杂的由低价值材料到高价值产品的转换过程，因此制造管理也是最复杂、最困难的系统工程之一。制造管理的主要过程如下：企业管理者根据一些主文件资料（如客户资料、账务资料、存货资料等）制订总体计划（如生产规划、主生产计划），然后再根据这些总体计划及其他主文件资料（如材料主文件、材料表、存货资料）制订更细致的详细计划（如物料需求计划），随后再根据详细计划中的建议和实际能力限制等实际约束，采取实际可行的行动，从而形成交易文件资料（如采购单、制令单等），最后将交易执行信息反馈回系统以便下次运作。

在工业社会早期，竞争主要是企业之间的竞争，制造企业的核心任务聚焦于内部，即以尽量低的成本生产尽量多的产品，从而获取尽量大的利润，成本管理是制造管理的中心。但随着工业社会向信息社会转变，消费者需求快速多变，竞争也不再局限于企业之间，而是转变为围绕相关企业的供应链之间的竞争。此时，制造企业的核心任务扩展为：对内，要在尽量短的时间内、以尽量低的成本生产能尽量满足顾客需求的合适产品；对外，不仅需要更好地管理顾客的需求及客户关系，而且需要更好地选择、融入或恰当控制供应链合作伙伴并保持良好关系。此时，除传统成本管理外，对时间、信息及关系的管理越来越重要。相对企业内部管理具有的较强可控制性而言，对企业外部业务与关系的管理极难控制。但由于对外部业务与关系的管理又极其重要，故近年来对客户关系管理和供应链管理的研究及其实践非常盛行。随着管理幅度、深度与难度的日益增加，制造业的问题也越来越多、越来越棘手。

（二）企业制造管理的常见问题

1. 提前期短、交货急迫

提前期是某一项工作从开始到结束的时间。例如，从接单到出货的时间即为销售订单的提前期。因产品生命周期短、顾客需求变动大，顾客订单要求的提前期变得越来越短。当市场快速成长时，企业产能完全被占用，订单交付相当急迫。当市场趋缓时，虽然产能有闲置，但顾客倾向于尽可能晚下订单，订单交付还是相当急迫。

2. 相关活动协调困难

制造业中有许多活动必须适当协调以确保效率。比如销售项目需协调业务、设计、采购、生产管理、成本会计等。太多复杂活动需要协调，但协调又非常困难。

3. 供应商交期难以控制、质量不够稳定

许多供应商是小型企业，并没有准时交货的能力或技术。在新兴工业化国家，大部分公司的规模都不大，很少出现供应商是依赖唯一一个大买主的情况。因此，对买方来说，很难约束供应商并控制其交货日期。另外，供应商所供商品的品质不稳定。除非整个供应链的上游、中游、下游品质均能稳定，否则最终产品的品质无法保持稳定。

4. 预测困难

有一个预测法则叫"Sherman 预测正确性法则"，其含义是正确性越高的预测，可用性就越低。例如产品群的需求预测准确性较高，但可用性较低；反之，个别产品的需求预测较实用，但预测的准确性较低。此外，在产品生命周期极短的今天，人们实在无法做出长远的预测；往往是刚做完预测，产品技术或市场需求就已经改变，故而在一定程度上预测总是错的。

5. 生产流程经常变动

因为变化不断发生，所以制造业很难维持一个稳定的生产排程表。生产实践中唯一不变的就是"改变"。顾客改变订单交期、供货商改变交货日期、机器故障、产品品质缺陷等。制造企业需要天天面临这些改变，要掌握该如何应变。

6. 制造现场绩效衡量困难

只要制造现场活动涉及人为因素，现场绩效的衡量就有困难，传统衡量方法无法应用于许多制造业。目前有两种方法解决现场绩效衡量问题：一种是利用可准确测量绩效的自动化生产机器；另一种是创造敬业共融的企业文化或以群组奖励消除详细绩效衡量的必要性。

7. 制造成本难以准确衡量

因产品经常改变或材料表、工艺路线表等基本资料并不总与实际情况相符，零件的成本无法得到准确衡量。另外，无法预测的生产中断及品质问题，也可能导致成本计算困难。

8. 难以有效地融合各种制造管理理论/模式

在近百年的工业社会发展历史中，特别是向信息社会的转变过程中，相继出现多种企业制造管理理论/模式，如大规模生产、精益制造、同步制造、计算机集成制造、敏捷制造、分散网络化制造、大规模定制等。每种理论/模式都取得了一定成功。然而，这些制造管理理论/模式中的内容、观点、思想、技术，有时是相辅相成，有时又有矛盾冲突。现有 ERP 系统还未完全解决它们的有机集成问题，而众多制造企业都在不断摸索它们的融合发展。

第二节　大规模生产管理理论与 MRP/MRP Ⅱ

一、大规模生产管理理论

(一) 大规模生产管理理论概述

大规模生产（Mass Production）是 20 世纪初最有效率、同时也最具竞争力的生产方式。其理论根源来自亚当·斯密开创的劳动分工思想。亚当·斯密在《国富论》中以制针工场为例，从劳动分工和专业化的角度揭示了制针工序的细化之所以能提高劳动生产率的原因：分工提高了每个工人的劳动技巧和熟练程度，节约了因变换工作而浪费的时间，并且有利于机器的发明和应用。

自此以后，通过劳动分工来提高生产率被奉为工业社会的"圭臬"。最成功的发扬光大者莫过于弗雷德里克·泰勒和亨利·福特。科学管理之父弗雷德里克·泰勒在《科学管理原理》一书中系统地将劳动分工思想进行"科学化"总结，使管理成了一门真正的科学。科学管理理论的核心内容是：①进行动作研究，确定操作规程和动作规范，确定劳动时间定额，完善科学的操作方法，以便提高工效；②对工人进行科学的选择，培训工人使用标准的操作方法，使工人在岗位上成长；③制定科学的工艺流程，使机器、设备、工艺、工具、材料、工作环境尽量标准化；④实行计件工资，超额劳动，超额报酬；⑤管理和劳动分离。自 1911 年正式诞生以来，科学管理在美国和欧洲大受欢迎。亨利·福特是第一个把泰勒的科学管理理论运用于实践的人，其大规模生产相关理论和实践受到世人瞩目。在汽车工业诞生期，汽车生产方式是以两到三个工人为一组，从零件制造到销售订单都由一组工人负责到底，其生产效率非常低下，一个企业每天只能生产几部车。1913 年，福特公司设计完成了第一条大规模传递带式生产线并实现了零部件的标准化，生产一辆 T 型车的间隔时间快速缩短。随着管理的更加科学化，最后产出 T 型车的间隔时间从 1908 年的 514min 降至 1914 年的 1.19min，随之而来的售价快速降低促进了企业与消费者的共赢。

总之，大规模生产管理理论立足亚当·斯密的劳动分工思想，以泰勒的科学管理方法为基础，以生产过程的分解、流水线组装、标准化零部件、大批量生产以及机械式重复劳动等为主要特征，成为 20 世纪上半叶的主流生产方式。

(二) 经济订购批量与再订购点法

生产控制技术很早就已萌芽。1744 年，Franklin 火炉公司在其广告中描述了产品使用的组件,这被视为世界上最早的材料表(Bill of Material,BOM),亦即物料清单。1880年,最早的完整生产控制系统诞生在 Watertown Arsenal 公司的工厂中。在大规模生产管理理论诞生后,有关生产管理(特别是生产控制技术配合订单数量)的研究快速发展。1915年,F. W. Harris 提出了经济订购量技术,其关键为经济订货批量(Economic Order Quantity,EOQ)。它是固定订货批量模型中的一种,用来确定企业一次订货(外购或自制)的数量,其目标是通过平衡订货成本和储存成本来实现总库存成本最低。EOQ 的计算参见式(1-1),不考虑缺货损失和年购买费/加工费(两者与每次订购量 Q 无关)情况下的年库存总成本(TC)的计算参见式(1-2);两者间的关系参见图1-2。1934年 R. H. Wilson 发展出再订购点(Re-Order Point,ROP)系统———一种依靠库存补充周期内的需求量预测并保持一定安全库存储备来确定再订货点(或称再订购点)的库存补充方法,见图1-2、图1-3和式(1-3)。若某物料的需求量为每周100件,提前期为3周,并保持1周安全库存量,那么该物料的再订购点为 $100 \times 3 + 100 = 400$(件)。ROP 与 EOQ 结合的存货计划技术在其后二十多年被工业界视为金科玉律。

$$EOQ = \sqrt{2DS/H} \tag{1-1}$$

$$TC = (D/Q)S + (Q/2)H \tag{1-2}$$

式中,D 为商品/原料的年需求量;S 为一次订货或一次生产调整准备的成本;H 为单位商品/原料的年库存保管费用。

$$ROP = qLT + SS \tag{1-3}$$

式中,q 为单位时段内的平均需求量;LT(Lead Time)为提前期;SS(Safety Stock)为安全库存量。

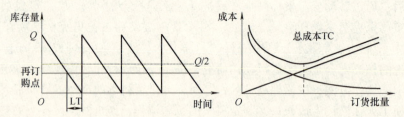

图1-2 相关库存量变化和年库存总成本 TC 的变化

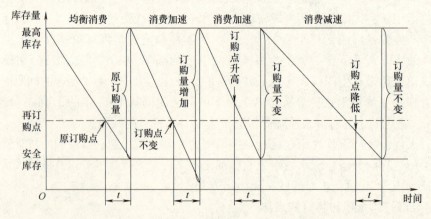

图1-3 再订货点法示意图(t 为订货提前期)

截至1942年，许多生产计划与控制技术，如主生产计划（Master Production Scheduling，MPS）、材料表、现场生产排程（Shop Floor Production Schedule）、制令单（Manufacturing Orders，MO）、领料单（Picking Orders，PK）、采购订单（Purchasing Orders，PO）等相继出现。然而，由于以上所有单据的准备及需求的计算完全依靠手工来进行，生产流程变得相当不稳定，必须采用增加催料人员等方法来解决供料不顺及生产延误等问题。随着1954年商用计算机的发明，手工管理计算机化成为解决大规模生产所致大量管理计算问题的高效办法。由此诞生ERP系统的前身：物料需求计划（Material Requirement Planning，MRP）和制造资源计划（Manufacturing Resources Planning，MRPⅡ）系统。

注意：信息技术是制造管理现代化的辅助工具和催化剂，更多时候制造管理的发展首要关键在于管理理念和方法的科学化。

二、从再订购点法到MRP

（一）再订购点法的缺陷

由图1-3可知，对于需求随时间变化的物料，因为订购点或订购量将会随消费速度的快慢而升降或增减，故此方法更适用于需求稳定或较为稳定的物料。另外，该方法的计算是依据"单位时段的平均需求量"，这使得它无法针对用户未来需求的大致时间分布采取更及时的应对措施。假设预测出未来平均周需求量为6单位，提前期为1周，计算得到的订购点为10单位且订货批量为35单位。若实际发生的需求量为第1、5、10周各有需求20单位。若第1周进货35单位，用去20单位，还剩15单位，第2、3、4周不需要，所以第1周剩下的15单位要存放3周。到第5周却需要20单位，产生缺货量5单位。这一周库存量下降到订购点以下，要订货，订35单位，到第6周货物到达。这订进的35单位货物，又要存放到第9周，等第10周才有需求。可见这种不均匀的需求，既造成了积压，又造成了缺货。由此可知：对于如何关注需求时间属性，该法是通过观察订购点这一数量属性来决定是否采取措施。这就意味着：再订购点法是间接关注需求的时间属性。但在当今快速多变市场环境中，急需一种能直接关注需求时间属性的生产计划方法。最后，该法没有考虑生产各工序间物料需求的紧密相关特性。

（二）MRP对再订购点法的发展

正是由于结合经济订购批量的再订购点法有以上不足，一种新的企业制造管理方法——物料需求计划（MRP）应运而生，它对再订购点法的发展主要有两点：①区分独立需求与相关需求；②由间接转为直接关注需求时间属性（即由考察订货点转为进行时间分段细分）。

如果产品或零件的需求和其他产品或零件的需求没有关系，也即此产品或零件的需求不会受到其他产品或零件需求的影响，那么该种产品或零件的需求称为独立需求。反之，如果产品或零件的需求和其他产品或零件的需求有关系或受其影响，则称该产品或零件的需求为相关需求或依赖需求。通常而言，各市场客户对厂家销售的产品有各自需求并且这些需求之间相互没有特别联系，属于独立需求，可适用再订购点法。然而，由这些产品所引发的对其原材料和中间半成品的需求属于相关需求，适用MRP，其原因详见下文分析。

任何产品都可以按照从原材料到成品的实际加工过程划分层次，建立上下层物料的从属关系和数量关系，形成产品结构图，如图1-4所示。产品结构和MRP又有什么关系呢？这正是MRP的核心。如果把产品结构图中的层次坐标换成时间坐标，用各物料方框间的连线长度表示加工或采购时间/周期,并且以产品的交货日期为起点倒排计划,则不难看出,由于各个物料的加工或采购时间/周期不同(即提前期不同),则各自开始的日期或下达计划的日期会有先有后,即有优先顺序或者说是优先级不同,见图1-5。

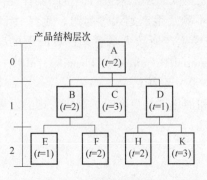

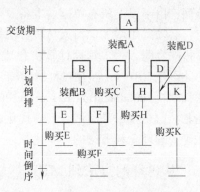

图1-4　产品结构图　　　　　　　图1-5　时间坐标轴上的产品结构图

以上时间坐标轴上的产品结构图类似于关键路径法(Critical Path Method,CPM)中的网络图。其中,累计提前期最长的一条线路相当于产品生产周期中的关键路径,见图1-6。

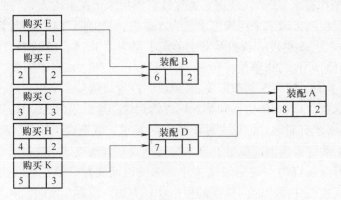

图1-6　产品结构类似的关键路径法网络图

与关键路径法不同的是:倒排计划时MRP只规定最迟完工和最迟开工时间,而把松弛时间放在每道工序开始之前。因此,MRP也是一种简化的关键路径法/网络计划法。特别注意:MRP只考虑最迟时刻是因为这样可以最大限度保持资源的弹性。例如,某活动的最早开工、最早完工、最迟开工和最迟完工的日期分别是1月3日、5日、8日和10日,并且需占用唯一一个特种技工资源。现在计划员所处时刻是1月1日。若此时突然有一个新任务需要3、4、5日三天使用这唯一特种技工资源。若MRP考虑的都是最早时刻,那么3、4、5日三天该资源显示为被占用,无法响应新任务。若MRP考虑的都是最迟时刻,那么该资源3、4、5日均为空闲,完全可以在保证不影响已有计划进度的前提下响应新任务。当然,一个在3、4、5日这三天需要使用唯一特种技工资源的任务,总比一个8、9、10日这三天需要使用这唯一特种技工资源的任务要难以应对,因为近期任务(紧急插单)总比远期任务难以应对。所以,在MRP只考虑最迟开工与最迟完工时间的情况下,资源更具有弹性,而保持资源弹性的意义不言而喻。也正因为如此,在后续讲解中需要理解一点:**如果MRP逻**

辑涉及某个期别时，都是指该期期末。比如，"某物料第3周有一个需求50单位或一个收料100单位"意味着企业最迟在第3周周末需要去满足该物料50单位的需求或周末100单位物料应该到达。

（三）物料需求计划的定义与基本原理

物料需求计划的定义：MRP是一种既要保证生产又要控制库存的计划方法，它在产品结构的基础上运用网络计划法原理，根据主生产计划和产品结构中各层次物料的从属和数量关系，以每个物料为计划对象，以（最迟）完工日期为时间基准倒排计划，按提前时间长短区别各物料（最迟）下达计划时间的先后顺序。图1-7是物料需求计划（MRP）的基本原理：在已知独立需求产品的主生产计划条件下（这是需要我们生产的），根据产品结构、工艺流程等产品信息（我们需要用到的），以及各种库存信息（我们现有拥有的），由MRP进行信息处理加工，生成所有相关需求物料在各个时段的加工计划建议或者采购计划建议。

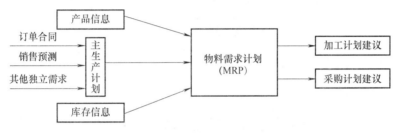

图1-7　MRP基本原理示意图

计算机在管理中发挥的作用直到材料表被计算机程序化之后才产生爆炸性的影响。截止到20世纪50年代末，相关技术、方法、工具、文件与规则都已齐全。1959年American Bosch公司发展出再生法（Regeneration）的MRP系统。1962年，Case首创净变法（Net Change）的MRP系统。1965年，Orlicky博士提出独立需求和依赖需求（相关需求）概念，指出再订购点法只适用于独立需求，而MRP系统适用于相关需求。同年，Starr提出模块化生产（Modular Production）观念，它使企业可将产品模块或主要部件的制造安排在主生产计划MPS中，这大大减少了MRP计算的复杂度。20世纪70年代美国生产与库存管理协会（American Production and Inventory Control Society，APICS）倾力推出了物料需求计划改革运动（MRP Crusades）。

三、从MRP到闭环式MRP

在应用MRP系统改善企业管理之后，管理人员发现MRP系统仍然存在以下几个主要缺陷：①MRP系统运作以MPS为源头与依据，建立在MPS可行的基础上，而MRP自身对MPS无能为力、无法施加影响；②MRP假定采购环节能够保证其相关计划的落实，但事实上这点很难做到；③MRP未涉及车间作业，而车间是制造场所，也是物料供应和控制的关键对象。以上问题都需要人工进行干预，这严重影响系统的正常运作及其运作效果。

由图1-7可知，MRP系统是一个开环的信息处理系统，其良好运作的隐含前提假设是所有计划都是可行的，即有能力实现的。由系统科学理论可知：若没有信息的反馈及相应调整，开环系统是很难稳定运作的。所以，在增加对能力的管理（包括计划、平衡与控制）和对MRP生成的各种建议计划的执行与反馈（即车间管理和采购管理）之后，MRP系统必然发展为结构更完整的闭环式 MRP 系统（Closed-loop MRP），其基本原理见图 1-8。

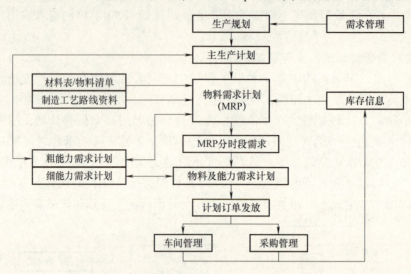

图 1-8　闭环式 MRP 系统的基本原理示意图

由图 1-8 可知：闭环式 MRP 形成了一个集计划—执行—反馈为一体的综合性系统，它能对生产中的人力、机器和材料各项资源进行计划和控制，使生产管理应变能力得到增强。从管理角度来看，它在生产计划领域中确实比较先进和实用，生产计划的控制也比较完善。

四、从闭环式 MRP 到 MRP Ⅱ

闭环式 MRP 的运行主要以物流为主导，它虽包含相关信息流，但未涉及资金流。事实上，物料的转化过程伴随着资金的运转，从原材料的投入到成品的产出，每一步都离不开资金。缺少资金的约束限制，会对生产计划的最优性、可靠性、可行性等带来显著的不利影响。企业运营的最终目标是获取利润。鉴于闭环式 MRP 未考虑成本和收益这类关键价值议题，1977 年美国著名生产管理专家奥列弗·怀特（Oliver W. Wight）提出一个完整的企业管理系统新概念——制造资源计划（Manufacturing Resources Planning），其英文单词首字母缩写也是 MRP，为了与物料需求计划的"MRP"相区别，将其简写为 MRP Ⅱ。MRP Ⅱ 的基本原理见图 1-9。

MRP Ⅱ 对闭环式 MRP 的主要发展体现在两方面：①在物流管理核心的基础上有效集成同步的资金流管理；②在基础业务处理功能的基础上增加一定的模拟决策支持功能。由图 1-9 可知，库存信息、物料清单、工作中心和工艺路线用作成本核算；执行 MRP 采购计划的采购管理及其供应情况，对应应付账款；源于客户信息和需求管理的销售情况，对应应收账款；而应收账款、应付账款和成本核算都与总账关联；总账产生的各种报表将总结企业物流运作情况。由此可见，物流管理与同步的资金流管理，通过 MRP Ⅱ 系统紧密地有机集成在一起。此外，MRP Ⅱ 系统借助生产、销售、财务、采购、工程系统的信息共享与集成，利用经营和运作的业绩评价，考虑未来不同市场环境中的客户需求和供应，模拟生产计划和物料计划等方面不同决策方案的预计效益，从而使得管理者能够及早进行决策分析及方案对比。这种集成物流管理与资金流管理基础上的模拟决策支持功能，提升了 MRP Ⅱ 系统的价

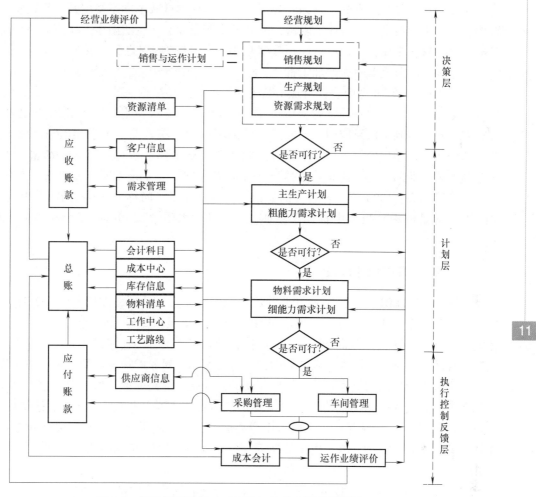

图 1-9 制造资源计划（MRP Ⅱ）的基本原理示意图

注：○表示信息汇集。

值管理能力。总之，MRP Ⅱ 是以物流和资金流集成管理为核心的闭环生产经营管理系统，它依托物料清单、工艺路线等基础数据和客户信息、供应商信息等外部接口管理，围绕经营规划、销售规划、生产规划、资源需求规划、主生产计划、物料需求计划、粗/细能力需求计划、采购管理和车间管理这条物流计划与控制主线，以及成本管理、应付/应收管理和总账管理这条资金流主线，对企业的生产制造资源（含物料、设备、人力、资金、信息五大资源）进行全面规划和优化控制，把企业的产、供、销、存、财等生产经营活动连成一个有机整体，形成一个包括预测、计划、调度和生产监控的一体化闭环系统。它能提高企业生产计划的可行性、生产能力的均衡性、生产材料的计划性和生产控制的可靠性，也能提高财务管理的及时性、准确性与预测性。

第三节 融合更多制造管理功能和制造系统的 ERP 系统

早期 MRP/MRP Ⅱ 系统都是针对大规模生产系统，尤其是加工装配式生产，进行系统分析、系统设计与系统开发的。例如，为了减少供应商的低效率和不稳定及自身设备故障对企业内部流水生产线高效率运作的阻碍，大规模生产企业会在企业内多个环节对原材料、半成品或成品设置安全库存，该安全库存数值是 MRP 的基础数据之一。又如，大规模生产企业会在各个加工环节设置较大的加工批量，这个批量也是 MRP 的基础数据之一。

早期 MRP/MRP II 系统是针对加工装配式生产的产品结构而非流程式生产的配方进行开发的。MRP II 系统作为一种更完善和先进的管理思想和方法，相应软件在 20 世纪 80 年代初开始在企业中得到了广泛应用，给制造业带来了巨大经济效益。由于 MRP II 系统对于制造企业有强大且通用的价值管理能力，成为制造业公认的标准管理系统。随着 MRP II 系统在加工装配式企业的成功，面向其他类型制造系统的 MRP II 系统不断开发出来。在各类 MRP II 系统的基础上，1990 年，著名咨询公司 Gartner Group（简称 Gartner）在《ERP：下一代 MRP II 的远景设想》报告中首创了企业资源计划（Enterprise Resource Planning，ERP）的概念。

一、从 MRP II 到 ERP

Gartner 的《ERP：下一代 MRP II 的远景设想》通过一系列功能标准定义 ERP 系统，其主要特征包括以下四个方面：①超越 MRP II 范围的集成，如质量管理、实验室管理、流程作业管理、配方管理、产品数据管理、维护管理、管制报告、仓库管理等；②既可支持离散型制造环境，又可支持流程型制造环境，具有按照面向对象的业务模型重组业务过程的能力及在国际范围内应用的能力；③支持以能动的监控能力提高业务绩效，即在整个企业中采用计划和控制方法并强化模拟功能和决策支持能力；④支持开放的客户机/服务器计算环境，支持客户机/服务器的体系结构、图形用户界面、计算机辅助软件工程、面向对象技术、关系数据库、第四代语言、电子数据交换等。具体而言，ERP 对 MRP II 的主要发展体现在如下几大方面：

(1) 资源管理范围方面的发展。MRP II 主要侧重对企业内部人、财、物等资源的管理。ERP 系统在 MRP II 基础上扩展了管理范围，它把对客户需求的管理、企业内部的制造活动和供应商的制造资源整合在一起形成一个完整的供应链。除了 MRP II 系统的制造、分销、财务管理功能外，ERP 系统增加了支持整个供应链上供、产、需各个环节之间的运输管理功能和仓库管理功能，以及支持生产保障体系的质量管理功能、实验室管理功能、设备维修和备品备件管理功能等。

(2) 制造环境方面的发展。早期 MRP II 系统发源于离散性制造业，未涉及流程性工业的计划与控制问题。然而，与离散性制造常用的产品结构不同，流程行业中常使用针对一批而非一个父件的配方管理，产出方面除了正品外还有联产品、副产品等。此外，流程行业还有许多特殊需求，比如制药行业中对药品批号跟踪与管理的需求来自法律法规的特殊管制。因此，ERP 发展出配方管理、联/副产品管理、批平衡、流程作业管理、批号跟踪与管理等功能，从面向离散性制造环境扩展到可以支持流程型制造环境。这是其重要发展。

(3) 跨国经营方面的发展。与 MRP II 通常只支持单地点企业运作不同，ERP 支持世界上拥有多个工厂、零件和原材料来源于全球各地、产品进行国际分销的企业跨国经营。

(4) 生产管理方式的发展。早期信息管理软件公司针对各自目标客户群体，如备货型生产企业或订货型生产企业，开发不同类型 MRP II 系统。随着 20 世纪 80 年代起市场环境的多变以及跨国经营（特别是产品多元化的跨国经营），企业开始分对象适时采用不同的生产方式。不同的生产方式，对应不同管理业务模型，需要不同管理业务过程。因此，ERP系统逐渐整合不同类型MRPⅡ系统，并形成具有按照面向对象的业务模型重组业务过程的能力。

（5）事务处理控制方面的发展。MRPⅡ是通过计划的及时滚动来控制整个生产过程，其实时性较差，一般只能实现事后、事中控制。ERP系统支持在线分析处理（Online Analytical Processing，OLAP），强化模拟功能与决策支持能力，注重提升企业的事前分析、控制能力。ERP系统可将设计、制造、销售、运输等通过集成来并行地进行各种相关的作业，为企业提供了对质量、适应变化、客户满意、绩效等关键问题的实时分析能力。

从广义上讲，ERP系统不仅是信息系统，还是管理理论和管理思想的集成者，它利用企业的所有资源及供应链上可用资源，借助融合决策、计划、运作、控制与经营业绩评估的全方位、系统化、集成化的管理平台，为企业制造产品或提供服务创造最优的解决方案，最终达到企业的经营目标。图1-10以美国QAD公司ERP产品MFG/PRO的系统架构图为例，较好地体现了ERP的集成者思想。比如传统车间管理与重复生产的不同生产模式集成，离散性制造相关的产品结构/工艺流程与流程性制造相关的配料/过程的集成，多地点运作集成，跨国经营的多种货币管理等。

图1-10　美国QAD公司ERP产品MFG/PRO的系统架构图

二、ERP面临的挑战

ERP作为一种现代化管理信息系统，在制造企业得到了广泛应用并取得了良好效果。本质上，ERP系统希望借助信息技术手段将企业组织结构、业务流程、管理模式都规范化、定量化和精确化，通过精细化管理来提高运作效率并优化运作效益。但是不可忽视的是，在信息技术推动下，处于快速发展竞争环境中的企业的组织、业务和管理时常处于变动状态，这对传统 ERP 倡导的定型、规范、严格的结构性管理提出了极大挑战。

为应对这种挑战，需要更深入地分析各类制造系统，分析相应制造管理理论的原理及其成功的关键，从而为注重集成的 ERP 系统提供更高效的集成解决方案。鉴于此，大规模生产成功的原因还需深入剖析。

20 世纪初，汽车还是少数富人的炫耀品，汽车市场属于卖方市场。福特认为此时以最低的成本卖出最多的产品就能获得最大的利润。为此，福特通过采用生产流水线快速增加产量，借助规模经济效应大幅降低成本，从而降低售价，形成成本优势。鉴于短缺市场中产品需求弹性大，低价格促进了大销量，大销量又催生了大产量，大产量进一步加速成本的下降，这又造就进一步降价的空间。随着价格降低，细分市场上的更多消费者屈从于低价格，即在差别化和低价格之间选择低价格。为实现尽可能低的成本和更大的市场，生产过程应尽量自动化，由此增加的固定成本会被规模经济所消化，故而新的工艺技术也能有力地推动成本的降低。为保持生产过程的效率，最重要的就是每个环节流畅运作的稳定。该模式下产品的生命周期将被尽量延长，以便降低单位成本。福特还通过工人双倍薪资等，实现了"大规模生产→更低成本→更低售价→更多销量→更多利润→更高工资→更高的生产率与消费水平→大规模生产与大量消费需求"的良性循环。总之，在供不应求的卖方市场环境中，大规模生产获得巨大成功。

20 世纪六七十年代开始，世界逐渐进入整体供大于求阶段。此时，顾客需求向个性化、多样化发展。大规模生产理论的统一市场的简化策略不再有效。没有大量消费需求的支撑，大规模生产的弱点逐渐显现，如大量积压的各类库存，呆滞的库存提升了制造成本，使利润降低，自动化设备的投资难以及时收回，企业逐渐丧失技术优势与创新能力，最终丧失高效益优势。此时，大规模生产的高效率只会加速制造企业的上述恶性循环。为了适应顾客需求个性化、多样化而供应方竞争激烈的市场环境，丰田公司 20 世纪 60 年代创立适合多品种、小批量混合生产体系的准时制生产，欧洲也诞生了适用于买方市场的最优生产技术/约束理论，它们对 ERP 系统的发展都造成了至关重要的影响。

第四节　准时制生产与精益制造理论及其对 ERP 系统的影响

准时制生产（Just in Time，JIT）又称零库存、一个流或者重复制造（同一个制程的计划不断地被重复）。更清晰地说，JIT 是通过拉式（Pull）系统力求实现只在需要的时间、按需要的数量、生产所需产品的管理理念与技术。它将材料从供货商到客户之间的流动平滑化以提高制程的速度，目的是渐进改善制造系统，从而达到如下几个目标：对客户需求更快响应、部门和供货商间更好沟通、更有弹性、更好的品质、更低的产品成本。

一、准时制生产概述

JIT 的出发点就是要不断地消除浪费，进行无止境的改进。消除浪费的目的是降低成本，从而提高企业的竞争力。企业界有两种经营思想：一种是"价格 = 成本 + 利润"；另一种是"利润 = 价格 - 成本"。从公式上看，两者没有什么太大的区别，但它们代表着两种截然不同的经营思想。前一种思想被称为"成本主义",即企业在给产品定价时是依据产品成本再加上企业期望的一定利润合并而成,这完全是围绕企业及其自身利益为核心的。后一种思想认为,产品价格不是企业自身可以决定的,而是由市场形成的;要想获得更多的利润,只有不断降低成本,这是以市场需求(即客户利益)为导向的。在准时制生产理念中,只有客户眼中的价值才是真正的价值,从产品设计、材料采购、制造、组装、配送直到售后服务的所有活动,都必须将焦点放在客户的需求上,通过消除浪费(即降低成本)获得利润。准时制生产遵循后一种经营思想,在竞争激烈时应用这种思维的企业更易生存。

准时制生产所指的浪费,比人们通常理解的浪费概念要广泛得多、深刻得多。丰田汽车定义:凡是超过生产市场所需产品所绝对必要的最少数量的设备、原材料、零部件和工人(亦即工作时间)的部分,都是浪费。具体来说,浪费可分成不良产品设计导致的浪费和制造方法不佳导致的浪费两大类。对于前者,客户眼中任何对产品没有附加价值的设计(如花哨的功能)是浪费;产品设计造成制造的困难也是浪费。对于后者,丰田公司指出七种因制造方法不佳所导致的浪费:①过量制造的浪费。不要为保持人和机器的忙碌(即高设备利用率)而过量制造。②等待的浪费。材料在制程前的排队等待是浪费,作业员等待材料或上级指示也是浪费。③移动的浪费。工作中心应彼此靠近以减少移动距离并使得在制品没有存储空间。④存货的浪费。存货会造成利息、空间占用、记录及过时等成本;存货会掩饰问题进而引发更多存货,总之存货不是资产而是浪费。⑤动作的浪费。任何对产品没有附加价值的动作都应该被消除。⑥制造出不良品的浪费。报废品是一种浪费,而不良品造成的浪费比报废品要严重得多,因为不良品会打断材料在生产线上的流动,后续用此不良品会产生更多的浪费。⑦制程本身的浪费。各种不良的制程设计都是浪费。准时制生产是以渐进的减量方式来消除浪费,进而改善制造系统。这种渐进、连续性的减量改善是一种在制造过程中逐渐减少材料的批量以便揭露、排序并消除浪费的过程,见图1-11。

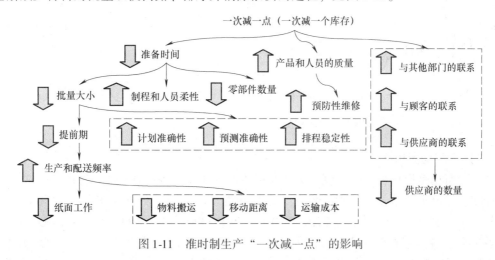

图1-11 准时制生产"一次减一点"的影响

二、准时制生产的现场控制技术

(一)拉式系统

在传统大规模生产中,计划部门根据产品的市场需求预测和订单生成主生产计划,再按产品结构和实际能力计算相关零部件可行的投入产出计划,最后按计划发生产和采购指令。每个生产车间和采购部门都按照计划指令执行生产和采购,并将执行情况反馈给计划部门。其中,各环节都按计划指令完成自身工作,并将采购的原材料或制造的零部件/产品推入下一个对应环节,无论下一个环节是否确实需要该原料/零部件/产品。这是推式(Push)系统,见图1-12。在这种系统中,计划部门对未按时完工的实际业绩或突发故障等引发的能力变动,无法做到随时响应并及时应变,即会出现物流与(计划)信息流的暂时脱节。

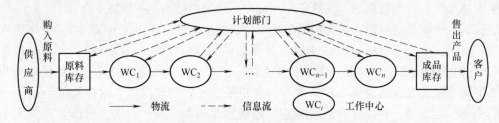

图1-12 大规模生产对应的推式系统示意图

在准时制生产中,顾客从成品库中提货,该信息将拉动总装车间总装作业以便补充货物,该总装信息又将拉动前道工序的部件生产以便补充被总装消耗的在制品库存,该生产信息又将拉动前道工序的零部件生产以便补充被后道工序消耗的零部件库存,这样一直拉动到原料库存的消耗,该信息又将拉动供应商的原料补充。这就是拉式系统,见图1-13。拉式系统中企业内部计划大大简化,只聚焦与客户交互处的产品发送计划及总装处的混流重复出产计划。因为物流与现场信息流时刻相伴,两者的暂时脱节大大减少,这使得拉式系统能够及时应对生产现场各种复杂干扰,形成有良好计划力和强大执行力的准时制造系统。

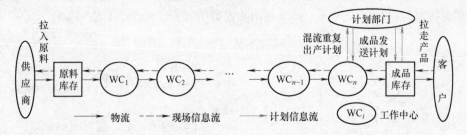

图1-13 准时制生产对应的拉式系统示意图

(二)生产均衡化

生产均衡化是指总装配线应该均衡地使用各种零部件以便及时出产各种产品。这种混流出产计划,能够很好地及时应对个性化、多样化的市场需求。如按照多样化的众多客户订单,某厂六月份(25个工作日)需出产4000个A、3000个B、2000个C和1000个D。按大规模生产思路,为节省转换时间和转换成本,可依次一次性地生产A、B、C和D。但这导致无法在月初生产A时提供部分D产品给部分客户。鉴于企业的产品大多面向多个客户,每个客户对产品的需求规模有所差异,具体交货日期也有先后不同,企业应在尽可能短的时间内提供尽可能多的品种。若减少批量,每天生产160个A、120个B、80个C和40个D,且一个月重复25次,及时满足客户需求的情况,会好很多。若转换时间和转换成本得到良好缩减,可按照"AAAA-BBB-CC-D"顺序在一个月内重复100次。JIT这种生产均衡化的出产计划也称混流重复出产计划,它配合均衡的成品发送计划,可满足个性化、多样化的市场需求。

(三) 生产同步化

生产同步化是指工序之间不设中转仓库,前一道工序的加工结束后加工件立即转入下道工序,装配与机械加工几乎平行进行,产品被连续地生产出来。其中,对铸造、锻造、冲压等必须成批生产的工序,通过尽量缩短作业更换时间来压缩生产批量。为实现生产同步化,需要进行工序同期化,它是一种将流水线各工序时间调整到与节拍相等或者是节拍的倍数的组织技术。节拍是流水生产线上连续出产两个相同产品的时间间隔,其公式参见式 (1-4)。生产同步化、工序同期化的实质是调整设备和人工的能力以便匹配计划产量。如果市场需求变化导致计划产量变化,将导致节拍变更,就需重新进行工序同期化。这将导致设备和工人工作内容的调整。因此,准时制生产需要柔性设备和多能工。

$$节拍 = 计划期内的有效工作时间/计划期内的计划产量 \qquad (1-4)$$

三、精益制造理论及其对 ERP 系统的影响

美国麻省理工学院"国际汽车计划"专家总结丰田准时制生产方式为精益制造 (Lean Production,LP),用"Lean"一词是因为与大规模生产相比,精益制造只需要一半的人员、一半的场地、一半的投资、一半的新产品开发时间和少得多的库存。中文翻译的"精"是指少而精,不投入多余的生产要素,只在适当时间生产必要数量的市场急需产品;"益"是指所有经营活动都要有经济效益。精益制造比准时制生产在理论上更为深入、在内容上更为广泛。其"精益"从生产领域扩展至市场预测、产品开发、销售服务、财务管理、供应链管理等各领域,贯穿于企业管理活动的全过程。其指导思想是通过制造过程整体优化、改进技术、理顺物流、杜绝超量生产、消除无效劳动与浪费、有效利用资源、降低成本、改善质量,达到用最少的投入实现最大产出的目的。除准时制生产外,精益制造的两大支柱是并行工程的开发设计和稳定快捷的供应链。这两大支柱的精髓依然是 JIT 减量/简化,如产品要设计得易于制造、安装及维修,而材料表只应管理2、3阶即可。为了对汽车这样复杂产品进行材料表的简化管理,丰田一方面减少对在制品的管理,如将没有出入库业务的在制品视为生产线上的虚零件;另一方面通过制造任务的层层分包形成一个金字塔型汽车制造产业群。在供应链方面,丰田利用日本团队合作文化,通过与少数供应商深入合作来构建互信互利的新型供应商合作关系。为满足 JIT 混流重复出产计划与拉式系统运作,并为使整个供应链达到稳定快捷的要求,丰田实施与供应商共享需求及计划信息、就近采购、连续小批量补货、甚至供应商供料到生产线而非仓库等一系列革新的措施。以上革新形成一种新的以"物流迅速化"为命题的生产范例,它与大规模生产的以"资源的最大运转"为命题的生产范例差异明显。

精益制造的范例转变对制造企业 ERP 系统产生了巨大影响。这种影响主要集中在车间管理和采购管理两大执行系统,它减少车间调度活动,简化在制品管理,减少常用标准车间报告,并支持更紧密、简捷的采购管理。比如:①JIT 运行过程中,订单的生产通过各种生产和领用看板在厂内转移得如此之快,以至于不必再使用一套复杂的生产活动控制系统去跟踪进展。②材料存放在使用点,不需要领料单。③当生产的物料被消耗时工作中心就生产该产品,故而不需要制令单。对于采购物料也是如此,若采购物料在收到的几小时或几天之内

就转化为成品,就不必把它们送入库房进行清点并检查与供应商往来详细资料,此时供货商定期提供材料可不需要订购单。此外,现场材料的库存等成品完工入库后才被更新,这被称为倒冲入账,使得 JIT 不再使用基于车间订单事务的在制品账务模块。同时,精益制造对 ERP 系统的影响也扩展至其他模块,如精益产品开发设计模块减少了计划涉及的零部件数量和物料清单层次。精益制造的生产计划要求有相对平衡的能力负荷,以保证车间运转平稳。多数情况下,这是一个基于速率的计划,是更稳定、更平衡的小时或日混流重复出产计划。最后,在精益制造模式中,随着工人开始自己维护设备以及其他自主生产活动,直接人工成本与间接人工成本的区分已经变得很模糊而意义不大了,因此去掉直接成本的分类而只简单用"人工"科目。传统的成本会计与 JIT 成本会计之间的主要区别在于 JIT 系统中管理费用的核算是基于产品的生产时间,而不是基于直接人时或机器工时。当前,大多数 ERP 系统都包括支持准时制生产/精益制造的模块,并提供两者的混合体系,见图 1-14。

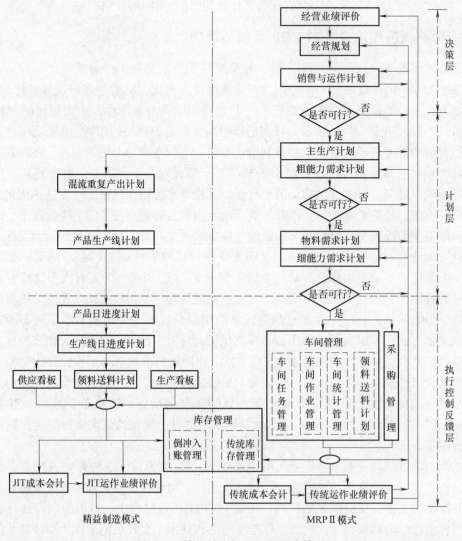

图 1-14 精益制造与 ERP 的混合体系

注:⬭ 表示信息汇集。

第五节 最优生产技术与约束理论及其对 ERP 系统的影响

无论是大规模生产还是准时制生产/精益制造，成功的关键因素都是计划与能力的相互平衡。然而，最优生产技术/约束理论追求的不是生产能力的平衡而是物流的平衡。

一、追求能力平衡的生产理论的缺陷与物流平衡的解决方案

（一）追求能力平衡的生产理论的缺陷

考虑一条由几个工作站组成的简单加工生产线。该生产线的节拍一经设定，生产人员就要想方设法使各工作站生产能力一致。要达到该目的，就要调整所使用的机器设备、工作量、上岗工人的技能与类型、使用的工具及加工时间等。然而，平衡各工序的生产能力是一个糟糕的想法，因为这种平衡只有在各工作站的加工时间为常数或波动很小的情况下才可能实现。当上游工作站加工时间延长时，下游工作站会出现空闲时间；相反，当上游工作站加工时间变短时，工作站之间就会产生库存，而且这种波动产生的影响还会累积。因为当统计波动发生在相互依赖的且之间没有库存的工序之间时，若某道工序加工时间比平均加工时间长，其下道工序不能弥补上道工序丧失的时间，这就会丧失获得平均产出的机会。

例如，要加工 5 件产品，顺序是从工序 A 向工序 B，两者之间无库存。工序 A 平均加工时间为 10h，标准差为 2h，故加工时间有 95.5% 的概率落在 6~14h；工序 B 加工时间为常数的 10h。由表 1-1 左边部分可知：最后一件产品完工时间为 66h（注意其中加粗数字），产品平均产出时间为 13.2h；而期望完工时间为 60h，期望平均产出时间为 12h（已考虑工序 B 加工第一件产品前的等待时间）。现假设颠倒一下，即由工序 B 向工序 A 流动。为说明可能的延误将工序 A 操作时间也颠倒一下，见表 1-1 右边部分。此时最后一件产品完工时间仍是 66h（注意其中加粗数字），平均产出时间还是 13.2h，不是期望的 12h。故操作延迟的根源是无法弥补第二道工序因空闲失去的时间。

表 1-1 前后两道工序的加工与完工时间

第一道工序 A			第二道工序 B			第一道工序 B			第二道工序 A		
产品	开始	加工时间/h	结束	产品	开始	加工时间/h	结束	产品	开始	加工时间/h	结束
1	0	14	14	1	14	10	24	1	0	10	10	1	10	6	16
2	14	12	26	2	26	10	36	2	10	10	20	2	20	8	28
3	26	10	36	3	36	10	**46**	3	20	10	30	3	30	10	40
4	36	8	44	4	**46**	10	**56**	4	30	10	40	4	40	12	**52**
5	44	6	50	5	**56**	10	**66**	5	40	10	50	5	**52**	14	**66**

消除以上案例中波动影响的方法是增加在制品数量，或者是增加下游工序的生产能力来补偿上游工序加工时间的拖延。前者不是一个好的选择，因为在买方市场中企业应千方百计减少在制品。由后者看来，工序之间生产能力就不应平衡到同一水平，而应仅平衡物流。

(二) 追求物流平衡的解决方案——"鼓、缓冲器与绳子"机制

物流的平衡可通过"鼓、缓冲器与绳子"机制来实现。每个生产系统都需要一些控制点来控制系统中的物流。若系统中存在瓶颈，瓶颈就是最好的控制点，它被称为鼓，因其决定系统其余部分发挥作用的节奏。瓶颈是实际生产能力不能满足需求的资源，用其作控制点的原因在于确保其上游作业不过量生产，以便预防瓶颈因不能处理过量在制品而导致过多库存。若系统没有瓶颈，设置鼓的最佳位置是次瓶颈，即运行时间接近生产能力但若计划得好还有适当剩余能力的资源。若一个系统既无瓶颈也无次瓶颈，控制点的位置可任意选择。常见的最好位置是物流分叉点，即该处资源的产出流向好几个下游作业。

图 1-15 为一个从 A 到 H 的线性流程。假如加工中心 E 是一个瓶颈，这意味着 E 上下游的生产能力都比 E 大。如果不对这个线性流程加以控制，那么加工中心 E 前面必然出现大量库存，而其他地方基本上没有库存，当然也没有多少成品库存（因为市场不是瓶颈）。有两件与瓶颈有关的事情要做：①在瓶颈的前面设置缓冲库存确保瓶颈连续工作，这是因为瓶颈的产出决定了系统产出（类似整个木桶水容量由木桶中最短一块木板决定）；②将 E 的已加工信息传递给上游作业 A 以便 A 按需生产，这样才能避免库存的增加。这种信息传递被称为绳子（正式或非正式的）。瓶颈作业前的缓冲库存是一种时间缓冲，因为希望加工中心 E 总在工作。若瓶颈前任务序列提供 96h 的缓冲库存，意味着即使瓶颈 E 的上游作业在正常波动或发生意外而暂时中断供应的情况下，E 还有另外 96h 来保护系统产销率。至于时间缓冲的数值设定，可利用过去数据统计获得，也可模拟获得。如果鼓不是瓶颈，而是有少量空闲时间的次瓶颈，则可设置两个缓冲库存：一个设置在次瓶颈前面，另一个是成品缓冲库存，见图 1-15 中的加粗部分。成品库存是保证能够满足市场需求，而次瓶颈前面的时间缓冲则保护系统的产销率。这种情况下，市场不能买走企业所能生产的所有产品，因此企业希望只要市场决定购买企业的产品，企业就能确保有产品可以供应。这种情况下企业需要两根绳子：一根绳子把信息从成品缓冲库存传到鼓点，以便鼓点增加或减少其产品；另一根绳子则把信息从鼓点传到原材料发放点，指明需要多少原材料。

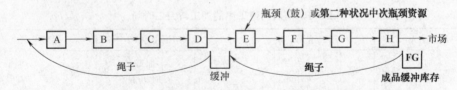

图 1-15 有一个瓶颈或者带有次瓶颈资源的线性流程

图 1-16 是一个复杂的只有一个瓶颈的网络流程，它不仅在瓶颈前面设置库存，而且在非瓶颈资源后面也设置了库存，以便确保产品离开瓶颈后的流动速度不会降低。

二、最优生产技术及其 OPT 软件

(一) 最优生产技术的核心原则与核心理念

"鼓、缓冲器与绳子"解决机制促成了最优生产技术（Optimized Production Technology，OPT）的诞生。高德拉特提出了九条 OPT 生产作业计划制订原则：①平衡物流而不要平衡生产能力；②非瓶颈资源的利用程度不是由自身潜力所决定，而是由系统中的约束决定的；③资源的"利用"与"活力"不是一码事，"利用"是指资源应该利用的程度，"活力"是

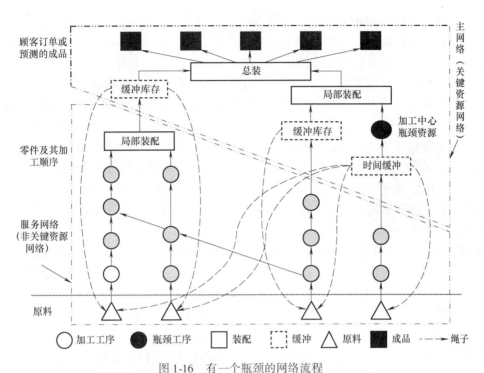

图 1-16 有一个瓶颈的网络流程

指资源能够利用的程度;④瓶颈损失 1h 相当于整个系统损失 1h;⑤非瓶颈上节约 1h 无实际意义;⑥瓶颈制约了系统的产销率和库存;⑦运转批量可以不等于(而且在大多数情况下应该不等于)加工批量;⑧加工批量不是固定的,应该随时间而变化;⑨优先权只能根据系统的约束来设定,提前期是作业计划的结果,而不应是预定值。

高德拉特从常识出发创立的最优生产技术,解决制造企业错综复杂的内部矛盾与混乱。这种常识的巨大力量源自于高德拉特对制造企业目标的深刻认知及对绩效评价系统的发展。高德拉特在《目标》一书中指出,制造企业的真正目标只有一个:现在和将来都能赚钱。但衡量一个企业是否能赚钱通常采用以下三个指标:①净利润,即一个企业赚钱多少的绝对量;②投资收益率,即一定时期的收益与投资的比率,这个评价投资效果的相对量可以弥补仅以净利润这个绝对量考察收益的不足;③现金流量,即短期内收入和支出的钱,体现企业的生存状况。上述三个指标同时使用才能对企业的经营业绩做出正确的综合评估。鉴于上述三个财务评价指标不能直接应用于指导生产,高德拉特提出三个运作指标(仍以货币价值表示)以便深化财务指标:①有效产出(Throughput,T),通过销售获取资金的速率,衡量进入系统的钱;②存货(Inventory,I),投资在采购上的金钱,衡量停留于系统的钱;③营运费用(Operating Expenses,OE),为了把存货 I 转为有效产出 T 而花费的钱。有效产出明确指向售出的商品而非库存的产品。如此定义才能防止企业在产品可能销不出去的情况下持续生产。存货(不论是在制品还是产成品)只以其所包含的原材料成本来估计,劳动力成本和机器工时应该被忽略。这与传统成本会计中资金耗费即被视为附加值增加不同。营运费用包括生产成本(如人工成本、存储成本)和管理费用,它与传统费用划分的主要区别是忽略了繁琐的直接人工成本和间接人工成本的区分。从运作角度来看,制造企业的真正目标就是在降低存货和营运费用的同时提高有效产出。唯有如此,企业才能在买方市场中生存与发展。

(二) OPT 系统与 MRP 系统的主要区别

在主生产计划确定后，MRP 系统采用后向排序方式，通过物料清单扩展来编制生产作业计划，即从指定的完工日期开始，从后向前对所需作业进行安排。此外，MRP 系统需要一个能力需求计划，来生成各工作中心的负荷表。当工作中心负荷过载时，要么调整 MPS，要么调用预留的松弛能力，以便局部消化过载负荷；想借助 MRP 来平衡生产能力与负荷是非常困难的。OPT 系统运用的是前向排序方法，思路是关键资源的作业计划优先制定，以便确保其负荷不超过其生产能力；接着制订非关键（非瓶颈）资源的作业计划，以便支持关键资源的连续运作；此时为了使得库存持有时间最短，非关键资源的作业计划可采用后推式方法来制订。OPT 系统这种制订作业计划的方式可以确保作业计划切实可行。为减少生产提前期和在制品，OPT 系统中的加工批量和转运批量是变化的，这点是 MRP 系统无法做到的。

(三) OPT 软件

20 世纪 80 年代，高德拉特创办的 Creative Output 公司首先开发了一个在考虑设备、机器、人员、工具、原材料及其他必要影响因素等约束条件的基础上，对整个制造过程编制作业计划的 OPT 软件，其框架见图 1-17。从模块构成来看，它主要由 BUILDNET、SPLIT、SERVE 和 BRAIN 几个模块构成，算法的核心在于识别瓶颈和对瓶颈进行排序。

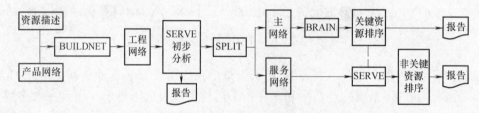

图 1-17 OPT 软件的信息系统框架

图 1-17 中，"产品网络"准确描述一个产品是怎样制造出来的。与一般企业基本信息资料将这部分描述内容分为产品结构文件和加工工艺路线文件两部分不同，OPT 中这两个部分的信息通过网络结合形成一个文件。企业现有各种资源的具体描述是在"资源描述"这个模块完成的，其中包括每种资源及其替代资源和替代相互影响、允许加工时间、用于加工的某种资源的数量等。

BUILDNET 模块将"产品网络"和"资源描述"模块中的信息结合起来生成一个工程网络，其强大之处在于能精确描述生产制造中大量数据的模型化语言，可成功完成 OPT 对企业的模型化构造。在工程网络中，可对各种可选择的作业甚至可选择的 BOM 进行详细描述（完全描述各种关系只需 24 个数据字段）。BUILDNET 还有提示数据逻辑错误的功能，如物料清单未与工艺路线连接。

工程网络建成之后，就要确定瓶颈。这由 SERVE 模块通过运行工程网络及采取类似 MRP 的倒排方法来完成。SERVE 模块的一个输出是各个资源的负荷率。资源的负荷率一般参差不齐，解决方法是通过将超量的负荷前移或后移来实现能力平衡。但这大多会涉及产品结构的所有层次，实现难度极大。在计算各种资源负荷率的基础上，SERVE 模块还计算每种资源的平均负荷率并以此来确定瓶颈，即平均负荷率最高的资源就是（次）瓶颈。

当（次）瓶颈确定之后，SPLIT 模块将工程网络分成两部分：主网络（亦即关键资源网络）和服务网络（亦即非关键资源网络）。前者由瓶颈作业及其下游作业构成（包括顾客需求在内），后者为剩下的部分，见图 1-16。对于主网络，通过 BRAIN 模块采用有限能力顺排的方法编制作业计划，目标是使瓶颈上的空闲时间为零，即有效产出最大。所生成的计划不仅包括生产计划，还需确定相关的传送批量和加工批量。对服务网络，再通过 SERVE 模块采用无限能力倒排的方法编制作业计划。此时，不是从订单上的完工日期开始倒排，而是从 BRAIN 模块确定的完工日期开始倒排。在生成生产计划之后，还应再设置安全库存（缓冲库存）或时间缓冲等"缓冲器"。其设置的位置一般在两个关键地方：瓶颈前或来自非瓶颈资源与来自瓶颈资源加工路线的交叉点（见图 1-16）。

以上步骤完成后，如果系统中没有其他瓶颈，OPT 的结果也就生成了。通常在第一个循环的最后往往会发现其他瓶颈，此时应重复上述步骤（可能多次），直到所有约束都转移到关键资源网络部分为止。

三、约束理论及其对 ERP 系统的影响

在《绝不是靠运气》一书中，高德拉特将研究视角从企业内部制造环节扩展至与顾客交互的市场销售环节。为解决企业与市场的供需矛盾，高德拉特依据瓶颈解决思路发展出制造服务化解决方案，即在需求饱和的市场中，制造企业只有将销售思路从出售商品转变为出售服务解决方案，才能破解销售困局以便维持企业的生存与可持续发展。在此突破过程中，高德拉特将最优生产技术扩展为约束理论（Theory of Constrains，TOC）。TOC 的核心内容为五个步骤：①识别系统的约束（只有发现系统约束或最薄弱环节时才能对系统进行改善）；②想方设法开发利用系统的约束（使约束环节尽可能高效运行）；③使其他一切事情服从以上决定（即使会牺牲非瓶颈资源的利用效率也要这样做）；④打破系统约束（如果产出能力还不足，则需要获得更多的资源来解除约束）；⑤通过以上步骤，若约束被打破或解除，则回到步骤①，不要让惯性成为系统约束。

在《绝不是靠运气》中，高德拉特将关键的制造企业目标从唯一的赚钱目标扩展为三个：赚钱、为员工提供安稳及满足的工作环境、满足市场需求。虽然企业和市场客户对产品价值的认知存在冲突，但是市场客户对产品价值的不同理解使得有效利用"市场区隔"可实现上述三个目标的共赢。"市场区隔"就是依据不同客户对同一产品的价值有不同理解，将貌似统一的市场区分为不同的市场，制定不同的价格，从而保证整体获利。虽然最优生产技术与准时制生产同属以"物流迅速化"为命题的生产范例，但约束理论作为一种解决问题的通用思想与方法，不再局限于生产环节，如销售、项目管理等众多商业领域中，都可应用它。约束理论发展出的制造服务化方案，以及冲突图和逻辑树状图等冲突矛盾分析方法，都为制造企业的价值管理提供了新方案与分析工具。而精益制造的最新发展——精益解决方案，集成了"精益供应"和"精益消费"，亦即集成了供应过程中的价值流和消费过程中的价值流管理，也是借鉴约束理论的制造服务化思想以及矛盾冲突的分析与解决方式，力求实现从"生产更好的产品"到"提供更满意的消费"的转变。

传统 ERP 的计划制订是一个串行过程，有明显不足。ERP 首先根据预测和实际订单制订主生产计划（MPS），接着应用粗能力需求计划（Rough-Cut Capacity Planning，RCCP）核对 MPS 的大致可行性；待调整 MPS 并核对大致可行后，应用 MRP 倒推中间半成品/部件和原材料的完工/到货计划和开工/采购计划；然后再应用细能力需求计划（Capacity Requirement Planning，CRP）核对 MRP 中各自制计划的可行性；若执行 MRP 自制计划有难度，

则适当微调并用 CRP 核对微调后的 MRP 的可行性；至于 MRP 中采购计划的可行性，ERP 通过采购管理来协调。以上 ERP 串行计划过程可参见图 1-8 和图 1-9。该传统 ERP 串行计划制订过程存在以下明显不足：①MPS/MRP/RCCP/CRP 等是批处理运行方式，通常需休息时段冻结数据做批处理，故结果只有在下一工作时段才能看到；若在工作时间内发生问题，常导致计划难以执行，而串行计划的调整则费时费力。②ERP 计划时，对所有的顾客、产品和原材料都以同样重要程度对待，但实际业务常有重要的顾客、产品或原材料需要赋予更高的优先级别。③ERP 中，做计划时提前期是已知的、固定的，没有努力缩短提前期的优化机制，也缺乏其他更多决策因素的优化。

鉴于上述 ERP 缺陷，在供应链管理（Supply Chain Management，SCM）兴起的背景下，并在常驻内存计算技术的支持下，并行运作的高级计划与排程（Advanced Planning and Scheduling，APS）软件发展起来，见图 1-18。它在 MRPⅡ/ERP 计划系统中利用 OPT，在"基于制约因素"的理念下，设计了"瓶颈计划进度"和"现场作业管理"功能模块，在更广阔供应链范围应用并发展约束理论（涉及成百上千个约束条件的求解）。APS 是真正优化的计划，定义了各种计划问题的选择、目标和约束，使用精确或启发式优化算法，尽量以最低成本满足客户（服务）需求。APS 通过设置供应链的硬约束（如供应链中工厂、分销中心、委外加工商、客户、供应商、物料清单、工艺路线、分销路径、提前期，以及每个供应链经营或资源的成本，这些硬约束形成了计划的能力约束、供应约束及运输约束等）和软约束（如客户或优先区域、安全库存、批量等），结合供应链中所有需求（如销售预测、客户订单、补充订单）和供应链中所有供货渠道（包括原材料/半成品/成品库存、确认的分销订单/生产订单/采购订单），进行供应与需求的对比及约束下平衡；通过智能平衡优化供应链上的需求、供应和各种约束，帮助决策者重新计划以自动解决问题。作为计划和排程优化程序的 APS，虽然与 ERP 相比在制订计划时考虑了目标函数及多种约束，并因此增强了计划的可行性和效益，但它不能代替 ERP，因为 APS 既不能处理许多基础数据的维护（如 IM 维护、BOM 维护、工艺路线维护、货源和设备维护、能力表及供应商/客户/资源的优先级维护），也不能对许多业务进行日常管理（如收发货、收发单、开发票以及文档管理）。可以说，APS 决策所需的重要数据都来自于 ERP 系统。ERP 是 APS 的基础，而 APS

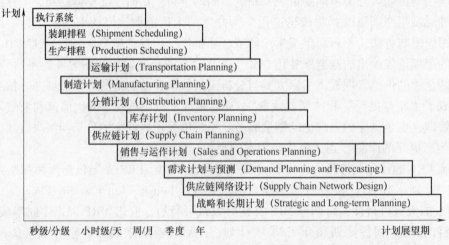

图 1-18 APS 的主要功能及其相应的计划展望期

则是 ERP 系统的强有力补充。

虽然 APS 将聚焦企业视角的约束理论进行了供应链视角的扩展，但是 APS 并没有对约束理论中的制造服务化这种面向制造企业可持续发展的解决对策进行良好的融合。当然，约束理论本身并未对企业三大矛盾目标的动态平衡（亦即面向可持续发展的平衡）提供良好的定量解决方案。因此，APS 与约束理论都过于聚焦约束思维，对企业三大目标的动态平衡（亦即面向可持续发展的平衡）并没有提供好的定量解决方案，相应最优生产技术的定量分析只停留于战术层面而未达到企业战略层面。此外，虽然约束理论侧重从企业的整体而非局部来优化企业的运作，但其成功案例都是分析只有一个（系列）产品的企业，其实质是面向产品（更准确地说是面向产品服务系统）而非企业。因此，约束理论和 APS 都有待进一步发展，即需融合更多供应链管理成果和制造服务化定量思考，以便为制造企业的可持续发展提供更好的战略定量方案。此时，融合更多供应链管理、服务化和绿色化思考的敏捷制造方式有着重要借鉴价值。

第六节 敏捷制造理论及其对 ERP 系统的影响

一、敏捷制造理论

（一）敏捷制造的产生背景与核心理念

20 世纪 80 年代后期，美国意识到必须重夺制造业的优势才能保持国际领先地位。美国向日本学习准时制生产/精益制造方式，但美国的文化背景及其依托标准成本会计和预算控制进行组织整合的管理机制等，阻碍了应用时需融合"志向、俯视、深耕"三要素的精益系统的推广。为发展适于自身环境的先进制造系统，里海大学亚科卡（Iacocca）研究所分析了美国工业界 400 多篇优秀报告，在《21 世纪制造企业战略》（1991 年）报告中提出了"敏捷制造（Agile Manufacturing，AM）"的概念。其核心理念是：面对全球化激烈竞争的买方市场，制造企业应基于互联网的信息开放、共享与集成，依托虚拟企业或动态联盟，采用可快速重构的生产单元构成扁平的组织结构，以充分自治的、分布式的协同工作代替金字塔式的多层管理结构，以实现以资源整合的快速应变，有效应对市场的快速多变。敏捷制造注重发挥人的创造性，变企业之间你死我活的竞争关系为既有竞争又有合作的"共赢"关系。

（二）敏捷制造的定义及敏捷制造企业的基本特征

敏捷制造还没有一个公认定义，但敏捷性是其根本特征。敏捷性与产品的生产过程联系起来可以表示快速响应，与虚拟企业（Virtual Organization）/动态联盟（Dynamic Alliance）联系起来可表示畅通的组织间沟通/合作，与大规模定制（Mass Customization，MC）联系起来可表示适应性，与再工程/重构（Reengineering）联系起来可表示生产过程的持续改善，与精益制造联系起来可表示更高的资源利用率，与供应链管理联系起来可形成敏捷供应链。敏捷似乎可以通过它的字面意义和所有表示高竞争力的特点联系起来。最终，敏捷性可归纳为驾驭变化的能力，它允许企业以高速且低成本/低耗的方式完成所需的调整，同时还意味着高度的开拓性和创新能力。正因为如此，日本的敏捷制造研究又称自治与分布制造系统，而长期的自治与分布制造系统又称为生物制造系统（Bionic Manufacturing System，BMS）。

亚科卡研究所提出了敏捷制造企业的 18 条基本特征：①并行工作。企业内各部门都能并行工作,以最快响应抓住市场机遇。②继续教育。为保持活力必须不断提高雇员的全面技能,重点是新技术、新思想方面"知其所以然"的"教育"而非单纯"知其然"的"培训"。③重建组织机构以快速服务用户,从对用户需求及市场竞争做出迅速反应出发,"牵"出对新的企业组织各方面的要求,据此重建组织结构。④多方动态合作。从竞争走向合作以共同满足市场需求。⑤珍惜雇员。雇员的知识和创造性是企业最宝贵的财富。⑥向工作小组及其成员放权。为快速满足顾客需求,企业应向一线工作小组及其成员放权,通过组织结构扁平化快速响应市场变化。⑦对环境"仁慈"。为响应人们不断强化的环保需求,企业要对生产过程及其产品整个生命周期对环境造成的影响负责任,不应采用消极防御式的"减少污染",而应"仁慈",即不仅不要造成伤害,而且要主动关心环境并在生产过程和产品生命周期中创造改善环境的条件。⑧重新组合配置的柔性。不仅技术系统应是模块化,可根据产品变化在短时间内重新组合配置,而且员工应能根据任务需要灵活重构各种职能部门。⑨信息的积极沟通。鉴于多方合作模式带来的经济效益大于信息保密的好处,敏捷制造应积极扩展各方之间的信息沟通。⑩知识面广的雇员。⑪开放的体系结构。敏捷企业的任务、产品、组织、技术系统等都可能变化并需与其他企业相应层次进行合作,故敏捷企业体系结构应该是开放的。⑫产品设计一次成功。完善分析与仿真工具,在充分利用计算机辅助设计软件加快设计速度的同时,保证产品设计一次成功。⑬产品终身质量保证。⑭缩短交付周期。⑮技术的领先作用。几个技术各有所长的公司组合在一起,才能互相取长补短形成互利共生,故每个公司一定要有自己的独占技术。⑯对技术要有敏感性。⑰整个企业集成。在向工作小组和员工放权的同时,还要为实现企业全局战略目标取得更高水平的全局协调,通过整个企业的集成提高企业的柔性。⑱基于远景蓝图的管理与领导。

(三) 敏捷制造的三大支柱

敏捷制造是为了适应"无法预测的持续、快速变化的竞争环境"而提出的一种新概念和制造模式。支撑敏捷制造的三大支柱是人、管理与技术。与大规模生产理论将员工视为生产系统中的附属/奴隶不同,敏捷制造以"人"为中心。近年随着无人化工厂实践失败,适度自动化概念逐渐被认同,相应逐渐形成在人机协同(Human-Machine Synergism)中以"人"为中心的思想,即重视人在企业活动中的地位,以及人的智能、经验、情绪及自我价值观在生产与服务过程中的作用。相应地,敏捷制造中的员工应该具有更高素质,如能够充分发挥主动性和创造性,反应迅速灵活,得到授权后能自我组织与管理并做出适当决策,具备协作精神和共赢思想。仅仅采用计算机集成制造系统与技术而不重视人因管理,难以实现制造企业的成功改造。成功的经营理论须整合 F 系列(面向非人因因素)的经营知识与 I 系列(面向人因因素)的经营知识。鉴于此,在良好管理非人因因素的计算机集成制造系统的基础上,添加以"人"为中心的人因管理,才是解救制造企业于困境的"良方"。

为达到"敏捷"这一高要求,敏捷制造在人员、组织、技术方面需要更加统一、协调的管理,这种管理是一种综合性管理,除了本企业外,上下游合作伙伴、客户等都要纳入管理范畴,涉及的范围也包括物料、设备、资金、人员等全部资源。其中,最关键的外部合作管理包括供应链合作、系列化制造合作、产品合作三种主要形式。供应链合作是通常的采购与供应的合作关系,难以通过与合作伙伴的合作改进产品设计,故而对客户的需求反应能力较有限。系列化制造合作要求合作伙伴承担一定的模块化的设计开发任务,此时合作伙伴之间的关系更加密切,集成性更高。产品合作是更高级的合作,也是更短暂、更柔性的合作。该合作为一个产品而形成,产品完结时就自动解散,其间涉及新产品的共同开发与风险共担。此外,对与顾客的关系,敏捷制造有新发展。传统观念认为销售活动总是要以赚顾客的钱为目的,敏捷制造则有两个新提法,一是"使顾客富裕(Enriching the customer)",二是销售的是"解决方案(Solution)"而不是"产品(Product)"。对于产品,顾客支付的费用是产品的成本再加上企业的一定利润,对于解决方案(满足顾客需求的个性化产品和服务的综合体),顾客支付的费用是一个在供应商和顾客之间都认可的价值,这个价值可以让顾客自己也觉得"我赚了"。"使顾客富裕"必然将强化双方的合作,进而也将保证企业/供应商的赢利。

二、敏捷制造理论对 ERP 系统的影响

作为 21 世纪具有竞争力的一种制造系统,敏捷制造的基于互联网"项目"驱动的生产运行模式和"动态联盟"的生产组织方式对 ERP 提出了新的要求,并带来了一系列新的决策优化问题。汪定伟(2003)列举了敏捷制造对 ERP 的五方面新功能需求:对基于互联网的项目管理的功能支持、对动态联盟的功能支持、对动态联盟异地制造的功能支持、对敏捷化产品开发的功能支持、对电子商务的功能支持。图 1-19 是汪定伟开发的一套面向敏捷制造的 ERP 软件系统——AM/ERP 的主要功能结构与数据联系。AM/ERP 系统的八大特点对理解敏捷制造对 ERP 的影响有帮助:①以"项目管理"代替"订单管理",以便支持敏捷制造的机遇驱动的经营运作方式;②增设动态联盟组成、监控、分配与清算功能;③以财务为中心替代以物料准备为中心,加强财务成本对物流计划的控制;④具有供应链管理的功能;⑤能够支持企业经营战略决策;⑥具有丰富的优化模型和算法;⑦具有与互联网的方便的接口;⑧插件式模块设计。

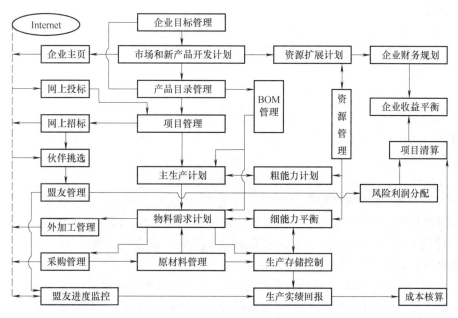

图 1-19 敏捷制造相关的 AM/ERP 的主要功能结构与数据联系

第七节　ERP系统的发展方向及展望

一、从ERP到ERPⅡ

ERP作为一种现代企业管理信息系统，在企业中得到了广泛应用并取得了一定的效果。虽然ERP将资源概念扩大到整个供应链的资源（即将供应链上供应商、客户等外部资源也被作为可控的对象进行集成），但随着全球经济的形成和网络的发展，客户关系管理与供应链管理在许多功能的可能性问题上发生了质的改变，企业之间的互动今非昔比。市场和管理都呼唤新的ERP，以便使网络的信息交互功能得到充分体现并实现最优的企业资源规划。因此，信息交换的无边界、实时效应、内外部系统的互动等，已成为新一代ERP最主要的需求。

电子商务时代的来临给传统ERP系统带来许多新课题，尤其协作商务模式的影响巨大。虽然对于电子商务至今还没有规范统一的定义，此处本着"商务为本，电子为辅"理念将其视为企业内部、企业与企业之间、企业与顾客之间以电子信息化方式完成的商务活动。协作商务是指在企业内部员工之间、业务伙伴之间、企业与客户之间通过电子化方式协同工作的商业社区，这个商业社区可以是某个行业或行业段，或供应链或供应链段。从概念看，协作商务比电子商务多了"协作"之义。其来源在于当前许多企业正在将自身业务从纵向高度集成的、注重内部功能优化的大而全模式，向更灵活、更专注于核心竞争力的实体模式转化。在电子商务时代，一对一的市场方法、个性化订单和需求及在线客户服务等新的企业运作和服务模式，是传统ERP系统不曾料到并无法从容应对的。协作商务比电子商务在外向信息共享与处理能力上要求更高。在协作社区内，企业不仅依靠各自产品或服务的质量、成本和交付速度来竞争，还需要依赖为其他协作伙伴提供的信息质量来获得竞争优势。这一变化使得企业客户或解决方案供应商需要重新考虑和设计企业管理信息系统，以便涵盖更多外向型系统元素。但ERP支持的外向信息共享与处理的水平还远不能适应这种商务模式，致使先进的商业模式与信息化能力之间产生了矛盾，容易导致管理和业务失控。此外，在激烈竞争市场中，企业不能只关心客户和供应商等协作伙伴的信息，还要多关注竞争对手的动态信息。因此，对相关竞争对手的信息的收集、监视、管理、分析，也必须纳入新型ERP的管理范畴。

为满足上述需求，新一代管理信息系统应运而生。按照Gartner的定义，这就是具有全新概念的ERPⅡ系统。ERPⅡ的定义是一种新的商业战略，它由一组行业专业化的应用组成，通过它们建立和优化企业内部和企业之间的流程、协作运营和财务运作流程，从而优化客户和股东价值。按照Gartner给的定义，ERPⅡ系统包含六个基本特征，分别从业务、应用和技术方面定义了其战略取向。这六个基本特征如下：

（1）应用角色。ERPⅡ不仅服务于企业内部资源的优化和业务处理，而且还利用利益社区内企业间协作运营的资源信息，参与整条价值链的资源规划，以便优化整条链。

（2）应用领域。ERPⅡ的领域已经扩展到非制造业，如金融、政府部门、服务性行业、高科技企业等。而原ERP比较侧重于制造业和分销。

（3）系统功能。在ERPⅡ所涉及的行业领域中，其功能不仅包括传统的制造、分销和财务部分，还包括那些针对特定行业或行业段的业务所要求的功能，如设备维护、工程项目管理、工厂设计等。

(4) 系统流程。从注重企业内部流程管理发展到也同时注重外部联系。

(5) 系统结构。传统 ERP 系统结构是封闭的单一整体，而 ERP Ⅱ 系统结构是基于 Web 的、面向对象的、扩展的、完全组件式的开放式系统。

(6) 系统数据处理。与 ERP 系统将所有数据存储在企业内部不同，ERP Ⅱ 面向分布在整个商业社区的业务数据，存储在企业内部的数据通过因特网进行发布，以便整个协作社区内能使用同样的信息。

从 ERP Ⅱ 系统的特征可以看出，ERP Ⅱ 除了系统结构与 ERP 不同之外，其他特征都是 ERP 的延伸和扩展。系统结构的不同是由 ERP Ⅱ 重视"协作商务"所导致的。ERP Ⅱ 的定义强调未来的企业更注重行业、专业的深度分工和企业间的交流，而不仅仅是企业业务流程的管理。因此，ERP Ⅱ 的系统结构应该是开放的、动态的、集成的和组件的。表 1-2 清晰对比了从 ERP 到 ERP Ⅱ 的发展趋势，另外也从技术层面说明了 ERP 和 ERP Ⅱ 的不同之处。

表 1-2 ERP 与 ERP Ⅱ 的比较

比较项目	ERP	ERP Ⅱ
作用	企业内部管理优化	参与价值链/协作商务
领域	制造业/分销	所有行业
功能	制造、销售、财务等	跨行业、行业段和特定行业
处理	内部业务	内部业务和外部联系
结构	封闭的、单一整体的	开放的、组件化的
数据	内部产生和使用	内、外部发布和采用

也有些学者将电子商务时代的"ERP"理解成"eERP"（extended ERP），即"扩展的 ERP"。"扩展的 ERP"是企业通过将其内外部资源一起整合、协同运作，以便更好、更有效地适应电子商务的必要手段。企业实施"ERP"是实现电子商务的基础，而"eERP"将使其在电子商务环境中获得领先地位。

二、从 ERP 到 TEI

Gartner 在定义 ERP 功能时曾经提出两个集成：内部集成（产品研发、核心业务和数据采集的集成）和外部集成（企业与供需链上所有合作伙伴的集成）。20 世纪 90 年代，一些 MRP Ⅱ 软件供应商在采纳 Gartner 最初对 ERP 提出的技术要求（如 4GL、RDBM、GUI、C/S、CASE 等当时较领先技术），增加了 Gartner 最初提出的一些外扩功能，如 EDI 接口，分销资源计划（Distribution Requirements Planning，DRP），运输、仓库、设备、质量、实验室及项目管理，现场服务及维修管理，以及人力资源管理等，之后纷纷把 MRP Ⅱ 产品易名为 ERP，虽然这种易名当时未完全实现 Gartner 对 ERP 系统管理整个供应链的基本定义和设想。

20 世纪 90 年代以来出现的一连串的各种系统，实质上都是实现 Gartner 最初对广义 ERP 定义的补充。这些补充可以分为两类：一类是实现产品研发与生产制造集成的，如产品数据管理（Product Data Management，PDM）和产品生命周期管理（Product Lifecycle Management，PLM）；另一类是实现企业内外业务集成的，如供应链管理（SCM）、供应链事件管理（Supply Chain Event Management，SCEM）、供应商关系管理（Supplier Relationship Management，SRM）、电子采购（e-Procurement）、仓库管理系统（Warehouse Management

System，WMS)、客户关系管理（Customer Relationship Management，CRM)、合作伙伴关系管理（Partner Relationship Management，PRM）等。新近还出现了一种跨上述两类的集成系统——协同产品商务（Collaborative Product Commerce，CPC）。它可以看成是互联网时代更大范围的"同步（并行）工程"。早期同步工程多限于计算机辅助设计（Computer Aided Design，CAD）和计算机辅助制造（Computer Aided Manufacturing，CAM），但是现在要扩大到与选择供应商和与客户沟通的同步，体现精益制造的精神。

事实上，不同类系统是由不同公司开发的，功能是相互重叠、相互渗透的。你中有我，我中有你，没有极其明确的界线。这些系统中，有些虽然可以独立运行一时，但毕竟不是一个完整的"管理整个供需链"的系统。以国外为例，最早的ERP系统软件公司有SAP、ORACLE、Baan、PeopleSoft等，侧重于事务处理。而最早的SCM系统软件公司有i2 Technologies、Manugistics等，侧重于整体计划（即需求、分销、生产、运输）、预测方法、同步分析、决策和优化，但是在具体的事务处理方面还要依靠其他应用系统。从发展趋势来看，前一类公司已在强化整体计划、分析和优化功能，向"整体套件"方向发展，把SCM和CRM等系统的功能都囊括进来以形成"一体化解决方案"；后一类公司开始做与前者的接口，然后逐渐强化自己的配套体系。这种"相向趋同"的现象，说明各种系统单独运行都不能覆盖企业的全部业务，最终将日益趋同与整合，成为一个覆盖企业所有管理流程和供需链的大系统。这样的系统被称为企业全面集成系统（Total Enterprise Integration，TEI）或企业业务集成系统（Enterprise Business Integration，EBI）。从中不难看出，大集成是发展趋向的实质。TEI的最大优势并不在于它存在已久的各个组成部分，而在于集成的优势。这种集成注重创造战略优势，而非仅仅提高运营绩效。

TEI可被视为20世纪60年代MRP、70年代MRPⅡ和90年代ERP后产生的第四代系统。图1-20的MRP、MRPⅡ、ERP和TEI的比较，可以体现TEI集成了更多的功能。

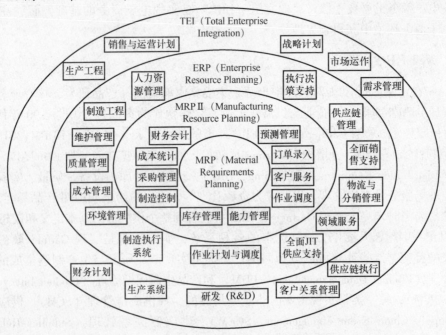

图1-20 MRP、MRPⅡ、ERP、TEI的比较

除图 1-20 中的新增功能外，未来 TEI 需注重以下方面的扩展和深化：①支持集多种生产类型、多种经营方式和多种产业为一体的、跨区域的 SCM 模式；②支持以协同商务、协同竞争和双赢原则为商业运作模式的 SCM 体系；③支持市场分析、销售分析和客户关系管理；④支持包括先进计划与排产技术在内的多种计划和优化排产方法；⑤支持电子商务；⑥支持物流和配送体系管理；⑦支持集团的资本运作管理；⑧支持更大范围的信息集成和系统开放。注意：正是这种强大的功能和集成优势，使得 TEI 的开发和实施都很困难。因为随着整合层级的提高，特别是面向非结构化问题的战略层次管理的更多集成，技术上的困难会增加得更加迅速。此外，实施 TEI 需要企业流程重组和组织结构的变革，这会遇到很多巨大的障碍并需要很长时间。因此，大多数企业并不愿意冒险实施 TEI，TEI 的实现还需要更多更深入研究与探索。

纵观 ERP 的发展（从再订购点法→MRP→闭环式 MRP→MRP Ⅱ→ERP→ERP Ⅱ/TEI），每个阶段的发展与完善都与当时的市场环境及企业管理模式的变革紧密关联、相辅相成。以下将结合先进的信息技术从技术方面阐述当前 ERP 的发展趋势。

三、物联网 ERP 与云计算 ERP

当今越来越多的先进技术促进上述 ERP Ⅱ 与 TEI 系统的发展，其中以基于射频识别和云计算的物联网 ERP 与云计算 ERP 为代表。射频识别（Radio Frequency Identification，RFID）是 20 世纪 80 年代逐步成熟的一项自动识别技术。相比目前盛行的条码技术，RFID 的读取速度快得多，如人工和机器读取一个条码分别需要 10 秒和 2 秒，RFID 读取只需要 0.1 秒。与传统的接触式磁卡、IC 卡相比，射频卡通过非接触式双向通信数据交换即可完成自动识别。装置在各类物体上的 RFID 芯片、传感器、二维码等经过接口与无线网络相连，给物体赋予"智能"。云计算（Cloud Computing）基于互联网的计算方式，借助其共享的软硬件资源和信息，可以将计算能力按需提供给计算机和其他设备。物联网由云计算的分布式中央处理单元、传输网络和感应识别末梢组成。它有三个应用技术层次：一是依托 RFID、传感器、二维码等实现"物体"识别的传感网络；二是依托现有互联网、广电网络、通信网络实现数据传输的传输网络；三是依托输入/输出控制终端（如手机、个人计算机、平板电脑等）和中央处理信息系统（如云服务器）完成信息计算、处理、操作与管理的应用网络。IBM 的"智慧的地球"的技术层面就是物联网的行业解决方案之一，它是未来世界智能化的基石之一。

物联网 ERP 将物联网技术应用于 ERP 中，使得传统 ERP 功能扩展到具有物联网特征，相应 ERP 管理范围也由企业内部扩展到与企业经营活动相关的物联网能够响应的商业社区。例如，RFID/条码等先进自动识别技术与 ERP 的集成，有助于实现物流与信息流的真正集成，该集成不仅存在于企业内部（如出入库管理、盘点管理、物料管理），更存在于企业之间的供应链中（如采购管理、销售管理、客户关系管理）。物联网的发展为敏捷的一对一的客户管理和供应商管理提供了可能。

ERP 应用程序迁移到云计算中是一个非常重要的趋势。通过云计算，更多的应用能够以互联网服务的方式运行和交付。例如可将云计算模式比喻为发电厂集中供电模式、借助云计算，用户不必购买新的服务器且不用部署软件，就可以得到应用环境以及应用程序本身。其技术基础之一是面向服务的架构（Service-Oriented Architecture，SOA）。SOA 是一个组件模型，它将应用程序的不同功能单元（称为服务）通过这些服务之间定义良好的接口和契约联系起来；其中，接口采用中立方式定义，独立于实现服务的硬件平台、操作系统和编程语言。这使得构建在其中的服务可以以一种统一和通用的方式进行交互。SOA 通过企业中众多细化服务的标准化，让 ERP 软件支持异构集成以及随企业发展的动态演化。

  云计算 ERP 是指 ERP 软件运行在云计算服务器集群之中，用户不再在自己机器上安装与部署 ERP 软件，而是通过浏览器访问因特网上的云计算中心获取所需的 ERP 功能服务。云计算 ERP 的基本特征可概括为四点：①服务导向。云计算 ERP 提供的是服务，该服务的实现机制对用户透明，用户无须了解云计算具体机制就可获得所需要的 ERP 服务；②分布式的存储与计算特性。云计算 ERP 采用分布式的存储与计算这种高可靠性的数据中心架构，从而实现系统均衡负载、实时备份、异地容灾备份等功能；③高扩展性与用户友好性。云计算 ERP 提供大量 SOA 的组件编程模型，用户通过简单学习就可编写基于 SOA 的功能扩展程序，通过在云计算系统上执行扩展程序满足个性化需求；④良好的经济性。云计算 ERP 的用户不必自行购买、安装、维护 ERP 的硬件与软件，只需要按照自身功能需求获取相应等级的 ERP 功能服务；云计算 ERP 供应商可以很准确地按照所提供的服务及所花费的时间来收费，从而为用户节省开支。云计算 ERP 集成数以千计的功能模块，企业可通过模板进行业务功能组合，随时使用与扩展，并按使用付费。云计算 ERP 可根据不同行业实现模块的可视化授权组合，依据权限生成个性化菜单，支持多种自定义设置，从而满足用户的个性化应用需求。云计算 ERP 能够实现客户服务、产品管理、供应链服务的有效协同和解决方案通过网络的实时交付，从而实践高效的一对一的供应链管理与客户关系管理。

  高德拉特在 2000 年的《仍然不足够》一书中预见了 ERP 产业发展的巨大困境，如 ERP 软件越做越大、越做越复杂，复杂到软件开发方难以控制开发进度以满足开发目标，复杂到软件的实施伙伴难以应付实施问题，复杂到软件用户难以应用、更难以从中获利。为提升服务至合理水平，必须将 ERP 系统简化，但为回应市场需求，又必须不断将系统复杂化，真是左右为难。高德拉特指明：只有从（先进）技术导向的 ERP 及时转变为价值导向的 ERP，从出售先进的系统集成解决方案转变为出售价值，ERP 产业才有出路。事实上，发达国家的制造业已经在赚取价值方面提出制造服务化、产品服务化等重大趋势。约束理论、精益解决方案和敏捷制造都很清晰地显示了这一点。然而，面向制造业的 ERP 还没有为制造业价值管理的重大新趋势做出足够的应变，并没有提出一个令人满意的新的价值导向的解决方案框架。ERP 行业并非发展业已成熟的行业，它恰如一个即将迈入壮年期的青年，正面临着电子商务带来的重大发展契机。对企业制造系统服务发展（尤其是依托电商服务的发展）的分析，对于未来价值导向 ERP 的研发，具有至关重要的影响。

思 考 题

1. 名词解释
(1) 物料需求计划 (2) 闭环式物料需求计划 (3) 制造资源计划
(4) 企业资源计划 (5) 协同产品商务 (6) 全面集成系统
(7) 准时制生产 (8) 最优生产技术 (9) 云计算
2. 简述题
(1) 简述 ERP Ⅱ 的定义及其基本特征。

（2）简述 ERPⅡ 和 ERP 的不同之处。

（3）简述精益制造对 ERP 系统的影响。

（4）简述 OPT 系统与 MRP 系统的主要区别。

（5）简述敏捷制造对 ERP 系统的影响。

（6）简述云计算 ERP 的基本特征。

3. 论述题

论述 ERP 的发展历程及其中各阶段的主要发展。

4. 拓展题

ERP 各阶段的发展历程对你思考企业管理问题有什么启发？

第二章
物料需求计划（MRP）

本章要点：
- 物料需求计划的基础信息（包括主要输入、七个关键变量输出、逾期量等）与基本逻辑模型（包括基本工作逻辑流程与基本运算逻辑）。
- 物料需求计划应用的静态/动态批量法则与安全库存。
- 冲销时间与安全时间对物料需求计划基本逻辑模型的影响。
- 集成冲销时间与安全时间因素并包含所有静态批量法则的 MRP 静态逻辑模型介绍；该模型应用于服务业案例时的技巧与转型（服务需求计划模型）。

第一节　物料需求计划的生成

一、MRP 的基础信息

（一）MRP 的主要输入信息

物料需求计划是将主生产计划中完成品的需求转换为零件和原材料的需求，因此，主生产计划是其最直接的输入信息。其他输入资料主要有独立需求、材料主文件、材料表、库存状态、工厂日历等。

1. 主生产计划

主生产计划（Master Production Scheduling, MPS）是完成品的计划表，描述一个特定完成品的生产时间和生产数量。依据 MPS，MRP 得以计算在完成品需求之下，所有零部件和原材料的需要量。

2. 独立需求

虽然 MRP 是由处理相关需求发展而来，但由于某些 MRP 处理的下阶物料可能除具有相关需求外，还有部分独立需求（Independent Demand），此时 MRP 可以合并处理。例如，某汽车集团下属的发动机厂，其发动机除主要用于生产汽车外，可能还有一小部分作为售后服务性质的零件提供给 4S 店和特约维修点。后者即具有独立需求性质，应纳入毛需求中一并处理。特别需注意的是，此独立需求是分时段（包含逾期）的输入信息。

3. 材料主文件

产品中的每一项材料,其属性都必须记录在材料主文件(Item Master,IM)中,如件号、批量法则、批量大小、前置时间、安全库存、良品率等。

- 件号(Item Number):物料的唯一识别码,即材料主文件的主关键字。
- 批量法则(Lot Sizing Rule,LSR):为达到某种目标函数(如最低总成本)而设的订单数量计算标准,即决定订单数量大小的规则及程序,如最小订购量法、定量批量法等。
- 批量大小(Lot Size,LS):应用某些批量法则时生产、采购一批物料的基准/平均数量。若在最小订购量法则中,LS 即为最小订购量。
- 前置时间(Lead Time,LT,或称提前期):进行一个生产或采购作业所需时间。特别需要指出的是,对生产而言,该前置时间是针对平均批量 LS 的提前期,即 LT = 排队时间 + 准备时间 + 加工时间 + 等待时间 + 传送时间。其中,加工时间 = LS × 单件加工时间。而对采购而言,该前置时间是从确认订购需求到取得材料或产品的时间,包括准备订单、签核、通知、制作、运输、收货、检验等时间。
- 安全库存(Safety Stock,SS):为应对需求或供给波动希望保持的最低库存。
- 良品率(Yield):生产某一产品时,良品数量与投入数量的比值。某材料的良品率表示该材料在制程中生产出良品的概率。

4. 材料表

材料表(Bill of Material,BOM),也称为物料清单,描述一个父件和其多个直接子件间的关系。一个产品的材料结构由多个相关材料表构成,称为产品结构(Product Structure)。材料表及产品结构以阶层式的方式描述组成一个产品的材料。合理方式是只建立单阶 BOM,多阶 BOM 通过单阶 BOM 层层关联得出。单阶 BOM 中的几个主要属性,如父件件号、子件件号、单位用量、损耗率等,都是 MRP 所需资料。

- 单位用量(Quantity-Per,QP):生产一个单位父件需消耗的子件的数量。
- 损耗率(Scrap Rate):一个子件在制造某个父件的过程中,变成不良品的概率。同一子件用来生产不同父件时可能有不同的损耗率,因此定义在材料表 BOM 中。比如,铁棒加工为圆轴时,工艺简单,损耗率小;但加工为方轴时,工艺复杂所以损耗率较大。

5. 库存状态

库存状态(Inventory Status)是指材料的在库量、在途量和保留量。在 MRP 计算过程中,通过 BOM 展开算出任意一个材料的需求时,所得到的是总需求。当该材料有库存时,总需求并非真正的需求,将总需求减掉库存才会得到净需求。因为物料需求计划是分期间的规划方法,因此在库量、在途量和保留量都要考虑。

- 在库量(On-Hand Inventory,OH):执行 MRP 时正在仓库中的库存量。
- 在途量(Scheduled Receipts,SR 或 On-Order Inventory,OO):在未来某一时间将会取得的量,又称为"已开订单量"或"已订未交量",是一种未来的库存,在交货该期期末视为可用量。当上次 MRP 运行后,计划员参照其建议发出实际生产或采购指令,指令中某物料的收料情况将作为输入信息出现在下次 MRP 的相应 SR 栏目中,即对某期将要达到的库存,必须记录其收料日期及数量。
- 保留量(Allocated Inventory,AL):用来表示已被指定用于某个已发出的制令单、外包单或调拨单,预定从仓库领出但实际尚未领出的数量。虽然在库量 OH 中包括该保留量,但此 AI 不能再用于其他用途,故在执行某次 MRP 时应该将其从可用数量中去除。

6. 工厂日历

工厂日历(Shop Calendar)是用于生产与库存管理的日历,它将工作天数编以连续序号,以便排程时只考虑到工作日。MRP 采用分期间的规划方式,它将连续的时间分成不连续的区段单位,称为时段(Time Bucket)。时段长度依照行业特性而定,通常为周或日,如编号周历(Numbered-Week Calendar)、编号日历(Numbered-Day Calendar)。编号周历以 00~99 循环使用;编号日历以 000~999 循环使用。在 MRP 系统中,一般以日为系统内部计算的时段长度,报表中则以周为期长(Period Length)呈现。计划期间(Planning Horizon)是 MPS 或 MRP 所涵盖的总时间,至少要包括所有完成品所需的采购、制造等的累计提前期,其长短与行业相关,依实际确定。

以上是 MRP 处理逻辑中所要涉及的主要输入信息,为正确加工这些信息以产生我们需要的 MRP 输出,下面将引进国际通用的七个关键变量,标准 MRP 报表即为此七栏式报表。

(二)MRP 处理逻辑的七个关键变量

1. 毛需求/总需求

MRP 中由一个或多个直接上阶物料(父件)引发的相关需求(依赖需求)以及该物料本身可能另有的独立需求的总和称为该物料的毛需求/总需求(Gross Requirement,GR)。

2. 在途量

在途量(SR)是定在未来某期期末将会取得的量,即一种未来的库存,在交货期末视为可用量。

3. 预计在库量

预计在库量(Projected On-Hand,POH)是指在某期还未考虑是否有计划订单收料补充的情况下,该期期末预计的在库量。MRP 程序利用 POH 这个中间变量来决定在某期是否有净需求。

4. 净需求

所拥有的库存数量不足以满足所需的需求时,就会产生净需求(Net Requirement,NR)。更精确地说:在 MRP 逻辑中,若预计在库量(POH)小于安全库存(SS),其考虑良品率后的差额即为 NR。

5. 计划订单收料

如果某物料某期有净需求,就需要通过生产或采购来补充。计划订单收料(Planned Order Receipts,PORC)是指依据一定批量法则对净需求进行调整后在某期期末计划补充到位的物料数量。这个量在生产或采购订单发出前是 PORC,发出后变为 SR,收料后即转入 OH。

6. 预计可用量

预计可用量(Projected Available Balance,PAB)是指在预计某期期末计划订单收料(PORC)正常接收的情况下,该期期末预计的在库量,亦即某期原有的预计在库量(POH)加上该期可能的计划订单收料(PORC)之和。如果生产和采购供应都按照计划正常运作,该值才是某物料某期别预计的真正期末库存。

7. 计划订单发出

由于准备完成一个订单需要一定的时间（即某作业的前置时间），为按时补充某物料，需将该物料某期 PORC 向前推移一个提前期，从而得出该物料相应期别的计划订单发出（Planned Order Releases，POR）。父件的 POR 会通过 BOM 展开为其所有子件的总需求（GR）。

此外，还有一个"逾期量"既涉及 MRP 输入又涉及 MRP 运算，需重点说明。

（三）逾期量

MRP 定期执行，每次执行后即会产生新的物料需求文档，同时计划期间所涵盖的时段往后平移一期，例如上次 MRP 的计划期间涵盖第 1~12 期，下次 MRP 涵盖的计划期间实际为第 2~13 期，此即为"滚动式排程"（Rolling Scheduling）。执行 MRP 时，上一期未被冲销的数量会被"滚入"逾期的时段里，称为逾期量（Past Due）。有三个关键变量 GR、SR 和 POR 涉及逾期量问题。

1. 毛需求的逾期量

毛需求（GR）的逾期量有两种来源。若来源于独立需求部分，则属于操作层的反馈信息，应直接输入。此种情况表示生产效率差，客户需求无法被满足。因为，当客户订单出货时，该订单会从客户订单文件中剔除或注明为已出货；若交期已过而仍然有顾客订单需要去满足，则该数量就会落入毛需求的逾期时段。如果来源于相关需求部分，则属于逻辑运算的第一步，应由父件 POR 计算得出子件逾期 GR。如某物料某一直接父件在其 MRP 计算结果中 POR（逾期）出现正值，则该 POR（逾期）引发此子件物料的相关需求通过 MRP 逻辑第一步的运算大多也将落入 GR（逾期）。

2. 在途量的逾期量

在途量（SR）属于输入信息，其逾期量也不例外。SR 的逾期量表示供应商供货延迟或车间生产延迟，管理者必须加紧督促。MRP 处理时假定该逾期量能在当期（第 1 期）补足，若确定不能在当期补足，则应依实际情况修改订单的未来交期。

3. 计划订单发出的逾期量

计划订单发出（POR）的计算属于 MRP 逻辑运算最后一步，其逾期量也不例外，只是计算公式有所不同。这种情况表示 MRP 建议采购或制造的发单日期已过，可用时间少于预定的前置时间，管理者若不迅速发单、紧急采购或加班赶工，订单交期大多要延误。

（四）最低阶码

为确定计算先后顺序，系统将自动根据 BOM 计算各物料的最低阶码（Low-Level Code，LLC）。一个最终产品的组成结构中，最顶层或最上阶材料的阶码定为 0，其下各个零部件依序定为 1，2，…，n 阶。一个材料可能出现在一个最终产品的不同阶次或多个产品的多个阶次中，系统是以该材料在所有产品结构中出现的最低的阶次码定为其最低阶码，并以此决定其在 MRP 系统中运算的先后次序。

例一：产品 A 由 B、C 和 D 制成，B 由 E 与 F 制成，C 由 D 与 H 制成，D 由 E 制成，则 A、B、C、D、E、F、H 最低阶码依次为 0、1、1、2、3、2、2，如图 2-1 所示。

例二：产品 A 由 B、C 和 D 制成，B 由 E 与 F 制成。产品 K 由 E、C 和 D 制成，则物料 A、B、C、D、E、F、K 的最低阶码依次为 0、1、1、1、2、2、0，如图 2-2 所示。

企业资源计划（ERP）

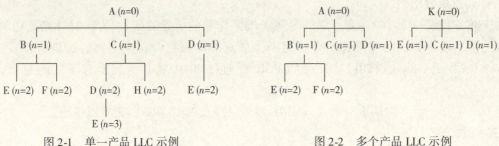

图 2-1　单一产品 LLC 示例　　　　图 2-2　多个产品 LLC 示例

二、MRP 的基本逻辑模型

MRP 的基本工作逻辑流程可以用图 2-3 来表示。

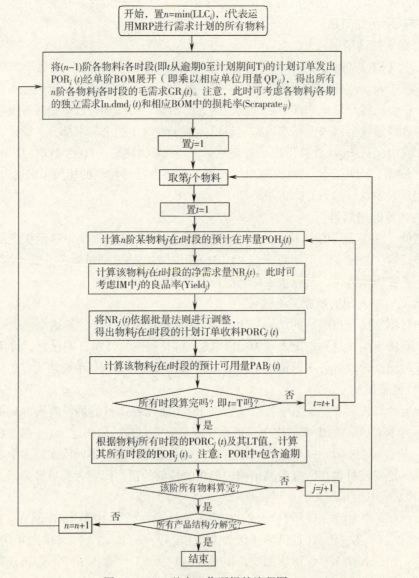

图 2-3　MRP 基本工作逻辑的流程图

(一) MRP 的基本运算逻辑

针对 MRP 基本工作逻辑，以下是相应基本运算逻辑，即各步骤的详细计算公式。计算过程中超出计划期间（记为 T）的数值都无须考虑。

1. GR 的运算逻辑

$$\mathrm{GR}_j(t) = \begin{cases} \sum_{i=1}^{m} \dfrac{\mathrm{POR}_i(0) \times \mathrm{QP}_{ij}}{1 - \mathrm{Scraprate}_{ij}} + \mathrm{In.\,dmd}_j(0) & t = 0 \\ \sum_{i=1}^{m} \dfrac{\mathrm{POR}_i(1) \times \mathrm{QP}_{ij}}{1 - \mathrm{Scraprate}_{ij}} + \mathrm{In.\,dmd}_j(1) + \mathrm{GR}_j(0) & t = 1 \\ \sum_{i=1}^{m} \dfrac{\mathrm{POR}_i(t) \times \mathrm{QP}_{ij}}{1 - \mathrm{Scraprate}_{ij}} + \mathrm{In.\,dmd}_j(t) & 2 \leqslant t \leqslant \mathrm{T} \end{cases} \qquad (2\text{-}1)$$

式中，$\mathrm{GR}_j(t)$ 是子件 j 在 t 时段的毛需求；m 是 j 的所有直接单阶父件 i 的总个数；$\mathrm{POR}_i(t)$ 是父件 i 在 t 时段的计划订单发出；QP_{ij} 是 j 组成 i 时的单位用量；$\mathrm{Scraprate}_{ij}$ 是 j 组成 i 时的损耗率；$\mathrm{In.\,dmd}_j(t)$ 是物料 j 在 t 时段的独立需求。

注：对某 MRP 子件来说，若独立需求部分的客户订单交货日期已过而仍未完全满足该订单，则该订单欠交量就会记录为 **In. dmd**$_j$(**0**)。

2. SR 的来源

$\mathrm{SR}_j(t)$ 为物料 j 在 t 时段的在途量，其数据由系统记录档案直接给出。对应 $t=0$ 的逾期量 $\mathrm{SR}_j(0)$ 是"应到未到量"，即制令单或订购单不良执行情况的反馈结果；而对应 $t \geqslant 1$ 的 $\mathrm{SR}_j(t)$ 则为排定在未来 t 时段将会取得的"已订未交量"。

3. POH 的运算逻辑

$$\mathrm{POH}_j(t) = \begin{cases} \mathrm{OH}_j + \mathrm{SR}_j(1) + \mathrm{SR}_j(0) - \mathrm{AL}_j - \mathrm{GR}_j(1) & t = 1 \\ \mathrm{PAB}_j(t-1) + \mathrm{SR}_j(t) - \mathrm{GR}_j(t) & 2 \leqslant t \leqslant \mathrm{T} \end{cases} \qquad (2\text{-}2)$$

式中，$\mathrm{POH}_j(t)$ 是物料 j 在 t 时段的预计在库量；OH_j 是物料 j 的当前在库量；AL_j 是物料 j 当前的保留量；$\mathrm{PAB}_j(t)$ 是物料 j 在 t 时段的预计可用量。

4. NR 的运算逻辑

$$\mathrm{NR}_j(t) = \mathrm{IF}\left\{\mathrm{POH}_j(t) \geqslant \mathrm{SS}_j, 0, \dfrac{\mathrm{SS}_j - \mathrm{POH}_j(t)}{\mathrm{Yield}_j}\right\} \qquad 1 \leqslant t \leqslant \mathrm{T} \qquad (2\text{-}3)$$

式中，$\mathrm{NR}_j(t)$ 是 j 在 t 时段的净需求；SS_j 是 j 的安全库存；Yield_j 是 j 的良品率。

5. PORC 的运算逻辑

$$\mathrm{PORC}_j(t) = \mathrm{F}(\mathrm{NR}_j(t), \mathrm{LSR}) \qquad 1 \leqslant t \leqslant \mathrm{T} \qquad (2\text{-}4)$$

式中，$\mathrm{PORC}_j(t)$ 是物料 j 在 t 时段的计划订单收料；LSR 是批量法则的集合；$\mathrm{F}(\mathrm{NR}_j(t), \mathrm{LSR})$ 是由 $\mathrm{NR}_j(t)$ 和 LSR 决定的函数（具体形式主要取决于 LSR）。

(1) 最小订购量法，即一旦有净需求，订购量最少应为某基准量 LS。

$$\mathrm{PORC}_j(t) = \mathrm{IF}(\mathrm{NR}_j(t) > 0, \max\{\mathrm{NR}_j(t), \mathrm{LS}_j\}, 0) \qquad 1 \leqslant t \leqslant \mathrm{T} \qquad (2\text{-}5)$$

(2) 定量批量法：即一旦有净需求，订购量始终为某基准量 LS 整数倍。

$$\mathrm{PORC}_j(t) = \mathrm{IF}(\mathrm{NR}_j(t) > 0, \mathrm{CEILING}(\mathrm{NR}_j(t), \mathrm{LS}_j), 0) \qquad 1 \leqslant t \leqslant \mathrm{T} \qquad (2\text{-}6)$$

式中 $\mathrm{CEILING}(x, y)$ 是向上取整函数，即将 x 向上舍入为最接近的基数 y 的倍数。

6. PAB 的运算逻辑

$$\mathrm{PAB}_j(t) = \mathrm{POH}_j(t) + \mathrm{PORC}_j(t) \qquad 1 \leqslant t \leqslant \mathrm{T} \qquad (2\text{-}7)$$

式中，$PAB_j(t)$ 是物料 j 在 t 时段的预计可用量。

7. POR 的运算逻辑

$$POR_j(t) = \begin{cases} \sum_{k=1}^{LT_j} PORC_j(k) & t = 0 \\ PORC_j(t + LT_j) & 1 \leq t \leq T - LT_j \\ 0 & T - LT_j < t \leq T \end{cases} \quad (2-8)$$

式中，$POR_j(t)$ 是物料 j 在 t 时段的计划订单发出；LT_j 是物料 j 的提前期。

（二）MRP 基本逻辑案例

1. 假设条件

本例中，工厂日历的时段长度与前置时间的单位相同，都设为周。计划期间至少涵盖 MPS 物料 X 和 Y 所需的制造和采购的累计提前期，假设 X 和 Y 自身的提前期都为 1 周，则由后面材料主文件和材料表资料可得最大累计提前期的计算结果为 6 周，这里取计划期间 T 为 9 周。

2. 已知条件

已知条件见表 2-1 至表 2-6。

表 2-1 MPS 物料 X 和 Y 的 POR 数据（节选自 MPS 报表）

时段	0	1	2	3	4	5	6	7	8	9
X	0	200	0	100	0	200	0	100	0	200
Y	0	200	150	100	100	100	100	100	100	100

表 2-2 MRP 物料自有的独立需求（含逾期）

时段	0	1	2	3	4	5	6	7	8	9
B	20	20	0	10	10	0	10	10	0	10
C	0	10	0	10	0	10	0	10	0	10

表 2-3 IM 中各 MRP 物料的基本属性

件号	前置时间（LT）	安全库存（SS）	批量法则（LSR）	批量大小（LS）	良品率（Yield）
A	2 周	10	最小订购量法	500	100%
B	1 周	10	最小订购量法	300	95%
C	2 周	20	定量批量法	600	90%
D	1 周	20	定量批量法	500	100%
E	2 周	30	定量批量法	500	100%

表 2-4 BOM 中的基本属性

父件件号	子件件号	序号	单位用量（QP）	损耗率 $Scraprate_{ij}$
X	A	10	1	3%
X	B	20	2	5%
Y	A	10	2	5%
Y	C	20	2	6%

(续)

父件件号	子件件号	序号	单位用量（QP）	损耗率 Scraprate$_{ij}$
B	C	10	1	3%
	D	20	1	0%
C	E	10	0.5	10%

表 2-5　SR 信息（含逾期）

时段	0	1	2	3～9
A	0	500	0	0
B	100	300	0	0
C	0	600	0	0
D	0	500	0	0
E	0	500	0	0

表 2-6　OH 和 AL 信息

	在库量（OH）	保留量（AL）
A	300	200
B	250	200
C	300	0
D	400	300
E	300	0

3. 计算

（1）LLC 的计算。根据 BOM，系统将自动计算每一件号的最低阶码。通常 MPS 物料的最低阶码定为 0，故 X 和 Y 的 LLC 为 0，而 MRP 物料 A、B、C、D、E 的最低阶码 LLC 分别对应为 1、1、2、2、3。由此可知，对于运用 MRP 进行需求计划的物料，初始的 $n = \min(LLC_i) = 1$。

（2）模拟结果。此案例 MRP 基本逻辑的 Excel 模拟结果见图 2-4。

（3）基本工作逻辑流程图的解析。对照 MRP 基本工作逻辑流程图，其计算步骤解析如下：①首先计算第 1 阶 MRP 物料 A 和 B 全部期别的毛需求。②随机选取 A 或 B，此处假设选 A，按照 $\{POH(t) \to NR(t) \to PORC(t) \to PAB(t)\}$ 的顺序依次计算第 1～9 期数据。③然后一次性计算 A 所有期别的 POR 数据。至此 A 计算完毕。④接着选取 B，同样按照 $\{POH(t) \to NR(t) \to PORC(t) \to PAB(t)\}$ 的顺序依次计算第 1～9 期数据。⑤然后一次性计算 B 所有期别的 POR 数据。至此第一阶 MRP 物料的计算全部结束。⑥接下去开始下阶（此时为第二阶）MRP 物料的 MRP 计算，并依此类推直至所有 MRP 物料计算完毕。

（4）基本运算逻辑的 Excel 模拟公式解析。此处主要以 MRP 物料 A 的计算为例讲解 MRP 基本运算逻辑的 Excel 模拟公式输入，读者可参照这些公式自己上机模拟。注意：逻辑相同的公式可通过复制公式功能来简化输入，其中，绝对引用有"$"符号，相对引用没有"$"符号。

特别需要注意的是：本书的大多案例，都是先在 Excel 中进行模拟计算，然后将结果直接复制至书中。由于在固定宽度表格中，Excel 正、负值，小数位显示差异，以及四舍五入显示等原因，可能导致书上显示的结果与手工计算稍有差异，不是计算错误。

1）B13 = B2 × \$B7/(1 − \$B8) + B3 × D7/(1 − \$D8) + B12。

2）C13 = C2 × \$B7/(1 − \$B8) + C3 × D7/(1 − \$D8) + C12 + B13。

3）D13 = D2 × \$B7/(1 − \$B8) + D3 × D7/(1 − \$D8) + D12。

4）E13 至 K13 公式复制 D13 公式，即光标位于 D13 右下角变成实心十字时往右拖。

5）B24 = B2 × \$C7/(1 − \$C8) + B23；C24 = C2 × \$C7/(1 − \$C8) + C23 + B24。

C13		fx	=C2*$B7/(1-$B8)+C3*$D7/(1-$D8)+C12+B13							
	A	B	C	D	E	F	G	H	I	J	K
1	时段	0	1	2	3	4	5	6	7	8	9
2	产品X的计划订单发出POR	0	200	0	100	0	200	0	100	0	200
3	产品Y的计划订单发出POR	0	200	150	100	100	100	100	100	100	100
4											
5	父件件号	X	X	Y	Y	B	B	C			
6	子件件号	A	B	A	C	C	D	E			
7	单位用量	1	2	2	2	1	1	0.5			
8	损耗率	0.03	0.05	0.05	0.06	0.03	0	0.1			
9											
10	A(LT=2)	OH=	300	AL=	200	SS=	10	Yield=	100%	LS=	500
11	Periods	0	1	2	3	4	5	6	7	8	9
12	独立需求In.Dmd.	0	0	0	0	0	0	0	0	0	0
13	毛需求GR	0	627.24	315.79	313.62	210.53	416.71	210.53	313.62	210.53	416.71
14	在途量SR	0	500								
15	预计在库量POH		-27.24	156.97	-156.6	132.83	-283.9	5.5887	191.97	-18.56	64.731
16	预计可用量PAB		472.76	156.97	343.35	132.83	216.12	505.59	191.97	481.44	64.731
17	净需求NR		37.238	0	166.65	0	293.88	4.4113	0	28.557	0
18	计划订单收料PORC		500	0	500	0	500	0	0	500	0
19	计划订单发出POR	500	500	0	500	500	0	500	0	0	

C26		fx	=C21+C25+B25-E21-C24							
	A	B	C	D	E	F	G	H	I	J	K
20											
21	B(LT=1)	OH=	250	AL=	200	SS=	10	Yield=	95%	LS=	300
22	Periods	0	1	2	3	4	5	6	7	8	9
23	独立需求In.Dmd.	20	20	0	10	10	0	10	10	0	10
24	毛需求GR	20	461.05	0	220.53	10	421.05	10	220.53	0	431.05
25	在途量SR	100	300								
26	预计在库量POH		-11.05	288.95	68.421	58.421	-362.6	19.612	-200.9	99.086	-332
27	预计可用量PAB		288.95	288.95	68.421	58.421	29.612	19.612	99.086	99.086	27.998
28	净需求NR		22.161	0	0	0	392.24	0	222.01	0	359.97
29	计划订单收料PORC		300	0	0	0	392.24	0	300	0	359.97
30	计划订单发出POR	300	0	0	0	392.24	0	300	0	359.97	0

C39		fx	=IF(C37>=$G32,0,($G32-C37)/$I32)							
	A	B	C	D	E	F	G	H	I	J	K
31											
32	C(LT=2)	OH=	300	AL=	0	SS=	20	Yield=	90%	LS=	600
33	Periods	0	1	2	3	4	5	6	7	8	9
34	独立需求In.Dmd.		10	0	10	0	10	0	10	0	10
35	毛需求GR	309.28	744.81	319.15	222.77	617.14	222.77	522.04	222.77	583.86	222.77
36	在途量SR	0	600								
37	预计在库量POH		155.19	-164	213.27	-403.9	-26.63	51.324	-171.4	-155.3	221.93
38	预计可用量PAB		155.19	436.04	213.27	196.13	573.37	51.324	428.56	444.69	221.93
39	净需求NR		0	204.4	0	470.96	51.813	0	212.71	194.78	0
40	计划订单收料PORC		0	600	0	600	600	0	600	600	0
41	计划订单发出POR	600	0	600	600	0	600	600	0	0	

C51		fx	=IF(C50>0,CEILING(C50,$K43),0)							
	A	B	C	D	E	F	G	H	I	J	K
42											
43	D(LT=1)	OH=	400	AL=	300	SS=	20	Yield=	100%	LS=	500
44	Periods	0	1	2	3	4	5	6	7	8	9
45	独立需求In.Dmd.	0	0	0	0	0	0	0	0	0	0
46	毛需求GR	300	300	0	392.24	0	300	0	359.97	0	
47	在途量SR	0	500								
48	预计在库量POH		300	300	300	-92.24	407.76	107.76	107.76	-252.2	247.79
49	预计可用量PAB		300	300	300	407.76	407.76	107.76	107.76	247.79	247.79
50	净需求NR		0	0	0	112.24	0	0	0	272.21	0
51	计划订单收料PORC		0	0	0	500	0	0	0	500	0
52	计划订单发出POR	0	0	0	500	0	0	0	500	0	

B63		fx	=C62+D62							
	A	B	C	D	E	F	G	H	I	J	K
53											
54	E(LT=2)	OH=	300	AL=	0	SS=	30	Yield=	100%	LS=	500
55	Periods	0	1	2	3	4	5	6	7	8	9
56	独立需求In.Dmd.										
57	毛需求GR	333.33	333.33	333.33	333.33	0	333.33	333.33	0	0	
58	在途量SR	0	500								
59	预计在库量POH		466.67	133.33	-200	300	-33.33	133.33	133.33	133.33	133.33
60	预计可用量PAB		466.67	133.33	300	300	466.67	133.33	133.33	133.33	133.33
61	净需求NR		0	0	230	0	63.333	0	0	0	0
62	计划订单收料PORC		0	0	500	0	500	0	0	0	0
63	计划订单发出POR	0	500	0	500	0	0	0	0	0	

图 2-4　基本逻辑的 Excel 模拟结果

6) $D24 = D2 \times \$C7/(1-\$C8) + D23$;E24 至 K24 可复制 D24 公式。

7) $C15 = C10 + C14 + B14 - E10 - C13$;$C17 = IF(C15 \geq \$G10, 0, (\$G10 - C15)/\$I10)$。

8) $C18 = IF(C17 > 0, MAX(C17, \$K10), 0)$;$C16 = C15 + C18$。

9) $D15 = C16 + D14 - D13$;$D17 = IF(D15 \geq \$G10, 0, (\$G10 - D15)/\$I10)$。

10) $D18 = IF(D17 > 0, MAX(D17, \$K10), 0)$;$D16 = D15 + D18$。

11) E15 至 K18 矩阵分行地轮流复制第 2 期相应栏目的对应公式;或者一次性选中 D15 至 K15 单元格并当光标变成实心的十字形时往右拖,以便复制第 2 期所有公式。

12) $B19 = C18 + D18$;$C19 = E18$;D19 至 I19 复制 C19 公式。

13) $J19 = K19 = 0$;若表格 K 列后所有列都没有数据,也可以直接将 C19 公式复制给 D19 至 K19,这样 J19 和 K19 将导入默认无数据的 L18 和 M18,结果同样是零。

在上述物料 A 的 MRP 计算全部完成后,可类似完成物料 B 的 MRP 计算。在第一阶的物料算完后,可从第二阶所有子件的毛需求开始重复上述步骤,需注意批量法则所致 PORC 变化和提前期所致 POR 变化。如物料 C 因采用定量批量法,故单元格"C40" PORC 公式为 $C40 = IF(C39 > 0, CEILING(C39, \$K32), 0)$;又如 B 物料 LT 为 1,故 $B30 = C29$。

图 2-5 是 QAD 公司 ERP 软件(本书内容讲解采用的 ERP 软件)中某物料的 MRP 结果示意图,其中批量法则 FOQ(Fixed Order Quantity)即为定量批量法,相应的批量大小为"订货量"指示的 5000。本图需要注意几点:①系统当前日期为 2017 年 7 月 1 日(周六);②7 月 1 日的毛需求 3000 可理解为父件 02-0009 的 POR(逾期)所致逾期毛需求,需纳入 7 月 3 日的第 1 期来处理;③7 月 1 日第一次"-900"的"预计库存量"实质对应该期 POH,周六的该 POH 应由 7 月 3 日的周一工作日处理,相应 7 月 3 日"4100"的"预计库存量"实质对应该期 PAB;④对于 11 月 10 号,"-2700"的"预计库存量"实质为 POH (11/10),而考虑了"5000"计划订单 PORC(11/10)补充之后的"2300"的"预计库存量"实质为 PAB(11/10),所以特别要注意同一日期多行显示的"预计库存量"实际上指代不同的 MRP 处理逻辑关键变量。

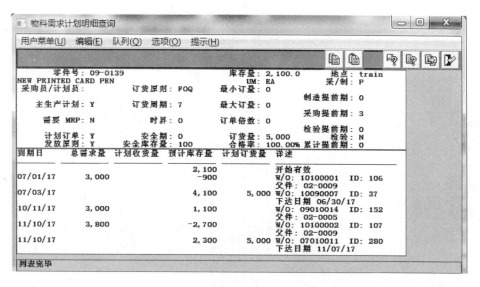

图 2-5 MRP 结果示意图(FOQ 法)

第二节 批量法则与安全库存

一、批量法则

真实环境中需求往往是不稳定的,决定批量时应该考虑到未来需求。表 2-7 介绍九种 MRP 实用批量法则 (LSR),前五种方法不是定量的就是定期的,属静态批量法;后四种方法既不定量也不定期,属动态批量法。物料各自特性不同,适用的批量方法也不同。使用者在选择合适批量法则时应比较各种法则的总成本并尽量选择较低者。

本小节将使用一个案例来描述各种批量方法。案例已知条件为:每次订购活动成本 S 为 10 元,材料单位成本 C 为 2.08 元,年库存持有成本率 I 为 20%,每期时段长度为周,年工作时间为 52 周,第 1~12 期毛需求见表 2-8 中 GR 一栏,没有在途量。由此可计算出:12 期毛需求之和等于 1780,每期平均毛需求约等于 148.3,单位物料的每期库存持有成本为 $CI/52 = (2.08 \times 20\%)$ 元$/52 = 0.008$ 元。总成本计算公式如下:

$$总成本 = 总订购次数 \times 每次订购成本 + 各期 PAB 之和 \times 每期持有成本 \quad (2-9)$$

表 2-7 MRP 批量法则分类

静态批量法则					动态批量法则			
定量的			定期的		最低单位成本法(LUC)	最低总成本法(LTC)	量期平衡法(PPB)	瞻前顾后法(LALB)
逐批法(LFL)	定量批量法(FOQ)	经济订购量法(EOQ)	定期评估法(PRS)	定期批量法(POQ)				

(一) 逐批法

逐批 (Lot-for-Lot, LFL) 法将使每期的计划订单量与该期净需求相等,适用于单价较高物料或订货生产环境。其例见表 2-8,总成本为 10×10 元 $+ (180 + 50 + 30 \times 10) \times 0.008$ 元 $= 104.2$ 元。图 2-6 是 QAD 公司 ERP 软件中 LFL 批量法则的计算结果示意图。对 2017 年 11 月 10 日,POH $= 2080 - 3800 = -1720$;NR $= (100 - (-1720))/100\% = 1820$;PORC $=$ NR $= 1820$。

表 2-8 逐批 (LFL) 法示例

A (LT = 2)	OH =	300	AL =	0	SS =	30	Yield =	100%	LSR =	LFL		
Periods	0	1	2	3	4	5	6	7	8	9	10	11	12
GR	0	120	130	160	150	120	130	300	160	140	130	120	120
SR	0	0	0										
POH		180	50	-110	-120	-90	-100	-270	-130	-110	-100	-90	-90
PAB		180	50	30	30	30	30	30	30	30	30	30	30
NR		0	0	140	150	120	130	300	160	140	130	120	120
PORC		0	0	140	150	120	130	300	160	140	130	120	120
POR	0	140	150	120	130	300	160	140	130	120	120	0	0

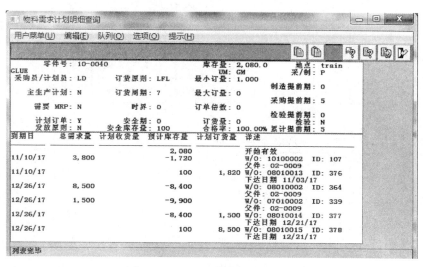

图 2-6　LFL 法的计算结果示意图

（二）定量批量法

若某期间出现净需求，定量批量（FOQ）法将计划订单的订单量定为某一依经验事先决定的量或其倍数，适用于受生产条件（如一炉装载量）、运输或包装限制的情形。其例见表 2-9，由式（2-9）可得总成本为 4×10 元 + 2800×0.008 元 = 62.4 元。图 2-5 已经示例 FOQ 法计算结果。

表 2-9　定量批量（FOQ）法示例

A（LT = 2）	OH =	300	AL =	0	SS =	30	Yield =	100%	LSR =	FOQ	LS =	400
Periods	0	1	2	3	4	5	6	7	8	9	10	11	12
GR	0	120	130	160	150	120	130	300	160	140	130	120	120
SR	0	0	0										
POH		180	50	−110	140	20	290	−10	230	90	−40	240	120
PAB		180	50	290	140	420	290	390	230	90	360	240	120
NR		0	0	140	0	10	0	40	0	0	70	0	0
PORC		0	0	400	0	400	0	400	0	0	400	0	0
POR	0	400	0	400	0	400	0	0	400	0	0	0	

（三）经济订购量法

经济订购量（Economic Order Quantity，EOQ）法是一个订购量等于 EOQ 或其倍数的定量批量法，即 LS = INT(EOQ)，INT 为取整函数。年度使用量 U 由 GR 平均需求乘 52 周得来：$(1780/12) \times 52 = 7713$，EOQ = SQR($2 \times S \times U/(C \times I)$) = SQR($2 \times 10 \times 7713/(2.08 \times 20\%)$) = 608.96，LS 取整后即得 LS = INT(608.96) = 608。其例见表 2-10，总成本为 $3552 \times 0.008 + 3 \times 10 = 58.42$。注意：①此例表明 EOQ 的使用并不能保证总成本最低，但有时有助于确定较合理的 LS 值；②鉴于 EOQ 法与 FOQ 法除所定基准批量的大小不同外没有其他差别，即两种法则在 MRP 计算逻辑中所涉参数是一样的，故许多 ERP 软件中只有 FOQ 法而无 EOQ 法，见图 2-7。

表2-10 经济订购量（EOQ）法

A（LT=2）	OH=	300	AL=	0	SS=	30	Yield=	100%	LSR=	EOQ	LS=	608
Periods	0	1	2	3	4	5	6	7	8	9	10	11	12
GR	0	120	130	160	150	120	130	300	160	140	130	120	120
SR	0	0	0										
POH		180	50	−110	348	228	98	−202	246	106	−24	464	344
PAB		180	50	498	348	228	98	406	246	106	584	464	344
NR		0	0	140	0	0	0	232	0	0	54	0	0
PORC		0	0	608	0	0	0	608	0	0	608	0	0
POR	0	608	0	0	0	608	0	0	608	0	0	0	

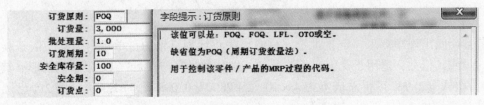

图 2-7 订货原则/批量法则的设定值

（四）定期评估法与定期批量法

定期批量（Periodic Order Quantity，POQ）法由定期评估（Periodic Review System，PRS）法演绎而来。PRS法的批量大小等于订购时距 n 个时段内的毛需求之和，其中 n 为自定；而POQ法的批量大小等于订购时距 n 个时段内的净需求之和，其中 n 通常取 $n =$ ROUND（EOQ/每期平均毛需求），ROUND为四舍五入函数。绝大多数情况下，n 期净需求之和优于 n 期毛需求之和，故而ERP系统中大多只开发POQ法而舍弃PRS法。注意：若当期PORC正好等于当期净需求，则该期PAB将正好等于安全库存SS；随后各期毛需求除以良品率就是各期的净需求，故 n 期净需求之和等于当期净需求再加上其后 $n-1$ 期毛需求之和除以良品率。如 PORC(3) = NR(3) + [GR(4) + GR(5) + GR(6)]/Yield = 140 + (150 + 120 + 130)/100% = 540。POQ法则的Excel计算范例见表2-11，总成本为 2260×0.008 元 + 3×10 元 = 48.08 元。图2-8是POQ法的计算结果示意图。查询结果上半部分的"订货周期"即为 n（=40天），而对于 t = 2017年10月11日，PAB($t-1$) = 1000，POH(t) = 1000 + 0 − 3000 = −2000，NR(t) = [500 − (−2000)]/100% = 2500，PORC(t) = NR(t) + [GR($t+1$) + ⋯ + GR($t+39$)]/100% = 2500 + [3000+3000]/100% = 8500。

注意：上述几种静态的批量法则都可以编写成公式，进而可以直接写入MRP逻辑的开发程序；但是后续几种动态批量法则难以简单地编写成公式，所以许多ERP软件并未涵盖动态批量法则。此外，从信息系统角度来看，EOQ法和FOQ法仅仅是批量大小有异，其属性设置无异，可以仅仅设置一个批量大小LS的属性，如图2-8中的"订货量"属性。

表 2-11　定期批量（POQ）法

A (LT=2)	OH =	300	AL =	0	SS =	30	Yield =	100%	LSR =	POQ	n =	4	
Periods	0	1	2	3	4	5	6	7	8	9	10	11	12
GR	0	120	130	160	150	120	130	300	160	140	130	120	120
SR	0	0	0										
POH		180	50	−110	280	160	30	−270	300	160	30	−90	30
PAB		180	50	430	280	160	30	460	300	160	30	150	30
NR		0	0	140	0	0	0	300	0	0	0	120	0
PORC		0	0	540	0	0	0	730	0	0	0	240	0
POR	0	540	0	0	0	730	0	0	0	240	0	0	0

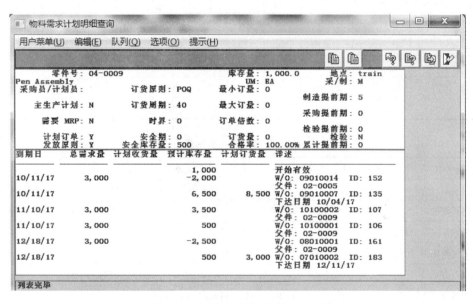

图 2-8　POQ 法的计算结果示意图

（五）最低单位成本法

最低单位成本（Least Unit Cost，LUC）法是一种动态批量法则，在某期出现净需求时，它将每一个试算批量的订购成本与存货持有成本相加后除以试算批量得到单位成本，以单位成本最低为标准来决定批量大小。LUC 法的详细计算步骤如下：①确定首个试算期别/时刻（即首个 NR>0 期别）和对应该时刻的各个试算批量；②确定每个试算批量中每个对应满足某期 GR 的补充数量（即表中"该期 GR"）相对于试算时刻的库存时间；③计算每个试算批量中每个"该期 GR"由库存时间引发的库存成本；④将上一步计算得出的"该期 GR"库存成本累加即可得到对应各试算批量的库存成本；⑤将各试算批量的库存成本加上一次订购成本即可得到各试算批量的总成本；⑥将各试算批量的总成本除以各自试算批量即可得对应各试算批量的单位成本；⑦选出其中最小的单位成本，它所对应的试算批量即为这个试算期别/时刻的 PORC；⑧运行 MRP 逻辑，直至又出现某期 NR>0，重复第①至第⑦步，如此循环直至期末。LUC 法的案例见表 2-12～表 2-15，总成本为 $2310 \times 0.008 + 3 \times 10 = 48.48$。

其中有些数据可能因四舍五入而显示有偏差。为避免四舍五入的显示有时难以直观地确定最低单位成本，故"最低单位成本"对应的单元格最好输入 MIN 函数，如 B20 = MIN（E19：N19）。随后确定应选择的批量时输入判断函数，如在 E20 输入" = IF（E19 = B20，E14,""）"，并将该公式复制给 F20 至 N20。最后在将选定的试算批量返回给 ROPC 时，输入查找函数，如在 E9 单元格输入" = VLOOKUP（B20, E19：N20, 2, FAULSE）"，这样可准确导入所选批量。

表 2-12　最低单位成本（LUC）法

A（LT = 2）		OH =	300	AL =	0	SS =	30	Yield =	100%	LSR =	LUC		
Periods		0	1	2	3	4	5	6	7	8	9	10	11	12
GR		0	120	130	160	150	120	130	300	160	140	130	120	120
SR		0	0	0										
POH			180	50	−110	300	180	50	−250	190	50	−80	170	50
PAB			180	50	450	300	180	50	350	190	50	290	170	50
NR			0	0	140	0	0	0	280	0	0	110	0	0
PORC			0	0	560	0	0	0	600	0	0	370	0	0
POR		0	560	0	0	0	600	0	0	370	0	0	0	0

表 2-13　LUC 批量试算一

Periods	0	1	2	3	4	5	6	7	8	9	10	11	12
GR	0	120	130	160	150	120	130	300	160	140	130	120	120
试算批量				160	310	430	560	860	1020	1160	1290	1410	1530
该期 GR 的库存时间（周）				0	1	2	3	4	5	6	7	8	9
该期 GR 的库存成本（元）				0	1.2	1.92	3.12	9.6	6.4	6.72	7.28	7.68	8.64
试算批量的库存成本（元）				0	1.2	3.12	6.24	15.84	22.24	28.96	36.24	43.92	52.6
总成本（元）				10	11.2	13.12	16.24	25.84	32.24	38.96	46.24	53.92	62.6
单位成本（元）				0.06	0.04	0.031	0.029	0.03	0.032	0.034	0.036	0.038	0.04
最低单位成本（元）	0.029		选批量				560						

表 2-14　LUC 批量试算二

Periods	7	8	9	10	11	12
GR	300	160	140	130	120	120
试算批量	300	460	600	730	850	970
该期 GR 的库存时间(周)	0	1	2	3	4	5
该期 GR 的库存成本(元)	0	1.28	2.24	3.12	3.84	4.8
试算批量的库存成本(元)	0	1.28	3.52	6.64	10.48	15.28
总成本(元)	10	11.28	13.52	16.64	20.48	25.28
单位成本(元)	0.03	0.025	0.0225	0.0228	0.024	0.026
最低单位成本(元)	0.0225		600			

表 2-15　LUC 批量试算三

Periods	10	11	12
GR	130	120	120
试算批量	130	250	370
该期 GR 的库存时间(周)	0	1	2
该期 GR 的库存成本(元)	0	0.96	1.92
试算批量的库存成本(元)	0	0.96	2.88
总成本(元)	10	10.96	12.88
单位成本(元)	0.0769	0.044	0.0348
最低单位成本(元)	0.0348		370

（六）最低总成本法

最低总成本批量（Least Total Cost，LTC）法是另一种动态批量方法，其订购量的计算是将不同试算批量的订购成本与库存持有成本相比较，并选择两者最接近的试算批量为订购批量。因 LTC 法详细计算逻辑步骤与 LUC 法很类似，故不再详述。LTC 案例见表 2-16 ~ 表 2-18，总成本为 2820×0.008 元 + 3×10 元 = 52.56 元。其中，因第三次批量试算时只剩下最后一期 GR，故直接取 PORC(12) = GR(12) = 120。注意：对比表 2-17 与表 2-13 及表 2-18 与表 2-14，可发现 LTC 法结果与 LUC 法结果有时相同有时又不同，因为两者逻辑毕竟不同。

表 2-16　LTC 批量法

A（LT = 2）	OH =	300	AL =	0	SS =	30	Yield =	100%	LSR =	LTC	
Periods	0	1	2	3	4	5	6	7	8	9	10	11	12
GR	0	120	130	160	150	120	130	300	160	140	130	120	120
SR	0	0	0										
POH		180	50	−110	300	180	50	−250	440	300	170	50	−70
PAB		180	50	450	300	180	50	600	440	300	170	50	50
NR		0	0	140	0	0	0	280	0	0	0	0	100
PORC		0	0	560	0	0	0	850	0	0	0	0	120
POR	0	560	0	0	0	850	0	0	0	0	120	0	0

表 2-17　LTC 批量试算一

Periods	0	1	2	3	4	5	6	7	8	9	10	11	12
GR	0	120	130	160	150	120	130	300	160	140	130	120	120
试算批量				160	310	430	560	860	1020	1160	1290	1410	1530
该期 GR 的库存时间（周）				0	1	2	3	4	5	6	7	8	9
该期 GR 的库存成本（元）				0	1.2	1.92	3.12	9.6	6.4	6.72	7.28	7.68	8.64
试算批量的库存成本（元）				0	1.2	3.12	6.24	15.84	22.24	28.96	36.24	43.92	52.56
订购成本（元）				10	10	10	10	10	10	10	10	10	10
绝对偏差（元）				10	8.8	6.88	3.76	5.84	12.24	18.96	26.24	33.92	42.56
最小偏差（元）	3.76	选批量						560					

表 2-18　LTC 批量试算二

Periods	0	1	2	3	4	5	6	7	8	9	10	11	12
GR	0	120	130	160	150	120	130	300	160	140	130	120	120
试算批量								300	460	600	730	850	970
该期 GR 的库存时间（周）								0	1	2	3	4	5
该期 GR 的库存成本（元）								0	1.28	2.24	3.12	3.84	4.8
试算批量的库存成本（元）								0	1.28	3.52	6.64	10.48	15.28
订购成本（元）								10	10	10	10	10	10
绝对偏差（元）								10	8.72	6.48	3.36	0.48	5.28
最小偏差（元）	0.48	选批量										850	

(七) 量期平衡法

量期平衡批量（Part Period Balancing, PPB）法是一种动态批量法则，其订购量的计算是将不同试算批量的累积量期与经济量期相比较，选择两者最接近的试算批量为订购批量。其中，量期（Part-Period）既是一种计量单位，又是考察库存的一个角度。作为计量单位的"量期" = 量×期；从库存考察角度出发，"量期"是指某数量的物料与其库存时间的乘积。经济量期（Economic Part Period, EPP）是一个特定数值，该数量的物料被储存一期的库存持有成本正好等于订购成本 S，即 EPP = 订购成本/单位物料的每期库存持有成本。本小节中，EPP = 10 元/0.008 元 = 1250。PPB 法案例见表 2-19～表 2-21，总成本为 2820×0.008 元 + 3×10 元 = 52.56 元。PPB 法与 LTC 法的结果完全相同，差别只是以不同方式处理 0.008，因此两种法则的逻辑实质相同。

表 2-19　PPB 法

A (LT=2)	OH =	300	AL =	0	SS =	30	Yield =	100%	LSR =	PPB	EPP =	1250
Periods	0	1	2	3	4	5	6	7	8	9	10	11	12
GR	0	120	130	160	150	120	130	300	160	140	130	120	120
SR	0	0	0										
POH		180	50	-110	300	180	50	-250	440	300	170	50	-70
PAB		180	50	450	300	180	50	600	440	300	170	50	50
NR		0	0	140	0	0	0	280	0	0	0	0	100
PORC		0	0	560	0	0	0	850	0	0	0	0	120
POR	0	560	0	0	0	850	0	0	0	0	120	0	0

表 2-20　PPB 批量试算一

Periods	0	1	2	3	4	5	6	7	8	9	10	11	12
GR	0	120	130	160	150	120	130	300	160	140	130	120	120
试算批量				160	310	430	560	860	1020	1160	1290	1410	1530
该期 GR 的库存时间				0	1	2	3	4	5	6	7	8	9
该期 GR 的量期				0	150	240	390	1200	800	840	910	960	1080
累积量期				0	150	390	780	1980	2780	3620	4530	5490	6570
EPP				1250	1250	1250	1250	1250	1250	1250	1250	1250	1250
绝对偏差				1250	1100	860	470	730	1530	2370	3280	4240	5320
最小偏差		470	选批量				560						

表 2-21　PPB 批量试算二

Periods	0	1	2	3	4	5	6	7	8	9	10	11	12
GR	0	120	130	160	150	120	130	300	160	140	130	120	120
试算批量								300	460	600	730	850	970
该期 GR 的库存时间								0	1	2	3	4	5
该期 GR 的量期								0	160	280	390	480	600

(续)

Periods	0	1	2	3	4	5	6	7	8	9	10	11	12
累积量期								0	160	440	830	1310	1910
EPP								1250	1250	1250	1250	1250	1250
绝对偏差								1250	1090	810	420	60	660
最小偏差		60		选批量								850	

（八）瞻前顾后法

瞻前顾后（Look-ahead/Look-back，LALB）法是在 PPB 法基础上再调整以求改进排程的批量法则，即依据 PPB 法选出 PORC 订购批量后先不确定，接着考虑是否应将该订购批量涵盖期间之外最近一期毛需求包含进来，或是否应将该订购批量涵盖的最后一期毛需求剔除掉，然后再决定最佳批量。也就是说，瞻前顾后法找出累计量期最接近 EPP 的期别后，估计该期别的当期毛需求和下一期毛需求对成本的影响，借此评估将它们计入此批量中是否经济。其理论依据是"局部最优往往不是全局最优"。该法则可以预防因涵盖后期尖峰需求而造成太多存货长期滞留仓库，或预防需求低迷时发单频率过高。此处省略中间思考过程，只将瞻前顾后法的最后结果列入表 2-22 中，其总成本为 3420 × 0.008 元 + 2 × 10 元 = 47.36 元。事实上，这个结果是本例的真正最佳解，它验证了"局部最优往往不是全局最优"。

表 2-22 LALB 法

A (LT = 2)	OH =	300	AL =	0	SS =	30	Yield =	100%	LSR =	LALB		
Periods	0	1	2	3	4	5	6	7	8	9	10	11	12
GR	0	120	130	160	150	120	130	300	160	140	130	120	120
SR	0	0	0										
POH		180	50	−110	300	180	50	−250	560	420	290	170	50
PAB		180	50	450	300	180	50	720	560	420	290	170	50
NR		0	0	140	0	0	0	280	0	0	0	0	0
PORC		0	0	560	0	0	0	970	0	0	0	0	0
POR	0	560	0	0	0	970	0	0	0	0	0	0	

（九）订货量的调整

九种批量法则的特性比较见表 2-23。其中，LFL 法可看成订购间距恒为 1。

表 2-23 九种批量法则特性比较

批量法则	比较项目	
	批量大小	订购间距
FOQ、EOQ	固定	可变
LFL、PRS、POQ	可变	固定
LUC、LTC、PPB、LALB	可变	可变

有时按某些批量法则确定的订货量只是一个基准量，还要做适当调整。比如，LFL 法和 POQ 法可能涉及最小订购量和增量的倍数调整问题。最小订购量的调整不用多说，而需求

量大于最小订购量时增量的倍数调整问题还有三种情况,见表2-24。

表2-24 增量的倍数调整示意

增量倍数调整原则	最小订购量	需 求 量	实际订货量
倍数即是最小订购量	100	121	200
超出部分因需定量(倍数为1)	100	121	121
按自设的倍数(本例为10)增加	100	121	130

在QAD公司ERP软件中,LFL法和POQ法涉及最小订购量调整和如表2-24所示的增量倍数调整,有时还涉及两种调整同时发生的情况。事实上,涉及最小订购量和增量倍数调整原则符合"倍数即是最小订购量"的LFL法就是FOQ法;而涉及最小订购量和增量倍数调整原则符合"超出部分因需定量"的LFL法就是最小订购量法。注意:以上是批量法则的基础知识,各ERP软件中可能有所变化;实际应用时,操作人员需仔细研究手头ERP软件的开发/应用手册,理解各个属性真实含义及其对MRP逻辑流程实现的影响。此外,为应对物料部分自制、部分外包/采购情况,也可在ERP软件改进中对任何批量法则都允许最小值和倍数调整。如物料A自制时因工艺要求需用FOQ法(LS为20);若企业自制能力是100,并且外包/采购供应商要求订购量为50的倍数,则可将A的LS设为20、最小订购量设为期望自制量(供不应求时设100以求满负荷运转)、倍数设为50。若企业正常情况下是外包/采购,只有供应不足时(供应商最大供应能力200)才对超出部分进行自制,则可将A的LS设为50、最小订购量设为期望外购量、倍数设为20。批量法则的灵活变化有能力适应更多种的实际业务需求。

二、安全库存

库存计划管理人员都十分关注物资短缺问题,特别是在需求不确定时。安全库存(SS)就是为应对需求不确定而对预期需求的基础上增加的库存,其目的是在控制库存成本的前提下尽量预防因为库存物资的短缺而导致的生产中断。是否会发生物资短属于概率问题,由此产生了求解SS的概率方法。进一步,库存计划管理人员也非常关注短缺的数量大小,由此催生出求解SS的服务水平方法。

(一)概率方法

安全库存的概率方法是根据对库存物资的需求量超过规定数量这一事件发生的概率来确定SS的,如某目标表述为"建立适当安全库存以使得需求量超过200单位这一事件发生的概率仅为5%",因此,该方法是有关缺货频率(次数)的问题。

假设某需求服从$N(100,20)$的正态分布,如果每月一次订购100单位且月初到货,则一年中将有6个月可能缺货(即大致有6个月的需求会超过100单位),缺货概率为50%。如果我们仍是一次订购100单位,但比刚才情况再提前一些时间订货,使得当库存降至20单位时所订货物就入库,这时我们就建立了相当于一个标准差大小的安全库存,查正态分布表可求得需求被满足的概率为0.8413(即0.5 + 0.3413),而缺货(即正态分布图中的阴影部分)的概率约为16%(即100% − 84.13%),见图2-9。

若需建立缺货概率仅5%的安全库存,意味着应当建立1.64个标准差的安全库存,此处为33单位($1.64 \times 20 = 32.8$)。再特别强调一次,这并不是说我们每月应额外订购33单

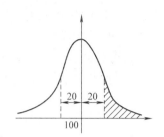 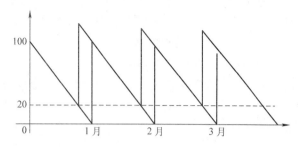

图 2-9 安全库存概率方法的示意图

位的货物，而是每次仍然订购一个月的使用量 100 单位，但应安排好接收计划以便货到时仓库仍有 33 单位的库存。这种情况下，每年大约只有 0.6 个月会缺货或 20 个月中将有 1 个月发生缺货。

（二）服务水平方法

安全库存的服务水平方法是一种关注短缺多少单位的方法，其中的服务水平是指可以立刻用现有库存来满足需求的数量。例如，若对某物资需求量为 1000 单位，则 95% 的服务水平意味着 950 单位的该物资可以立即从库存中得到满足，而短缺数量是 50 单位。应用服务水平方法求解安全库存时，需区分定量订货模型与定期订货模型。

为讲解这种方法，首先定义以下两个术语：①z 为既定服务水平下安全库存与标准差的比值。②$E(z)$ 为对应标准差为 1 的缺货期望值，即对应 $\sigma=1$ 的每一订购提前期内缺货预期数。例如，假设每周需求量服从正态分布 $N(100,10)$ 且每周的周初有 110 单位的库存，则缺货期望值 = 1 × 缺 1 单位的概率 + 2 × 缺 2 单位的概率 + 3 × 缺 3 单位的概率 + …（至无穷）= 1 × 需求为 111 单位的概率 + 2 × 需求为 112 单位的概率 + …（至无穷）。虽然以上计算的概念非常简单，但手算几乎不可能。幸运的是，已经有布朗总结的期望值表帮助我们简化计算。布朗期望值见表 2-25 和图 2-10。

表 2-25 布朗期望值表（对应 $\sigma=1$）

z	-2	-1	0	1	2
$E(z)$	2.008	1.083	0.399	0.083	0.008

前文讲解概率方法时，曾建立了 20 单位的安全库存，它相当于一个标准差，即 $z=1$，查表 2-25 得 $E(z)=0.083$，但这 $E(z)$ 是对应 $\sigma=1$ 的，而此例标准差 $\sigma=20$，故总短缺数量 = 0.083 × 20 = 1.66 单位，相应服务水平为 (100 - 1.66)/100 = 98.34%。若每周期初只有 100 单位，即 SS = 0，则 $z=0$，查表得 $E(z)=0.399$，则总短缺数量 0.399 × 20 = 7.98 单位，此时相应服务水平为 (100 - 7.98)/100 = 92.02%。

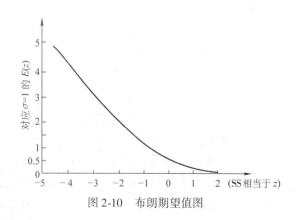

图 2-10 布朗期望值图

1. 既定服务水平下的定量订货模型

由于定量订货模型是连续监控的，所以缺货的风险只发生在订购的提前期内（即订购时点与到货时点之间），因为在现有库存量降至再订购点并引发订单之后，需求可能突然加快，使得在货物补充到位之前已出现缺货，如图2-11所示。对定量订货模型，需求量确定与不确定的主要区别在于再订购点的计算，而两者的订购批量/数量是相同的，都考虑需求量短缺成本、订购成本、存储成本等。

需求量不确定时再订购点和安全库存的计算公式分别为式（2-10）和（2-11）。

$$R = dL + SS \tag{2-10}$$

式中，R 是再订购点；d 是日需求量；L 是提前期；SS 是安全库存。

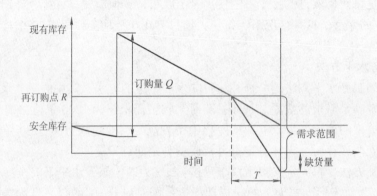

图 2-11　需求不确定的定量订货模型示意图

$$SS = z\sigma_L \tag{2-11}$$

式中，z 是既定服务水平下 SS 与标准差的比值；σ_L 是提前期内使用量的标准差。

因为"年需求量 × 短缺概率 = 每次订购的短缺量 × 年订购次数"，故有如下等式成立：$D(1-P) = (E(z)\sigma_L)(D/Q)$。将该式变形即可得到如下重要公式：

$$E(z) = (1-P)Q/\sigma_L \tag{2-12}$$

式中，$E(z)$ 是对应 $\sigma=1$ 时的每个订购周期内的缺货期望值；P 是期望服务水平；$1-P$ 是短缺概率；Q 是每次订购量；σ_L 是提前期内使用量的标准差。

例1：考虑一经济订购批量情形，已知年需求量 $D=1000$，经济订购批量 $Q=200$，一年 250 个工作日，期望服务水平 $P=95\%$，提前期为 10 天，提前期内需求量标准差 $\sigma_L=25$，求再订购点和安全库存数量。

解：日需求量 $d = 1000/250 = 4$

　　由式（2-12）计算出 $E(z) = (1-P)Q/\sigma_L = (1-0.95) \times 200 \div 25 = 0.4$

　　再由 $E(z)$ 查期望值表得 $z \approx 0$

　　由式（2-11）计算出 $SS = z\sigma_L = 0 \times 25 = 0$

　　由式（2-10）计算出 $R = dL + SS = 4 \times 10 + 0 = 40$

例2：某产品日需求量服从正态分布 $N(60,8)$。供应来源可靠，提前期固定为 6 天。订购成本为 10 元，每单位产品年存储成本为 0.8 元，不计短缺成本。假设销售全年发生，需求相互独立。求能用库存满足 95% 顾客需求的订购量、安全库存及再订购点。

解：以上已知条件可简化表示为：$d = 60$；$\sigma_d = 8$；$L = 6$；$S = 10$；$H = 0.8$；$D = 60 \times 365$。

订购量即为经济订购量，$Q = \sqrt{2DS/H} = \sqrt{2 \times 60 \times 365 \times 10/0.8} = 740$

订购提前期内需求标准差 $\sigma_L^2 = (\sigma_1^2 + \sigma_2^2 + \sigma_3^2 + \sigma_4^2 + \sigma_5^2 + \sigma_6^2) = (6\sigma_d^2) = 19.6$

由式（2-12）可计算出 $E(z) = (1 - P)Q/\sigma_L = (1 - 0.95) \times 740/19.6 = 1.888$

由 $E(z)$ 查期望值表并用插值法可得 $z \approx -1.87$

由式（2-11）可计算出 $SS = z\sigma_L = (-1.87) \times 19.6 = -36.7$

由式（2-10）可计算出 $R = dL + SS = 60 \times 6 + (-36.7) = 323.3$

此处 SS 为负意味着当库存降至刚好满足提前期内需求量 360（$= dL = 60 \times 6$）时就订购 Q 的话，实际服务水平比期望值还要高。为了使服务水平降至 95%，应该降低再订购点（R），这意味着允许更多的短缺。

2. 既定服务水平下的定期订货模型

定期订货系统一般比定量订货系统要求更高的安全库存，此时的安全库存应保证在盘点（周）期和提前期内都不发生缺货。比如：在某固定的盘点时刻订购了一定数量之后，突然出现一个很大的需求，原有剩余库存和刚刚订购补充的数量都不足以满足这个需求，如此就出现了缺货，但这个缺货只有等过完整个盘点周期（T），即到下一个盘点时刻才能发出补充订单，而补充的货物真正到达以满足缺货需求则还需要等待一个提前期（L），所以此时的安全库存应当保证在 T 和 L 内都不发生缺货，如图 2-12 所示。

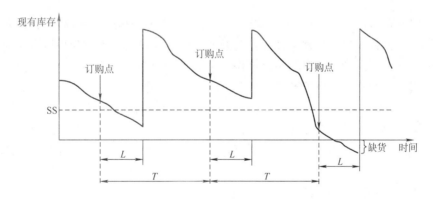

图 2-12　需求不确定的定期订货模型示意图

因"订货量 = 盘点和提前期内平均需求 + 安全库存 - 现有库存（含已订未交量）"，故订货量的计算公式可表达为式（2-13）。其中的安全库存的计算见式（2-14）。

$$q = d(T + L) + SS - I \tag{2-13}$$

式中，q 是订货量；d 是日需求量；T 是盘点期；L 是提前期；SS 是安全库存；I 是现有库存（含已订未交量）。

$$SS = z\sigma_{T+L} \tag{2-14}$$

式中，z 是既定服务水平下 SS 与标准差的比值；σ_{T+L} 是 $T + L$ 期内使用量的标准差。

因"盘点期内需求量×短缺概率=每次订购短缺量"，故 $dT(1-P) = E(z)\sigma_{T+L}$。将该式变形即可得到如下重要公式：

$$E(z) = dT(1-P)/\sigma_{T+L} \tag{2-15}$$

式中，d 是日需求量；T 是盘点期；P 是期望服务水平；$1-P$ 是短缺概率；$E(z)$ 是对应 $\sigma=1$ 时的每个订购周期内的缺货期望值；σ_{T+L} 是 $T+L$ 期内使用量的标准差。

例3：某一产品日需求量服从标准分布 $N(10,3)$ 且需求相互独立，盘点周期为30天，订购提前期为10天。管理部门已制定了满足98%需求的政策。在某个盘点周期的期初（即订购点处），产品库存尚有150单位。SS和订购量应为多少？

解：由于已知的是每日需求标准差且各自相互独立，而公式需要的是整个 $T+L$ 期内的需求标准差，故由 $\sigma_{T+L}^2 = (T+L)\sigma_d^2$ 可得 $\sigma_{T+L} = \sqrt{(30+10) \times 3^2} = 18.97$

由式（2-15）可算出 $E(z) = dT(1-P)/\sigma_{T+L} = 10 \times 30 \times (1-0.98)/18.97 = 0.316$

由 $E(z)$ 查期望值表并用插值法可得 $z \approx 0.263$

由式（2-14），$SS = z\sigma_{T+L} = 0.263 \times 18.97 \approx 5$

由式（2-13），$q = d(T+L) + SS - I = 10 \times (30+10) + 5 - 150 = 255$

注意，只有在定期订货模型中，SS的使用可能会增加订购量；而在定量订货模型中，SS的使用仅使再订购点提前或延后，并不增加或减少订购量。

第三节　冲销时间与安全时间

一、冲销时间

冲销时间（Offset Time，OT），有些软件称为Lead Time Offset，是材料表BOM中的一个属性。有时，某材料在制造某种父件时需分散在不同时段使用，为避免积压资金或浪费仓储空间，该材料需分批进货，此时需在描述该父子关系的材料表中定义多个OT值，其目的是使该父件的同一计划订单发出 $POR(t)$ 产生该子件多个毛需求 $GR(t)$，进而衍生出该子件的多笔 $PORC(t)$ 及 $POR(t)$。例如，盖房时地基和每个楼层都使用相同钢筋，为避免积压可分多批采购到位，此时需在以房子为父件的BOM表中列出多笔钢筋子件资料，每笔设置不同的冲销时间。注意，因实际业务中既存在部分需求延后的可能，也存在部分需求提前的可能，所以OT是一个可正亦可负的属性。OT为正表示该子件可在父件开始生产后延迟OT时间到位；OT为负则表示需提前OT时间到位。

（一）冲销时间OT的引例

例4：盖房时每个楼层都要用到相同的钢筋，但无须一开始就把所有钢筋购入，此处决定开始和期中分两批采购到位。假设采购钢筋提前期1个月，建房提前期6个月。若8月底需交付2栋楼房，最迟应于2（= 8 - 6）月底下达开工指令。这时，将需要各一半钢筋分别于2月底和5月底采购到位；相应的，最迟应于1月底和4月底下达采购计划才能保证钢筋及时采购到位。用表格的规范形式表示冲销时间的影响，如表2-26 ~ 表2-28所示。

表2-26　材料主文件（IM）的基本属性

件号	提前期（LT）	安全库存	批量法则	最小订购量	倍数（BS）	良品率
房子A	6个月	0	LFL	1	1	100%
钢筋B	1个月	20	LFL	200	1	100%

表 2-27 材料表（BOM）的基本属性

父件件号	子件件号	序号	单位用量	损耗率	冲销时间（月）
房子 A	钢筋 B	10	200	0	0
房子 A	钢筋 B	20	200	0	3

表 2-28 冲销时间示例

房子 A	Past	OH = 0	AL = 0	SS = 0	LSR = LFL	MIN = 1	BS = 1	Y = 1	LT = 6
Periods	0	1	2	3	4	5	6	7	8
In. Dmd.	0	0	0	0	0	0	0	0	0
GR	0	0	0	0	0	0	0	0	2
SR	0	0							
POH		0	0	0	0	0	0	0	−2
PAB		0	0	0	0	0	0	0	0
NR		0	0	0	0	0	0	0	2
PORC		0	0	0	0	0	0	0	2
POR	0	0	2	0	0	0	0	0	0
钢筋 B	Past	OH = 50	AL = 0	SS = 20	LSR = LFL	MIN = 200	BS = 1	Y = 1	LT = 1
Periods	0	1	2	3	4	5	6	7	8
In. Dmd.	0	0	0	0	0	0	0	0	0
GR	0	0	400	0	0	400	0	0	0
SR	0	0							
POH		50	−350	20	20	−380	20	20	20
PAB		50	20	20	20	20	20	20	20
NR		0	370	0	0	400	0	0	0
PORC		0	370	0	0	400	0	0	0
POR	0	370	0	0	400	0	0	0	0

（二）OT 对 MRP 基本工作逻辑流程图的影响分析及处理策略

冲销时间（OT）指向物料间相互关系，就应在处理物料间相互关系的 GR 逻辑步骤中处理，所以 OT 对 MRP 基本工作逻辑的影响是在原 GR 步骤中增加考虑 OT 因素，见图 2-13。

> 将 $(n-1)$ 阶各物料 i 各时段（即 t 从逾期 0 至计划期间 T）的计划订单发出 $POR_i(t)$ 经单阶 BOM 展开（即乘以相应单位用量），得出所有 n 阶各物料 j 各时段的毛需求 $GR_j(t)$。注意：此时可考虑各物料 j 各期的独立需求和相应 BOM 中的损耗率和冲销时间。

图 2-13 冲销时间对 MRP 基本工作逻辑的影响（仅修改 GR 步骤内容）

（三）OT 对 MRP 基本运算逻辑的影响分析及处理策略

OT 对基本运算逻辑的影响通过 GR 计算公式的改进即可完成，改进如下：

$$GR_j(t) = \begin{cases} \sum_{i=1}^{m} \sum_{k=1}^{n_{ij}} \dfrac{(\sum_{l=0}^{OT_{ijk}} POR_i(l)) \times QP_{ijk}}{1 - Scraprate_{ijk}} + In.\,dmd_j(0) & t = 0 \\ \sum_{i=1}^{m} \sum_{k=1}^{n_{ij}} \dfrac{POR_i(1 + OT_{ijk}) \times QP_{ijk}}{1 - Scraprate_{ijk}} + In.\,dmd_j(1) + GR_j(0) & t = 1 \\ \sum_{i=1}^{m} \sum_{k=1}^{n_{ij}} \dfrac{POR_i(t + OT_{ijk}) \times QP_{ijk}}{1 - Scraprate_{ijk}} + In.\,dmd_j(t) & 2 \leq t \leq T \end{cases} \quad (2\text{-}16)$$

式中，$GR_j(t)$ 是物料 j 在 t 时段的毛需求；m 是物料 j 所有直接父件 i 的总个数；l 是需累加至子件 j 逾期毛需求的父件 i 的 POR 数据所处的时段/期别；$POR_i(t)$ 是父件 i 在 t 时段的计划订单发出；n_{ij} 是父件 i 中 j 的冲销时间个数；OT_{ijk} 是父件 i 中子件 j 第 k 个冲销时间的数值，$k = 1, 2, \cdots, n_{ij}$；QP_{ijk} 是父件 i 中对应子件 j 第 k 个冲销时间的单位用量，$k = 1, 2, \cdots, n_{ij}$；$Scraprate_{ijk}$ 是父件 i 中对应子件 j 第 k 个冲销时间的损耗率，$k = 1, \cdots, n_{ij}$；$In.\,dmd_j(t)$ 是子件 j 在 t 时段的独立需求；T 是计划期间。

注：若某 OT_{ijk} 为正，将导致 $-OT_{ijk}$ 为负，则相应 $GR_j(0)$ 计算公式中的 $\sum POR_i(l)$ 不用再计算，直接等于 0；计算过程中出现未定义的值都默认为 0；溢出计划期间的值不考虑。

(四) 冲销时间 (OT) 案例

例5：已知：父件 A 和 B 的 POR 数据见表 2-29；它们与子件 C 的相互关系属性见表 2-30（其中所有损耗率都为 0 是为了简化计算）；子件 C 独立需求数据见表 2-31；子件 C 的材料主文件中的主要基本属性见表 2-32；C 的库存状态信息 OH、AL 和各期 SR 参见表 2-33 相应栏位。求解子件 C 的毛需求。

表 2-29 已知的父件 POR

期别	0	1	2	3	4	5	6
A	100	300	0	200	0	100	0
B	50	200	300	0	100	200	0

表 2-30 BOM 的基本属性

父件	子件	序号	QP	OT	损耗
A	C	10	2	0	0
A	C	20	1	1	0
A	C	30	2	2	0
B	C	10	2	0	0
B	C	20	1	-1	0

表 2-31 物料 C 的独立需求数据

期别	0	1	2	3	4	5	6
In. Dmd.	100	100	100	0	0	0	0

表 2-32 子件 C 的材料主文件中的基本属性

件号	LT	SS	LSR	LS	良品率
C	2 期	100	FOQ	1000	100%

解：由 GR 公式可知 j 是指 C；i 是指 A 和 B；$m = 2$；$n_{AC} = 3$，$n_{BC} = 2$；$QP_{AC1} = 2$，$OT_{AC1} = 0$；$QP_{AC2} = 1$，$OT_{AC2} = 1$；$QP_{AC3} = 2$，$OT_{AC3} = 2$；$QP_{BC1} = 2$，$OT_{BC1} = 0$；$QP_{BC2} = 1$，$OT_{BC2} = 1$；所有损耗率都为 0。依上文 OT 分析及 GR 改进公式，可顺利得出 C 的 MRP 报表，见表 2-33。其中，GR 详细求解过程请参见表 2-34 和前几期 GR 公式的代入过程。特别注意："冲销时间"属性在不同 ERP 软件中可能有不同的称谓（也有可能是翻译版本不同），有时正负含义也可能与此处定义正好相反，需要认真理解所用 ERP 软件中相关字段的注释。如

全球ERP领先厂商SAP公司的ERP软件中将冲销时间属性翻译为"提前期偏置量",QAD公司将之翻译为"提前期余量";中国的用友公司、金蝶公司和鼎捷公司的ERP软件分别称其为"偏置期""提前期偏置"和"投料间距"。大多数软件中,该类属性正负含义与本书相同。

表2-33 子件C的MRP运算结果(下标括号内的数字注释运算步骤顺序)

C (LT=2)	OH =	500	SS =	100	LS =	1000	AL =	300
Periods	0	1	2	3	4	5	6	
In. Dmd.	100	100	100	0	0	0	0	
GR	650$_{(1)}$	2150$_{(2)}$	1200$_{(3)}$	1100$_{(4)}$	600$_{(5)}$	1000$_{(6)}$	100$_{(7)}$	
SR	1000	1000						
POH		50$_{(8)}$	−150$_{(12)}$	−250$_{(16)}$	150$_{(20)}$	−850$_{(24)}$	50$_{(28)}$	
PAB		1050$_{(11)}$	850$_{(15)}$	750$_{(19)}$	150$_{(23)}$	150$_{(27)}$	1050$_{(31)}$	
NR		50$_{(9)}$	250$_{(13)}$	350$_{(17)}$	0$_{(21)}$	950$_{(25)}$	50$_{(29)}$	
PORC		1000$_{(10)}$	1000$_{(14)}$	1000$_{(18)}$	0$_{(22)}$	1000$_{(26)}$	1000$_{(30)}$	
POR	2000$_{(32)}$	1000$_{(33)}$	0$_{(34)}$	1000$_{(35)}$	1000$_{(36)}$	0$_{(37)}$	0$_{(38)}$	

表2-34 子件C的GR计算解析

GR 来源	期 别						
	0	1	2	3	4	5	6
$QP_{AC1}=2$, $OT_{AC1}=0$	200	600	0	400	0	200	0
$QP_{AC2}=1$, $OT_{AC2}=1$	0	100	300	0	200	0	100
$QP_{AC3}=2$, $OT_{AC3}=2$	0	0	200	600	0	400	0
$QP_{BC1}=2$, $OT_{BC1}=0$	100	400	600	0	200	400	0
$QP_{BC2}=1$, $OT_{BC2}=-1$	50+200	300	0	100	200	0	0
Σ(相关需求总和)	550	1400	1100	1100	600	1000	100
In. dmd$_C(t)$	100	100	100	0	0	0	0
GR(t)	650	2150	1200	1100	600	1000	100

$$GR_C(0) = \sum_{l=0}^{-OT_{AC1}} POR_A(l) \times QP_{AC1} + \sum_{l=0}^{-OT_{AC2}} POR_A(l) \times QP_{AC2} + \sum_{l=0}^{-OT_{AC3}} POR_A(l) \times$$

$$QP_{AC3} + \sum_{l=0}^{-OT_{BC1}} POR_B(l) \times QP_{BC1} + \sum_{l=0}^{-OT_{BC2}} POR_B(l) \times QP_{BC2} + In.\,dmd_C(0)$$

$$= \sum_{l=0}^{0} POR_A(l) \times QP_{AC1} + \sum_{l=0}^{-1} POR_A(l) \times QP_{AC2} + \sum_{l=0}^{-2} POR_A(l) \times$$

$$QP_{AC3} + \sum_{l=0}^{0} POR_B(l) \times QP_{BC1} + \sum_{l=0}^{-(-1)} POR_B(l) \times QP_{BC2} + In.\,dmd_C(0)$$

$$= POR_A(0) \times QP_{AC1} + 0 + 0 + POR_B(0) \times QP_{BC1} + (POR_B(0) \times$$
$$QP_{BC2} + POR_B(1) \times QP_{BC2}) + 100 = 100 \times 2 + 0 + 0 + 50 \times 2 +$$
$$(50 \times 1 + 200 \times 1) + 100 = 650$$

$$GR_C(1) = POR_A(1 - OT_{AC1}) \times QP_{AC1} + POR_A(1 - OT_{AC2}) \times QP_{AC2} +$$
$$POR_A(1 - OT_{AC3}) \times QP_{AC3} + POR_B(1 - OT_{BC1}) \times QP_{BC1} +$$
$$POR_B(1 - OT_{BC2}) \times QP_{BC2} + In.\ dmd_C(1) + GR_C(0)$$
$$= POR_A(1 - 0) \times QP_{AC1} + POR_A(1 - 1) \times QP_{AC2} +$$
$$POR_A(1 - 2) \times QP_{AC3} + POR_B(1 - 0) \times QP_{BC1} +$$
$$POR_B(1 - (-1)) \times QP_{BC2} + 100 + 650$$
$$= POR_A(1) \times QP_{AC1} + POR_A(0) \times QP_{AC2} + 0 + POR_B(1) \times$$
$$QP_{BC1} + POR_B(2) \times QP_{BC2} + 750$$
$$= 300 \times 2 + 100 \times 1 + 0 + 200 \times 2 + 300 \times 1 + 750 = 2150$$

QAD 公司 ERP 软件中与"冲销时间"类似的"提前期余量"案例参见图 2-14 和图 2-15。图 2-14 显示在父件 02-0009 的 BOM 中维护了两笔单位用量和提前期余量均不同的 04-0009 子件记录（需"参考"和"工序"做区分）。图 2-15 清晰显示父件 02-0009 一个数量为"1800"的 POR 数据（W/O 号和 ID 号均同）引发子件 04-0009 两笔 GR 数据，在 POR 的当期和延迟 2 天。

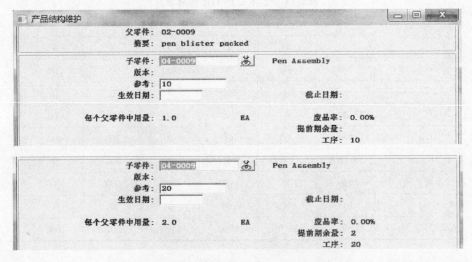

图 2-14　父件 02-0009 中维护两笔 04-0009 的子件记录（提前期余量分别是 0 和 2）

二、安全时间

安全时间（Safety Time, ST）是将 MRP 逻辑各期 PORC（t + LT）及相应 POR（t）同时提前的一个非负时间值，用来保障在实际交货期超过原定前置时间的情况下仍能在需要日期前交割订单，其主要目的是减少供货商迟交对生产所造成的影响。实际上，很多公司不知道使用安全时间，当自己的供应商经常迟交时，第一个反应就是早一点发出订单，即将 POR 日期提前，也相当于增加提前期。然而，这样做是无效的，因为供应商是以约定的交

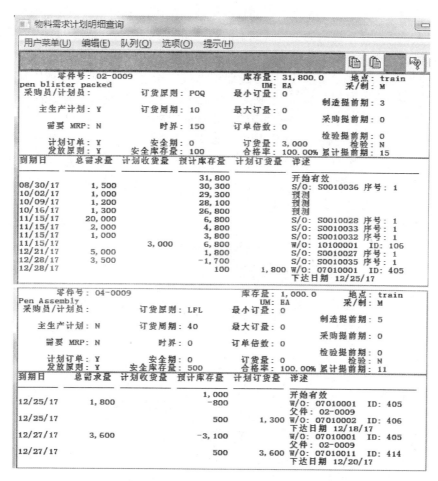

图 2-15 子件 04-0009 不同提前期余量（对应父件 02-0009）的 MRP 结果

货日期（即 PORC）为基准在其 ERP 系统中安排生产计划，而作为自身发单提示日期的 POR 对供应商没有约束力和意义。在提前期数据本身合理的情况下，供应商经常迟交的原因往往是自身管理或态度有问题。此时仅用放宽提前期的方法来应对迟交问题根本无效，反而陷入"迟交→延长 LT→还是迟交→再延长 LT→还是迟交"的无限梦魇中，亦即所谓的"前置时间并发症"。

LT 必然是越短越好，因为这样才能最大限度地保持资源的弹性。举例来说：某次月初 MRP 计划中，有一个油漆任务需要油漆工最迟 10 日完工（即 PORC 期别为 10），油漆工正常情况完成这活需要 5 天时间（即 LT 为 5 天），则管理人员最迟下达这个任务的日期是 5 日（即相应 POR 期别为 5），这样油漆工可以用第 6、7、8、9、10 日五天完成任务。但是如果现在油漆工正常情况完成这活儿只需要 3 天时间（即 LT 减少为 3 天），则管理人员最迟下达这个任务的日期是 7 日（即相应 POR 期别为 7），油漆工仅用第 8、9、10 日三天即可完成任务，而油漆工第 6 日和第 7 日两天由"被占用"变为"空闲"，可以响应其他合适的新任务，这也就意味着资源具备了更大的弹性。所以，企业管理者应尽力不断缩短各种前置时间，这是企业获得竞争优势的法宝之一。

正确的安全时间使用方法是将配套的 POR 和 PORC 同时提前，也就是将与供应商约定的订单交货日期定在企业内部真正需要的日期之前，供应商不知企业内部的实际需求日期，企业的催料人员也以这个提前的交货日期来催料，如此才可能暂时解决供应商的交货延迟问题。之所以说是"暂时解决"，是因为企业与各供应商之间应该建立相互信任的伙伴关系，使用安全时间的做法实在是不得已的权宜之计。若供应商迟交，企业则应辅导其改善，待问题解决之后，再将安全时间归为0；若辅导后仍无法改善，则应更换更合格的供应商。

（一）ST对MRP基本工作逻辑的影响分析及处理策略

当今，许多ERP软件将ST（安全时间）属性设置在材料主文件中，即将其作为物料自身属性之一。从上文对ST的应用分析来看，正确处理ST的策略应该为"MRP逻辑运算后再依ST调整计划订单POR/PORC"，即在某MRP物料从GR(0)到POR(t)的所有计算全部结束之后，再直接依据该物料ST值单独调整各期POR和PORC数据。因此，ST对MRP基本工作逻辑流程图的影响仅仅是在图2-3中增加一个判断调整步骤，见图2-16。

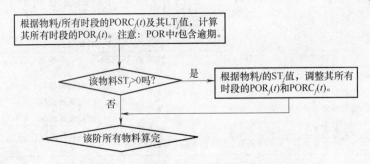

图2-16 ST对MRP基本工作逻辑流程图的影响

注意：有些文献中的"自身PORC逻辑计算中处理ST值"，即$PORC(t) = \max\{NR(t+ST), 0\}$（如果$NR(t+ST) > 0$），和"由父件POR数据计算自身GR数据时处理ST值"策略，如"系统执行MRP时，以上阶件号计划订单的预定开工日视为下阶件号之毛需求日，但当下阶件号设有ST时毛需求日会提前ST，在计算本阶计划订单时就会提前预定发单日及预定交货日"，都是错误的。前者错在MRP计划除了开始时GR和结束时POR是一次计算所有期别数据外，中间始终是按照$\{POH(t) \rightarrow NR(t) \rightarrow PORC(t) \rightarrow PAB(t)\}$的顺序一期一期循环计算，不可能在$PORC(t)$还未计算出来时就知道因ST正值而滞后的$NR(t+ST)$的数据，这将形成循环死锁；后者错在ST值不属于物料间的相互关系，不应该在主要是处理物料间相互关系的GR逻辑步骤中处理，相应可能出错，参见表2-35和表2-36的对比。由于依据ST调整而落入逾期的600单位毛需求在MRP程序运行时会自动并入第1期中去，故GR(1)变为700；而这在MRP自动算完全部步骤后将使实际PORC/POR结果与预想依据ST调整的PORC/POR结果不同。因此，上述ST的调整策略均不够严谨。

表2-35 安全时间为零的子件B的MRP报表

Part = B	Past	OH = 600	LT = 2	SS =	0	AL = 0	LS =	400	ST = 0
Periods	**0**	**1**	**2**	**3**	**4**	**5**	**6**	**7**	**8**
In. Dmd.									
GR	0	600	100	800	0	500	400	400	400
SR	0	0	400						

(续)

Part = B	Past	OH = 600	LT = 2	SS =	0	AL = 0	LS =	400	ST = 0
Periods	**0**	**1**	**2**	**3**	**4**	**5**	**6**	**7**	**8**
POH		0	300	−500	0	−500	−400	−400	−400
PAB		0	300	0	0	0	0	0	0
NR		0	0	500	0	500	400	400	400
PORC		0	0	500	0	500	400	400	400
POR	0	500	0	500	400	400	400	0	0

表 2-36　安全时间为 1 期的子件 B 的 MRP 报表

Part = B	Past	OH = 600	LT = 2	SS =	0	AL = 0	LS =	400	ST = 1
Periods	**0**	**1**	**2**	**3**	**4**	**5**	**6**	**7**	**8**
In. Dmd.									
GR 前移		600	100	800	0	500	400	400	400	0
GR▲		600	700	800	0	500	400	400	400	0
SR	0	0	400						
POH		−100	−100	300	−200	−200	−200	−200	200
PAB		300	300	300	200	200	200	200	200
NR		100	100	0	200	200	200	200	0
PORC		400	400	0	400	400	400	400	0
POR	800	0	400	400	400	400	0	0	0
PORC#		0	500	0	500	400	400	400	0
POR#	500	0	500	400	400	400	0	0	0

注：带▲的为根据 ST 调整后系统将自动计算出的实际结果，带#的为 ST 调整后所期望的计划订单结果。

（二）ST 对 MRP 基本运算逻辑的影响分析及处理策略

由图 2-16 可知，ST 对基本运算逻辑的影响关键就是如何将该调整步骤用公式来表达。若以"PORC#"和"POR#"分别表示调整后的 PORC 和 POR，则此时报表上显示的 PORC/POR 实际上就是调整之后的 PORC# 和 POR#。

$$PORC_j^{\#}(t) = \begin{cases} 空 \\ PORC_j(t+ST_j) \\ 0 \end{cases} \quad POR_j^{\#}(t) = \begin{cases} \sum_{t=0}^{ST_j} POR_j(t) & t = 0 \\ POR_j(t+ST_j) & 1 \leq t \leq T - ST_j \\ 0 & T - ST_j < t \leq T \end{cases}$$

注意：上述依据 ST 的调整本来会出现一个新值——$PORC_j$（逾期）#，但由于其值与原 POR_j（逾期）正值含义相同，没有任何新价值，所以舍弃该值（即令其为空）。$POR_j^{\#}(t)$ 各期（包括逾期）的含义与原有 $POR_j(t)$ 各期完全相同，而且公式也非常类似，此处就不再举例讲解。只有按照上述 ST 的处理逻辑，才能既保证所有变量原有正确运算逻辑的计算，又保证安全时间内涵的实现。这种"逻辑运算后再依 ST 调整计划订单 POR/PORC"的 ST 处理策略"基本上"是正确的。

(三) 建议 ST 处理新策略

上述第二部分安全时间（ST）的处理策略虽然"基本上"是正确的，但可能还有一点考虑不周。现有大多 ERP 软件供应商是将 ST 属性设定在材料主文件中，这意味着一个物料某时刻只能有一个 ST 值，其隐含假定就是该物料的供货情况不因供应商而异。但实际上，一个物料可能因各种原因需要从多个供应商处采购，并且其中大多数能够正常供货，只有极个别供应商有迟交倾向，此时在材料主文件中设定唯一 ST 值并按照上述策略处理显然并不恰当。为解决这一问题，应该考虑将 ST 这一直接跟供应商相关的非负属性设定在采购管理中以物料（件号）为类别的厂商的采购基本资料中，正如某物料对应不同的供应商可能有不同的采购单价或数量/折扣属性。此时，若某物料的某个供应商有延迟倾向，可在采购管理的采购基本资料中将该物料对应的该厂商的 ST 值设定为一个正值。此时对 ST 值的处理思路如下：首先，在 MRP 逻辑中不再直接处理 ST 值，而只对采购管理的采购基本资料中搜索到有 ST 正值的物料给出警示信号，将其附在采购物料的计划订单 PORC/POR 中并发送到采购管理部门；然后，执行相关事务的人员在采购发单时，对附有警示信号的计划订单 PORC/POR 应该特别关注，发单时尽量将订单分配给正常供应商，不得已时才将（剩余部分）订单分配给有 ST 正值的供应商，此时再将（剩余部分）订单的交货日期提前相应 ST 值；最后，（最迟）在提前了 ST 值的相应发单时刻，将（剩余部分）订单发送给该 ST 对应的供应商，其中交货日期也已经提前了 ST 值。以上对 ST 值处理的新策略归纳起来为：MRP 逻辑中不再直接处理 ST 值；而在采购发单作业时，才对可能分配给有 ST 正值供应商的（剩余部分）订单的交货日期提前相应 ST 值。特别注意：此时 MRP 基本工作逻辑和运算逻辑中都不再处理 ST 值。

(四) ST 的 MRP 软件结果示例

ST 的 MRP 对比结果参见图 2-17 和图 2-18。原 PORC（12/20）和配套 POR（12/15）的"W/O 07010003"且"ID423"，在 ST 改为 1 天之后调整为 PORC（12/19）和配套 POR（12/14）。这才导致图 2-18 中无总需求量的 12 月 19 日有计划订货量 PORC 的补充到位。

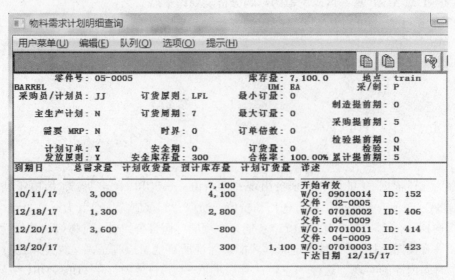

图 2-17 未设置安全时间（"安全期"=0）时的 MRP 结果

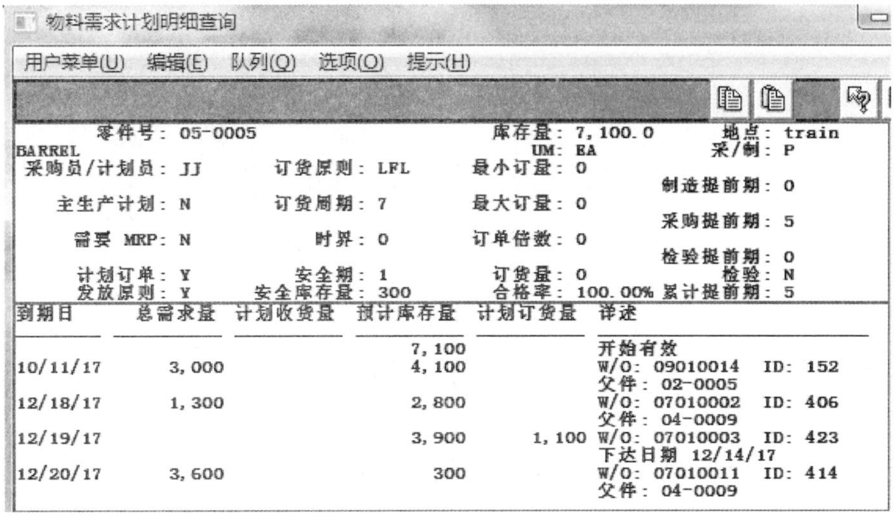

图 2-18 仅修改安全时间（"安全期"=1）后的 MRP 结果

第四节 MRP 静态逻辑模型与服务业案例

在补充第二节的静态批量法则，并集成 OT 的处理方案和 ST 的处理策略建议后，可以得出更全面的 MRP 基本逻辑模型，即 MRP 静态逻辑模型。

一、MRP 静态逻辑模型

（一）MRP 静态工作逻辑图

集成图 2-13 并舍弃图 2-16，图 2-3 变为如图 2-19 所示的 MRP 静态工作逻辑图。

（二）MRP 静态运算逻辑

在基本运算逻辑基础上，集成 OT 因素对 GR 公式的改进并舍弃 ST 对 PORC 和 POR 公式的调整之后，形成如下 MRP 静态运算逻辑。

1. GR 的运算逻辑

$$\mathrm{GR}_j(t) = \begin{cases} \sum_{i=1}^{m} \sum_{k=1}^{n_{ij}} \dfrac{(\sum_{l=0}^{-\mathrm{OT}_{ijk}} \mathrm{POR}_i(l)) \times \mathrm{QP}_{ijk}}{1 - \mathrm{Scraprate}_{ijk}} + \mathrm{In.\,dmd}_j(0) & t = 0 \\[2mm] \sum_{i=1}^{m} \sum_{k=1}^{n_{ij}} \dfrac{\mathrm{POR}_i(1 - \mathrm{OT}_{ijk}) \times \mathrm{QP}_{ijk}}{1 - \mathrm{Scraprate}_{ijk}} + \mathrm{In.\,dmd}_j(1) + \mathrm{GR}_j(0) & t = 1 \\[2mm] \sum_{i=1}^{m} \sum_{k=1}^{n_{ij}} \dfrac{\mathrm{POR}_i(t - \mathrm{OT}_{ijk}) \times \mathrm{QP}_{ijk}}{1 - \mathrm{Scraprate}_{ijk}} + \mathrm{In.\,dmd}_j(t) & 2 \le t \le T \end{cases} \quad (2\text{-}17)$$

式中，$\mathrm{GR}_j(t)$ 是物料 j 在 t 时段的毛需求；m 是物料 j 所有直接父件 i 的总个数；$\mathrm{POR}_i(t)$ 是父件 i 在 t 时段的计划订单发出；n_{ij} 是父件 i 中子件 j 的冲销时间个数；OT_{ijk} 是父件 i 中子件 j 第 k 个冲销时间的数值，$k=1, 2, \cdots, n_{ij}$；QP_{ijk} 是父件 i 中对应子件 j 第 k 个冲销时间的单位用量，$k=1, 2, \cdots, n_{ij}$；$\mathrm{Scraprate}_{ijk}$ 是父件 i 中对应子件 j 第 k 个冲销时间的损耗率，$k=1, \cdots,$

企业资源计划（ERP）

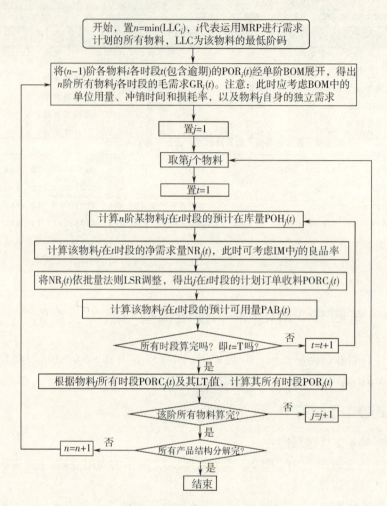

图 2-19 MRP 静态工作逻辑图

n_{ij}；$In.\, dmd_j(t)$ 是子件 j 在 t 时段的独立需求；T 是计划期间。

注：若某 OT_{ijk} 为正，则相应 $GR_j(0)$ 计算公式中的 $\sum POR_i(l)$ 不用再计算，直接等于 0。计算过程中出现未定义的值都默认为 0，如 $POR_i(-1)$ 为 0；溢出计划期间的值都不考虑。

2. SR 的来源

$SR_j(t)$ 为物料 j 在 t 时段的在途量，其数据由系统记录档案直接给出。对应 $t=0$ 的逾期量 $SR_j(0)$ 是"应到未到量"，即制令单或订购单不良执行情况的反馈结果；而对应 $t \geq 1$ 的 $SR_j(t)$ 则为排定在未来 t 时段将会取得的"已订未交量"。

3. POH 的运算逻辑

$$POH_j(t) = \begin{cases} OH_j + SR_j(1) + SR_j(0) - AL_j - GR_j(1) & t=1 \\ PAB_j(t-1) + SR_j(t) - GR_j(t) & 2 \leq t \leq T \end{cases} \quad (2\text{-}18)$$

式中，$POH_j(t)$ 是物料 j 在 t 时段的预计在库量；OH_j 是物料 j 的当前在库量；AL_j 是物料 j 当前的保留量；$PAB_j(t)$ 是物料 j 在 t 时段的预计可用量。

4. NR 的运算逻辑

$$\text{NR}_j(t) = \text{IF}\left\{\text{POH}_j(t) \geq \text{SS}_j, 0, \frac{\text{SS}_j - \text{POH}_j(t)}{\text{Yield}_j}\right\} \quad 1 \leq t \leq T \quad (2\text{-}19)$$

式中，$\text{NR}_j(t)$ 是物料 j 在 t 时段净需求；SS_j 是 j 的安全库存；Yield_j 是 j 的良品率。

5. PORC 的运算逻辑

$$\text{PORC}_j(t) = F(\text{NR}_j(t), \text{LSR}) \quad 1 \leq t \leq T \quad (2\text{-}20)$$

式中，$\text{PORC}_j(t)$ 是物料 j 在 t 时段的计划订单收料；LSR 是批量法则的集合；$F(\text{NR}_j(t), \text{LSR})$ 是由 $\text{NR}_j(t)$ 和 LSR 决定的函数（具体形式主要取决于 LSR）。

鉴于动态批量法则都涉及试算批量的选取问题，方法虽然简单但不易用简单公式表达，所以此处仅列出几种静态批量法则的计算公式。

（1）对逐批法 LFL，其计算公式为：

$$\text{PORC}_j(t) = \text{NR}_j(t) \quad 1 \leq t \leq T \quad (2\text{-}21)$$

（2）对定量批量法 FOQ 和经济订购量法 EOQ，其计算公式都为：

$$\text{PORC}_j(t) = \text{IF}(\text{NR}_j(t) > 0, \text{CEILING}(\text{NR}_j(t), \text{LS}_j), 0) \quad 1 \leq t \leq T \quad (2\text{-}22)$$

$\text{CEILING}(x, y)$ 为向上取整函数，即将 x 向上舍入为最接近的基数 y 的倍数。

（3）对定期评估法 PRS，其计算公式为：

$$\text{PORC}_j(t) = \text{IF}\left(\text{NR}_j(t) > 0, \sum_{k=t}^{t+n-1} \text{GR}_j(k), 0\right) \quad 1 \leq t \leq T \quad (2\text{-}23)$$

式中，n 是订购时距，下同。

（4）对定期批量法 POQ，其基本计算公式为：

$$\text{PORC}_j(t) = \text{IF}\left(\text{NR}_j(t) > 0, \text{NR}_j(t) + \sum_{k=t+1}^{t+n-1} \text{GR}_j(k)/\text{Yield}_j, 0\right) \quad 1 \leq t \leq T \quad (2\text{-}24)$$

6. PAB 的运算逻辑

$$\text{PAB}_j(t) = \text{POH}_j(t) + \text{PORC}_j(t) \quad 1 \leq t \leq T \quad (2\text{-}25)$$

式中，$\text{PAB}_j(t)$ 是物料 j 在 t 时段的预计可用量。

7. POR 的运算逻辑

$$\text{POR}_j(t) = \begin{cases} \sum_{k=1}^{\text{LT}_j} \text{PORC}_j(k) & t = 0 \\ \text{PORC}_j(t + \text{LT}_j) & 1 \leq t \leq T - \text{LT}_j \\ 0 & T - \text{LT}_j < t \leq T \end{cases} \quad (2\text{-}26)$$

式中，$\text{POR}_j(t)$ 是物料 j 在 t 时段的计划订单发出；LT_j 是物料 j 的前置时间。

二、服务业 MRP 案例

（一）服务业 MRP 案例原型

由于 MRP 实质是一种简化的网络计划法，所以它不仅可以运用于制造业，也完全可以应用于服务业。以下是一个机场航空服务的案例，请特别关注服务业运用时有哪些特别之处。

当飞机抵达国际机场时，地面导引车会引导飞机固定在指定的登记口，而在飞机停留期内，机场服务公司将进行机坪服务及座舱服务。机坪服务包括洗手间的清理及燃料的补给等；而座舱服务则包含了餐点的准备及垃圾的清除等。图 2-20 为简化后的航空服务流程。

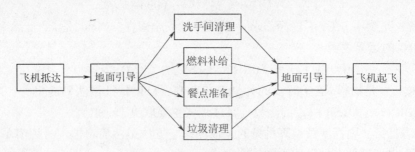

图 2-20　简化的航空服务流程图

因为飞机的抵达及起飞的时间/时刻是已经安排好的，因此地面引导作业时间也必须于事先定好的时刻进行，而其他的作业时间则可以安排在如图 2-21 所示的最早开始时间（Earliest Start Time，EST）和最晚的开始时间（Latest Start Time，LST）之间进行。

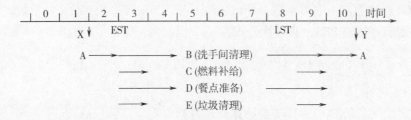

图 2-21　简化的航空服务排程

正如在制造业中将材料属性建立在材料主文件中一样，我们同样将航空服务作业的属性建立在如表 2-37 所示的"服务作业主文件"中。其中，飞机抵达（X）和飞机起飞（Y）为独立需求，正如制造业中完成品的独立需求一样，因为它们对应的都是时刻点，所以前置时间均为 0。

表 2-37　服务作业主文件

件号	X	Y	A	B	C	D	E
作业名称	飞机抵达	飞机起飞	地面引导	洗手间清理	燃料补给	餐点准备	垃圾清理
前置时间（LT）	0	0	1	2	1	2	1

图 2-22 为案例的服务结构，类似于制造业产品的产品结构。注意：地面引导作业是由飞机抵达和起飞引发的服务，所以 A 既是 X 的子件，又是 Y 的子件。

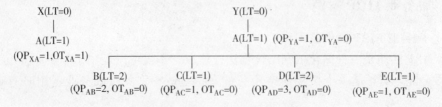

图 2-22　航空服务的服务结构图

一个产品结构由多个材料表 BOM 构成，一个服务结构同样也由多个服务表（Bill of Service）构成，见表 2-38。注意：①因 MRP 为保留资源弹性只考虑最迟开工和最迟完工时间并以最迟完工日期为时间基准倒排计划，所以 B、C、D、E 应皆为 Y 下阶 A 的子件，而不是 X 下阶 A 的子件。②由于 X 子件 A 的需求在 X 需求时刻之后，故应设置相应 $OT_{XA} = 1$。③此处的单位用量是指进行服务时需同时使用的设备或人员。就 MRP 系统而言，服务表即 BOM，运用上并无不同。

表 2-38　航空服务作业的服务表

父件	X	Y	A			
子件	A	A	B	C	D	E
序号	10	10	10	20	30	40
单位用量	1	1	2	1	3	1
冲销时间（OT）	1	0	0	0	0	0

因为直接面向顾客的柜台服务或窗口服务无法存货，只有等顾客到来时才能生产，所以这类服务业的 MRP 逻辑计算无须考虑 SS 及库存信息 OH、AL 与 SR，并且批量法则必定为 LFL。此处 Y 的 LT = 0，所以，一架客机时段 10（末）起飞的独立需求"In. $dmd_Y(10) = 1$"必然就会得出将引发下阶相关需求的"$POR_Y(10) = 1$"，见表 2-39。X 的计算也类似，此处省略。

表 2-39　Y 的 MRP 逻辑运算

Y(LT = 0)	OH =	0	AL =	0	SS =	0	LSR =	LFL			
Periods	**0**	**1**	**2**	**3**	**4**	**5**	**6**	**7**	**8**	**9**	**10**
In. Dmd.		0	0	0	0	0	0	0	0	0	1
GR		0	0	0	0	0	0	0	0	0	1
POH		0	0	0	0	0	0	0	0	0	−1
PAB		0	0	0	0	0	0	0	0	0	0
NR		0	0	0	0	0	0	0	0	0	1
PORC		0	0	0	0	0	0	0	0	0	1
POR	0	0	0	0	0	0	0	0	0	0	

现假设该机场只有一架客机预计在时段 1（末）抵达并在时段 10（末）起飞，时段长度为 5 分钟，则类似上表可得相应的 X 和 Y 的 POR 数据，见表 2-40。

表 2-40　预设航班的 POR（摘自 MPS）

Periods	0	1	2	3	4	5	6	7	8	9	10
X		1									
Y											1

由表 2-40 数据并运用已知 MRP 静态逻辑就可以计算出下阶相关需求计划，其结果见表 2-41。注意：因只考虑相关需求，故舍弃了"独立需求"一栏；因服务没有在途量，故舍弃了"SR"一栏。

表 2-41 航空服务作业的 MRP 报表

Periods	0	1	2	3	4	5	6	7	8	9	10
A(LT=1)	OH =	0	AL =	0	SS =	0	LSR =	LFL			
GR		0	0	1	0	0	0	0	0	0	0	1
POH		0	-1	0	0	0	0	0	0	0	-1
PAB		0	0	0	0	0	0	0	0	0	0
NR		0	1	0	0	0	0	0	0	0	1
PORC		0	1	0	0	0	0	0	0	0	1
POR	0	1	0	0	0	0	0	0	1	0	
B(LT=2)	OH =	0	AL =	0	SS =	0	LSR =	LFL			
GR		0	0	0	0	0	0	0	0	2	0
POH		0	0	0	0	0	0	0	0	-2	0
PAB		0	0	0	0	0	0	0	0	0	0
NR		0	0	0	0	0	0	0	0	2	0
PORC		0	0	0	0	0	0	0	0	2	0
POR	0	0	0	0	0	0	0	2	0	0	0
C(LT=1)	OH =	0	AL =	0	SS =	0	LSR =	LFL			
GR		0	0	0	0	0	0	0	0	1	0
POH		0	0	0	0	0	0	0	0	-1	0
PAB		0	0	0	0	0	0	0	0	0	0
NR		0	0	0	0	0	0	0	0	1	0
PORC		0	0	0	0	0	0	0	0	1	0
POR	0	0	0	0	0	0	0	0	1	0	0
D(LT=2)	OH =	0	AL =	0	SS =	0	LSR =	LFL			
GR		0	0	0	0	0	0	0	0	3	0
POH		0	0	0	0	0	0	0	0	-3	0
PAB		0	0	0	0	0	0	0	0	0	0
NR		0	0	0	0	0	0	0	0	3	0
PORC		0	0	0	0	0	0	0	0	3	0
POR	0	0	0	0	0	0	0	3	0	0	0
E(LT=1)	OH =	0	AL =	0	SS =	0	LSR =	LFL			
GR		0	0	0	0	0	0	0	0	1	0
POH		0	0	0	0	0	0	0	0	-1	0
PAB		0	0	0	0	0	0	0	0	0	0
NR		0	0	0	0	0	0	0	0	1	0
PORC		0	0	0	0	0	0	0	0	1	0
POR	0	0	0	0	0	0	0	0	1	0	0

表 2-41 中，B 的 "POR(7)=2" 及对应 "PORC(9)=2" 表明：为应对飞机起飞前的

引导活动，最迟需在第 7 期末下达使用两组人员和设备立即进行洗手间清理的指令，这样第 8 期初开始清理活动，最迟至第 9 期末结束，耗时 2 期。其他数据的含义与此类似。对照图 2-21 简化的航空服务排程，可以更好地理解以上内容。

（二）服务业的工作需求的显示特性

由于直接面向顾客的服务活动的提供和享用是同时发生的，表 2-41 所示的这种服务需求的显示方法很容易让服务人员忽略某些该做的工作。比如：若将 B 的"PORC(8)＝POR(8)＝0"理解为无须安排人员服务，无疑将导致工作上的疏忽。为避免这种误解的发生，服务业需要采用另外一种更为醒目的服务需求显示方式，即在各个单位时段空格内都应明确地标注需不需要服务人员/设备以及需要多少服务人员/设备；如果某个（组）人员的值班时间跨越了多个时段，则在其中每个时段都显示相应的值班服务人员/设备名单。这样，服务计划管理人员能更方便地安排人员/设备班次，而且服务人员自身也更容易正确理解自己的工作安排。为适应服务业这种特性，需对 MRP 数据、运算和报表显示进行适当调整。调整后就形成以下的服务需求计划。

（三）服务需求计划

1. 服务需求计划属性及其取值的合理调整

服务需求计划中，因服务的提供和享用是同时的，因此需要将 PORC 和 POR 统一起来并重新命名为新术语"服务"。其含义类似于 PORC，为"立即需要提供以便满足当期需求 GR 的服务"。比如："服务(3)＝2"意味着第 3 期需要 2 组人员和设备进行服务以满足顾客或其相关需求。为将 PORC/POR 统一，就必须将相应服务活动的前置时间都设置为 0。这样，不仅 PORC 与 POR 的期别和数据完全对应，而且两者的内涵才能真正转变为"服务"。这时，原来通过设置 LT 值来表示服务活动持续 1 个或多个时段的内涵必须寻求另一种方法来表达，而这种方法就是借助于 OT 值的合理设置，见表 2-42、表 2-43 和图 2-23。

表 2-42 服务需求计划相应的服务作业主文件

件号	X	Y	A	B	C	D	E
作业名称	飞机抵达	飞机起飞	地面引导	洗手间清理	燃料补给	餐点准备	垃圾清理
前置时间（LT）	0	0	0	0	0	0	0

表 2-43 服务需求计划相应的航空服务作业的服务表

父件	X	Y	A					
子件	A	A	B	B	C	D	D	E
序号	10	10	10	20	30	40	50	60
单位用量	1	1	2	2	1	3	3	1
冲销时间（OT）	1	0	-1	-2	-1	-1	-2	-1

注意：对原 LT 值为 1 的子件，在做服务需求计划时，将其 LT 值修正为 0 后仅仅需要将相关 BOM 中该子件对应的 OT 值由 0 修正为 1 即可。其原因有两点：①LT 值为 1 意味着该服务活动只持续 1 个时段，即不存在跨时段问题。②在父件 POR 与 PORC 合并之后，原本通过父件 POR 在其 PORC 基础上前移 1 期来实现子件活动在父件活动开始之前就需要完成的意图，只能转化为通过在相关 BOM 中将该子件对应 OT 值由 0 修正为 -1 来实现。参见

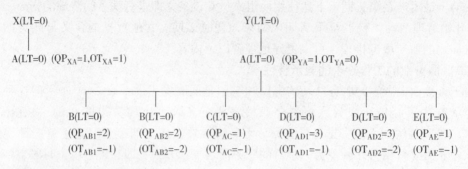

图 2-23 服务需求计划相应的航空服务结构图

表 2-43 中的 "$OT_{AC} = -1$" 和 "$OT_{AE} = -1$"。

对原 LT 值大于 1 的子件,因其活动持续多个时段,故还需将原 BOM 中单笔父件与子件记录分解为多笔父件与子件记录并修正相关 OT 值。比如:将 B 的 LT 值由 2 转变为 0 之后,为体现作业 B 是作业 A 的紧前活动以及作业 B 自身持续 2 期的时间特性,需将原来 A 下单个子件 B 分解为冲销时间分别为 1 和 2 的两个子件 B,即原来一笔 "$OT_{AB} = 0$" 的 A—B 记录分为 "$OT_{AB1} = -1$" 和 "$OT_{AB2} = -2$" 的两笔 A—B 记录,相应的 $QP_{AB1} = QP_{AB2} = 2$ 则意味着两个时段都需要 2 组人员/设备。同样,如果某子件作业的 LT 值由 3 转变为 0,则需将原来的单笔 BOM 记录分解为 OT 值连续的三笔 BOM 记录。特别注意:表 2-43 中仅 OT_{XA} 和 OT_{YA} 保留原值,因为父件 X 和 Y 对应的是时刻点,而不是持续一段时间的活动,见图 2-21。

由于直接面向顾客的柜台服务或窗口服务无法存货,顾客的毛需求(GR)就是净需求(NR)。由此,除不用再考虑已有库存 OH、库存保留 AL 和在途库存 SR 信息外,也可省略为方便求解 NR 而特设的中间库存状态变量 POH 和表明各期末预计库存数量的 PAB。这样,在 MRP 逻辑运算中完全可以省略 SR、POH、PAB 和 NR 四栏,并将 GR 和 NR 统称为"需求"。

同样由于服务没有库存,决定补充数量的批量法则必为逐批法(LFL),相应各期服务(即原各期 PORC/POR)必定等于各期 NR,即各期 GR,因此 MRP 逻辑运算只需保留 GR 和服务两个变量及其栏位即可。

2. 服务需求计划逻辑及其计算

如此简化之后的服务需求计划的工作逻辑和运算逻辑非常简单,只需注意由父件服务推导子件需求时同样按照前文 GR 公式处理 QP 和 OT 数值,最后的服务需求计划结果见表 2-44。

表 2-44 航空服务作业的服务需求计划

件号	期别	0	1	2	3	4	5	6	7	8	9	10
X	需求		1									
	服务		1									
Y	需求											1
	服务											1
A	需求			1								1
	服务			1								1

(续)

件号	期别	0	1	2	3	4	5	6	7	8	9	10
B	需求									2	2	
	服务									2	2	
C	需求										1	
	服务										1	
D	需求									3	3	
	服务									3	3	
E	需求										1	
	服务										1	

表 2-44 中 B 的 "服务(8) = 服务(9) = 2" 意味着第 8 期和第 9 期都需要两组人员/设备投入洗手间清理。其他数据内涵也与图 2-21 简化航空服务排程揭示的服务需求完全相同。再次提醒：X 和 Y 标明的是时刻点，应该根据它们到底对应哪个时段末，将其放在适当期别中。

3. 服务需求计划案例说明

关于以上这个航空服务案例，有以下几点需要特别说明：

（1）在服务需求计划中，不再强调 "最晚开始时间" 与 "最晚结束时间"，而是强调这个时段内是否需要服务人员进行服务活动以及需要几个服务人员/设备进行服务。当然，对那些只对应某个时刻点的服务（如此处的 X 与 Y），需特别注意应将其设置在哪个时段中最合理。

（2）这个应用冲销时间的例子其实也是一个能力有限情况下进行排程的 MRP 系统。需 2 个时段才能完成的洗手间清理作业 B，无论如何不能安排在一个时段中完成，故在引导作业 A 之下定义两个子件 B，其冲销时间分别为 1 和 2，这样就可以达到有限能力下排程的目的。

（3）以上案例是假设只有一架飞机。在实际业务中，所有航班都会排入 MPS，再利用 MRP 逻辑计算所有服务作业的需求。MRP 计算出来的是最晚开始时间（LST）计划，而 ERP 系统的其他功能也能做出最早开始时间（EST）计划，管理者可以在 EST 与 LST 之间做调整，使整个排程计划的负荷及产量达到平衡。

（4）本案例虽为服务业，但仍旧适用标准的企业资源计划系统，不需加以修改。其中，服务主文件相当于材料主文件，可以用来记录各项服务作业的属性；服务表对等于材料表，用于记录各项服务作业间的关系；主生产计划可用以记录最高阶服务作业的计划；材料需求规律可展开各阶服务作业的细节计划，计算的原则并无二致。

（5）服务业要应用 MRP 或者更简单的服务需求计划时，要特别注意区分自身哪些活动符合此处所描绘的服务业特征，哪些活动更符合制造业特征，以更恰当地设置合理数值。比如：快餐行业中顾客到来后的窗口服务符合案例特征；而早早准备的买菜烧菜活动更符合制造业特征，比如它们的采购数量肯定不适合采用 LFL 法则。

（6）在表 2-44 中，由 X 导出的服务作业 A 在第 1 期的 POR 并没有进一步被展开为 B、C 等子件的 GR，而由 Y 导出的服务作业 A 在第 10 期的 POR 就进一步展开为 B、C 等子件的 GR，这是因为 X 下作业 A 并无子件而 Y 下作业 A 有子件 B、C、D、E。MRP 程序如何具备这种 "智能" 呢？或者说 MRP 程序如何实现 X 之子件 A 不需要再展开至子件而 Y 下子件

A 需要展开至 B、C、D、E 呢？这个关键问题将在详细讲解了基础数据材料主文件（IM）和 BOM 之后再进行解答（参见本书第四章）。

思 考 题

1. 冲销时间对 MRP 基本逻辑模型的影响是什么？该影响说明了什么问题？
2. 安全时间对 MRP 基本逻辑的影响是什么？该影响说明了什么问题？

习 题

1. 请运用定期批量法（POQ）填写表 2-45，n 取 3 期。

表 2-45 静态批量法计算

C(LT=2)	OH=	500	SS=	100	AL=	360	Yield=	100%	LSR=	POQ	$n=3$
Periods	0	1	2	3	4	5	6	7	8	9	10
In. Dmd.	0	10	20	20	10	30	10	10	20	10	10
GR	300	1190	480	1180	370	1190	370	1170	380	370	370
SR	0	1200	0								
POH	X										
PAB	X										
NR	X										
PORC	X										
POR											

2. 已知每次订购活动成本为 10 元，材料单位成本为 2.08 元，年库存持有成本率为 20%，每期时段长度取为周，每单位物料的每期库存持有成本为 0.008 元/周。请分别运用最低单位成本法和量期批量平衡法填写表 2-46 并计算订购总成本。

表 2-46 动态批量法计算

A(LT=1)	OH=	300	AL=	0	SS=	30	Yield=	100%	LSR=			
Periods	0	1	2	3	4	5	6	7	8	9	10	11	12
GR	0	150	140	160	150	140	130	250	160	150	130	130	120
SR	0	0	0										
POH	X												
PAB	X												
NR	X												
PORC	X												
POR													

3. 某产品日需求量服从正态分布 $N(60,7)$。供应来源可靠，提前期固定为 7 天，订购成本为 10 美元，每单位产品年存储成本为 0.8 美元/单位·年，不计短缺成本。假设销售全年发生，需求相互独立。求服务水平为 98%（即能立刻用库存满足 98% 顾客需求）的订购量、安全库存及再订购点。

4. 某一产品的日需求量服从 $N(10,4)$ 的标准分布，并且需求相互独立，盘点周期为 30 天，订购提前期为 12 天。管理部门已制定了满足 95% 需求的政策。在某个盘点周期的期初库存中尚有 150 单位产品。问安全库存和订购量应为多少？

5. 已知：父件 A 和 B 的 POR 数据见表 2-47；它们与子件 C 的相互关系属性见表 2-48；子件 C 独立需

求数据见表2-49；子件C的材料主文件中的主要基本属性见表2-50；子件C的库存状态信息OH、AL和各期SR参见表2-51相应栏位。请依照MRP静态逻辑模型进行计算并填写表2-51空格，要求写出所有期别GR栏位以及前两期其他栏（如NR、PAB等）的计算过程。

表2-47 已知的父件POR

期别	0	1	2	3	4	5	6
A	50	200	0	200	0	100	0
B	100	100	100	0	100	200	0

表2-48 材料表BOM的基本属性

父件	子件	序号	QP	OT	损耗
A	C	10	1	0	0
A	C	20	2	1	0
A	C	30	1	2	0
B	C	10	2	0	0
B	C	20	1	−1	0

表2-49 物料C的独立需求数据

期别	0	1	2	3	4	5	6
In. Dmd.	50	100	0	100	0	100	0

表2-50 C的材料主文件中的基本属性

件号	LT	SS	LSR	LS	良品率
C	2期	50	FOQ	600	100%

表2-51 子件C的MRP报表

C(LT=2)	OH=	500	SS=	50	LS=	600	AL=	100
Periods	**0**	**1**	**2**	**3**	**4**	**5**	**6**	
In. Dmd.	50	100	0	100	0	100	0	
GR								
SR	600	600						
POH	X							
PAB	X							
NR	X							
PORC	X							
POR								

6. 根据如图2-24所示的MRP案例信息，按照不同批量法则填写C21单元格的公式内容。

	A	B	C	D	E	F	G	H	I	J	K	L	M	N
14	A(LT=2)	OH=	300	AL=	0	SS=	30	Yield=	100%	LSR=		LS=	400	
15	Periods	0	1	2	3	4	5	6	7	8	9	10	11	12
16	GR	0	120	130	160	150	120	130	300	160	140	130	120	120
17	SR	0	0	0										
18	POH		180	50	−110	−260	−380	−510	−810	−970	−1110	−1240	−1360	−1480
19	PAB		180	50	−110	−260	−380	−510	−810	−970	−1110	−1240	−1360	−1480
20	NR		0	0	140	290	410	540	840	1000	1140	1270	1390	1510
21	PORC													
22	POR													

图2-24 MRP案例信息

(1) FOQ，其中LS为400。

(2) POQ，其中$n=4$。

(3) LFL。

第三章
闭环式物料需求计划

> **本章要点：**
> - 闭环式物料需求计划的动态逻辑及其案例解析，包括上次 MRP 执行后企业主要的实际业务如何影响下次 MRP 的滚动逻辑，为解决 MRP 不安定性而采取的溯源与固定计划订单技术，为应对因设定固定计划订单导致的库存 PAB 过低或过高情况采取的重排计划建议功能，闭环式 MRP 系统运行方式的再生法与净变法，以及闭环式 MRP 系统的衍生活动。
> - 主生产计划（MPS）及多阶 MPS 的原理及其案例解析，包括 MPS 所应用的程序与相关时间概念，关键的"可答应量"的计算原理及其程序实现的算法流程。
> - 能力需求管理的内容及其案例解析，包括能力与负荷的基本概念、计算与平衡，编制粗能力需求计划的资源表法、产品负荷表法与总体资源法，以及依平均批量和依实际批量编制能力需求计划的方法。

第一节 闭环式物料需求计划的动态逻辑

MRP 是定期执行的，每次执行时会产生新的材料需求文档，同时计划期间所涵盖时段往后平移一期，此即为滚动式排程（Rolling Scheduling）。例如，假设某企业 MRP 系统的时段长度依行业特性取为周，计划期间固定为 8 周，每周执行一次 MRP；若这次执行 MRP 时涵盖的是 2017 年 7 月 2 日至 2017 年 8 月 26 日的 8 周时间（星期天作为每周的起点），则下次做 MRP 时实际涵盖的将是 2017 年 7 月 9 日至 2017 年 9 月 2 日的 8 周时间。在滚动式排程模式下，前后两次 MRP 执行之间的时段内，企业各项实际业务执行情况都将影响后一次 MRP，这正是闭环式 MRP 的主要发展之一。与编制一次 MRP 报表的 MRP 静态逻辑相对应，此处将前后两次 MRP 报表的相互关联和影响称为闭环式物料需求计划的动态逻辑。

参照第二章 MRP 静态逻辑各个案例，可以发现一点：除来自 MPS 的输入信息及材料主文件和 BOM 中设置的数据外，各个物料的库存状态信息 OH、AL 和 SR 也都被当作已知条件。然而，实际业务中，除了系统初次实施时原始库存信息的录入和每次依实际库存盘点结果直接调整了库存信息之外，每次做 MRP 时各物料多种库存状态信息都是在上次 MRP 资料的基础上，结合该期间内实际业务并参照滚动逻辑形成的。故此处以库存状态信息为线索，通过案例讲解闭环式 MRP 的动态逻辑。

一、闭环式 MRP 动态逻辑基础案例

鉴于闭环式 MRP 滚动逻辑很复杂,为此需要先设定一些假设条件以便对案例进行一定的简化。当然,这些假设都有合理之处或有管理实务支持。在案例结尾处,还将对这些假设进行适当的分析与解释。

(一) 案例假设条件

(1) 系统计划期间为 12 周,计划时段为 1 周。
(2) MPS 物料的需求计划采用 MRP 逻辑,且前 4 期 GR 都仅取顾客订单数量。
(3) 要求 POR 的正式发放和在途量 (SR) 的收货实现都必须由人工操作确认。
(4) 仅 POR(0) 和 POR(1) 被发放并转为下次计划的 SR,子件相应数量将被保留。
(5) 在父件某期 SR 入库以补充 OH 的当期,才冲销原各子件相应部分的 AL。

(二) 初始已知条件

表 3-1 为所有物料的材料主文件;表 3-2 为相关 BOM;表 3-3 为所有 MPS 物料初始 GR 数量;表 3-4 为所有 MRP 物料的初始独立需求;表 3-5 为所有物料的初始在途量;表 3-6 为所有物料的初始在库量和初始保留量。

表 3-1 所有物料的材料主文件

件号	X	Y	A	B	C	D	E
前置时间 (LT)	1	1	2	2	3	2	2
安全库存 (SS)	150	100	0	0	0	0	0
批量法则	LFL	LFL	LFL	LFL	LFL	LFL	LFL
最小批量 (MIN)	400	180	180	800	800	400	600
增量 (ZL)	1	1	1	1	1	1	1
物料属性	MPS 物料	MPS 物料	MRP 物料	MRP 物料	MRP 物料	MRP 物料	MRP 物料

表 3-2 所有物料相关 BOM

父件	X	X	Y	Y	A	A	B
子件	B	C	A	C	B	E	D
单位用量	2	1	1	1	1	1	0.25

表 3-3 所有 MPS 物料的初始 GR 数量

期别	0	1	2	3	4	5	6	7	8	9	10	11	12
X	0	100	400	300	200	100	200	300	100	100	400	300	200
Y	0	100	200	100	200	100	200	100	200	100	200	100	200

表 3-4 所有 MRP 物料的初始独立需求 (仅物料 C 有独立需求)

期别	0	1	2	3	4	5	6	7	8	9	10	11	12
C	0	10	10	10	10	10	10	10	10	10	10	10	10

表 3-5　所有物料的初始在途量

期别	物料						
	X	Y	A	B	C	D	E
第1期	400	180	0	800	800	400	600
其他所有期别	0	0	0	0	0	0	0

表 3-6　所有物料的初始在库量和初始保留量

物料	X	Y	A	B	C	D	E
初始在库量（OH）	200	180	400	1200	1000	400	0
初始保留量（AL）	0	0	180	800	580	200	0

注意：由假设条件（5）可知，在父件还没有验收入库时，子件的保留量不会被冲销掉，故此处表 3-6 中的 AL 是由表 3-5 计算得来的。例如：子件 C 有父件 X 和 Y，故 $AL(C) = \sum SR(X) \times QP_{XC} + \sum SR(Y) \times QP_{YC} = 400 \times 1 + 180 \times 1 = 580$。

（三）第一次 MRP 系统运作

现在可进行第一次 MRP 运作，得初始 MPS 报表和 MRP 报表，见表 3-7 和表 3-8。

表 3-7　初始（第一次）的 MPS 报表

Periods	Due	1	2	3	4	5	6	7	8	9	10	11	12
X(LT=1)	OH=	200	AL=	0	SS=	150	LSR=	LFL	MIN=	400	ZL=	1	
GR	0	100	400	300	200	100	200	300	100	100	400	300	200
SR	0	400	0										
POH		500	100	200	0	300	100	200	100	400	0	100	300
PAB		500	500	200	400	300	500	200	500	400	400	500	300
NR		0	50	0	150	0	50	0	50	0	150	50	0
PORC		0	400	0	400	0	400	0	400	0	400	400	0
POR	0	400	0	400	0	400	0	400	0	400	400	0	0
Y(LT=1)	OH=	180	AL=	0	SS=	100	LSR=	LFL	MIN=	180	ZL=	1	
GR	0	100	200	100	200	100	200	100	200	100	200	100	200
SR	0	180	0										
POH		260	60	140	−60	20	0	80	60	140	−60	20	0
PAB		260	240	140	120	200	180	260	240	140	120	200	180
NR		0	40	0	160	80	100	20	40	0	160	80	100
PORC		0	180	0	180	180	180	180	180	0	180	180	180
POR	0	180	0	180	180	180	180	180	0	180	180	180	0

表 3-8 初始（第一次）的 MRP 报表

Periods	Due	1	2	3	4	5	6	7	8	9	10	11	12
A(LT=2)	OH= 400	AL= 180		SS= 0		LSR= LFL		MIN= 180		ZL= 1			
GR	0	180	0	180	180	180	180	180	0	180	180	180	0
SR	0	0											
POH		40	40	−140	−140	−140	−140	−140	40	−140	−140	−140	40
PAB		40	40	40	40	40	40	40	40	40	40	40	40
NR		0	0	140	140	140	140	140	0	140	140	140	0
PORC		0	0	180	180	180	180	180	0	180	180	180	0
POR	0	180	180	180	180	180	0	180	180	180	0	0	0
B(LT=2)	OH= 1200	AL= 800		SS= 0		LSR= LFL		MIN= 800		ZL= 1			
GR	0	980	180	980	180	980	0	980	180	980	800	0	0
SR	0	800											
POH		220	40	−940	−180	−360	440	−540	80	−900	−800	0	0
PAB		220	40	0	620	440	440	260	80	0	0	0	0
NR		0	0	940	180	360	0	540	0	900	800	0	0
PORC		0	0	940	800	800	0	800	0	900	800	0	0
POR	0	940	800	800	0	800	0	900	800	0	0	0	0
C(LT=3)	OH= 1000	AL= 580		SS= 0		LSR= LFL		MIN= 800		ZL= 1			
In. Dmd	0	10	10	10	10	10	10	10	10	10	10	10	10
GR	0	590	10	590	190	590	190	590	10	590	590	190	10
SR	0	800											
POH		630	620	30	−160	50	−140	70	60	−530	−320	290	280
PAB		630	620	30	640	50	660	70	60	270	480	290	280
NR		0	0	0	160	0	140	0	0	530	320	0	0
PORC		0	0	0	800	0	800	0	0	800	800	0	0
POR	0	800	0	800	0	0	800	800	0	0	0	0	0
D(LT=2)	OH= 400	AL= 200		SS= 0		LSR= LFL		MIN= 400		ZL= 1			
GR	0	235	200	200	0	200	0	225	200	0	0	0	0
SR	0	400											
POH		365	165	−35	365	165	165	−60	140	140	140	140	140
PAB		365	165	365	365	165	165	340	140	140	140	140	140
NR		0	0	35	0	0	0	60	0	0	0	0	0
PORC		0	0	400	0	0	0	400	0	0	0	0	0
POR	0	400	0	0	0	400	0	0	0	0	0	0	0
E(LT=2)	OH= 0	AL= 0		SS= 0		LSR= LFL		MIN= 600		ZL= 1			
GR	0	180	180	180	180	180	0	180	180	180	0	0	0
SR	0	600											

(续)

Periods	Due	1	2	3	4	5	6	7	8	9	10	11	12
POH		420	240	60	−120	300	300	120	−60	360	360	360	360
PAB		420	240	60	480	300	300	120	540	360	360	360	360
NR		0	0	0	120	0	0	0	60	0	0	0	0
PORC		0	0	0	600	0	0	0	600	0	0	0	0
POR	0	0	600	0	0	0	600	0	0	0	0	0	

(四) 第一周实际业务发生情况

在参考案例原有假设条件基础上,假设第一周实际业务发生情况如下:

(1) 各物料逾期和第 1 期 POR 将被正式发放。
(2) 各物料逾期和第 1 期 SR 正常收料,C、D、E 因质量缺陷报废 5、20、40。
(3) 物料 A、C、D、E 因意外使用而消耗的库存量分别为 5、10、20、5。
(4) 到期顾客订单按时完成,并且顾客已从仓库中足额提货。
(5) 顾客要求将第 4 期和第 5 期产品 X 的所有订单提前至第 3 期交货。
(6) 顾客紧急要求将第 2 期产品 Y 的所有订单取消。
(7) X 和 Y 的 GR 第 13 期都新增 200,而 C 的独立需求第 13 期新增 10。

(五) 滚动逻辑讲解(此为第一周业务对第二次 MRP 的影响)

1. 各物料 POR 发放引发该物料 SR 及相应子件 AL 新增的情形

根据第 (1) 项实际业务并参考以上 MPS 报表和 MRP 报表,由于各物料逾期 POR 数据都为 0,所以仅将各物料第 1 期的 POR 正式发放,此时与其对应的某期 PORC 将转化为下次计划时该期的 SR。比如:将物料 C 的 "$POR_C(1)=800$" 正式发放,故与 $POR_C(1)$ 对应的 $PORC_C(4)=800$ 将在下次 MRP 运作时转化为相应期别的在途量 $SR_C(4)=800$。在各物料第 1 期的 POR 正式发放的同时,相应数量子件将被保留。比如:子件 B 有父件 X 和父件 A,$QP_{XB}=2$ 且 $QP_{AB}=1$,那么子件 B 将因 $POR_X(1)=400$ 的正式发放而新增保留量 800,并因 $POR_Y(1)=180$ 的正式发放而新增保留量 180。所以,下次计划时,物料 B 保留量的新增总数为 980。各物料 POR 发放引发该物料 SR 及相应子件 AL 新增情形见表3-9。

表 3-9 第一周各物料 POR 发放引发该物料 SR 及相应子件 AL 新增情形

物料	X	Y	A	B	C	D	E
POR 发放详情	POR(1)=400	POR(1)=180	POR(1)=180	POR(1)=940	POR(1)=800	POR(1)=400	POR(1)=0
相应 SR 新增详情	SR(2)=400	SR(2)=180	SR(3)=180	SR(3)=940	SR(4)=800	SR(3)=400	SR(3)=0
子件 AL 新增总量			180	980	580	235	180

2. 各物料 SR 收料及相应子件 AL 冲销的情形

根据第 (2) 项实际业务并参考以上 MPS 报表和 MRP 报表,各物料逾期 SR 都没有数据,而各物料第 1 期 SR 都正常入库以补充该物料 OH 值(后面有计算逻辑)。

根据第 (5) 项假设,各物料第 1 期 SR 正常收料入库的同时,将冲销掉子件原相应

(部分)保留量。比如:子件 C 有父件 X 和 Y,$QP_{XC} = 1$ 且 $QP_{YC} = 1$,那么子件 C 将因 $SR_X(1) = 400$ 正常入库而冲销原保留量 580 中的 400,并因 $SR_Y(1) = 180$ 正常入库而冲销原保留量 580 中的 180,所以,下次计划时,子件 C 保留量被冲销的总量即为 580。各物料 SR 收料及相应子件 AL 冲销情形见表 3-10。

表 3-10 各物料 SR 收料及相应子件 AL 冲销情形

物料	X	Y	A	B	C	D	E
SR 收料总量	400	180	0	800	800	400	600
收料中报废数量	0	0	0	0	5	20	40
子件 AL 冲销总量			180	800	580	200	0

3. 下次 MRP 运作时各物料库存状态信息 OH、AL 和 SR 的变化情况

由上述第(3)项和第(4)项实际业务,并依据以上各物料多种相关变量间的相互转换情况,可求出下次 MRP 运作时各物料库存状态变化情况。其中,SR 的增减变化汇总至表 3-11,读者也可对照前后两次 MPS 报表和 MRP 报表以观察 SR 变化。OH 和 AL 结果由表 3-12 计算得来。对任何物料以下两个逻辑公式都成立。

$$\text{这周 AL} = \text{上周 AL} - \text{AL 冲销} + \text{AL 新增} \tag{3-1}$$

$$\text{这周 OH} = \text{上周 OH} + \text{SR 收料} - \text{SR 报废} - \text{AL 冲销} - \text{意外消耗} - \text{订单取货} \tag{3-2}$$

表 3-11 下次(第二次)MRP 运作时各物料 SR 的增减变化情况

物料	X	Y	A	B	C	D	E
新增	SR(2)=400	SR(2)=180	SR(3)=180	SR(3)=940	SR(4)=800	SR(3)=400	SR(3)=0
削减	SR(1)=400	SR(1)=180	SR(1)=0	SR(1)=800	SR(1)=800	SR(1)=400	SR(1)=600

表 3-12 下次(第二次)MRP 运作时各物料 OH 和 AL 取值情况

	上周 AL	上周 OH	SR 收料	SR 报废	AL 冲销	意外消耗	订单取货	这周 OH	POR 发放	AL 新增	这周 AL
X	0	200	400	0		0	100	500	400		0
Y	0	180	180	0		0	100	260	180		0
A	180	400	0	0	180	5	0	215	180	180	180
B	800	1200	800	0	800	0	0	1200	940	980	980
C	580	1000	800	5	580	10	10	1195	800	580	580
D	200	400	400	20	200	20	0	560	400	235	235
E	0	0	600	40	0	5	0	555	0	180	180

注意:对 MPS 物料,计算其库存 OH 与 AL 数据时无须考虑"AL 冲销"栏目;对仅具有相关需求的 MRP 物料,计算其库存 OH 与 AL 数据时无须考虑直接面向客户的"订单取货"栏目;而对同时具有相关需求与独立需求的 MRP 物料,计算其库存 OH 与 AL 数据时"AL 冲销"与"订单取货"栏目都需考虑。由此可总结出如下两点重要性质:①物料相

关需求性质的库存补充来源于自身 SR（部分）收料形成的 OH；其库存消耗来源于由其所有父件 SR 计算出的自身 AL 值的（部分）消耗。②物料独立需求性质的库存补充也来源于自身 SR（部分）收料形成的 OH；但其库存消耗来源于顾客订单的（部分）提货实现。

4. MPS 物料 GR 变动的情况

根据第（5）、（6）、（7）项实际业务并参考表 3-3 的 MPS 物料初始 GR，可得到下次（第二次）MRP 运作时各 MPS 物料 GR，如表 3-13 所示，其中有变化部分加粗显示。第二次 MRP 运作时的"第 1 期"实际对应第一次 MRP 运作时的"第 2 期"，而滚入的新期别对应第一次 MRP 运作时的"第 13 期"。为体现这种时间滚动关系，第二次 MRP 运作时，相关表格期别将依次显示为 Due、2、3、…、12、13。

表 3-13 第二次 MRP 运作时各 MPS 物料的 GR 数据

期别	Due	2	3	4	5	6	7	8	9	10	11	12	13
X	0	400	**600**	**0**	**0**	200	300	100	100	400	300	200	**200**
Y	0	**0**	100	200	100	200	100	200	100	200	100	200	**200**

5. MRP 物料独立需求变动的情况

依据第（7）项业务和表 3-4，可得第二次运作时 MRP 物料独立需求数据，如表 3-14 所示。

表 3-14 第二次 MRP 运作时 MRP 物料独立需求数据

期别	Due	2	3	4	5	6	7	8	9	10	11	12	13
物料 C	0	10	10	10	10	10	10	10	10	10	10	10	10

（六）第二次 MRP 系统运作

通过以上滚动逻辑的讲解，已经求得类似第一次 MRP 运作前所需各项数据。如此，就可以顺利进行第二次 MRP 系统运作，其结果参见表 3-15 和表 3-16。

表 3-15 第二次 MRP 运作时的 MPS 报表

Periods	Due	2	3	4	5	6	7	8	9	10	11	12	13
X(LT=1)	OH =	500	AL =	0	SS =	150	LSR =	LFL	MIN =	400	ZL =	1	
GR	0	400	600	0	0	200	300	100	100	400	300	200	200
SR	0	0											
POH		500	-100	300	300	100	200	100	400	0	100	300	100
PAB		500	300	300	300	500	200	500	400	400	500	300	500
NR		0	250	0	0	50	0	50	0	150	50	0	50
PORC		0	400	0	0	400	0	400	0	400	400	0	400
POR		0	400	0	400	0	400	0	400	400	0	400	0

(续)

Periods	Due	2	3	4	5	6	7	8	9	10	11	12	13
Y(LT=1)	OH=	260	AL=	0	SS=	100	LSR=	LFL	MIN=	180	ZL=	1	
GR	0	0	100	200	100	200	100	200	100	200	100	200	200
SR	0	180			0								
POH		440	340	140	40	20	100	−100	0	−20	60	40	20
PAB		440	340	140	220	200	100	100	180	160	240	220	200
NR		0	0	0	60	80	0	200	100	120	40	60	80
PORC		0	0	0	180	180	0	200	180	180	180	180	180
POR	0	0	0	180	180	0	200	180	180	180	180	180	0

表 3-16 第二次 MRP 运作时的 MRP 报表

Periods	Due	2	3	4	5	6	7	8	9	10	11	12	13
A(LT=2)	OH=	215	AL=	180	SS=	0	LSR=	LFL	MIN=	180	ZL=	1	
GR	0	0	0	180	180	0	200	180	180	180	180	180	0
SR	0	0	180										
POH		35	215	35	−145	35	−165	−165	−165	−165	−165	−165	15
PAB		35	215	35	35	35	15	15	15	15	15	15	15
NR		0	0	0	145	0	165	165	165	165	165	165	0
PORC		0	0	0	180	0	180	180	180	180	180	180	0
POR	0	0	180	0	180	180	180	180	180	180	0	0	0
B(LT=2)	OH=	1200	AL=	980	SS=	0	LSR=	LFL	MIN=	800	ZL=	1	
GR	0	800	180	0	980	180	980	180	980	980	0	800	0
SR	0	0	940										
POH		−580	980	980	0	−180	−360	260	−720	−900	0	−800	0
PAB		220	980	980	0	620	440	260	80	0	0	0	0
NR		580	0	0	0	180	360	0	720	900	0	800	0
PORC		800	0	0	0	800	800	0	800	900	0	800	0
POR	800	0	0	800	800	0	800	900	0	800	0	0	0
C(LT=3)	OH=	1195	AL=	580	SS=	0	LSR=	LFL	MIN=	800	ZL=	1	
In. Dmd	0	10	10	10	10	10	10	10	10	10	10	10	10
GR	0	410	10	190	590	10	610	190	590	590	190	590	10
SR	0	0	0	800									
POH		205	195	805	215	205	−405	205	−385	−175	435	−155	635
PAB		205	195	805	215	205	395	205	415	625	435	645	635
NR		0	0	0	0	0	405	0	385	175	0	155	0
PORC		0	0	0	0	0	800	0	800	800	0	800	0
POR	0	0	0	800	0	800	800	0	800	0	0	0	0

(续)

Periods	Due	2	3	4	5	6	7	8	9	10	11	12	13
D(LT=2)	OH=	560	AL=	235	SS=	0	LSR=	LFL	MIN=	400	ZL=	1	
GR		200	200	0	200	200	0	200	225	0	200	0	0
SR		0	0	400									
POH			125	525	325	125	125	−75	100	100	−100	300	300	300
PAB			125	525	325	125	125	325	100	100	300	300	300
NR			0	0	0	0	0	75	0	0	100	0	0
PORC			0	0	0	0	400	0	0	400	0	0	0
POR			0	0	0	400	0	0	400	0	0	0	0
E(LT=2)	OH=	555	AL=	180	SS=	0	LSR=	LFL	MIN=	600	ZL=	1	
GR		0	0	180	0	180	180	180	180	180	0	0	0
SR		0	0	0									
POH			375	195	195	15	−165	255	75	−105	315	315	315	315
PAB			375	195	195	15	435	255	75	495	315	315	315	315
NR			0	0	0	0	165	0	0	105	0	0	0
PORC			0	0	0	0	600	0	0	600	0	0	0
POR			0	0	0	600	0	0	600	0	0	0	0

由于顾客订单有紧急提前或取消的情况，导致前后两次计划结果有很大的不同。仔细对照前后两次计划可以发现：物料所处层次越低，相应计划订单 PORC/POR 建议的期别和数量的改变就越显著。如果 MRP 系统不断变更自身计划订单建议，则计划的可信度将不断降低。这个问题的解决请参看下文关于 MRP 不安定性的讲解。

二、MRP 的不安定性

MRP 系统每次新运作时，所有 MPS 物料的 GR 都将纳入一期新数据，由此展开的下阶 MRP 物料需求计划的结果必将有所改变。但由于 MPS 物料的这些 GR 新数据位于计划期间的最后一期，所以，由此展开的下阶 MRP 结果的变化也将集中体现于最后几期，并且不会太大。因为每次计划执行时主要处理当期以及最近几期的计划订单建议，其远期订单建议数据几乎没有建议价值，所以，这种滚动式排程模式下由于纳入新一期数据而导致的 MRP 变更是正常的。

然而，如果顾客突然调整、取消最近几期某些最终产品的订单，将导致这些产品头几期 MPS 数据的意外变动。即使这些 MPS 物料开头几期计划数据的变动比较细微，但由于 MRP 逐层展开特性及各种批量法则的应用，这种高阶物料排程的小变动可能造成较低阶物料计划的大改变。如果 MRP 系统不断异常变更，自身的可信度将会降低。这种 MRP 的过度变动称为 MRP 的不安定性（Nervousness），见表 3-17 和表 3-18。

表 3-17　MPS 物料第一次运作与第二次运作时 GR 的差异

期别	Due	2	3	4	5	6	7	8	9	10	11	12	13
X	0	0	300	-200	-100	0	0	0	0	0	0	0	200
Y	0	-200	0	0	0	0	0	0	0	0	0	0	200

表 3-18　第二次 MRP 运作与第一次 MRP 运作之间各物料 POR 的差异

期别	Due	2	3	4	5	6	7	8	9	10	11	12	13
X	0	400	-400	0	0	0	0	0	0	0	0	400	0
Y	0	0	-180	0	0	-180	20	180	0	0	0	180	0
A	0	-180	0	-180	0	180	0	0	0	180	0	0	0
B	800	-800	-800	800	0	0	-100	100	0	800	0	0	0
C	0	0	-800	800	0	0	0	0	800	0	0	0	0
D	0	0	0	0	0	0	0	400	0	0	0	0	0
E	0	-600	0	600	0	-600	600	0	0	0	0	0	0

注意：表 3-17 中两种 MPS 物料各期（包含逾期 Due）GR 差值是由表 3-13 中各 MPS 物料的 GR 数量减去表 3-3 中该 MPS 物料相同期别的初始 GR 数量得来的。表 3-18 中各物料各期（包含逾期 Due）POR 差值数据是由表 3-16 中各物料各期 POR 数据减去表 3-8 中该物料相同期别 POR 数据得来的。

综合表 3-17 和表 3-18 可知，由于顾客要求将第 4、5 两期产品 X 所有订单都提前至第 3 期交货，导致建议订单"$POR_X(3)=400$"被往前提并转变成为"$POR_X(2)=400$"的小变化，这又直接导致 X 下阶子件 B 原本可以正常发单的"$POR_B(2)=800$"被往前提并转变成为逾期紧急订单"$POR_B(0)=800$"。若再考虑因顾客紧急要求而取消的产品 Y 第 2 期的所有订单，这将直接导致 Y 子件 A 的"$POR_A(2)=180$"被取消，并且这或许也是"$POR_A(4)=180$"被延迟至"$POR_A(6)=180$"的影响因素之一。进一步分析，它还将间接影响 A 下面子件 B 的需求计划，即 B 的建议订单"$POR_B(3)=800$"将被延迟为"$POR_B(4)=800$"。如此这些都极大扰乱了物料 B 原本正常的需求与供应计划。可以想象，若产品层次越多，则随着 MRP 程序的不断展开和各种批量法则的应用，底层物料需求计划的变更可能就越大。

同样，生产车间和供应商若交货延迟或交货品质不良，都会引发相关物料 SR 数据的异动，进而类似 GR 异动一样引发 MRP 的不安定性。另外，有关资料错误或其他意料之外的异动也可能引发 MRP 的不安定性。为降低 MRP 的不安定性，应该采取的策略有：寻找更好的顾客沟通渠道以减少产品订单的不稳定性；与供应商维持更良好的关系；严格车间生产管理；制定更好的数据管理纪律并且监督执行等。此外，闭环式 MRP 系统还有两种方法或程序可用来减少 MRP 的不安定性，它们是溯源（Pegging）和固定计划订单（Firm Planned Order，FPO）。

三、溯源

一个 MRP 物料的毛需求包括所有直接父件导出的相关需求和自身独立需求。在 MRP 运作时，这些需求按需求时刻归入各时段，因此，一个时段内的毛需求可能由许多个别需求来源合并而来，从而导致在 MRP 报表中看不出某期毛需求的具体来源。而溯源是 MRP 系统中的一个程序，在 MRP 计算过程中，溯源程序将各期的相关信息存储在溯源文件（Peg File）中，这些信息有需求数量、期别、产生子件 GR 的父件 POR、产生 GR 的独立需求/外部订单，以及产生该物料 POR 的 GR 等。由此，溯源文件可帮助计划员层层往上追溯某子件某期需求的来源直至 MPS，即追寻某期某数量子件被什么父件所用，直至哪个时段哪张客户订单或最终产品的生产计划产生对这个子件这期的需求。若某子件生产出问题，想知道它可能对客户订单交货造成何种影响以便及早应对时，溯源文件便可提供完整信息。表 3-19 是物料 C 溯源示例，表中数据选取自表 3-15 和表 3-16。

观察表 3-19 中带星号"＊"及加粗的数据。因物料 C 的 LT＝3，故 $POR_C(4) = 800$ 由 $PORC_C(7) = 800$ 引发；而 $PORC_C(7) = 800$ 可溯源至 $GR_C(7) = 610$；进一步往上溯源，可发现 $GR_C(7) = 610$ 是由物料 C 自身独立需求 $In.\ Dmd_C(7) = 10$、父件 Y 的 $POR_Y(7) = 200$ 和 X 的 $POR_X(7) = 400$ 引发的相关需求合并而来；其中，Y 的 $POR_Y(7) = 200$ 经 $PORC_Y(8) = 200$ 又可溯源至顶层的 $GR_Y(8) = 200$，而 X 的 $POR_X(7) = 400$ 经 $PORC_X(8) = 400$ 也可溯源至顶层的 $GR_X(8) = 100$。

表 3-19 物料 C 溯源示例

Periods	Due	2	3	4	5	6	7	8	9	10	11	12	13
X(LT＝1)	OH＝	500#	AL＝	0	SS＝	150	LSR＝	LFL	MIN＝	400	ZL＝	1	
GR	0	**400**	**600#**	**0**	**0**	**200#**	**300#**	**100 ＊**	100	400	300	200	200
SR	0	**400**											
POH		500	−100	300	300	100	200	**100**	400	0	100	300	100
PAB		500	300	300	300	500	200	**500**	400	400	500	300	500
NR		**0**	250	0	0	50	0	**50**	0	150	50	0	50
PORC		**0**	**400#**	0	0	400	**400 ＊**	0	400	400	0	400	0
POR	0	**400#**	0	0	400	0	**400 ＊**	0	400	400	0	400	0
Y(LT＝1)	OH＝	260	AL＝	0	SS＝	100	LSR＝	LFL	MIN＝	180	ZL＝	1	
GR		0	100	200	100	200	100	**200 ＊**	100	200	100	200	200
SR		180			0								
POH		440	340	140	40	20	100	**−100**	0	−20	60	40	20
PAB		440	340	140	220	200	100	**100**	180	160	240	220	200
NR		0	0	0	60	80	0	**200**	100	120	40	60	80
PORC		0	0	0	180	180	0	**200 ＊**	180	180	180	180	180
POR		0	0	180	180	0	**200 ＊**	180	180	180	180	180	0
C(LT＝3)	OH＝	1195	AL＝	580	SS＝	0	LSR＝	LFL	MIN＝	800	ZL＝	1	
In. Dmd	0	**10#**	10	10	10	10	**10 ＊**	10	10	10	10	10	10
GR	0	**410#**	10	190	590	10	**610 ＊**	190	590	590	190	590	10
SR		0	0	800									
POH		205	195	805	215	205	**−405**	205	−385	−175	435	−155	635
PAB		205	195	805	215	205	**395**	205	415	625	435	645	635
NR		0	0	0	0	0	**405**	0	385	175	0	155	0
PORC		0	0	0	0	0	**800 ＊**	0	800	800	0	800	0
POR	0	0	0	**800 ＊**	0	800	800	0	800	0	0	0	0

注意：以上阐述的是溯源程序的理想状态，实务中若要全部实现比较困难。这是因为，若某物料之 GR 来源于独立需求则可追踪到产生该 GR 的客户订单或销售预测；若该物料之 GR 来源于相关需求则可追踪到产生该 GR 的父件之 POR/PORC；但是由于多种批量法则的应用，该父件 POR/PORC 的数量可能由多个 GR 或 AL 引发，再加上 OH 或 SR 可以满足部分但不确定哪一部分的需求，所以一般的溯源程序不再继续往上追溯。

此处仍以表 3-19 为例，观察其中带 "#" 及相应加粗的数据。物料 C 的 $GR_C(2)=410$ 是由自身独立需求 $In.\ Dmd_C(2)=10$ 和父件 X 的 $POR_X(2)=400$ 引发的相关需求合并而来；而 $POR_X(2)=400$ 是由 $PORC_X(3)=400$ 引发的。但对于这 $PORC_X(3)=400$ 到底满足了哪些毛需求，可能有多种思路。

思路一：$OH_X=500$ 满足首期 $GR_X(2)=400$ 后还剩 100，这 100 加第 2 期期末到货的 $SR_X(2)=400$ 去满足 $GR_X(3)=600$ 中的 500，而 $PORC_X(3)=400$ 除满足 $GR_X(3)=600$ 剩余 100 外，还可满足 $GR_X(6)=200$ 和部分 $GR_X(7)=300$。

思路二：第 2 期期末到货的 $SR_X(2)=400$ 正好满足首期的 $GR_X(2)=400$，而 $OH_X=500$ 满足 $GR_X(3)=600$ 中的 500。此时 $PORC_X(3)=400$ 除满足 $GR_X(3)=600$ 剩余 100 外，还可满足 $GR_X(6)=200$ 和部分 $GR_X(7)=300$。

对思路一来说，$OH_X=500$ 满足首期 $GR_X(2)=400$ 后剩余的 100 是哪些呢？这 100 连同 $SR_X(2)=400$ 满足 $GR_X(3)=600$ 中哪部分的 500 呢？相应 $PORC_X(3)=400$ 满足 $GR_X(3)=600$ 中另外剩余的哪些 100 呢？$PORC_X(3)=400$ 继续满足 $GR_X(6)=200$ 后剩余的 100 满足的又是 $GR_X(7)=300$ 中哪个 100 呢？

对思路二来说，$OH_X=500$ 满足 $GR_X(3)=600$ 中哪部分的 500 呢？相应 $PORC_X(3)=400$ 满足 $GR_X(3)=600$ 中另外剩余的哪些 100 呢？$PORC_X(3)=400$ 继续满足 $GR_X(6)=200$ 后剩余的 100，满足的又是 $GR_X(7)=300$ 中哪个 100 呢？所以，对以上任何一种思路，"$PORC_X(3)=400$ 满足 $GR_X(3)=600$ 中哪部分 100，又满足 $GR_X(7)=300$ 中哪部分 100 呢" 的答案难以从溯源程序中知晓。

由上述分析可知：溯源程序大多只有单阶，只告知某物料 GR 的来源，参见第二章各 MRP 结果图（如图 2-5 等）中的 "详述" 内容。虽然只有单阶，但使用者还是可以逐阶往上大致追踪。一般来说，某物料 GR 的来源主要有客户订单、销售预测、父件 POR 三大类，其中父件 POR 引发子件 GR 是不言自明的。客户订单和销售预测主要用于求解 MPS 物料的 GR（这部分将在 MPS 一节详细讲解），参见图 2-15 中上半部分父件 02-0009 的计算结果中的 "详述"，其中 "S/O" 指的是销售订单（Sale Order）。此外，因为在计算所有子件的 POH（1）时保留量（AL）类似于 GR（1）也被减去，并且子件 AL 也是由父件 POR 发出后形成的 SR 引发的，故也有部分软件在设计思路中将父件 SR 造成该子件物料的保留量 AL 也作为该物料 GR 的来源之一。比如图 2-15 中上半部分父件 02-0009 在 11 月 15 日的 3000 单位 "计划收货量"（即为 SR），它对应着制令单 "W/O：10100001 ID：106"；而该制令单引发了图 2-5 中子件 09-0139 的 3000 单位毛需求 GR（参见对应 "详述" 中的来源），该毛需求之所以 7 月 1 日是因为这种制令单在 7 月 1 日被下达了，即状态为 "R"（Release）且不能返回之前状态，见图 3-1。注意：建议状态的 POR 数据在变为正式发放状态的 SR 之前，还有一个 "固定计划订单" 的中间状态；有些软件也将固定计划订单作为 GR 的来源。

溯源需要与用途表（Where-used Report）区分开来。用途表或 "所用之处查询"，可列

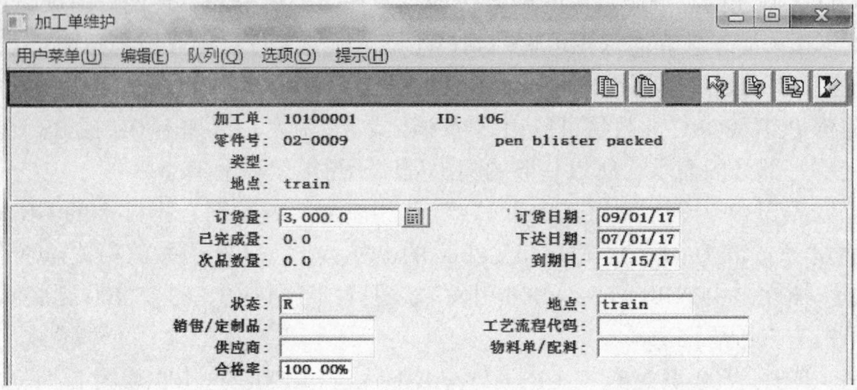

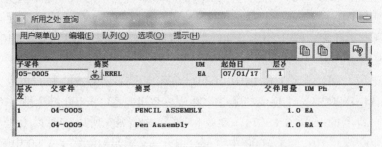

图3-1 制令单/加工单发放状态使得PORC转为SR的设置

出某物料的所有父件,是材料表的逆展;多阶用途表还可继续追踪出相关所有父件,直到顶层为止,见图3-2和图3-3。用途表与溯源的区别主要有三点:①用途表追溯所有父件;溯源文件只追溯产生某个需求量的父件。②用途表显示各阶父件的单位用量QP;溯源文件则显示需求量。③用途表与和期别无关;溯源则包括件号、期别、数量和来源。

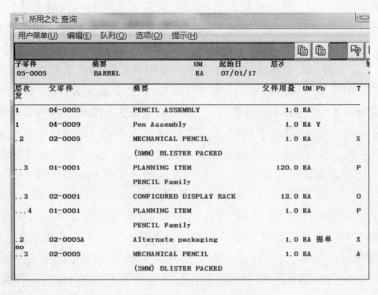

图3-2 单阶的"所用之处查询"示例

图3-3 多阶的"所用之处查询"示例

四、固定计划订单

当某物料某期别的计划订单发出 POR(t) 被定义为固定计划订单（Firm Planned Order，FPO）时，它和与它相对应的计划订单收料 PORC(t+LT) 的数量和期别都将被冻结，不允许计算机自动改变其内容，只有负责该物料的计划员才有权变更它。在下一次执行 MRP 时，若它已经被发出，则相应 PORC(t+LT) 会转为同期同量的在途量 SR(t+LT)；若尚未被发出，则不论该物料该期 NR(t+LT) 有无变化，PORC(t+LT) 都将维持不变。

（一）固定计划订单案例

1. 第一周实际业务中新增 FPO 的设定

为降低前文案例的 MRP 不安定性，现在在第一周实际业务中增加如下 FPO 设定：将表 3-7 中 MPS 物料 X 和 Y 第 1 期至第 3 期的 POR 都固定为 FPO，如表 3-20 所示。

表 3-20 设定 FPO 的初始 MPS 报表（以星号粗体表示 FPO）

Periods	Due	1	2	3	4	5	6	7	8	9	10	11	12
X(LT=1)	OH = 200	AL = 0		SS = 150		LSR = LFL		MIN = 400		ZL = 1			
GR	0	100	400	300	200	100	200	300	100	100	400	300	200
SR	0	400	0										
POH		500	100	200	0	300	100	200	100	400	0	100	300
PAB		500	500	200	400	300	500	200	500	400	400	500	300
NR		0	50	0	150	0	50	0	50	0	150	50	0
PORC		0	**400***	**0***	**400***	0	400	0	400	0	400	400	0
POR	0	**400***	**0***	**400***	0	400	0	400	0	400	400	0	0
Y(LT=1)	OH = 180	AL = 0		SS = 100		LSR = LFL		MIN = 180		ZL = 1			
GR	0	100	200	100	200	100	200	100	200	100	200	100	200
SR	0	180	0										
POH		260	60	140	−60	20	0	80	60	140	−60	20	0
PAB		260	240	140	120	200	180	260	240	140	120	200	180
NR		0	40	0	160	80	100	20	40	0	160	80	100
PORC		0	**180***	**0***	**180***	180	180	180	180	0	180	180	180
POR	0	**180***	**0***	**180***	180	180	180	180	0	180	180	180	0

2. 第一周 FPO 的设定对第二次 MRP 系统运作的影响

第二次 MRP 系统运作前，物料 X 和 Y 的固定计划订单 $POR_X(1)=400$ 和 $POR_Y(1)=180$ 都已正式发放并转为第二次 MRP 系统运作时的 $SR_X(2)=400$ 和 $SR_Y(2)=180$。此时，对物料 X 和 Y 的 POR(1) 来说，设与不设 FPO 效果一样。

但是，第一周设定物料 X 和 Y 的剩余四个固定计划订单 $POR_X(2)=0$、$POR_X(3)=400$、$POR_Y(2)=0$ 和 $POR_Y(3)=180$ 对第二次 MRP 系统运作影响较大。即在第二次 MRP 系统运作时，不但 $POR_X(2)=0$、$POR_X(3)=400$、$POR_Y(2)=0$ 和 $POR_Y(3)=180$ 固定不变，而且原本推导它们的对应计划订单收料 $PORC_X(3)$、$PORC_X(4)$、$PORC_Y(3)$ 和 $PORC_Y(4)$ 也将

维持固定不变。由此可得：$PORC_X(3)=0$，$PORC_X(4)=400$，$PORC_Y(3)=0$，$PORC_Y(4)=180$。

3. 设定 FPO 时的第二次 MRP 运作

在前文滚动逻辑讲解（即第一周原有业务对第二次 MRP 运作影响）的基础上，结合上文第一周 FPO 设定对第二次 MRP 系统运作的影响，就可以顺利进行设定 FPO 情形下第二次 MRP 系统的运作。其结果见表 3-21 和表 3-22。

表 3-21 设定 FPO 之第二次 MRP 运作的 MPS 报表（以星号粗体表示 FPO）

Periods	Due	2	3	4	5	6	7	8	9	10	11	12	13
X(LT=1)	OH=	500	AL=	0	SS=	150	LSR=	LFL	MIN=	400	ZL=	1	
GR	0	400	600	0	0	200	300	100	100	400	300	200	200
SR	0	400											
POH		500	**−100**	**−100**	300	100	200	100	400	0	100	300	100
PAB		500	**−100**	300	300	500	200	500	400	400	500	300	500
NR		0	**250**	250	0	50	0	50	0	150	50	0	50
PORC		0	**0***	**400***	0	400	0	400	0	400	400	0	400
POR	0	**0***	**400***	0	400	0	400	0	400	400	0	400	0
Y(LT=1)	OH=	260	AL=	0	SS=	100	LSR=	LFL	MIN=	180	ZL=	1	
GR	0	0	100	200	100	200	0	200	0	200	100	200	200
SR	0	180											
POH		440	340	140	220	20	100	−100	0	−20	60	40	20
PAB		440	340	320	220	200	100	100	180	160	240	220	200
NR		0	**0**	0	0	80	0	200	100	120	40	60	80
PORC		0	**0***	**180***	0	180	0	200	180	180	180	180	180
POR	0	**0***	**180***	0	180	0	200	180	180	180	180	180	0

注意，表 3-21 中的粗体部分，它体现了 FPO 设定对 MRP 运算的直接影响。例如：对物料 X，由于上周 FPO 的设定，第二次 MRP 运作时 $POR_X(2)$ 已固定为 0；原本推导它的 $PORC_X(3)$ 也相应固定为 0，而不管该期实际上有净需求 $NR_X(3)=250$。这进一步又导致 $PAB_X(3)=POH_X(3)+PORC_X(3)=-100+0=-100<SS=150$，即出现 $PAB(t)<SS$ 的情形。另外，$PORC_X(4)=400$ 也不是由 $NR_X(4)=250$ 推导得出，而是由上周 $POR_X(3)=400$ 的 FPO 设定得出。同理，对物料 Y，$PORC_Y(3)=0$ 也是由上周 $POR_Y(2)=0$ 的 FPO 设定得出；而 $PORC_Y(4)=180$ 也是由上周 $POR_Y(3)=180$ 的 FPO 设定得出，而不管该期实际无净需求的事实（$NR_Y(4)=0$）。

表 3-22 设定 FPO 之第二次 MRP 运作的 MRP 报表

Periods	Due	2	3	4	5	6	7	8	9	10	11	12	13
A(LT=2)	OH=	215	AL=	180	SS=	0	LSR=	LFL	MIN=	180	ZL=	1	
GR	0	0	180	0	180	0	200	180	180	180	180	180	0
SR		0	180										

(续)

Periods	Due	2	3	4	5	6	7	8	9	10	11	12	13
POH		35	35	35	−145	35	−165	−165	−165	−165	−165	−165	15
PAB		35	35	35	35	35	15	15	15	15	15	15	15
NR		0	0	0	145	0	165	165	165	165	165	165	0
PORC		0	0	0	180	0	180	180	180	180	180	180	0
POR	0	0	180	0	180	180	180	180	180	180	0	0	0
B(LT=2)	OH=	1200	AL=	980	SS=	0	LSR=	LFL	MIN=	800	ZL=	1	
GR	0	0	980	0	980	180	980	180	980	980	0	800	0
SR	0	0	940										
POH		220	180	180	−800	−180	−360	260	−720	−900	0	−800	0
PAB		220	180	180	0	620	440	260	80	0	0	0	0
NR		0	0	0	800	180	360	0	720	900	0	800	0
PORC		0	0	0	800	800	800	0	800	900	0	800	0
POR	0	0	800	800	800	0	800	900	0	800	0	0	0
C(LT=3)	OH=	1195	AL=	580	SS=	0	LSR=	LFL	MIN=	800	ZL=	1	
In. Dmd	0	10	10	10	10	10	10	10	10	10	10	10	10
GR	0	10	590	10	590	10	610	190	590	590	190	590	10
SR	0	0	0	800									
POH		605	15	805	215	205	−405	205	−385	−175	435	−155	635
PAB		605	15	805	215	205	395	205	415	625	435	645	635
NR		0	0	0	0	0	405	0	385	175	0	155	0
PORC		0	0	0	0	0	800	0	800	800	0	800	0
POR	0	0	0	800	0	800	800	0	800	0	0	0	0
D(LT=2)	OH=	560	AL=	235	SS=	0	LSR=	LFL	MIN=	400	ZL=	1	
GR	0	0	200	200	200	0	200	225	0	200	0	0	0
SR	0	0	400										
POH		325	525	325	125	125	−75	100	100	−100	300	300	300
PAB		325	525	325	125	125	325	100	100	300	300	300	300
NR		0	0	0	0	0	75	0	0	100	0	0	0
PORC		0	0	0	0	0	400	0	0	400	0	0	0
POR	0	0	0	0	400	0	0	400	0	0	0	0	0
E(LT=2)	OH=	555	AL=	180	SS=	0	LSR=	LFL	MIN=	600	ZL=	1	
GR	0	0	180	0	180	180	180	180	180	180	0	0	0
SR	0	0	0										
POH		375	195	195	15	−165	255	75	−105	315	315	315	315
PAB		375	195	195	15	435	255	75	495	315	315	315	315
NR		0	0	0	0	165	0	0	105	0	0	0	0
PORC		0	0	0	0	600	0	0	600	0	0	0	0
POR	0	0	0	600	0	0	600	0	0	0	0	0	0

设定 FPO 之第二次 MRP 运作与第一次 MRP 运作之间 POR 的差异比较见表 3-23。对照表 3-23 和表 3-18 可看出：第一周实际业务新增 MPS 物料前三期 POR 设定为 FPO 之后，第二周 MRP 系统运作时，物料 B 不再出现逾期紧急发单建议；其他物料 POR 变化也趋缓和（受各 LT 值影响，下层 MRP 物料后几期 POR 变化属 MPS 物料新一期 GR 纳入引发的正常变化）；总之，MRP 系统的不安定性有所下降。

表 3-23 设定 FPO 之第二次 MRP 运作与第一次 MRP 运作之间的 POR 差异

期别	Due	2	3	4	5	6	7	8	9	10	11	12	13
X	0	0	0	0	0	0	0	0	0	0	0	400	0
Y	0	0	0	-180	0	-180	20	180	0	0	0	180	0
A	0	-180	0	-180	0	180	0	0	0	180	0	0	0
B	0	-800	0	800	0	0	-100	100	0	800	0	0	0
C	0	0	-800	800	0	0	0	800	0	0	0	0	0
D	0	0	0	0	0	0	0	400	0	0	0	0	0
E	0	-600	0	600	0	-600	600	0	0	0	0	0	0

（二）固定计划订单的应用讨论

1. 固定计划订单（FPO）的应用要点

对 FPO 的应用，需要注意以下三点：①FPO 应用于一些特定计划订单上，而不是应用于某个物料的整个计划订单排程，即 FPO 是针对某物料的某期 POR(t) 设定的，而不是针对这整个物料设定的。②下次 MRP 系统运作时，设定为 FPO 之 POR(t) 固定不变，并且原本推导该 POR(t) 的 PORC(t+LT) 不再是由净需求 NR(t+LT) 推导而来，而是倒过来直接由 FPO 之 POR(t) 推导而来。③因 FPO 设置导致 PORC(t) 不再由函数 F{NR(t), LSR} 计算得来，这就可能出现某期有净需求时却没有恰当的建议订单来补货，进而可能导致该期预计可用量 PAB(t) < SS（这种情形在不设置 FPO 情况下是绝不可能发生的）。

另外，从以上 FPO 案例中，我们可以觉察到 FPO 与 POR、SR 都有非常紧密的关联。那么它们相互之间到底有什么关联呢？下面将详细讲解。

2. 计划订单发出（POR）、固定计划订单（FPO）和在途量（SR）的异同

POR、FPO 和 SR 都是物料补充计划，但稳定性不同。POR 在 MRP 系统每次执行时都可能被自动改变，是最不稳定的资料；FPO 不能被 MRP 系统自动更改，而是由计划员决定要不要改变它，较为稳定；SR 是已经发出去的订单，非经特定程序或主管同意，不能更改，是最稳定的资料。资料越稳定，其子件以及更下阶子件的物料需求计划就越不会变动，MRP 的不安定性就越低。POR(t) 一经发出，相应的 PORC(t+LT) 就转变为 SR(t+LT)。父件 POR 和 FPO 都会被 MRP 继续往下展开为子件的毛需求 GR；但父件 SR 则不会展开为子件的毛需求，而是作为未来的供给去满足父件本身的毛需求。若无 FPO，计划员为降低 MRP 的不安定性，只有将 POR (t) 发出以便相应 PORC (t+LT) 转变为 SR (t+LT)。但订单发出将会产生下阶子件的保留量 AL，其实质就是对子件资源的承诺。前文分析已知"资源的承诺越晚越好"，所以，FPO 是使 MRP 的稳定性得以提高又不会造成资源太早占用的好方法。

计算机会自动重排 POR，并不会产生任何报告。在设定 FPO 情况下，由于 GR 的变化，相关预计可用量 PAB 也许会低于安全库存 SS 或甚至出现负值，如 FPO 案例中表 3-21 的

$PAB_X(3) = -100 < SS = 150$。此时 MRP 系统就会产生例外报告（Exception Report）。在设定 FPO 且有些 POR 已发出并转为 SR 情况下，如果因毛需求改变而使该 SR 变得不恰当时，即使此时 PAB 仍在 SS 之上（如表3-21所示的 $PAB_Y(2) = 440 > SS + LS = 100 + 180 = 280$），MRP 系统也将产生行动报告（Action Report）以建议计划员调整订单。有关重排计划建议、例外报告和行动报告的内容稍后将详细介绍。此处仅将 POR、FPO 和 SR 的特性差异总结见表3-24。

表3-24 POR、FPO 和 SR 的特性差异

特性	项目		
	POR	FPO	SR
计算机自动重排程	Y	N	N
展开为子件毛需求	Y	Y	N
产生例外报告或行动报告	N	Y	Y
计划员控制发单/收料之日期和数量	N	Y	Y

五、重排计划建议

在设定 FPO 的情况下，如果某次 MRP 系统运作的结果中，存在因毛需求（GR）的改变致使出现有（些）物料有（些）期别的 PAB 低于其自身 SS 或超过其 SS 与 LS 之和的情形，则计划员应启动"重排计划建议"（Reschedule Suggestion）功能模块以调整计划实施决策。这时，计划员可以通过观察新变量"建议调整量（Change Suggest）"的数值来决定应采取何种调整措施，以求使得该物料所有期别 PAB 位于区间 [SS, SS + LS] 之内并尽量趋于 SS。在考虑这些调整建议后，计划员才会人工下达订单，形成下一期滚动排程的资料来源之一。建议调整量（Change Suggest）的计算公式见式（3-3）。其计算结果、内涵及相应调整措施建议见表3-25。

$$\text{Change Suggest}(t) = \begin{cases} \text{SS} - \text{PAB}(t) & \text{若 PAB}(t) < \text{SS} \\ 0 & \text{若 SS} \leq \text{PAB}(t) < \text{SS} + \text{LS} \\ \text{SS} - \text{PAB}(t) & \text{若 PAB}(t) \geq \text{SS} + \text{LS} \end{cases} \quad (3-3)$$

表3-25 建议调整量的结果、内涵及相应调整措施建议

结果	内涵	相应调整措施建议		
		前期 SR 或 FPO	当期 SR 或 FPO	后期 SR 或 FPO
正	希望当期增加供给	增加数量或减速延迟	增加数量	加速提前
零	希望当期维持不变	无	无	无
负	希望当期减少供给	削减数量	削减数量或延迟	无

（一）重排计划建议案例计算

由于在上文 FPO 案例中，$PAB(t) < SS$ 和 $PAB(t) \geq SS + LS$ 情形都已经出现，故在进行第二周实际业务之前，我们应该给出重排计划建议，并根据相应建议措施调整部分实际业务。但请特别注意，假设因前面某期别 Change Suggest(t) 计算结果非 0 而采取了建议措施，

此时，若后面期别 Change Suggest(t) 的计算仍仅依据式 (3-3)，必将无法及时体现这新建议措施可能对 MRP 计划造成的影响，后面期别 Change Suggest(t) 的计算结果也将随之失真，即不能真实反映在已采取前述建议措施基础上进一步应该采取何种措施。所以实际应用时，Change Suggest(t) 公式并非如此简单，而是前、后期数据紧密关联，见式 (3-4) 和式 (3-5)。其中，将 Change Suggest 简写为 Cha. Sug；并且为与原 PAB 值区分，将采纳建议措施后应得 PAB 值定义为"Sim. PAB"。注意，i 取值为 $1 \sim t-1$，意为 i 从首期至 $t-1$ 期。

$$\text{Cha. Sug}(t) = \begin{cases} SS - PAB(t) - \sum_{i=1}^{t-1} \text{Cha. Sug}(i) & PAB(t) + \sum_{i=1}^{t-1} \text{Cha. Sug}(i) < SS \\ 0 & SS \leq PAB(t) + \sum_{i=1}^{t-1} \text{Cha. Sug}(i) < SS + LS \\ SS - PAB(t) - \sum_{i=1}^{t-1} \text{Cha. Sug}(i) & PAB(t) + \sum_{i=1}^{t-1} \text{Cha. Sug}(i) \geq SS + LS \end{cases}$$

(3-4)

$$\text{Sim. PAB}(t) = PAB(t) + \sum_{i=1}^{t} \text{Cha. Sug}(i) \tag{3-5}$$

针对表 3-21 数据，用式 (3-4) 和式 (3-5) 可计算各 MPS 物料重排计划建议，见表 3-26。对表 3-22 的数据，可同样得出 MRP 物料重排计划建议，见表 3-27。

表 3-26 设定 FPO 之第二次 MRP 运作后 MPS 物料的重排计划建议

Periods	Due	2	3	4	5	6	7	8	9	10	11	12	13
X (LT=1)	OH =	500	AL =	0	SS =	150	LSR =	LFL	MIN =	400	ZL =	1	
SR	0	400											
PAB		500	−100	300	300	500	200	500	400	400	500	300	500
PORC		0	0*	400*	0	400	0	400	0	400	400	0	400
POR	0	0*	400*	0	400	0	400	0	400	400	0	400	
Cha. Sug		0	250	−400	0	0	100	0	0	0	0	0	0
Sim. PAB		500	150	150	150	350	150	450	350	350	450	250	450
Y (LT=1)	OH =	260	AL =	0	SS =	100	LSR =	LFL	MIN =	180	ZL =	1	
SR	0	180											
PAB		440	340	320	220	200	100	100	180	160	240	220	200
PORC		0	0*	180*	0	180	0	200	180	180	180	180	180
POR	0	0*	180*	0	180	0	200	180	180	180	180	0	
Cha. Sug		−340	100	20	100	20	100	0	0	0	0	0	0
Sim. PAB		100	100	100	100	100	100	100	180	160	240	220	200

表 3-27　设定 FPO 之第二次 MRP 运作后 MRP 物料的重排计划建议

Periods	Due	2	3	4	5	6	7	8	9	10	11	12	13
A（LT=2）	OH=	215	AL=	180	SS=	0	LSR	LFL	MIN=	180	ZL=	1	
SR	0	0	180										
PAB		35	35	35	35	35	15	15	15	15	15	15	15
PORC		0	0	0	180	0	180	180	180	18	18	18	0
POR	0	0	180	0	180	180	180	180	180	18	0	0	0
Cha. Sug		0	0	0	0	0	0	0	0	0	0	0	0
Sim. PAB		35	35	35	35	35	15	15	15	15	15	15	15
B（LT=2）	OH=	1200	AL=	980	SS=	0	LSR	LFL	MIN=	800	ZL=	1	
SR	0	0	940										
PAB		220	180	180	0	620	440	260	80	0	0	0	0
PORC		0	0	0	800	800	800	0	800	90	0	80	0
POR	0	0	800	800	800	0	800	900	0	80	0	0	0
Cha. Sug		0	0	0	0	0	0	0	0	0	0	0	0
Sim. PAB		220	180	180	0	620	440	260	80	0	0	0	0
C（LT=3）	OH=	1195	AL=	580	SS=	0	LSR	LFL	MIN=	800	ZL=	1	
SR	0	0	0	800									
PAB		605	15	805	215	205	395	205	415	62	43	64	63
PORC		0	0	0	0	0	800	0	800	80	0	80	0
POR	0	0	0	800	0	800	800	0	800	0	0	0	0
Cha. Sug		0	0	-805	590	10	0	0	0	0	0	0	0
Sim. PAB		605	15	0	0	0	190	0	210	42	23	44	43
D（LT=2）	OH=	560	AL=	235	SS=	0	LSR	LFL	MIN=	400	ZL=	1	
SR	0	0	400										
PAB		325	525	325	125	125	325	100	100	30	30	30	30
PORC		0	0	0	0	400	0	0	40	0	0	0	
POR	0	0	0	0	400	0	0	400	0	0	0	0	0
Cha. Sug		0	-525	200	200	0	0	25	0	0	0	0	0
Sim. PAB		325	0	0	0	0	200	0	0	20	20	20	20
E（LT=2）	OH=	555	AL=	180	SS=	0	LSR	LFL	MIN=	600	ZL=	1	
SR	0	0	0										
PAB		375	195	195	15	435	255	75	495	31	31	31	31
PORC		0	0	0	0	600	0	0	600	0	0	0	0
POR	0	0	0	600	0	0	600	0	0	0	0	0	0
Cha. Sug		0	0	0	0	0	0	0	0	0	0	0	0
Sim. PAB		375	195	195	15	435	255	75	495	31	31	31	31

在参考以上重排计划建议计算结果的基础上,需仔细分析,并慎重采取相应措施调整部分与 SR 和 FPO 相关的实际业务。为突显重排计划建议将对第二周实际业务进行的调整以及对相应滚动逻辑和下次(第三次) MRP 运作的影响,此处将先依据原本设想的第二周实际业务进行下次(第三次) MRP 运作,以此作为对照。

(二)原本设想的下次(第三次) MRP 运作

1. 原本设想的第二周实际业务

在设定 FPO 之第二次 MRP 运作结果基础上,原本设想的第二周实际业务为:

(1)各物料首期(即第 2 期) POR(含前次已固定为 FPO 之 POR)将被正式发放。

(2)各物料首期(即第 2 期) SR 正常收料,且各物料均无因质量缺陷而报废的情形。

(3)各物料均无因意外使用而消耗库存的情况。

(4)到期顾客订单按时完成,并且顾客已从仓库中足额提货。

(5)产品 X 和 Y 第 14 期新增 GR 都为 200,而 C 第 14 期新增独立需求为 10。

(6)不再增设新的固定计划订单。

2. 滚动逻辑讲解(原设想的第二周实际业务对第三次 MRP 运作的影响)

(1)各物料 POR 发放引发该物料 SR 及相应子件 AL 新增情况。根据上述第(1)项实际业务并参考设定 FPO 之第二次 MRP 运作结果的 MPS 和 MRP 报表(即表 3-21 和表 3-22),可知各物料发放对象 POR(2)(含 FPO 状态)都为 0,相应 SR 新增及相应子件 AL 新增总量也都为 0,见表 3-28。

表 3-28 原本设想的第二周各物料 POR 发放转 SR 详情及相应子件 AL 新增总量

物料	X	Y	A	B	C	D	E
POR 发放详情	POR(2)=0	POR(2)=0	POR(2)=0	POR(2)=0	POR(2)=0	POR(2)=0	POR(2)=0
SR 新增详情	SR(3)=0	SR(3)=0	SR(4)=0	SR(4)=0	SR(5)=0	SR(4)=0	SR(4)=0
子件 AL 新增总量			0	0	0	0	0

(2)各物料原有 SR 收料及相应子件 AL 冲销情况。依第(2)项实际业务并参考设定 FPO 之第二次 MRP 运作结果,只有物料 X 和 Y 第 2 期 SR 正常入库且其中无残次报废,SR 收料详情及子件 AL 冲销总量见表 3-29。

表 3-29 原本设想的第二周各物料 SR 收料详情及相应子件 AL 冲销总量

物料	X	Y	A	B	C	D	E
SR 收料详情	SR(2)=400	SR(2)=180	SR(2)=0	SR(2)=0	SR(2)=0	SR(2)=0	SR(2)=0
收料中报废量	0	0	0	0	0	0	0
子件 AL 冲销总量			180	800	580	0	0

(3)原本设想的下次 MRP 运作时各物料 OH、AL 和 SR 的变化情况。根据以上分析,可将各物料 SR 增减变化汇总至表 3-30。再综合第(3)、(4)项实际业务,运用式(3-1)和式(3-2)可求出第三次 MRP 运作时各物料的 OH 和 AL 值,见表 3-31。

表 3-30 原本设想的下次（第三次）MRP 运作时各物料 SR 的增减变化

物料	X	Y	A	B	C	D	E
SR 新增	SR(3) = 0	SR(3) = 0	SR(4) = 0	SR(4) = 0	SR(5) = 0	SR(4) = 0	SR(4) = 0
SR 削减	SR(2) = 400	SR(2) = 180	SR(2) = 0	SR(2) = 0	SR(2) = 0	SR(2) = 0	SR(2) = 0

表 3-31 原本设想的下次（第三次）MRP 运作时各物料的 OH 和 AL

	上周 AL	上周 OH	SR 收料	SR 报废	AL 冲销	意外消耗	订单取货	这周 OH	POR 发放	AL 新增	这周 AL
X	0	500	400	0	0	0	400	500	0	0	0
Y	0	260	180	0	0	0	0	440	0	0	0
A	180	215	0	0	180	0	0	35	0	0	0
B	980	1200	0	0	800	0	0	400	0	0	180
C	580	1195	0	0	580	0	10	605	0	0	0
D	235	560	0	0	0	0	0	560	0	0	235
E	180	555	0	0	0	0	0	555	0	0	180

（4）MPS 物料 GR 变动的情况。依据第（5）项实际业务更新表 3-13，可得表3-32。

表 3-32 原本设想的下次（第三次）MRP 运作时各 MPS 物料的 GR 数据

期别	Due	3	4	5	6	7	8	9	10	11	12	13	14
X	0	600	0	0	200	300	100	100	400	300	200	200	200
Y	0	100	200	100	200	100	200	100	200	100	200	200	200

（5）MRP 物料独立需求变动的情况。依据第（5）项实际业务更新表 3-14，可得表 3-33。

表 3-33 原本设想的下次（第三次）MRP 运作时 MRP 物料独立需求数据

期别	Due	3	4	5	6	7	8	9	10	11	12	13	14
物料 C	0	10	10	10	10	10	10	10	10	10	10	10

（6）固定计划订单 FPO 的变化。由第（1）项业务知 FPO 之 $POR_X(2)$ 和 $POR_Y(2)$ 已发放；由第（6）项实际业务可知不再新设 FPO，故下次 MRP 运作时，只剩 FPO 之 $POR_X(3)$ 和 $POR_Y(3)$，见表 3-34。

表 3-34 原本设想的下次（第三次）MRP 运作时的 MPS 报表

Periods	Due	3	4	5	6	7	8	9	10	11	12	13	14
X（LT = 1）	OH = 500	AL = 0	SS =	150	LSR =	LFL	MIN =	400	ZL =	1			
GR	0	600	0	0	200	300	100	100	400	300	200	200	200
SR	0	0											
POH		−100	300	700	500	200	100	400	0	100	300	100	300
PAB		300	700	700	500	200	500	400	400	500	300	500	300
NR		250	0	0	0	0	50	0	150	50	0	50	0
PORC		400	400*	0	0	0	400	0	400	400	0	400	0

（续）

Periods	Due	3	4	5	6	7	8	9	10	11	12	13	14
	POR	400	400*	0	0	0	400	0	400	400	0	400	0	0
Y (LT=1)	OH=	440	AL=	0	SS=	100	LSR=	LFL	MIN=	180	ZL=	1	
	GR	0	100	200	100	200	100	200	100	200	100	200	200	200
	SR	0	0											
	POH		340	140	220	20	100	−100	0	−20	60	40	20	0
	PAB		340	320	220	200	100	100	180	160	240	220	200	180
	NR		0	0	0	80	0	200	100	120	40	60	80	100
	PORC		0	180*	0	180	0	200	180	180	180	180	180	180
	POR	0	180*	0	180	0	200	180	180	180	180	180	0	

3. 原本设想的第三次 MRP 运作时的 MPS/MRP 报表

原本设想的下次（第三次）MRP 运作时的 MPS 报表和 MRP 报表分别见表 3-34 和表 3-35。由这两张表可知，又出现了逾期紧急的 GR 和 POR，需想办法修正。

表 3-35 原本设想的下次（第三次）MRP 运作时的 MRP 报表

Periods	Due	3	4	5	6	7	8	9	10	11	12	13	14
A (LT=2)	OH=	35	AL=	0	SS=	0	LSR=	LFL	MIN=	180	ZL=	1	
	GR	0	180	0	180	0	200	180	180	180	180	180	180	0
	SR	0	180	0										
	POH		35	35	−145	35	−165	−165	−165	−165	−165	−165	−165	15
	PAB		35	35	35	35	15	15	15	15	15	15	15	15
	NR		0	0	145	0	165	165	165	165	165	165	165	0
	PORC		0	0	180	0	180	180	180	180	180	180	180	0
	POR	0	180	0	180	180	180	180	180	180	0	0	0	
B (LT=2)	OH=	400	AL=	180	SS=	0	LSR=	LFL	MIN=	800	ZL=	1	
	GR	800	1780	0	180	180	980	180	980	980	180	800	0	0
	SR	0	940	0										
	POH		−620	180	0	−180	−360	260	−720	−900	−180	−180	620	620
	PAB		180	180	0	620	440	260	80	0	620	620	620	620
	NR		620	0	0	180	360	0	720	900	180	180	0	0
	PORC		800	0	0	800	800	0	800	900	800	800	0	0
	POR	800	0	800	800	0	800	900	800	800	0	0	0	
C (LT=3)	OH=	605	AL=	0	SS=	0	LSR=	LFL	MIN=	800	ZL=	1	
	In. Dmd	0	10	10	10	10	10	10	10	10	10	10	10	
	GR	400	990	10	190	10	610	190	590	590	190	590	190	10
	SR	0	0	800	0									
	POH		−385	1205	1015	1005	395	205	−385	−175	435	−155	455	445

(续)

Periods	Due	3	4	5	6	7	8	9	10	11	12	13	14
PAB		415	1205	1015	1005	395	205	415	625	435	645	455	445
NR		385	0	0	0	0	0	385	175	0	155	0	0
PORC		800	0	0	0	0	0	800	800	0	800	0	0
POR	800	0	0	0	800	800	0	800	0	0	0	0	0
D (LT=2)	OH =	560	AL =	235	SS =	0	LSR =	LFL	MIN =	400	ZL =	1	
GR	200	200	200	200	0	200	225	200	200	0	0	0	0
SR		0	400	0									
POH		525	325	125	125	−75	100	−100	100	100	100	100	100
PAB		525	325	125	125	325	100	300	100	100	100	100	100
NR		0	0	0	0	75	0	100	0	0	0	0	0
PORC		0	0	0	0	400	0	400	0	0	0	0	0
POR	0	0	0	400	0	400	0	0	0	0	0	0	0
E (LT=2)	OH =	555	AL =	180	SS =	0	LSR =	LFL	MIN =	600	ZL =	1	
GR	0	180	0	180	180	180	180	180	180	180	0	0	0
SR		0	0	0									
POH		195	195	15	−165	255	75	−105	315	135	135	135	135
PAB		195	195	15	435	255	75	495	315	135	135	135	135
NR		0	0	0	165	0	0	105	0	0	0	0	0
PORC		0	0	0	600	0	0	600	0	0	0	0	0
POR	0	0	600	0	0	600	0	0	0	0	0	0	0

(三) 采纳重排建议方案修正后的下次（第三次）MRP 运作

1. 重排建议方案

斟酌表 3-26 和表 3-27 中各物料前（LT_j+2）期 Cha. Sug 后可得重排建议方案。

(1) 对 MPS 物料 X，观察前 3 期。Cha. $Sug_X(2) = 0$ 意味着首期（第 2 期）希望维持不变，无须采取调整措施。Cha. $Sug_X(3) = 250$ 意味着第 3 期希望能够增加供给 250。而 Cha. $Sug_X(4) = -400$ 意味着"在第 3 期增加供给 250 前提下，希望第 4 期能减少供给 400"。考察其 SR 和 FPO 有关设定发现：除 $SR_X(2) = 400$ 外，还有设为 FPO 的 "$POR_X(2)/PORC_X(3) = 0$" 及 "$POR_X(3)/PORC_X(4) = 400$"。为达到第 3 期增加供给且第 4 期减少供给的目的，参考表 3-25 相应调整措施建议，可考虑将本来第 4 期期末才应完工到货的 $PORC_X(4) = 400$ 提前至第 3 期期末完成，因现已处于第二周且发单需提前 1 周，所以，现在需将原本最迟第三周周末发单的固定为 FPO 之 $POR_X(3) = 400$ 提前至第二周周末并与原 FPO 之 $POR_X(2) = 0$ 合并发单。如此一来，下次 MRP 运作时，不再剩有任何 FPO，并且第 3 期的 SR 将由原来的 $SR_X(3) = 0$ 转变为 $SR_X(3) = 400$。

(2) 对 MPS 物料 Y，前 3 期 Cha. Sug 数据表明"首期（第 2 期）希望减少供给 340，第 3、4 期分别少量增加供给 100 和 20"。其 SR 仅有 $SR_Y(2) = 180$，FPO 设定有 $POR_Y(2) = 0$

和 $POR_Y(3) = 180$。相应的 $PORC_Y(3) = 0$ 和 $PORC_Y(4) = 180$ 被固定。为达到首期（第2期）大量减少供给并且第3、4期少量增加供给的目的，参考表3-25，可考虑：在FPO之 $POR_Y(2) = 0$ 正常发单情况下，将本来第2期期末就应完工到货的 $SR_Y(2) = 180$ 延迟至第3期期末完成，并取消 $POR_Y(3) = 180$ 的FPO设置，相应 $PORC_Y(4)$ 取消固定。这样，下次MRP运作时不再剩有任何FPO，而 $SR_Y(2) = 180$ 延迟一期后与FPO之 $POR_Y(2) = 0$ 的正常发单最终形成 $SR_Y(3) = 180$。

(3) 对MRP物料A和B，它们前4期Cha. Sug都为0，无须采取调整措施。

(4) 对MRP物料C，前5期Cha. Sug数据表明："首期（第2期）和第3期希望维持不变，第4期希望减少供给805，而第5期希望增加供给590，第6期希望再增加供给10"。其SR和FPO设定只有"$SR_C(4) = 800$"。为达到第4期减少供给并且第5、6两期增加供给，参考表3-25，可考虑将本应第4期期末完工到货的 $SR_C(4) = 800$ 延迟至第5期期末完成。如此一来，$SR_C(4) = 800$ 将在下次MRP运作时转变为 $SR_C(5) = 800$。

(5) 对MRP物料D，前4期Cha. Sug数据表明："首期（第2期）希望维持不变，第3期希望减少供给525，而第4、5期都希望增加供给200"。其SR和FPO设定只有 $SR_D(3) = 400$。为达到第3期减少供给且第4、5两期增加供给的，参考表3-25，可考虑将本来第3期期末应完工到货的 $SR_D(3) = 400$ 延迟至第4期期末完成。如此一来，$SR_D(3) = 400$ 将在下次MRP运作时转变为 $SR_D(4) = 400$。

(6) 对物料E，前4期Cha. Sug数据都为0，无须采取调整措施。

2. 依据重排建议方案对原本设想的第二周实际业务进行的修正

由上述重排建议方案可知对原本设想的第二周实际业务还需补充以下修正：

(1) 将原FPO之 $POR_X(3) = 400$ 提前至第二周周末前发单。
(2) 将原本第2期期末应完工到货的 $SR_Y(2) = 180$ 延迟至第3期期末完成。
(3) 将原本第4期期末应完工到货的 $SR_C(4) = 180$ 延迟至第5期期末完成。
(4) 将原本第3期期末应完工到货的 $SR_D(3) = 400$ 延迟至第4期期末完成。
(5) 取消原 $POR_Y(3) = 180$ 的FPO设定，相应 $PORC_Y(4)$ 取消固定。

3. 滚动逻辑讲解（修正后第二周所有业务对第三次MRP运作的影响）

(1) 各物料POR发放引发该物料SR及相应子件AL新增情况。在表3-28的基础上，依第(1)项修正业务可知：物料X第二周将发放400，相应形成X第三周的SR并引发子件B的AL新增800和子件C的AL新增400。修正后结果见表3-36。

表3-36 修正后的第二周各物料POR发放转SR详情及相应子件AL新增总量

物料	X	Y	A	B	C	D	E
POR发放详情	POR(2)=400	POR(2)=0	POR(2)=0	POR(2)=0	POR(2)=0	POR(2)=0	POR(2)=0
相应SR新增详情	SR(3)=400	SR(3)=0	SR(4)=0	SR(4)=0	SR(5)=0	SR(4)=0	SR(4)=0
子件AL新增总量	—	0	0	800	400	0	0

(2) 各物料原有SR收料及相应子件AL冲销情况。在表3-29的基础上，依第(2)项修正业务延迟物料Y的SR(2)入库，只剩下物料X的SR(2)入库，相应只有子件B的保留量被冲销800和子件C的保留量被冲销400。修正后的结果见表3-37。

表 3-37　修正后的第二周各物料 SR 收料详情及相应子件 AL 冲销总量

物料	X	Y	A	B	C	D	E
SR 收料详情	SR(2)=400	SR(2)=0	SR(2)=0	SR(2)=0	SR(2)=0	SR(2)=0	SR(2)=0
收料中报废量	0	0	0	0	0	0	0
子件 AL 冲销总量	—	—	0	800	400	0	0

（3）修正后下次 MRP 运作时各物料 OH、AL 和 SR 的变化情况。对该环节来说，除第五项修正业务外，其他四项修正业务都将产生影响。

1）由表 3-36 知第（1）项提前发单的修正业务将引发物料 X 新增 SR(3)=400。

2）第（2）项修正业务对该环节的影响需特别注意。由表 3-37 可知，第（2）项修正业务虽未影响原 $SR_X(2)=400$ 收料及相应子件 AL 冲销，但延迟了原 $SR_Y(2)=180$ 收料及相应子件 AL 冲销，反映在 SR 增减变化上应是削减 $SR_Y(2)=180$ 但新增 $SR_Y(3)=180$。$SR_Y(2)=180$ 的削减不是因为完工入库，而是缘于延迟。如果不削减 $SR_Y(2)=180$，那么下次 MRP 运作时，因首期已变成第 3 期，$SR_Y(2)=180$ 容易被误解为逾期量 $SR_Y(0)=180$。前面曾说过，$SR_Y(0)=180$ 应该是第 2 周交货欠缺 180 的执行反馈数据，与此处"故意推迟一周完工"的内涵完全不同。故必须削减 $SR_Y(2)=180$，相应子件 AL 冲销等到第 3 周完工入库时再冲销。

3）类似，第（3）项延迟业务将导致物料 C 新增 SR(5)=180 且削减原 SR(4)=180。

4）同样，第（4）项延迟业务将导致物料 D 新增 SR(4)=400 且削减原 SR(3)=400。

以上分析结果汇总至表 3-38。读者也可以通过对比原本设想的第三次 MRP 运作与修正后的第三次 MRP 运作的最终结果，观察重排建议方案对该环节的影响。

表 3-38　修正后下次（第三次）MRP 运作时各物料 SR 的增、减变化情况

物料	X	Y	A	B	C	D	E
新增 SR	SR(3)=400	SR(3)=180	SR(4)=0	SR(4)=0	SR(5)=180	SR(4)=400	SR(4)=0
削减 SR	SR(2)=400	SR(2)=180	SR(2)=0	SR(2)=0	SR(4)=180	SR(3)=400	SR(2)=0

依上述分析，运用式（3-1）和式（3-2）可求出修正后各 OH 和 AL 值，见表 3-39。

表 3-39　修正后的下次（第三次）MRP 运作时各物料的 OH 和 AL 取值情况

	上周 AL	上周 OH	SR 收料	SR 报废	AL 冲销	意外消耗	订单取货	这周 OH	POR 发放	AL 新增	这周 AL
X	0	500	400	0	0	0	400	500	400	0	0
Y	0	260	0	0	0	0	0	260	0	0	0
A	180	215	0	0	0	0	0	215	0	0	180
B	980	1200	0	0	800	0	0	400	0	800	980
C	580	1195	0	0	400	10	0	785	0	400	580
D	235	560	0	0	0	0	0	560	0	0	235
E	180	555	0	0	0	0	0	555	0	0	180

(4) MPS 物料 GR 变动情况。此项无修正业务，故表 3-40 与表 3-32 相同。

表 3-40 修正后的下次（第三次）MRP 运作时各 MPS 物料的 GR 数量

期别	Due	3	4	5	6	7	8	9	10	11	12	13	14
X	0	600	0	0	200	300	100	100	400	300	200	200	200
Y	0	100	200	100	200	100	200	100	200	100	200	200	200

(5) MRP 物料独立需求变动情况。无修正业务，故表 3-41 与表 3-33 相同。

表 3-41 修正后的下次（第三次）MRP 运作时 MRP 物料独立需求数据

期别	Due	3	4	5	6	7	8	9	10	11	12	13	14
物料 C	0	10	10	10	10	10	10	10	10	10	10	10	10

(6) 固定计划订单 FPO 的变化。修正前，保留为 FPO 的只有 $POR_X(3)/PORC_X(4)$ 和 $POR_Y(3)/PORC_Y(4)$。现在依修正业务（1），FPO 之 $POR_X(3)=400$ 已提前发单，相应 $PORC_X(4)$ 转为 $SR_X(3)=400$；而依修正业务（5），$POR_Y(3)/PORC_Y(4)$ 取消 FPO。所以，修正后的 MRP 运作中已经不再有 FPO。

4. 依重排方案修正后下次（第三次）MRP 运作的 MPS 和 MRP 报表

根据重排建议方案对原本设想的第二周实际业务修正的详细分析与计算，可进行修正后的第三次 MRP 运作，其 MPS 结果见表 3-42，MRP 结果见表 3-43。

表 3-42 依重排方案修正后下次（第三次）MRP 运作的 MPS 报表

Periods	Due	3	4	5	6	7	8	9	10	11	12	13	14
X (LT=1)	OH =	500	AL =	0	SS =	150	LSR =	LFL	MIN =	400	ZL =	1	
GR	0	600	0	0	200	300	100	100	400	300	200	200	200
SR	0	400											
POH		300	300	300	100	200	100	400	0	100	300	100	300
PAB		300	300	300	500	200	500	400	400	500	300	500	300
NR	0	0	0	50	0	50	0	150	50	0	50	0	
PORC	0	0	0	400	0	400	0	400	400	0	400	0	
POR	0	0	400	0	400	0	400	400	0	400	0	0	
Y (LT=1)	OH =	260	AL =	0	SS =	100	LSR =	LFL	MIN =	180	ZL =	1	
GR	0	100	200	100	200	100	200	100	200	100	200	200	200
SR	0	180											
POH		340	140	40	20	100	−100	0	−20	60	40	20	0
PAB		340	140	220	200	100	100	180	160	240	220	200	180
NR	0	0	60	80	0	200	100	120	40	60	80	100	
PORC	0	0	180	180	0	200	180	180	180	180	180	180	
POR	0	0	180	180	0	200	180	180	180	180	180	0	

观察表 3-34 和表 3-35 原本设想的下次（第三次）MRP 运作结果，可以发现：在设定

FPO 之第二次 MRP 运作结果中已经存在某物料某期 PAB（t）< SS 或 PAB（t）≥ SS + LS 的情况下，如果除常规业务外不采取任何重排措施就直接进行下次 MRP 运作，将可能导致逾期紧急订单的发生或某期库存过多。前者如表 3-34 中的 $POR_X(0) = 400$ 以及表 3-35 中的 $POR_B(0) = 800$ 和 $POR_C(0) = 800$；后者如表 3-34 中的 $PAB_X(4) = 700$ 与 $PAB_X(5) = 700$，以及表 3-35 中的 $PAB_C(4) = 1205$ 与 $PAB_D(3) = 525$ 等。这些不良状况急需改进。

观察表 3-42 和表 3-43 修正后下次（第三次）MRP 运作结果，可以发现：启用重排计划建议程序并采取相应适当修正措施后，没有再出现逾期紧急订单，某期别库存过多情况也较少发生（只有 $PAB_Y(3) = 340$ 和 $PAB_A(3) = 215$ 两例）。这说明，重排计划建议程序是闭环式 MRP 系统应对外界多变商业环境（如顾客订单突变）并且做出优良计划的有力工具。

表 3-43 依重排建议方案修正后下次（第三次）MRP 运作的 MPS 报表

Periods	Due	3	4	5	6	7	8	9	10	11	12	13	14
A（LT = 2）	OH =	215	AL =	180	SS =	0	LSR =	LFL	MIN =	180	ZL =	1	
GR	0	0	180	180	0	200	180	180	180	180	180	180	0
SR	0	180	0										
POH		215	35	−145	35	−165	−165	−165	−165	−165	−165	−165	15
PAB		215	35	35	35	15	15	15	15	15	15	15	15
NR		0	0	145	0	165	165	165	165	165	165	165	0
PORC		0	0	180	0	180	180	180	180	180	180	180	0
POR	0	180	0	180	180	180	180	180	180	180	0	0	
B（LT = 2）	OH =	400	AL =	980	SS =	0	LSR =	LFL	MIN =	800	ZL =	1	
GR	0	180	0	980	180	980	180	980	980	180	800	0	0
SR	0	940	0										
POH		180	180	−800	−180	−360	260	−720	−900	−180	−180	620	620
PAB		180	180	0	620	440	260	80	0	620	620	620	620
NR		0	0	800	180	360	0	720	900	180	180	0	0
PORC		0	0	800	800	800	0	800	800	800	800	0	0
POR	0	800	800	800	0	800	900	800	800	0	0	0	0
C（LT = 3）	OH =	785	AL =	580	SS =	0	LSR =	LFL	MIN =	800	ZL =	1	
In. Dmd	0	10	10	10	10	10	10	10	10	10	10	10	10
GR	0	10	190	590	10	610	190	590	590	190	590	190	10
SR	0	0	0	800									
POH		195	5	215	205	−405	205	−385	−175	435	−155	455	445
PAB		195	5	215	205	395	205	415	625	435	645	455	445
NR		0	0	0	0	405	0	385	175	0	155	0	0
PORC		0	0	0	0	800	0	800	800	0	800	0	0
POR	0	0	800	0	800	800	0	800	0	0	0	0	
D（LT = 2）	OH =	560	AL =	235	SS =	0	LSR =	LFL	MIN =	400	ZL =	1	
GR	0	200	200	200	0	200	225	200	200	0	0	0	0

(续)

Periods	Due	3	4	5	6	7	8	9	10	11	12	13	14
SR		0	0	400									
POH		125	325	125	125	−75	100	−100	100	100	100	100	100
PAB		125	325	125	125	325	100	300	100	100	100	100	100
NR		0	0	0	0	75	0	100	0	0	0	0	0
PORC		0	0	0	0	400	0	400	0	0	0	0	0
POR	0	0	0	400	0	400	0	0	0	0	0	0	0
E (LT=2)	OH=	555	AL=	180	SS=	0	LSR=	LFL	MIN=	600	ZL=	1	
GR	0	180	0	180	180	180	180	180	180	0	0	0	
SR	0	0	0										
POH		195	195	15	−165	255	75	−105	315	135	135	135	135
PAB		195	195	15	435	255	75	495	315	135	135	135	135
NR		0	0	0	165	0	0	105	0	0	0	0	0
PORC		0	0	0	600	0	0	600	0	0	0	0	0
POR	0	0	600	0	0	600	0	0	0	0	0	0	0

特别注意：上文案例中，我们给出的重排计划建议并不是最佳建议，因为仍存在"$PAB_Y(3)=340$"和"$PAB_A(3)=215$"两处库存过多的情形。$PAB_Y(3)=340$ 的过多库存可通过改善重排建议来降低，但是 $PAB_A(3)=215$ 的库存过多有其他深层次原因。

5. 重排计划建议案例讨论

寻找库存过多的深层次原因之前，先简要分析 $PAB_Y(3)=340$ 库存过多的现象。对比表 3-34 和表 3-42 可以发现，将 $SR_Y(2)=180$ 延迟一周再收料的建议仅将在第三次 MRP 运作时应该已经转化为在库量的 $SR_Y(2)$ 仍保留为在途量状态 $SR_Y(3)$，就第 3 期的供应总量 $OH_Y+SR_Y(3)+SR_Y(0)$ 而言，重排建议方案采纳与否的结果是一样的，都是 440，所以必然会出现第 3 期库存仍然过多的现象。由此，若将原"$SR_Y(2)$ 延至第 3 期"重排建议更改为"$SR_Y(2)$ 延至第 4 期"就可解决此问题。

再来探讨 $PAB_A(3)=215$ 库存过多的现象。在表 3-27 中，物料 A 前 4 期 Cha.Sug 都为 0，这本意味前 4 期无须采取任何调整措施。遵循此建议为何仍然出现 $PAB(t) \geqslant SS+LS$ 的情形呢？前文分析曾经指明，Cha.Sug(t) 计算公式考虑了前、后期数据的紧密联系，但它忽略了 MRP 物料父件、子件之间的相关需求特性。试想：当父件采纳重排方案调整后，其 POR 结果可能改变，相关子件 GR 也将随之改变，此时，各子件针对原 GR 数据计算得出的重排建议的参考价值也必然大打折扣。同样，由于调整时忽视相关需求特性，导致在将原 FPO 之 $POR_X(3)=400$ 提前至第二周发单时，未关注子件是否有足够的库存去满足这忽然提前的父件需求，从而居然出现 OH 小于 AL 的情况，参见表 3-43 中的 $OH_B=400 < AL_B=980$。

所以，大多高级 ERP 系统都提供模拟仿真功能，通过诸如 MPS 仿真（调整措施针对 MPS 物料）或 MRP 仿真等功能，借助行动报告、例外报告或缺料报表等技术工具，让主计划员模拟各种建议方案并从中选优。

行动报告（Action Report）分为两大类共七种。一类是对 SR 或 FPO 的重新排程建议，包括订单的提前、延迟、增加、减少和取消五种,如上文所述。另一类是因物料的计划类属性设置而产生的对订单数量的调整,包括订单的倍数调整和最小订购量调整两种。这些在前文批量法则的论述中有所讲解。

例外报告(Exception Report)是在 MRP 系统运作过程中,基本资料正确性有疑问的记录。MRP 系统例外报告包括下列信息:厂历资料不存在,件号不存在,缺少供货商或外包商资料,负的库存量,缺少制造物料的标准时间,缺乏制造或外包物料的材料表,订单数量超过最大订购量限度等。

以上详尽讲解了闭环式 MRP 复杂的动态逻辑。需再次提醒的是:为便于讲解,案例进行了一定简化。比如,"在父件某期 SR 收到入库的当期,才冲销原各子件相应部分的保留量"的假设,因为在企业实务中大多是子件领用的当期就冲销相应保留量,不过后文的"倒冲入账作业"即是对应该假设情况。至于"MPS 物料的需求计划采用 MRP 逻辑,且前 4 期 GR 都仅取顾客订单数量"的假设也是比较合理的,因为 MPS 物料的需求计划采用的逻辑与 MRP 逻辑非常类似,仅 GR 的计算来源不同。

六、闭环式 MRP 系统运行方法及衍生活动

闭环式 MRP 系统运行方法是指前后两次 MRP 运作时整体的关联方法,有再生法 MRP、净变法 MRP 和选择式 MRP 三种,见图 3-4。其中,从 QAD 公司软件中 MRP 程序界面可看出,与再生法 MRP 和净变法 MRP 只能选择特定(范围)的地点(对应着工厂)不同,选

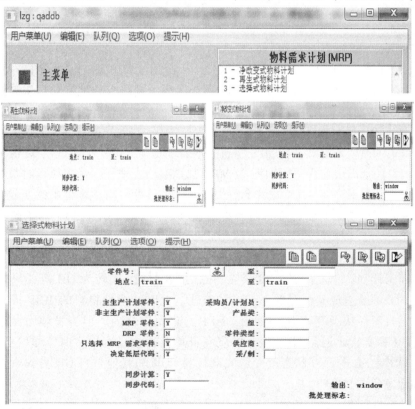

图 3-4　闭环式 MRP 系统的三种主要运行方法(QAD 公司 ERP 软件示例)

择式 MRP 可让计划员选择特定（范围）的物料、特定（范围）的地点/工厂、特定种类的辅助选项等进行计划，尤其适合公司有多个计划员负责不同产品系列计划的复杂运作情形。此外，有著名 ERP 软件供应商指明，在中国，许多企业常用选择式 MRP，或许是因为更偏爱以它作为更快速响应顾客订单变化的手段。以下重点分析再生法 MRP 和净变法 MRP 的异同。

（一）再生法和净变法

再生法 MRP 每次执行时，将所有 MPS 通过 BOM 展开计算所有下阶物料的需求计划并生成全新的 MRP 报表。净变法每次执行时，在保留上次 MRP 结果的基础上，只处理两次 MRP 运作之间有变化的项目，并据此修改上次 MRP 结果为新的 MRP 报表。两者有以下差异，并因此通常结合起来使用。

1. 再生法 MRP 与净变法 MRP 的主要差异

（1）输入资料范围不同。再生法 MRP 每次执行时皆输入所有相关资料，如前文案例。净变法 MRP 只处理上次 MRP 执行后有变动资料，这包括从上次到这次 MRP 运作之间任何有变动的 MPS、BOM、OH 和 SR，详情见后文。

（2）MRP 结果是否保留再使用。每次执行再生法，系统将重新产生一个全新 MRP 报表，以往 MRP 报表将不会被系统保留使用。净变法 MRP 每次都会在保留的上一次 MRP 报表基础上更新得到新的 MRP 报表。由于净变法 MRP 无法考虑次要小变化，故会给 MRP 结果带来不易察觉的小错误。虽然小错误不会影响到日常作业，但一旦错误积累超出可容忍范围，就需执行一次再生法 MRP 以根除错误。

（3）执行频率不同。再生法 MRP 系统通常每周执行一次。而净变法 MRP 通常每天或异动发生时即刻执行。若每日批次执行，一天内所有变动资料须在 MRP 执行前便搜集完成；若实时处理，一有变动 MRP 执行程序就会触发。因净变法 MRP 处理数据范围很小，每次执行时间比再生法 MRP 短得多，故其执行频率可以较高。计算机处理能力越来越强大，给频繁执行再生法 MRP 创造了条件。

2. 净变法 MRP 处理的变化

（1）毛需求的改变。它既包括 MPS 物料的毛需求变动，也包括较低层次 MRP 物料因独立需求变动引发的毛需求变化。因 MPS 及 MRP 都是滚动式排程，每次执行时都有新一期滚入，只要新滚入数据不为 0，就意味着毛需求有变化。另外，当顾客订单改变或销售预测有修订时，MPS 物料毛需求也将改变。由于批量法则的应用，一个物料毛需求的变化并不一定导致其 POR 改变，该物料的子件及子件之子件的毛需求或许也可能保持不变。

（2）在库量和在途量的变化。正常库存状态变动，如依制令单发料给现场、依外包单发料给供货商、计划订单发出时 POR 转为 SR，或收料时 SR 转为 OH 等，只是各种库存数量的冲转，并不会造成其他零件毛需求的改变。此时，个别材料的 MRP 报表可直接调整，故这些正常库存状态变动不在净变法 MRP 考虑范围之内。但当发现库存中有瑕疵需调整 OH、供货商交货延迟需调整 SR、供应商订单交货数量有异常时，净变法 MRP 便要考虑。如果 OH 或 SR 等库存状态改变造成该材料 POR 和其他材料 GR 受到影响，这些变化都要在执行净变法 MRP 时考虑。

（3）材料表的变化。如果某物料 BOM 因设计变更而有了变化，整个计划期内，净变法 MRP 都会重新计算与 BOM 改变相关物料的需求计划。比如，BOM 选用不同子件或更改单位用量,其下阶子件及子件之子件的需求计划都可能受到影响。

(二) MRP 衍生活动

在 MRP 的材料主文件中,物料的来源属性包括制造、采购、外包及调拨四种,MRP 报表也依此衍生出相关活动。因采购和外包涉及供货与外包商管理,故先有请购活动。以上制造、采购、外包、调拨及请购五种活动使用的相关单据主要有如下八种:①请购单(Purchase Requisition, PR);②订购单(Purchasing Order, PO);③外包单(Subcontracting Order, SC);④制令单(Manufacturing Order 或 Shop Order, MO);⑤调拨单(Transferring Order, TR);⑥验收单(Receiving Order, RC);⑦领料单(Picking Order, PK);⑧完工单(Manufacturing Finish Order, MF)。此处使用数据流程图(Data Flow Diagram, DFD)来说明各主要业务活动的数据流程。

1. 请购

请购是指相关部门授权采购部门在特定的时间内、购买特定数量的特定材料。闭环式 MRP 系统根据各物料 POR 产生请购建议表,通过工作流控制系统(Work Flow Control System, WFC)传递给请购部门。请购人员据此修正/确认购买需求,然后再通过 WFC 将确认的请购资料传递至采购部门,其中每项请购资料即为一笔 PR。

2. 采购

采购人员从 WFC 拿到 PR 资料后,从数据库中供货商价格文件中取得该材料预设供货商及价格等。若采购人员决定改变供货商,可点选该文件中该材料其他供货商,新报价将自动输入订购单(不容许擅改价格)。采购部门确认数量、交期及供货商后转成订购单并传真至供货商。WFC 会将订购信息反馈给请购部门。此时,闭环式 MRP 系统中相关材料相应 PORC 转成 SR。供货商交料时,收料人员从 WFC 及闭环式 MRP 系统取得订购资料及质检规格,检验无误后完成验收程序。WFC 将验收资料传给闭环式 MRP 系统,更新库存状况,将 SR 转入 OH。采购作业相关数据流程图见图 3-5。

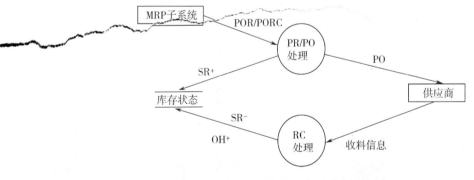

图 3-5 采购作业相关数据流程图

3. 外包

外包是将生产工作转包给外面厂商的一种作业。外包作业授权外包厂商在特定时间内生产特定数量的特定产品。外包程序与采购程序相似,区别仅在于它有一个前期发料过程。发料过程中,系统对每张外包单产生一张领料单,若有缺料则将缺料信息一并附在领料单上。其验收程序与采购收料相同。外包作业相关数据流程图参见图 3-6。

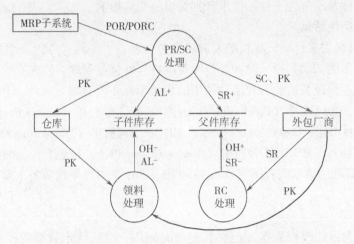

图 3-6 外包作业相关数据流程图

4. 调拨

调拨单是在特定时间内，将特定数量的特定零件从同一组织的某个单位调拨至另一个单位的文件。闭环式 MRP 系统根据 MRP 资料制作材料调入及调出的建议表，通过 WFC 经签核后通知调入及调出单位进行调拨作业。调拨作业相关数据流程图见图 3-7。

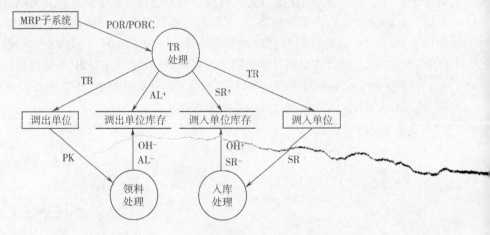

图 3-7 调拨作业相关数据流程图

5. 制令

制令单是授权制造单位在特定时间内制造特定数量的特定零件或产品的文件。系统依 MRP 自制物料的 POR 产生制造建议表，依制造部门及计划日期顺序分类。制造部门利用制造建议表决定制令单的计划数量及开工、完工日期。系统同时对每一张制令单产生相关的领料单，若有缺料则将缺料信息一并附在领料单上。若需制造或检验规范，则由 WFC 一并附在制令单上。以上所述单据及文件均为无纸化之电子文件。闭环式 MRP 系统发出制令单时，系统在库存状态文件增加父件的 SR 及子件的 AL 资料。领料时，系统减少子件的 OH 及 AL。制令完工时，系统产生完工单并将父件 SR 转为 OH。制令作业相关数据流程图如图 3-8 所示。注意：领料例外信息可使子件库存中 OH 的削减数量与 AL 的削减数量不一致。

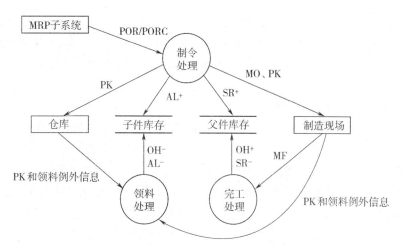

图 3-8　制令作业相关数据流程图

若制造前置时间够短,例如在及时供补的环境中,为了减少数据处理作业,可以采用倒冲入账的方法。也就是说,领料时不做数据处理,而在父件入库时,同时依 BOM 展开算出子件用量,更新子件的在库量,必要时补充领料例外信息。倒冲入账的相关数据流程如图 3-9 所示。

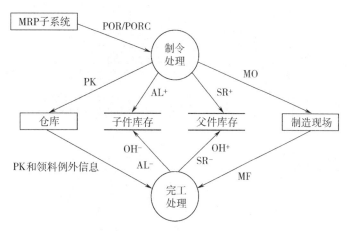

图 3-9　倒冲入账作业相关数据流程图

第二节　主生产计划（MPS）

一、主生产计划

（一）生产规划与主生产计划概述

主生产计划（MPS）是一种规划工具,协助管理者计划未来能做什么、该做什么。它是市场需求与工厂生产能力间的桥梁,可用来计划完成品的生产数量,使其一方面满足市场需求,另一方面也不超过工厂生产能力限制。如果能力与需求不匹配,它也能协助销售与制造单位的管理者在两者之间求得平衡,如决定某些订单迟交或尽早建立某些库存。MPS 除规划完成品的生产时间和数量外,也可规划部件/组合件(Assembly)或模块(Module)的生产。例如在订单组装 ATO 环境中,模块或关键部件也与产品群一样,都是 MPS 的计划对象。MPS 除了能用来平衡生产能力与需求之外,也可以作为各部门单位的协调工具,例如:销售部门与制造部门协调生产负荷;制造现场安排加班等。工厂中几乎所有部门的进程计划都源自 MPS,所以它才被称为主生产计划。

在规模较大的公司,主生产计划未必是各种计划的源头,在 MPS 之前,可能要先做生产规划(Production Planning,PP)。生产规划是一种涵盖相当长期间,以产品群或标准/平均产品为规划对象,并考虑到市场趋势、产品设计、制程设计、设备扩充、资金需求、人力规模等策略性问题,用于准备资源来完成目标的总体规划(Aggregate Planning)。其中,针对产品群或标准/平均产品的内涵如下:首先,在一组相似产品组成的产品群中将销量最大的产品定义为标准产品,并依据生产其他产品与生产标准产品的相对难易程度定义其他产品与标准产品的数量转换比,如将 1 个工时相对较多的较难产品定义为 1.2 个标准产品;然后,根据市场需求规划未来每一期间产品群中各完成品所需数量;最后,将每个完成品数量乘以各自相对标准产品的转换比,合并后即得每一期间产品群或标准产品总需求。

除规划对象不同外,PP 与 MPS 在许多方面也有重大差异,见表 3-44。

表 3-44 生产规划与主生产计划的主要差异

	生产规划(PP)	主生产计划(MPS)
规划对象	产品群或标准/平均产品	完成品或模块或部件
计划期间长度	一般至少一年以上	涵盖一季至一年
时段长度	月	周
对生产能力的态度	视生产能力为可变决策变量,可通过设备和人员数量的增减等来调整	视生产能力为约束限制条件,最多只能通过加班或外包微调
与何产能平衡	与资源需求规划相平衡	与粗能力需求计划相平衡

至于如何从生产规划制订出合理的主生产计划,不在本书的讨论范围之内,有兴趣的读者可参考更专业的生产管理类书籍。注意:生产规划是一种总体规划,而总体规划(Aggregate Planning)又被称为集结计划,故从生产规划到主生产计划的过程又称为散结过程(Disaggregated Planning)。

(二) MPS 详解

MPS 是在考虑生产规划、预测、待交订单、关键材料、关键产能及管理目标和政策的基础上,决定完成品(或模块/部件)的生产排程及可答应量的程序。它应用的是分期间订购点法(Time Phased Order Point,TPOP)。

1. 分期间订购点法

分期间订购点法(TPOP)是一种针对有独立需求的产品的库存补充方法,它将未来时间分割成等分时段,并依各期具体需求规划补充订单。与同样是处理独立需求的再订购点法(ROP)相比,TPOP 更为优越。这是因为:①TPOP 将时间分割成许多时段,可考虑未来各期别的需求数量,并针对需求计划组织适当的生产补充订单;而 ROP 则只能考虑平均需求量。②类似于 MRP,TPOP 可根据未来需求的变化重作计划,如此可确保计划跟踪变化;而

ROP 无法滚动编制计划以及适应对需求的变化。③有些材料同时有独立需求和相关需求，TPOP 可将这两种需求结合在一起处理；而 ROP 只适合处理独立需求。

此外我们还需区分 TPOP 与 MRP。事实上，TPOP 逻辑与 MRP 逻辑绝大部分是类似的，但两者也有一个主要区别，那就是：TPOP 主要处理独立需求；而 MRP 主要处理相关需求。TPOP 处理的各物料的 GR 来自于该物料自身的预测与订单，属独立需求来源；而 MRP 处理的各物料的 GR 来自于父件 POR 的 BOM 展开，属相关需求来源。与 MRP 有时能在 GR 中处理自身独立需求一样，TPOP 有时也能在 GR 中处理相关需求，但不能因为这个就将 TPOP 与 MRP 混为一谈。详细的差异案例将在后文多阶主生产计划中讲解。

既然 MPS 应用的是 TPOP 程序，那么 MPS 是如何从产品自身的预测与订单中得出 GR 值的呢？这牵涉到 MPS 相关时间概念。

2. MPS 相关时间概念

产品从计划、采购、投入到产出需要经历一个时间段，即存在提前期。计划的下达和修改会受到这个时间的约束，并且随着时间的推移，各个时间点对计划的影响力各有不同，因此，闭环式 MRP 系统引入了时区与时界的概念。

（1）时区。时区是一段时间包含的跨度。一般将整个计划期间分为以下三个时区：时区 1 是产品总装加工提前期的时间跨度，即指从产品投入加工开始到产品装配加工完工的时间跨度；时区 2 是产品的累计提前期内超过时区 1 之外的时间跨度，其中累计提前期为采购提前期与加工提前期之和，所以时区 2 对应采购提前期；时区 3 是整个计划期间 T 内超过时区 2 之外的时间跨度。

（2）时栅或时界。时栅或时界对应一时刻点。一般整个计划期间有需求时栅与计划时栅。需求时栅（Demand Time Fence，DTF）是介于当前日期与计划时栅间的一个时点，通常设于时区 1 与时区 2 的交界点或其附近。在 DTF 之前包含确认的客户订单，除非经仔细分析和上级核准，MPS 才能更改。计划时栅（Planning Time Fence，PTF）又称计划确认时界（Firm PTF，FPTF），是介于 DTF 和计划末时刻间的一个时间点，常设于时区 2 与时区 3 的交界点或附近。在 DTF 至 PTF 间包含实际及预测的订单，在 PTF 之后只取订单预测。以上几个变量关系如图 3-10 所示。

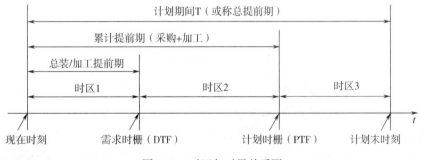

图 3-10 时区与时界关系图

在"现在时刻"，MPS 计划员一般不再接受交货日期在 DTF 之前的客户订单，因为时间太紧迫，交货日期减当前日期所得剩余加工时间小于正常生产所需时间。然而计划员一般可接受交货日期在 DTF 之后的订单，因为此时的时间还比较充裕，剩余加工时间大于正常生产所需时间，若原料还有库存或进行采购，可安排计划生产去满足订单。实际业务中，为避免过早预付订单采购资金，大部分客户不会过早提交订单。所以，某次计划时，计划员对 DTF 之后各期别的预测通常比已接收的订单总量更能准确反映 DTF 之后各期别的真实需求。当然，也可能因为需求高涨导致在计划时交货日期在 DTF 至 PTF 之间的订单总量已经超过原有预测。所以，对 DTF 至 PTF 之间各期别，GR 取预测值与实际订单总量中较大者。而对 PTF 之后各期别，即使需求高涨，一般也不太可能在计划时订单总量就已超过预测。即使超过预测，也可在后续计划中等其期别移入 DTF 至 PTF 之间时再取订单总量这一较大值。所以，对 PTF 之后的各期别，GR 只取预测值。以上分析可总结如下：①MPS 系统中，DTF 之前各期别 GR 只取已确定客户订单总量（因现在已无法按时完成要求 DTF 之前交货的新接订单）。②DTF 至 PTF 之间各期别 GR 取预测值与实际订单总量间的较大值（若预测值超过订单总量，则表示可能尚有订单未到；若订单总量超过预测值，则表示预测偏低，可以按时完成订单总量）。③PTF 之后各期别 GR 只取预测值（因订单总量不太可能超过预测）。

除"现在时刻"这一角度外，计划员还可考察随时间推移客户订单对预测的影响。此时，时间推移过程也是实际客户订单逐渐取代或冲销预测数量的过程。

3. 可答应量

可答应量（Available to Promise，ATP）是公司库存及计划生产量中未被承诺的部分，通常显示在 MPS 报表中，以支持业务员让他们能合理地向顾客承诺订单的数量和交期。它仅出现在第 1 期以及所有"有 MPS 的期间"。其中，"有 MPS 的期间"是指某期至少出现一个大于 0 的 $SR(t)$、FPO 之 $PORC(t)$ 或 $PORC(t)$ 的期间。MPS 的计算公式见式（3-6）。ATP 的初始计算公式见式（3-7），相关已承诺量的计算公式见式（3-8）。

$$MPS(t) = SR(t) + FPO 之 PORC(t) + PORC(t) \quad 1 \leq t \leq T \quad (3\text{-}6)$$

$$ATP(t) = \begin{cases} OH + SR(0) + MPS(1) - \begin{matrix}\text{逾期、第 1 期和其后连续}\\ \text{无 MPS 各期总承诺}\end{matrix} & t=1 \\ IF(MPS(t)>0, MPS(t) - \begin{matrix}\text{当期和其后连续无 MPS}\\ \text{各期总承诺，空}\end{matrix}) & 2 \leq t \leq T \end{cases} \quad (3\text{-}7)$$

$$已承诺量(t) = \begin{cases} 客户订单(0) + 调出(0) + \begin{matrix}\text{上阶计划订单}\\ \text{展开量}(0)\end{matrix} & t=0 \\ 客户订单(1) + 调出(1) + \begin{matrix}\text{上阶计划订单}\\ \text{展开量}(1)\end{matrix} + AL & t=1 \\ 客户订单(t) + 调出(t) + \begin{matrix}\text{上阶计划订单}\\ \text{展开量}(t)\end{matrix} & 2 \leq t \leq T \end{cases} \quad (3\text{-}8)$$

注意：已承诺量中的上阶计划订单展开量或 AL 是针对非最终完成品，但仍是 MPS 项目的物料/组件/模块（后文双阶 MPS 中将讲解）。另外，以上只是 ATP 的初始计算公式，其后还有负数调整问题。若第 1 期之后某期 $ATP(t)$（$t \geq 2$）计算为负，通常扣前面最近期 $ATP(t-n)$（$n>0$）直到该期 $ATP(t)$ 上升为 0（即用前面的"已有"去满足后面的"已承诺"）；若前面一个 $ATP(t-n)$ 不够扣，再往前扣 $ATP(t-m)$（$m>n$）；依此类推。若扣到第 1 期 $ATP(1)$ 还不够，则第 1 期的 $ATP(1)$ 保留为负（此时其他涉及"扣"调整的 $ATP(t)$ 必定为 0）。此种情况一方面表明业务员已超量承诺订单，另一方面也可能是主计划员计划不当。

另请特别注意：实际 MPS 报表中 MPS 的含义依软件设计思路不同而不同，计划员需关注自身软件中 MPS 到底由 SR、FPO 之 PORC、PORC 如何组合而成。

（三）MPS/ATP 案例

假设有两个 MPS 物料 X 和 Y，其独立需求的来源是客户的订货及销售预测。需求时栅（DTF）是第 4 期末，计划时栅（PFT）是第 10 期末。首先运用 DTF/PTF 确定 GR，再运用 TPOP 程序计算 POH、NR、PORC、PAB 和 POR 数据（其算法与 MRP 逻辑中的相应算法相同），最后运用式（3-6）~式（3-8）计算 MPS 与 ATP，见表 3-45。

表 3-45 主生产计划物料 X 和 Y 的 MPS 与 ATP

时段	0	1	2	3	4	5	6	7	8	9	10	11	12
X（LT=1）	OH= 55		SS= 0		LSR=	FOQ	LS= 40		DTF= 4		PTF= 10		
预测	0	18	21	17	17	15	15	29	28	25	25	20	20
客户订单	0	19	20	15	25	12	18	14	16	20	20	15	15
GR	0	19	20	15	25	15	18	29	28	25	25	20	20
SR	0	0											
POH		36	16	1	-24	1	-17	-6	6	-19	-4	16	-4
PAB		36	16	1	16	1	23	34	6	21	36	16	36
NR		0	0	0	24	0	17	6	0	19	4	0	4
PORC		0	0	0	40	0	40	40	0	40	40	0	40
POR	0	0	0	40	0	40	40	0	40	40	0	40	0
MPS		0	0	0	40	0	40	40	0	40	40	0	40
ATP		1			3		22	10		20	5		25
Y（LT=1）	OH= 10		SS= 5		LSR=	FOQ	LS= 20		DTF= 4		PTF= 10		
预测	0	20	20	20	20	15	15	15	15	20	25	15	30
客户订单	0	30	20	20	15	11	8	0	20	5	20	0	0
GR	0	30	20	20	15	15	15	15	20	20	25	15	30
SR	0	0											
POH		-20	-15	-15	-10	-5	0	5	-15	-15	-20	-10	-20
PAB		5	5	5	10	15	20	5	5	5	5	10	5
NR		25	20	20	15	10	5	0	20	20	25	15	25
PORC		25	20	20	20	20	20	0	20	20	25	20	25
POR	25	20	20	20	20	20	0	20	20	25	20	25	0
MPS		25	20	20	20	20	20	0	20	20	25	20	25
ATP		5	0	0	5	9	12		15	20	0	25	

在上述案例中，已承诺量仅为客户订单。对 X：ATP(1)=55+0+0-0-19-20-15=1；ATP(4)=40-25-12=3；ATP(6)=40-18=22；ATP(7)=40-14-16=10；ATP(9)=40-20=20；ATP(10)=40-20-15=5；ATP(12)=40-15=25。另请读者参照公式自行计算 Y 的 ATP。由此可见，可答应量 ATP 出现在第 1 期和那些排有 MPS 的期间，而 ATP 的数量表示销售人员还可答应客户的从这次到下次排有 MPS 期别之间的订单总量。在计算 PORC 时，必须使 PAB>SS。但在计算 ATP 时并不考虑 SS，任何库存都可答应销售给客户。

若现在突然接到客户订单采购 30 单位 X、在第 7 期交货，因交货处于 DTF 与 PTF 之间，可以接受订单,故将第7期毛需求增至44,新的MPS结果见表3-46。注意:表3-45中X第8期无MPS而第9期有MPS;但在表3-46中,因第7期订单增至44单位,导致第8期生成MPS并取消原第9期MPS。初始ATP计算过程如下:ATP(1) = 55 + 0 + 0 − 19 − 20 − 15 = 1;ATP(4) = 40 − 25 − 12 = 3;ATP(6) = 40 − 18 = 22;ATP(7) = 40 − 44 = −4;ATP(8) = 40 − 16 − 20 = 4;ATP(10) = 40 − 20 − 15 = 5;ATP(12) = 40 − 15 = 25。因为ATP(7)出现负数需要往前调整,所以ATP(7)上升为0,而ATP(6)减少4单位变成18(= 22 − 4),如此形成表3-46中调整后的ATP最终结果。

表3-46 主生产计划物料X的ATP调整后的MPS报表

时段	0	1	2	3	4	5	6	7	8	9	10	11	12
X(LT=1)	OH =	55	SS =	0	LSR =	FOQ	LS =	40	DTF =	4	PTF =	10	
预测	0	18	21	17	17	15	15	29	28	25	25	20	20
客户订单	0	19	20	15	25	12	18	44	16	20	20	15	15
GR	0	19	20	15	25	15	18	44	28	25	25	20	20
SR		0	0										
POH		36	16	1	−24	1	−17	−21	−9	6	−19	1	−19
PAB		36	16	1	16	1	23	19	31	6	21	1	21
NR		0	0	0	24	0	17	21	9	0	19	0	19
PORC		0	0	0	40	0	40	40	40	0	40	0	40
POR	0	0	0	40	0	40	40	40	0	40	0	40	0
MPS		0	0	0	40	0	40	40	40	0	40	0	40
ATP		1			3		18	0	4		5		25

以上ATP的负数调整由人工完成,而实际ERP软件可以自动实现负数的调整,参见后文"(五)ATP算法解析"。

(四)MPS/ATP软件案例解析

图3-11~图3-15是MPS/ATP软件案例解析。其中,用QAD公司ERP软件的该案例与

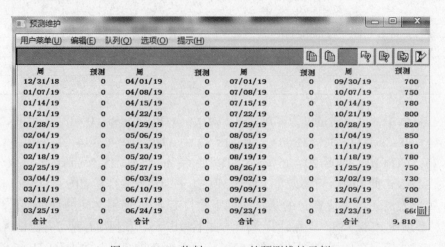

图3-11 MPS物料02-0010的预测维护示例

前文所述 MPS 和 ATP 基本原理稍有不同：QAD 的 ERP 软件中，"预测"是指发货预测，虽然订单会冲销发货预测，但未被冲销的发货预测通过"预测消耗重计算"功能计算出的"净预测"始终纳入毛需求（GR），无论什么时区，见图 3-13 和图 3-14。另注意：①这两张图中时段为"周"，一周内订单会合并；②"总日程"对应 MPS 数据；③"可供货量"对应 ATP 数据；④"生产预测"是指相关需求所致的"上阶计划订单展开量"，详情见后文的多阶 MPS。

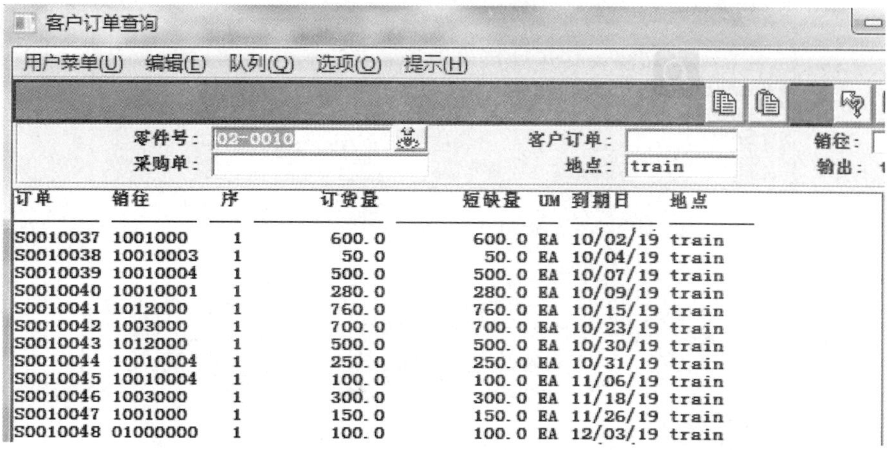

图 3-12 MPS 物料 02-0010 的订单查询结果

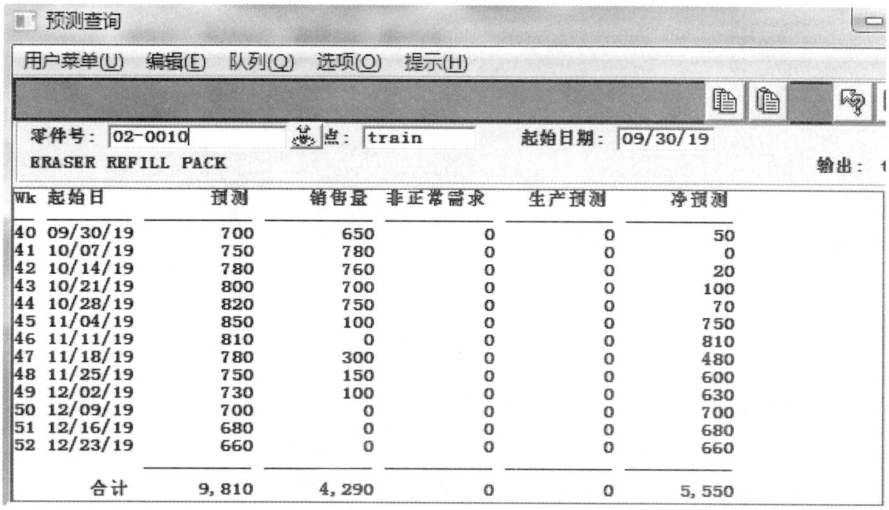

图 3-13 "预测消耗重计算"后的预测查询结果

图 3-14 中第一排的 ATP 数据分析如下：ATP(7) = 910 − 100 = 810；ATP(6) = 1500 − 750 = 750；ATP(5) = 770 − 700 = 70；ATP(4) = 360 − 760 = − 400；ATP(1) = 2100 − 650 − 780 = 670；第 4 期 ATP 经负数调整后变为 0，而调整后的 ATP(1) = 670 − 400 = 270。注意：该软件中即使某期 MPS 为 0，也显示其 ATP 结果为 0（肯定为 0 或计算出负数后调整为 0）。

企业资源计划（ERP）

```
主生产日程汇总查询
零件号: 02-0010        ERASER REFILL PACK        需要MRP: N
地点: train            制造提前期: 3              计划订单: Y          采/制: M
库存量: 2,100.0 EA     采购提前期: 0              订货量: 0            最小订量: 100
订货原则: POQ          安全库存量: 100            合格率: 100.00%      最大订量: 0
订货周期: 7            安全期: 0                  时界: 0              订单倍数: 0
```

	过去	09/29/19	10/06/19	10/13/19	10/20/19	10/27/19	11/03/19
	09/28/19	10/05/19	10/12/19	10/19/19	10/26/19	11/02/19	11/09/19
生产预测	0	0	0	0	0	0	0
预测	0	50	0	20	100	70	750
客户订单	0	650	780	760	700	750	100
总需求量	0	0	0	360	770	1500	910
主日程	2100	1400	620	200	170	850	910
预计库存量	270	0	0	0	70	750	810
可供货量							

	过去	11/10/19	11/17/19	11/24/19	12/01/19	12/08/19	12/15/19
	11/09/19	11/16/19	11/23/19	11/30/19	12/07/19	12/14/19	12/21/19
生产预测	0	0	0	0	0	0	0
预测	990	810	480	600	630	700	680
客户订单	3740	0	300	150	100	0	0
总需求量	3540	0	780	750	730	700	680
主日程	910	100	100	100	100	100	100
预计库存量	1900	0	480	600	630	700	680
可供货量							

图 3-14　MPS 物料 02-0010 的 MPS 和 ATP 结果

```
主生产日程明细查询
零件号: 02-0010                    库存量: 2,100.0        地点: train
ERASER REFILL PACK                 UM: EA                 采/制: M
采购员/计划员:                     订货原则: POQ          最小订量: 100       制造提前期: 3
主生产计划: Y                      订货周期: 7            最大订量: 0         采购提前期: 0
需要MRP: N
                                   时界: 0                订单倍数: 0         检验提前期: 0
计划订单: Y                        安全期: 0              订货量: 0           检验: N
发放原则: Y                        安全库存量: 100
                                   合格率: 100.00%        累计提前期: 7
```

到期日	总需求量	主生产排程	预计库存量	计划订货量	详述
			2,100		开始有效
09/30/19	50		2,050		预测
10/02/19	600		1,450		客户订: S0010037 项: 1
10/04/19	50		1,400		客户订: S0010038 项: 1
10/07/19	500		900		客户订: S0010039 项: 1
10/09/19	280		620		客户订: S0010040 项: 1
10/14/19	20		600		预测
10/15/19	760		-160		客户订: S0010041 项: 1
10/15/19			200	360	工单: 09160005 标志: 494 下达日期 10/10/19
10/21/19	100		100		预测
10/23/19	700		-600		客户订: S0010042 项: 1
10/23/19			170	770	工单: 09160006 标志: 495 下达日期 10/18/19
10/28/19	70		100		预测
10/30/19	500		-400		客户订: S0010043 项: 1

到期日	总需求量	主生产排程	预计库存量	计划订货量	详述
10/30/19			1,100	1,500	工单: 09160007 标志: 496 下达日期 10/25/19
10/31/19	250		850		客户订: S0010044 项: 1
11/04/19	750		100		客户订: S0010045 项: 1
11/06/19	100		0		预测
11/06/19			910	910	工单: 09160008 标志: 497 下达日期 11/01/19
11/11/19	810		100		预测
11/18/19	480		-380		客户订: S0010046 项: 1
11/18/19	300		-680		客户订: S0010046 项: 1
11/18/19			100	780	工单: 09160009 标志: 498 下达日期 11/13/19
11/25/19	600		-500		预测
11/25/19			250	750	工单: 09160010 标志: 499 下达日期 11/20/19
11/26/19	150		100		客户订: S0010047 项: 1

到期日	总需求量	主生产排程	预计库存量	计划订货量	详述
12/02/19	630		-530		预测
12/02/19			200	730	工单: 09160011 标志: 500 下达日期 11/27/19
12/03/19	100		100		客户订: S0010048 项: 1
12/09/19	700		-600		预测
12/09/19			100	700	工单: 09160012 标志: 501 下达日期 12/04/19
12/16/19	680		-580		预测
12/16/19			100	680	工单: 09160013 标志: 502 下达日期 12/11/19
12/23/19	660		-560		预测
12/23/19			100	660	工单: 09160014 标志: 503 下达日期 12/18/19

列表完毕

图 3-15　物料 02-0010 在"主生产日程明细查询"中的结果

在 QAD 公司 ERP 软件的材料主文件（IM）中，有一个"时界"属性与需求时栅（DTF）类似，需阐明其使用方法。首先，在"净预测"始终纳入 GR 情况下，可以保证在 DTF 与 PTF 之间始终取得订单或预测的最大值，并在通常远期订单少于远期预测（即有"净预测"）的情况下保证在 PTF 之后仅取预测。其次，如果全由 ERP 系统自动掌控 MPS，需将 IM 中 MPS 物料的"主生产计划"属性设为"Y"，"计划订单"属性设为"Y"，"订货原则"设为任何非空属性且不设"时界"值，MRP 程序将自动更新其 MPS。再次，如果全由计划员掌控 MPS（即手工维护每张 MPS 加工单），需将 IM 中 MPS 物料的"主生产计划"属性设为"Y"，"计划订单"属性设为"N"，"订货原则"设为任何非空属性且未设"时界"值，MRP 程序将只自动给出 MPS 物料的行动信息。最后，如果是计算机辅助计划员运作 MPS，需将 IM 中 MPS 物料的"主生产计划"属性设为"Y"，"计划订单"属性设为"Y"，"订货原则"设为任何非空属性且设置"时界"非零值（至少等于该 MPS 物料的累计提前期），此时 MRP 程序运算后只自动准确更新时界之后的 MPS 结果（见图3-16），并对时界范围内本应需要的 PORC/POR 给出相关的行动报告建议（见图3-17，该软件中"执行信息检查/更新"功能的运行结果即为行动报告）。由图3-17可知：图3-16 中 PORC（10/28）=360 本应调整至 PORC（10/15）=360，而 PORC（10/28）=770 本应调整至 PORC（10/23），相应两批 POR 也要提前。因此，在计算机辅助计划员运作 MPS 情况下需要以下步骤：①对 MPS 物料运行"选择式 MRP"；②根据"行动报告"手工调整 MPS 计划；③若有必要可以再次对 MPS 物料运行"选择式 MRP"；④对相关的 MRP 物料运行"选择式 MRP"。在以上第②步中，可通过手工调整"时界"内的预测数量来削减"时界"内实际已无必要的"净预测"，并通过"预测消耗重计算"确认"时界"内"净预测"删除，实现需求时栅之前只取订单的 MPS 原理。

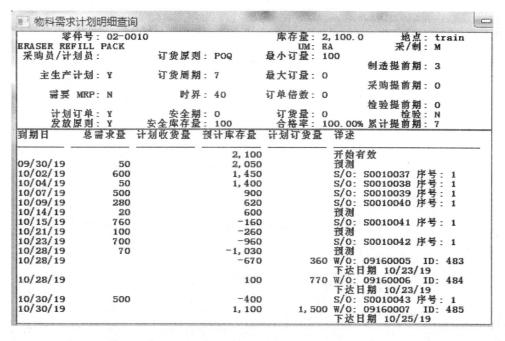

图3-16 设置"时界"后 MPS 物料 02-0010 在 MRP 明细查询中的部分结果

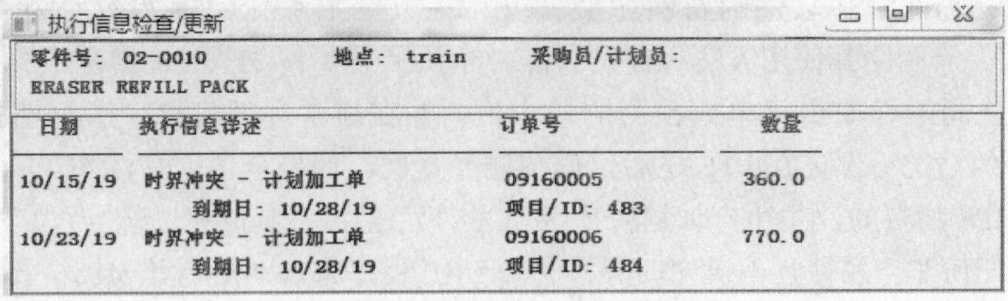

企业资源计划（ERP）

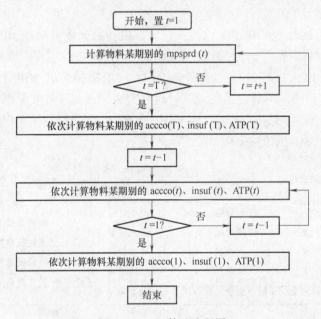

图 3-17　MPS 物料 02-0010 在"时界"内应采取的"行动报告"信息

（五）ATP 算法解析

为自动实现 ATP 初始计算后可能出现的由后往前的调整，ATP 算法流程图见图 3-18。图中，为实现"无 MPS 期别"的顾客订单由前期 MPS 处理，设定"mpsprd(t)"标志区分该期有无 MPS；设定"accco(t)"来累积后期连续"无 MPS 期别"的订单；设定"insuf(t)"来体现需要往前扣的 ATP 负值。设置这些中间变量后，就可通过式（3-9）~式（3-12）实现 ATP 计算及负数的自动调整，其中 ABS(x) 是绝对值函数。

图 3-18　ATP 算法流程图

$$\mathrm{mpsprd}(t) = \mathrm{IF}(\mathrm{MPS}(t) = 0, 0, 1) \quad 1 \le t \le T \tag{3-9}$$

$$\mathrm{accco}(t) = \begin{cases} \mathrm{CO}(0) + \mathrm{CO}(1) + \mathrm{accco}(2) \times \mathrm{ABS}(\mathrm{mpsprd}(2) - 1) + \mathrm{insuf}(2) & t = 1 \\ \mathrm{CO}(t) + \mathrm{accco}(t+1) \times \mathrm{ABS}(\mathrm{mpsprd}(t+1) - 1) + \mathrm{insuf}(t+1) & 2 \le t \le T-1 \\ \mathrm{CO}(t) & t = T \end{cases} \tag{3-10}$$

$$\mathrm{insuf}(t) = \begin{cases} \mathrm{IF}(\mathrm{mpsprd}(1) = 0, 0, \max(\mathrm{accco}(1) - \mathrm{MPS}(0) - \mathrm{MPS}(1) - \mathrm{OH}, 0)) & t = 1 \\ \mathrm{IF}(\mathrm{mpsprd}(t) = 0, 0, \max(\mathrm{accco}(t) - \mathrm{MPS}(t), 0)) & 2 \le t \le T \end{cases} \tag{3-11}$$

$$ATP(t) = \begin{cases} OH + MPS(0) + MPS(1) - accco(1) & t=1 \\ IF(mpsprd(t)=0, \text{" "}, IF(insuf(t)=0, MPS(t)-accco(t), 0)) & 2 \leq t \leq T \end{cases}$$
(3-12)

以下通过表 3-47 所示的简单案例讲解 ATP 计算与负数调整的自动实现。例中只需列出顾客订单（Customer Order，CO）与 MPS 作为已知条件。读者参照表中下标括号内代表计算顺序的数字就可很好理解以上算法流程图与相应公式。

表 3-47 ATP 算法解析案例（下标括号内数字代表计算顺序）

	0	1	2	3	4	5	6	7	8	9	10	11	12
CO	0	19	20	15	25	12	18	44	16	20	20	15	15
MPS	0	0	0	0	40	0	40	40	40	0	40	0	40
mpsprd		$0_{(1)}$	$0_{(2)}$	$0_{(3)}$	$1_{(4)}$	$0_{(5)}$	$1_{(6)}$	$1_{(7)}$	$1_{(8)}$	$0_{(9)}$	$1_{(10)}$	$0_{(11)}$	$1_{(12)}$
accco		$54_{(46)}$	$35_{(43)}$	$15_{(40)}$	$37_{(37)}$	$12_{(34)}$	$22_{(31)}$	$44_{(28)}$	$36_{(25)}$	$20_{(22)}$	$35_{(19)}$	$15_{(16)}$	$15_{(13)}$
insuf		$0_{(47)}$	$0_{(44)}$	$0_{(41)}$	$0_{(38)}$	$0_{(35)}$	$0_{(32)}$	$4_{(29)}$	$0_{(26)}$	$0_{(23)}$	$0_{(20)}$	$0_{(17)}$	$0_{(14)}$
ATP		$1_{(48)}$	$_{(45)}$	$_{(42)}$	$3_{(39)}$	$_{(36)}$	$18_{(33)}$	$0_{(30)}$	$4_{(27)}$	$_{(24)}$	$5_{(21)}$	$_{(18)}$	$25_{(15)}$

二、多阶主生产计划

在按照上述方法求解完最终产品的 MPS 计划之后，其结果需经粗能力需求计划平衡并确认后才可用于下阶物料的 MRP 展开。展开时，利用顶层 BOM 将最终产品 MPS 报表中的 POR 数据展开为子件 GR，即可实现 MPS 与 MRP 的集成。下面讲解多阶主生产计划以阐明 TPOP 与 MRP 的区别，以及 MPS 与 MRP 的集成。

除最终完成品外，有些零部件也可能有大量独立需求。例如，空气压缩机在国内销售时常配备电动机和空气桶并称为全套，但外销时因体积考虑往往只卖空气压缩机，电动机和空气桶则在当地装配。此时，空气压缩机既有大量相关需求也有大量独立需求。前文曾介绍少量服务性质的独立需求可以纳入 GR 的计算公式中直接进行处理。但对同时具有大量相关需求与独立需求的物料，需采用多阶 MPS 程序进行处理。事实上，MPS 物料可能出现在任何阶次，所以称为多阶 MPS。此例中，全套和空气压缩机都是 MPS 物料，规划主生产计划时，MPS 程序需同时考虑全套和空气压缩机。以下就以此为例讲解多阶 MPS。

（一）多阶 MPS 案例已知条件

全套和空气压缩机的材料主文件见表 3-48；BOM 见表 3-49；国内销售的全套订单与预测（Forecase，FC）见表 3-50；海外独立销售的空气压缩机的订单与预测见表 3-51；库存信息见表 3-52。

表 3-48 材料主文件

件号	LT	SS	LSR	LS
全套	1	10	FOQ	100
空气压缩机	2	15	FOQ	100

表 3-49 BOM

父件	全套		
子件	空气压缩机	电动机	空气桶
QP	1	1	1

企业资源计划（ERP）

表 3-50　国内销售的全套订单与预测数据

	0	1	2	3	4	5	6	7	8	9	10	11	12
订单		80	50	100	60	80	70	60	40	20	10	0	0
预测		100	50	100	50	100	50	100	50	100	50	100	50

表 3-51　海外独立销售的空气压缩机的订单与预测数据

	0	1	2	3	4	5	6	7	8	9	10	11	12
订单		40	50	40	30	40	30	30	20	20	10	5	0
预测		50	40	40	40	30	40	50	40	40	40	30	40

表 3-52　各相关物料所需的库存状态信息

件号	OH	AL	SR											
			0	1	2	3	4	5	6	7	8	9	10	11	12
全套	50	0	0	100											
空气压缩机	120	100	0	100	100										

（二）多阶 MPS 案例 Excel 求解

为完成多阶 MPS，MPS 程序除必须能接收来自独立需求与相关需求来源的需求量之外，较高阶 MPS 物料还需在较低阶 MPS 物料之前进行规划。对两个或多个 MPS 物料，可能存在加工或累计提前期时间跨度不同的情况。此时系统 DTF 与 PTF 的设置应取较大值为宜。因缺乏更多下阶子件 LT 数据，此处设 DTF = 4 期（末）和 PTF = 8 期（末）。随后的求解过程如下：首先，进行物料"全套"的 MPS 计划，见表 3-53；其次，将"全套"的 POR 数据通过 BOM 中的单位用量展开得出国内销售引发的空气压缩机相关需求，参见表 3-54 "相关需求"栏；然后，对海外独立销售的空气压缩机的订单与预测数据进行 DTF/PTF 的判断后确定其独立需求部分，见表 3-54 的"外销独立需求"一栏；随后，再将相关需求与独立需求两者累加形成空气压缩机的 GR 数据，见表 3-54 的"毛需求（GR）"栏；最后，展开 MPS 运算，见表 3-55。特别注意：此例中空气压缩机 ATP 计算涉及相关需求性质的上阶计划订单展开量及保留量（AL），而上阶计划订单展开量即为表 3-54 中的"相关需求"，AL 为已知值，参照式（3-8）可计算出空气压缩机各期已承诺量，再参照式（3-7）可计算相应 ATP，见表 3-56。

表 3-53　全套的 MPS 报表

期别	0	1	2	3	4	5	6	7	8	9	10	11	12
全套（LT = 1）	OH = 50	SS =	10	LSR =	FOQ	LS =	100	DTF =	4	PTF =	8		
订单 CO		80	50	100	60	80	70	60	40	20	10	0	0
预测 FC		100	50	100	50	100	50	100	50	100	50	100	50
GR	0	80	50	100	60	100	50	100	50	100	50	100	50
SR	0	100											
POH		70	20	−80	−40	−40	−10	−10	40	−60	−10	−10	40

(续)

期别	0	1	2	3	4	5	6	7	8	9	10	11	12
PAB		70	20	20	60	60	90	90	40	40	90	90	40
NR		0	0	90	50	50	20	20	0	70	20	20	0
PORC		0	0	100	100	100	100	100	0	100	100	100	0
POR	0	0	100	100	100	100	100	0	100	100	100	0	0
MPS		100	0	100	100	100	100	100	0	100	100	100	0
ATP		20		0	40	20	30	0		80	90	100	

表 3-54 空气压缩机的 GR 计算详解

期别	0	1	2	3	4	5	6	7	8	9	10	11	12
相关需求	0	0	100	100	100	100	100	0	100	100	100	0	0
外销独立需求	0	40	50	40	30	40	40	50	40	40	40	30	40
毛需求(GR)	0	40	150	140	130	140	140	50	140	140	140	30	40

表 3-55 空气压缩机的 MPS 报表

期别	0	1	2	3	4	5	6	7	8	9	10	11	12
空气压缩机 (LT=2)	OH=120	SS=15		LSR=FOQ		LS=100		AL=100		DTF=4	PTF=8		
GR	0	40	150	140	130	140	140	50	140	140	140	30	40
SR	0	100	100										
POH		80	30	−110	−40	−80	−120	30	−110	−50	−90	80	40
PAB		80	30	90	60	20	80	30	90	50	110	80	40
NR		0	0	125	55	95	135	0	125	65	105	0	0
PORC		0	0	200	100	100	200	0	200	100	200	0	0
POR	0	200	100	100	200	0	200	100	200	0	0	0	0
MPS		100	100	200	100	100	200	0	200	100	200	0	0
ATP		20	0	0	0	0	40		60	0	85		

表 3-56 空气压缩机的 ATP 计算详解 (AL=100)

期别	0	1	2	3	4	5	6	7	8	9	10	11	12
外销订单	0	40	50	40	30	40	30	30	20	20	10	5	0
相关需求	0	0	100	100	100	100	100	0	100	100	100	0	0
已承诺量	0	140	150	140	130	140	130	30	120	120	110	5	0
MPS		100	100	200	100	100	200	0	200	100	200	0	0
ATP		20	0	0	0	0	40		60	0	85		

注意，若希望用自动式 ATP 算法，则需计算出单独应对外销部分的"外销 MPS"并在首期 ATP 公式减去相关需求性质 AL，见表 3-57。为此需要调整两个公式：①外销 MPS(t) = SR(t) + PORC(t) − 相关需求(t)，$1 \leqslant t \leqslant T$；②ATP(1) = OH − AL + MPS(0) + MPS(1) − accco(1)。只有做好这些调整后，Excel 才可实现多阶 MPS 的自动计算。

企业资源计划（ERP）

表 3-57 空气压缩机的 ATP 自动计算详解（AL = 100）

期别	0	1	2	3	4	5	6	7	8	9	10	11	12
外销订单	0	40	50	40	30	40	30	30	20	20	10	5	0
外销 MPS		100	0	100	0	0	100	0	100	0	100	0	0
mps_period		1	0	1	0	0	1	0	1	0	1	0	0
acc-co		100	60	110	70	40	60	30	40	20	15	5	0
insufficient		0	0	10	0	0	0	0	0	0	0	0	0
ATP		20		0			40		60		85		

（三）多阶 MPS 软件案例解析

图 3-19 ~ 图 3-22 是多阶 MPS 软件案例解析，均用 QAD 公司 ERP 软件运作得来。由

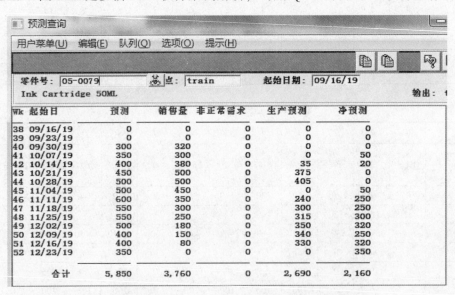

图 3-19 MPS 物料 05-0079 "预测冲销重计划" 后的预测查询结果

图 3-20 MPS 物料 05-0079 的订单查询结果

图 3-19 可知,与"上阶计划订单展开量"类似的相关需求性质的"生产预测",不参与"净预测"计算;但在结合图 3-20 订单详情信息后,由图 3-21 和图 3-22 可知,源自父件 02-0010 的相关需求性质的"生产预测"纳入了 MPS 计算中每期 GR 的计算,但非 ATP 的计算。

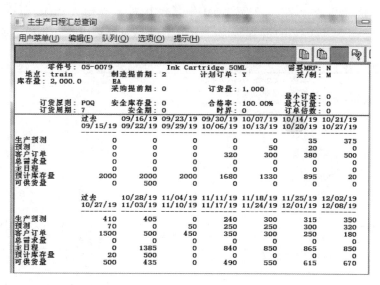

图 3-21　物料 05-0079 "主生产日程汇总查询"中的 MPS 和 ATP 结果

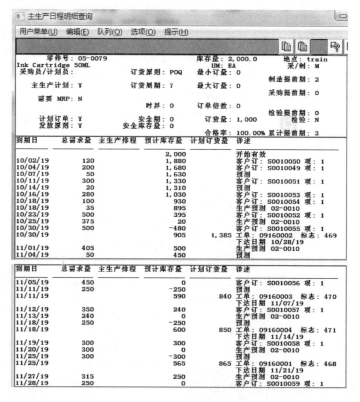

图 3-22　物料 05-0079 "主生产日程明细查询"中的部分结果

特别注意：此处使用的QAD较早版本的ERP软件中"生产预测"的计算并非如多阶MPS原理讲解时那样直接源自父件的POR数据，而是源自父件MPS中的ATP数据并且还有一个提前期影响要考虑，这是值得商榷之处。请结合图3-23中BOM信息和图3-14中MPS父件物料02-0010的ATP结果，核对图3-19中"生产预测"信息。在该软件中，若要多阶MPS开始运作生成"生成预测"，需要BOM中"结构"属性输入"O"（Option）或"P"（Plan）类型（第四章将详解），并在乘以"单位用量"后再乘以"预测"百分比。

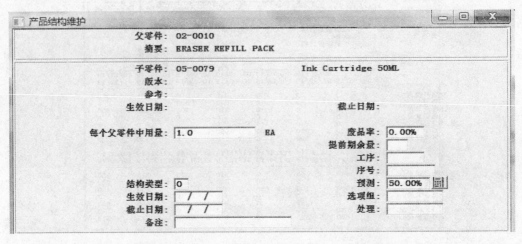

图3-23　多阶MPS计划案例所对应的BOM信息

（四）主生产计划员的工作职责

主生产计划员负责管理、建立、接收并维护特定产品的MPS。他需要有极丰富的产品、制程、工厂、市场等知识，因为他的行动会影响到客户服务、材料计划及能力需求计划。主生产计划员的责任包括：①比较实际需求与预测需求，提出预测与MPS的修订建议；②把预测与订单转成MPS；③使MPS能配合出货与库存预算、行销计划及管理政策；④追踪MPS阶层产品安全库存的使用；⑤分析MPS物料生产数量和最终组装排程（Final Assembly Schedule，FAS）消耗数量之间的差异；⑥将所有的改变资料输入MPS档案，以维护MPS；⑦参加MPS会议、安排议程、事先预想问题、提交可能的冲突、备好可能解决方案；⑧评估MPS修订方案；⑨提供并监控对客户的交货承诺。

事实上，除主生产计划员外，企业内各部门均需对MPS负责，包括制造、营销、设计与财务部门等。相关职责包括：①需求预测是营销部门责任，产品排程由制造部门负责；②原材料、在制品及已完成的零部件库存责任在制造部门；③营销部门需对完成品的存货负责；④若选用零件高于总成本的某个比例，营销部门需负责规划选用零件的需求；⑤制造部门根据过去实际用量的统计分析来预测其他零件的需求；⑥工程设计不只考虑到产品功能，也要估计制造的方便性；⑦财务部门负责提供资金、估算存货，以及提供决策所需成本资料。

MPS必须要务实，不能一厢情愿地做出无法达成的计划。MPS不是愿望表，而是要被用来计算物料需求计划、能力需求计划、资金需求计划等各种重要计划。若为了满足意愿而无视实际环境约束，将导致系统极为严重的误判。下一节中的粗能力需求计划能协助主生产计划员建立一个合乎实际的MPS。

第三节 能力需求管理

能力需求管理主要是将各级生产计划转换为相应的能力需求计划，然后估计可用能力并确定应采取措施以协调能力需求即负荷（Load）和可用能力（Capacity）之间的关系。负荷与能力经常被混淆。负荷是一个工作中心在某特定时段所完成或计划要完成的工作量；能力则是一个工作中心在某个特定时段可处理的工作量。能力描述一个资源生产某产品的能力；而负荷则指出要完成某个已下达或已计划的订单所需的资源量。一个工作中心在某个特定时段的总负荷为这段时间内需要完成的所有已下达及已计划订单所需的总工时。

图 3-24 是负荷与能力关系示意图。其中，槽内的水量是在制品（Work-In-Process，WIP）库存量，水的输入速率是负荷，而水的最大输出速率则是能力。使用"速率"一词是因为不论负荷还是能力，都是相对某个时段的数量。为了让在制品库存维持在一定的水平，能力必须与负荷相等。如果负荷超过能力，已下达及已计划的量会超过资源可以生产的量，那么在制品库存就会增加。相反，如果负荷小于能力且能力充分运作，在制品库存就会减少，甚至降为 0，资源便会闲置。水槽的输出速率，即能力，通常可以调整，以使得即使负荷有所浮动，在制品库存仍然能够保持稳定。

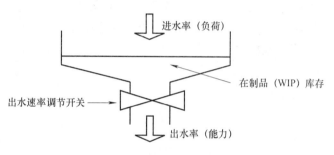

图 3-24　负荷与能力关系示意图

一、能力与负荷的基础资料

（一）工作中心

工作中心（Work Center，WC）是各种生产能力单元的统称，属于计划与控制范畴，而不属于固定资产或设备管理范畴。在传统手工管理进行能力平衡时，往往用各类设备组的可用小时数与负荷小时数进行对比。工作中心则把设备组的概念扩大了，除设备外还可以是人员或特定区域等，见图 3-25。工作中心可以是：一部功能独特的机器及所配备的人力；一组功能相同的设备及所配备的人力；一群联合作业的设备及所配备的人力；一条生产线或装配线及所配备的人力；一个成组单元及所配备的人力；生产单一产品的封闭车间及所配备的人力；对外包工序来说对应的工作中心则是一个外包单位的代码。

设置工作中心是一项细致的工作，要充分考虑到设置的原则使其能起到以下四个方面的作用：①作为平衡负荷与能力的基本单元，是运行和分析能力计划的计算对象；②作为车间作业分配任务和编制详细作业进度的基本单元；③作为车间作业计划完成情况的数据采集点，也可作为 JIT 反冲的控制点；④作为计算加工成本的基本单元。另外，在编制工艺流程

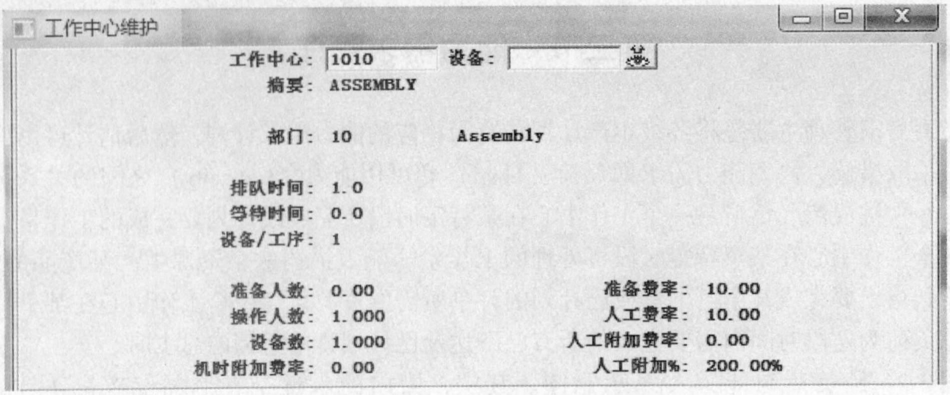

图 3-25 工作中心维护示例

(也称途程表)之前,先要划定工作中心。通常,工艺流程中每道工序要对应一个工作中心,也可几个连续工序对应一个工作中心(这种情况往往出现在焊接、装配这类作业中)。

(二)工作中心有关能力与负荷相关数据的概念与计算

工作中心的基本数据有工作中心代码、名称及所属车间部门代码。其能力数据则是能力需求计划的基础。工作中心文件记录了各种定额能力数据,如单台额定标准输出(如200个/h)或其倒数单件额定工时(如0.05h/个);还有可用机器数、每日班次、每班操作人员数、每班小时数、工作中心利用率、工作中心效率等。车间日历文件记录每周工作天数。

1. 利用率

利用率是指机器实际开动时间与计划工作时间之比,是一个统计平均值,通常小于100%。它同设备完好率、工人出勤率、任务饱满程度及自然休息时间有关。若八小时工作制中机器能开动6h,则利用率为75%,参见式(3-13)。

$$利用率 = (实际工作小时数/计划工作小时数) \times 100\% \quad (3-13)$$

2. 效率

效率说明实际消耗台时/工时与标准台时/工时的差异。它与工人技术水平或机床使用年限有关,可大于100%。若某机器额定输出为200个/h,实际输出为250个/h,则效率为125%。其计算公式有两种形式,分别参见式(3-14)和式(3-15)。

$$效率 = (单件产品的额定加工时间/单件产品的实际加工时间) \times 100\% \quad (3-14)$$

$$效率 = (单位时间内的实际生产量/单位时间内的额定生产量) \times 100\% \quad (3-15)$$

3. 工作中心的额定能力

工作中心的额定能力含设备额定能力和人员额定能力两类,参见式(3-16)和式(3-17)。如某WC每周的设备能力 = 2台×1班/天×8h/班×5天/周×75%×90% = 54台时/周。对一个工作中心来说,其额定能力取哪一种取决于约束能力的是设备还是人员。

$$WC 的设备(额定)能力 = 设备数量 \times 设备工作时间 \times 设备利用率 \times 效率 \quad (3-16)$$

$$WC 的人员(额定)能力 = 人员数量 \times 人员工作时间 \times 人员利用率 \times 效率 \quad (3-17)$$

4. 工作中心的负荷

负荷是指设备或人员为完成生产计划所需要的工作量,参见式(3-18)和式(3-19)。如产品A的单件额定台时为5台时,若计划产量为1000,则设备负荷为5000台时。

计划所需人员负荷 = 计划产量 × 单位产品额定工时　　　　　　(3-18)
计划所需设备负荷 = 计划产量 × 单位产品额定台时　　　　　　(3-19)

5. 负荷率

负荷率是指生产负荷与生产能力的比率，其计算结果可大于100%，参见式（3-20）。

$$负荷率 = （负荷/能力）\times 100\%　　　　　　(3-20)$$

6. 其他能力修正概念

工作中心的能力应当是能持续保持的能力，要稳定可靠。上文所述额定能力是一种预期能力，也称为评估能力（Rate Capacity）、计算能力（Calculated Capacity）或名义能力（Nominal Capacity）。额定能力要对比历史上某个有代表性时期能力的统计平均值进行修正（如修订效率或利用率并确定允许偏差），这个统计平均值可称为纪实能力或验证能力（Demonstrated Capacity）。

有时运行能力计划还要根据工作中心的具体情况做必要的调整，调整后的能力称为计划能力（Planned Capacity），然后再去同需用能力（Required Capacity）进行对比。为说明工作中心的理想能力，有时也要标明最大能力（Maximum Capacity）或称理论能力（Theoretical Capacity），即不考虑预防保养、跳机停机时间等的最大输出量。另有一个预算能力（Budgeted Capacity）用于财务系统，其含义是：在特定时段，一个设定了财务预算和费用摊提率的制造系统，预计生产的产品组合的总量。

（三）工艺流程

工艺流程/途程表（Routing）是对制造某特定物料的方法的详细描述，包含需要执行的作业顺序、作业名称、使用的工作中心、每个工作中心所需的机器、机器或工作中心准备作业时间（Setup Time）与加工时间（Run Time）的标准值、人力配置和每次加工的产出量等，见图3-26。若一个员工须照顾几台半自动机器，那么每台机器都是配置$1/n$的人力。若许多员工在一个工作中心进行作业，员工数目是配置在此工作中心的人数。有些工作中心在每一回合生产时能产出多个单位产品，则会记录"每回合输出量"。如铣床一次可装夹并加

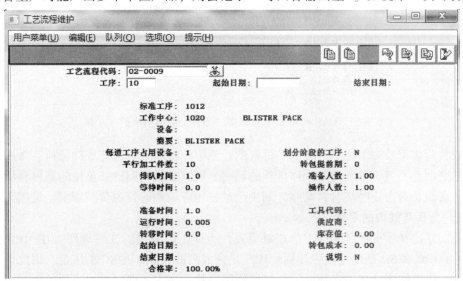

图3-26　工艺流程维护示例

工8个零件,则"每回合输出量"为8。某产品的简化的途程表如表3-58所示。注意:QAD公司该版本的ERP软件中未设计"每回合输出量"属性,图中的"平行加工件数"是考虑到前后工序可能有重叠而应用"平行顺序移动法"所致的平行加工件数。

表3-58 产品X的简化工艺流程/途程表

作业编号	作业名称	工作中心	准备时间	加工时间	人力	每回合输出量
10	预处理	Y1	10	2	2	2
20	车加工	C1	20	3	1	1
30	磨加工	M1	30	5	1	1

(四) 资源清单/资源表与资源负荷表

资源清单/资源表(Bill of Resource,BOR)是制造一单位某产品或产品族所需关键资源的能力列表。继续考虑资源需求之冲销时间因素的可称为产品负荷表。人力表(Bill of Labor,BOL)也是一种资源表,其资源就是人力。工作中心文件类似于材料主文件;资源表、产品负荷表和人力表类似于材料表。QAD公司ERP软件中后三类表统一维护在"零件资源清单维护"或"产品类资源清单维护"中,见图3-27。注意,"资源:1000"是指人力。

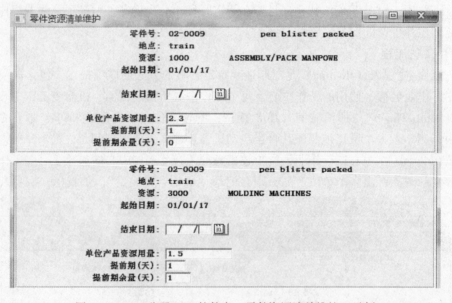

图3-27 QAD公司ERP软件中"零件资源清单维护"示例

资源负荷表记录一个特定时段内某材料的计划生产量对某资源造成的负荷,常用于预测材料计划变动对关键资源负荷及总体排程的影响。资源表说明制造一单位的某材料所需的资源负荷;资源负荷表说明某材料某些计划生产量在相应期别的资源负荷需求,见图3-28。

(五) 负荷与能力的平衡

优先次序定义了工作在时序上的相对重要性,即工作完成的先后顺序。在MRP报表中的POR、PORC和SR是优先次序计划。MPS是完成品的SR和PORC的综合,因此也是优先次序计划。优先次序计划决定何时需要何种资源、数量多少,即决定对资源的负荷。只有当能力大于负荷时,优先次序计划才可行。对应生产规划(PP),有资源需求规划(Resource

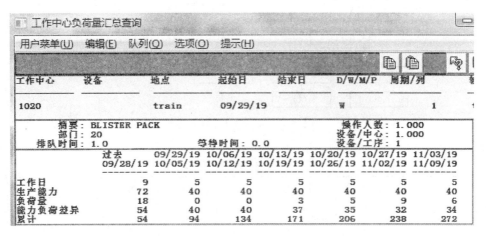

图3-28 QAD公司ERP软件中"工作中心负荷量汇总查询"示例

Requirement Planning，RRP）；对应主生产计划（MPS），有粗能力需求计划（RCCP）；对应物料需求计划（MRP），有能力需求计划（CRP）。

与PP相对应的资源需求规划（RRP）是一个全局性能力需求计划，其生产资源是指原材料、劳力工时、设备机时和资金，并以全厂、分厂或车间为能力核算单位。资源能力的描述方法是计算每种产品系列或产品族消耗（关键）资源的综合平均指标，其单位有工时/件、吨/件、元/件等。这一平均指标又可称为能力计划系数。用它乘以未来的生产规划数量就可得到未来的资源需求数量。如对学校而言，每个学生需要的关键资源即能力计划系数如下：师生比1/10，生均住宿$5m^2$，生均教学楼$20m^2$，每生每年运作资金1.5万元等。若在校生规模定为1万元，可计算出各种资源需求如下：老师1000人，宿舍5万m^2，教学楼20万m^2，年运作资金1.5亿元。与简单RRP相比，粗能力需求计划（RCCP）与能力需求计划（CRP）需详细讲解。

二、粗能力需求计划

粗能力需求计划（RCCP）从主生产计划换算出对关键资源的需求，以便检查可用资源是否足以供应MPS。此关键资源可以是关键工作中心的人力或设备工时、关键原材料或零配件。对关键资源的需求需要与计划能力或验证能力相平衡，使MPS合乎实际。RCCP类似于资源需求规划（RRP）；但RRP考察产品族而RCCP考察产品，并且有时RCCP会考虑冲销时间因素。编制RCCP有三种方法——资源表法、产品负荷表法和总体资源法，下文将讲到。

（一）单个产品RCCP案例

1. 案例已知条件

已知产品A的产品结构如图3-29所示，相应的BOM见表3-59。其中，H、I、G、D是外购件，不在能力计算范围内（若外购件因受市场供应能力或供应商生产能力限制而成为关键资源时，需在RCCP中考虑）。产品A的工艺路线资料见表3-60，所需各物料的标准批量数据节选自材料主文件，见表3-61，而产品A的MPS数据见表3-62。

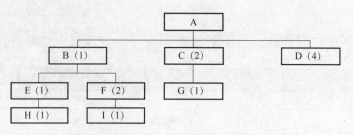

图 3-29 产品 A 的产品结构

表 3-59 产品 A 的相关 BOM

父件	A			B		C	E	F
子件	B	C	D	E	F	G	H	I
QP	1	2	4	1	2	1	1	1

表 3-60 产品 A 的相关工艺路线资料（含 A 之子件）

件号	作业编号	工作中心	准备时间	加工时间	人力	每回合输出量
A	10	WC5	0.2	0.1	1	1
B	20	WC4	0.4	0.1	1	1
C	30（先）	WC2	0.6	0.2	1	1
C	40（后）	WC3	0.6	0.1	1	1
E	50（先）	WC1	0.8	0.1	1	1
E	60（后）	WC2	0.8	0.2	1	1
F	70	WC1	1.0	0.1	1	1

表 3-61 各物料的标准批量（节选自材料主文件）

物料	A	B	C	E	F
标准批量	20	40	60	80	100

表 3-62 产品 A 的 MPS 数据

期别	0	1	2	3	4	5
A 的 MPS	0	20	20	30	30	40

在讲解三种求解 RCCP 的方法之前，都需要先求解各作业的单位总时间，即在某工作中心的某个作业处理一个单位物料的标准总工时。它其实是物料单件准备时间与单件加工时间之和。由于工艺路线中的"准备时间"针对整个加工批量，而"加工时间"针对每回合输出量，所以单位总时间的计算公式为：

$$单位总时间 = 准备时间/标准批量 + 加工时间/每回合输出量 \tag{3-21}$$

根据表 3-60 和表 3-61 数据并利用式（3-21）计算各作业的单位总时间，见表 3-63。

表 6-63　各作业的单位总时间

件号	A	B	C	C	E	E	F
作业号	10	20	30（先）	40（后）	50（先）	60（后）	70
工作中心	WC5	WC4	WC2	WC3	WC1	WC2	WC1
单位总时间	$T_{A-WC5}=0.11$	$T_{B-WC4}=0.11$	$T_{C-WC2}=0.21$	$T_{C-WC3}=0.11$	$T_{E-WC1}=0.11$	$T_{E-WC2}=0.21$	$T_{F-WC1}=0.11$

2. 资源表法（能力清单法）**的案例求解**

资源表（BOR）是描述制造一单位特定产品或产品族所需的关键资源列表，其父件是指产品或与产品紧密关联的工艺流程代码（第四章将详解此点），子件是指作为关键资源的工作中心，而单位用量是指生产一单位产品占用该工作中心的总工时，此处以"TP"（Time-Per）表示。用 BOR 进行粗能力需求计划的方法称为资源表法，有时也称为能力清单法。

BOR 由 BOM 和各作业单位总时间计算得出。生产 A 过程中有 E 的头道作业 50 和 F 的作业 70 需要占用工作中心 WC1，则根据表 6-63 可计算，生产单个 A 需占用 WC1 的总工时 $TP_{A-WC1} = QP_{AB} \times QP_{BE} \times T_{E-WC1} + QP_{AB} \times QP_{BF} \times T_{F-WC1} = 1 \times 1 \times 0.11 + 1 \times 2 \times 0.11 = 0.33$。读者可对照表 3-64 中 BOR 的汇总结果试算其他数据。将表 3-64 资源表数据乘以表 3-62 的 MPS 数据，就可得到表 3-65 粗能力需求（即负荷），如 $0.33 \times 20 = 6.6$。

表 3-64　产品 A 的资源表 BOR

父件（即产品）	A				
子件（此处即工作中心）	WC1	WC2	WC3	WC4	WC5
单位用量（TP）	0.33	0.63	0.22	0.11	0.11

表 3-65　由资源表法计算的粗能力需求（负荷）

工作中心	逾期	第1期	第2期	第3期	第4期	第5期	总计
WC1	0	6.6	6.6	9.9	9.9	13.2	46.2
WC2	0	12.6	12.6	18.9	18.9	25.2	88.2
WC3	0	4.4	4.4	6.6	6.6	8.8	30.8
WC4	0	2.2	2.2	3.3	3.3	4.4	15.4
WC5	0	2.2	2.2	3.3	3.3	4.4	15.4
总计	0	28	28	42	42	56	196

3. 产品负荷表法（分时间周期的能力清单法）**的案例求解**

上述资源表法没有反映制造提前期，故不能很好地体现能力需求的时间属性。而产品负荷表法则在考虑物料制造提前期的基础上（即进一步考虑资源需求的冲销时间因素）形成能力需求计划，故又称为分时间周期的能力清单法。

此处，假设物料 A、B、F 的 LT 值为 1 期，C 和 E 的 LT 值为 2 期，可以绘制冲销时间坐标轴上的工序横道图，如图 3-30 所示。

特别注意：在冲销时间坐标轴上的工序横道图中，A 的生产作业所对应的 OT＝0。分析如下：假设在产品 A 的 MPS 中第 3 期有一个计划生产量 50，由于前文曾指出"MRP 系统的

企业资源计划（ERP）

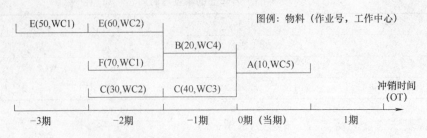

图 3-30　产品 A 在冲销时间坐标轴上的工序横道图

期别都是指该期的期末"，故此计划意味着第 3 期期末需要产出 50 单位 A；又由于产品 A 的提前期 LT = 1 期，所以从第 3 期期初开始进行 A 的生产可以恰好在第 3 期期末完工交货；这也就意味着：恰恰是第 3 期占用生产 A 所需的资源；由此，占用生产 A 所需资源的期别与 MPS 中需安排生产的期别是一致的；故在冲销时间坐标轴上的工序横道图中，A 的生产作业所对应的 OT 应为 0。然后，根据 A 的产品结构可以接着在冲销时间坐标轴上倒着往前画出其子件系列的作业，相应冲销时间取负值。

以下考虑冲销时间的影响。对 WC1，占用时间的分别是提前 3 期的 E 的头道作业 50 和提前 2 期的 F 的作业 70，所以对 WC1 的 TP 计算需区分不同冲销时间，即 $TP(A-WC1, OT=-3) = QP_{AB} \times QP_{BE} \times T_{E-WC1} = 1 \times 1 \times 0.11 = 0.11$ 和 $TP(A-WC1, OT=-2) = QP_{AB} \times QP_{BF} \times T_{F-WC1} = 1 \times 2 \times 0.11 = 0.22$。但对 WC2，E 的后道作业 60 和 C 的头道作业 30 占用时间相对 A 出产日期而言都是提前 2 期，所以对 WC2 的 TP 的计算可合并考虑纳入同一冲销时间段，相应 $TP(A-WC2, OT=-2) = QP_{AB} \times QP_{BE} \times T_{E-WC2} + QP_{AC} \times T_{C-WC2} = 0.63$。汇总结果见表 3-66。

表 3-66　产品 A 的产品负荷表

父件（即产品）	A					
子件（此处即工作中心）	WC1	WC1	WC2	WC3	WC4	WC5
单位用量（TP）	0.11	0.22	0.63	0.22	0.11	0.11
冲销时间（OT）	-3	-2	-2	-1	-1	0

同样，在求解粗能力需求（即负荷）时需考虑 OT 因素。此处以 WC1 负荷计算为例（与考虑 OT 的 GR 计算极相似），计算过程见表 3-67。负荷汇总结果见表 3-68。

表 3-67　对 WC1 的粗能力需求（即负荷）计算过程示意

	逾期	第 1 期	第 2 期	第 3 期	第 4 期	第 5 期
A 的 MPS	0	20	20	30	30	40
$TP(A-WC1, OT=-3)$	$20 \times 0.11 + 20 \times 0.11 + 30 \times 0.11$		30×0.11	40×0.11		
$TP(A-WC1, OT=-2)$	$20 \times 0.22 + 20 \times 0.22$	30×0.22	30×0.22	40×0.22		
总计	16.5	9.9	11.0	8.8		

表 3-68 由产品负荷表法计算的粗能力需求（负荷）

工作中心	逾期	第1期	第2期	第3期	第4期	第5期	总计
WC1	16.5	9.9	11.0	8.8			46.2
WC2	25.2	18.9	18.9	25.2			88.2
WC3	4.4	4.4	6.6	6.6	8.8		30.8
WC4	2.2	2.2	3.3	3.3	4.4		15.4
WC5		2.2	2.2	3.3	3.3	4.4	15.4
总计	48.3	37.6	42.0	47.2	16.5	4.4	196

（二）多个产品 RCCP 案例

1. 案例已知条件

产品 X 和 Y 的相关简要工艺路线资料见表 3-69，其中已经省略了许多不必要的信息，但附带了案例所需的已计算好的单位总时间数据。相应的 BOM 见表 3-70，相应的主生产计划数据见表 3-71。

表 3-69 产品 X 和 Y 的相关工艺路线资料

件号	X	Y	A	A	B	C	D
作业号	10	20	30（先）	40（后）	50	60	70
工作中心	WC1	WC1	WC2	WC3	WC2	WC2	WC2
单位总时间	$T_{X-WC1}=0.05$	$T_{Y-WC1}=1.3$	$T_{A-WC2}=0.6$	$T_{A-WC3}=0.2$	$T_{B-WC2}=0.1$	$T_{C-WC2}=0.1$	$T_{D-WC2}=0.0625$

表 3-70 产品 X、Y 及其子件 C 的 BOM

父件	X		Y		C
子件	A	B	B	C	D
单位用量	1	2	1	2	2

表 3-71 产品 X 和 Y 的主生产计划

期别	0	1	2	3	4	5	6	7	8
产品 X	0	30	30	30	40	40	40	32	32
产品 Y	0	20	20	20	15	15	15	25	25

2. 资源表法（能力清单法）的案例求解

类似上文案例，资源表（BOR）可以通过 BOM 和工艺路线等资料计算得出。对产品 X：$TP_{X-WC1}=T_{X-WC1}=0.05$；$TP_{X-WC2}=QP_{XA}\times T_{A-WC2}+QP_{XB}\times T_{B-WC2}=1\times 0.6+2\times 0.1=0.8$。$TP_{X-WC3}=QP_{XA}\times T_{A-WC3}=1\times 0.2=0.2$。对产品 Y：$TP_{Y-WC3}=0$；$TP_{Y-WC1}=T_{Y-WC1}=1.30$；$TP_{Y-WC2}=QP_{YB}\times T_{B-WC2}+QP_{YC}\times T_{C-WC2}+QP_{YC}\times QP_{CD}\times T_{D-WC2}=1\times 0.1+2\times 0.1+2\times 2\times 0.0625=0.55$。$TP_{Y-WC3}=0$ 是因为 Y 及其子件都没有作业占用 WC3。汇总结果见表 3-72。将表 3-72 与表 3-71 的 MPS 数据相乘即可得粗能力需求，结果见表 3-73。

企业资源计划（ERP）

表 3-72 产品 X 和产品 Y 的资源表

父件（即产品）	X			Y		
子件（此处即工作中心）	WC1	WC2	WC3	WC1	WC2	WC3
单位用量（TP）	0.05	0.8	0.2	1.3	0.55	0

表 3-73 由资源表法计算的粗能力需求（负荷）

期别	0	1	2	3	4	5	6	7	8
WC1	0	27.50	27.50	27.50	21.50	21.50	21.50	34.10	34.10
WC2	0	35.0	35.0	35.0	40.25	40.25	40.25	39.35	39.35
WC3	0	6.00	6.00	6.00	8.00	8.00	8.00	6.40	6.40
总计	0	68.5	68.5	68.5	69.75	69.75	69.75	79.85	79.85

3. 产品负荷表法/分时间周期的能力清单法

假设各物料 X、Y、A、B、C、D 的 LT 值分别为 1、1、2、1、1、1，相应的冲销时间坐标轴上的工序横道图如图 3-31 所示。在计算 X 的产品负荷表时，需注意对 WC2 的计算要区分不同的冲销时间，即 $TP(X-WC2, OT=-1) = QP_{XB} \times T_{B-WC2}$ 与 $TP(X-WC2, OT=-2) = QP_{XA} \times T_{A-WC2}$。对 Y，也需特别关注 WC2 的计算。此时，都提前 1 期的 B 的作业 50 与 C 的作业 60 需合并纳入 $OT=-1$ 期别，即只有父件、子件及对应冲销时间都相同的计算才能合并，故 $TP(Y-WC2, OT=-1) = QP_{YB} \times T_{B-WC2} + QP_{YC} \times T_{C-WC2}$；但提前 2 期的 D 的作业 70 需单独置于 $OT=-2$ 期别，即 $TP(Y-WC2, OT=-2) = QP_{YC} \times QP_{CD} \times T_{D-WC2}$。汇总数据见表 3-74。

图 3-31 产品 X 和 Y 在冲销时间坐标轴上的工序横道图

表 3-74 产品 X 和产品 Y 的产品负荷表

父件（即产品）	X				Y		
子件（此处即工作中心）	WC1	WC2	WC2	WC3	WC1	WC2	WC2
单位用量（TP）	0.05	0.2	0.6	0.2	1.3	0.3	0.25
冲销时间（OT）	0	-1	-2	-1	0	-1	-2

利用表 3-74 及 MPS 数据可计算粗能力需求，所有汇总结果见表 3-75。其中冲销时间的影响与单个产品 RCCP 案例类似，有兴趣的读者请自行验证表中数据。

表 3-75 由产品负荷表法计算的粗能力需求（负荷）

期别	0	1	2	3	4	5	6	7	8
WC1	0	27.50	27.50	27.50	21.50	21.50	21.50	34.10	34.10
WC2	58.00	35.00	39.75	40.25	40.25	37.95	39.35	13.90	
WC3	6.00	6.00	6.00	8.00	8.00	8.00	6.40	6.40	
总计	64.00	68.50	73.25	75.75	69.75	67.45	67.25	54.40	34.10

4. 总体资源法

总体资源法是将所有关键资源视为总体资源。此例将 WC1、WC2 与 WC3 视为总体资源。另外还需补充一信息作为已知条件：由统计数据可知 WC1、WC2 及 WC3 的负荷占总负荷百分比分别为 30%、60% 与 10%。通过将表 3-72 资源表中的单位用量对应各产品分别求和即得各产品对总体资源的资源表，见表 3-76。利用表 3-76、MPS 及分配比例可计算总体资源法的粗能力需求，见表 3-77。

表 3-76 产品 X 和产品 Y 对总体资源的资源表

父件（即产品）	X	Y
子件（此处即工作中心）	总体资源	总体资源
单位用量（TP）	1.05 = 0.05 + 0.8 + 0.2	1.85 = 1.3 + 0.55 + 0

表 3-77 利用总体资源法计算的粗能力需求（负荷）

期别	0	1	2	3	4	5	6	7	8
WC1	0	20.55	20.55	20.55	20.925	20.925	20.925	23.955	23.955
WC2	0	41.10	41.10	41.10	41.850	41.850	41.850	47.910	47.910
WC3	0	6.85	6.85	6.85	6.975	6.975	6.975	7.985	7.985

5. 三种方法小结

事实上，无论利用资源表法还是利用产品负荷表法展开 MPS 计算各关键资源的负荷量，其计算过程都与 MRP 中 GR 的计算过程非常类似，正如两者文件结构都与 BOM 相似一样。两者计算粗能力需求的程序实际也只有一个，只是输入文件稍有差异。总体资源法与这两者的细微差别在于它还需补充各关键资源的负荷分配比率数据并依此数据进行负荷分配。总体上来说：依照总体资源法、资源表法及产品负荷表法的顺序，粗能力需求计划的精确度越来越高。注意：以上对 RCCP 的讲解是将 BOM 结构全部展开以考虑所有工作中心的能力需求。而实际作业中 RCCP 只针对关键资源，如关键工作中心或关键材料，此时系统如何实现只对关键工作中心进行 RCCP 运作呢？接下来就讨论这个问题。

（三）关键材料与关键作业

闭环式 MRP 系统首先会将材料表和工艺流程/途程表合并为材料途程表，见图 3-32。其中，方形部分是材料表，圆形部分是途程表；方形中的符号是件号，圆形中的符号是作业代号；带斜线的方形代表关键材料，带斜线的圆形代表关键作业（即该作业设备是关键约束）。

在图 3-32 中，P 和 Q 是关键材料，1 和 10 是关键作业，系统对 MPS 物料 A 做规划时，必须先找出关键材料表和关键途程表。除用户自行定义的关键材料外，途程表中包含关键作业的材料也自动纳入关键材料途程表中（D 和 G 即是如此），见图 3-33。系统将进一步分解关键材料途程表，以便得到关键材料表和关键途程表，如图 3-34 和图 3-35 所示。

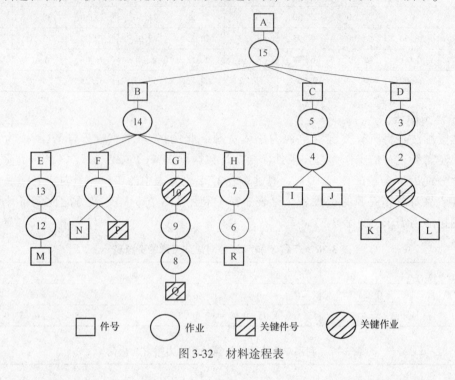

图 3-32　材料途程表

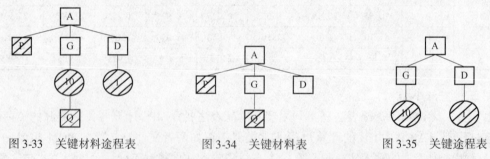

图 3-33　关键材料途程表　　　图 3-34　关键材料表　　　图 3-35　关键途程表

注意：在绘制关键途程表相应的工序横道图时，需要将中间非关键物料相应 LT 值或非关键作业持续的时间进行冲销。比如，由 A 展开至关键作业 10 时，需将中间 B 的 LT 进行冲销；由 A 展开至关键作业 1 时，需将 D 的作业 2 和作业 3 的持续时间冲销。其原因很容易从图 3-36 中的转化中领悟到。

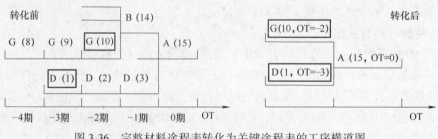

图 3-36　完整材料途程表转化为关键途程表的工序横道图

同理，对关键材料也需要考虑冲销时间的因素。比如，对父件为 A 子件直接为 P 的关键材料表，其冲销值应为中间物料 B 与 F 的 LT 之和；对父件为 A 子件为 G 的关键材料表，其冲销值应为中间物料 B 的 LT。此处对关键材料表中父件为 A 子件为 D 的记录无须设置冲销时间值。上例中若父件为 A 子件直接为 Q，则其冲销时间值应为中间物料 B 与 G 的 LT 之和。

在得出关键材料表与关键途程表后，再运用前文介绍的三种方法运作 RCCP。

（四）**RCCP 的编制、调整与评估**

RCCP 通常是对生产中所需的关键资源进行需求计算和分析，基础是资源表或产品负荷表，编制的主要步骤如下：①定义关键资源；②在主生产计划中为每个产品族指定代表产品；③分析该产品 BOM 中零部件分别占用何种关键资源；④确定单位产品对关键资源的资源表或者产品负荷表；⑤确定每个关键资源的实际能力和最大能力；⑥依据资源表或者产品负荷表将 MPS 产量转换为所需总负荷；⑦负荷与能力不匹配时，进行适当调整。相关的调整方法如表 3-78 所示。RCCP 调整后再评估 MPS，若负荷与能力基本平衡则批准 MPS；若仍不平衡，主计划员应进一步调整力求平衡，此时除调整能力外还可改变负荷，见表 3-79。

表 3-78　RCCP 能力调整方法

物料短缺	劳动力短缺	设备短缺
增加采购 采用替代物料 减少总生产量	加班 雇用临时工人 外协或者分包 减少总生产量 重新将计划安排到有可用资源期别	购买新的设备 现有设备升级改造 外协或者分包 采用其他工艺 减少总生产量 重新将计划安排到有可用资源期别

表 3-79　RCCP 与 MPS 平衡调整措施

改变预计负荷量	改变能力供给
订单拆零 拖延订单 终止订单 重新安排订单 改变产品组合	加急 申请加班 雇佣临时工 外协或分包 改变生产工艺

三、能力需求计划

能力需求计划（CRP）是计算完成计划所需人力及设备的详细负荷的程序。它输入 MRP 中自制品之计划订单收料（PORC）及在途量（SR）资料，利用工艺路线中的标准工时等资料，计算出每一个工作中心在每一期的工时需求。特别注意：SR 是预计的某期期末完工数量，在未完工前可能对某些设备还有一些剩余能力需求，需要在相应期别中满足。CRP 的编制思路是按倒序排产方式，从订单交货日期开始，倒排工序计划，即考虑移动时间（是指加工完毕后的等待时间和从该工序到存放点或下一道工序的传送时间之和）、加工时间、准备时间和等待加工的排队时间来确定工艺路线上各工序的开工时间。

CRP 的编制方法具体有两种：按 LT（实际对应依平均批量）分配能力需求计算 CRP 或依实际批量分配能力需求计算 CRP。在继续使用上面单个产品粗能力需求计划（RCCP）案例数据的基础上，下面通过案例对 CRP 的两种编制方法进行详细讲解。

（一）CRP 编制案例

1. 案例已知条件

在如图 3-29 所示 A 产品的结构的基础上，截取自制部分相关信息并补充 LT 资料，形成图 3-37。在表 3-62 中 A 的 MPS 数据的基础上补充所需详细数据，形成表 3-80；在表 3-60 之 A 的工艺路线资料和表 3-61 各物料的标准批量基础上，按照工作中心顺序重新排列可得到表 3-81。各子件 MRP 报表见表 3-82。

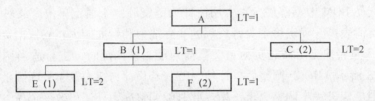

图 3-37 产品 A 自制部分的 BOM（附带 LT 信息）

表 3-80 产品 A 的 MPS 节选

期别（周）	0	1	2	3	4	5	6	7	8	9	10
SR	0	20	0								
PORC		0	20	30	30	40	40	50	50	60	60
MPS		20	20	30	30	40	40	50	50	60	60
POR	0	20	30	30	40	40	50	50	60	60	0

表 3-81 简要工艺路线资料

工作中心	件 号	作 业 号	单件加工时间	平均批量	批量准备时间
WC5	A	10	0.1	20	0.2
WC4	B	20	0.1	40	0.4
WC3	C	40（后）	0.1	60	0.6
WC2	C	30（先）	0.2	60	0.6
WC2	E	60（后）	0.2	80	0.6
WC1	E	50（先）	0.1	80	0.8
WC1	F	70	0.1	100	1.0

表 3-82 B、C、E 和 F 的 MRP 报表

Period	0	1	2	3	4	5	6	7	8	9	10
B（LT=1）	Past	OH=	30	AL=	0	SS=	0	LSR=	PRS	$n=$	2
GR	0	20	30	30	40	40	50	50	60	60	0
SR	0	50									
POH		60	30	0	−40	0	−50	0	−60	0	0

（续）

Period	0	1	2	3	4	5	6	7	8	9	10
PAB		60	30	0	40	0	50	0	60	0	0
NR		0	0	0	40	0	50	0	60	0	0
PORC		0	0	0	80	0	100	0	120	0	0
POR	0	0	0	80	0	100	0	120	0	0	
C（LT=2）	Past	OH=	60	AL=	0	SS=	0	LSR=	PRS	$n=$	2
GR	0	40	60	60	80	80	100	100	120	120	0
SR	0	100									
POH		120	60	0	−80	0	−100	0	−120	0	0
PAB		120	60	0	80	0	100	0	120	0	0
NR		0	0	0	80	0	100	0	120	0	0
PORC		0	0	0	160	0	200	0	240	0	0
POR	0	0	160	0	200	0	240	0	0	0	
E（LT=2）	Past	OH=	20	AL=	0	SS=	0	LSR=	PRS	$n=$	3
GR	0	0	0	0	80	0	100	0	120	0	0
SR	0	0	80								
POH		20	100	20	20	−80	140	20	20	20	20
PAB		20	100	20	20	140	140	20	20	20	20
NR		0	0	0	0	80	0	0	0	0	0
PORC		0	0	0	0	220	0	0	0	0	0
POR	0	0	0	220	0	0	0	0	0	0	
F（LT=1）	Past	OH=	100	AL=	0	SS=	0	LSR=	FOQ	LS=	200
GR	0	0	0	0	160	0	200	0	240	0	0
SR	0	100									
POH		200	200	40	40	−160	40	−200	0	0	0
PAB		200	200	40	40	40	40	0	0	0	0
NR		0	0	0	0	160	0	200	0	0	0
PORC		0	0	0	0	200	0	200	0	0	0
POR	0	0	0	0	200	0	200	0	0	0	

2. 按 LT（即依平均批量）分配能力需求计算 CRP 的案例求解

（1）考察工作中心 5（WC5）。在 WC5 只有 A 的作业 10，而且 A（LT=1）只有该道耗时 1 周的作业。因 SR（1）的 20 件 A 应在第 1 周周末完成，故其加工正是在第 1 周进行，那么该 SR（1）将对 WC5 产生能力需求，即负荷（WC5, $t=1$）$=20 \times 0.1 + 0.2 = 2.2$。同理，由 A 引发的对 WC5 能力需求的期别都应该与相应 A 的 PORC 期别一致。由表 3-82 可知，WC5 上第 1～第 10 期都将有能力需求，其汇总结果见表 3-83。注意：在进行 CRP 的负荷计算时，批量准备时间不因加工数量的变化而变化，如负荷（WC5, $t=10$）$=60 \times 0.1 + 0.2 = 6.2$，这与 RCCP 中计算负荷时只是粗略地将加工数量乘以单件总时间的计算方法不同。

（2）考察工作中心4（WC4）。在WC4只有B的作业20，而且B（LT=1）只有该道耗时1周的作业。因SR（1）的50件B应在第1周周末完成，故其加工正是在第1周进行，那么该SR（1）将对WC4产生能力需求，即负荷（WC4，$t=1$）$=50\times0.1+0.4=5.4$。同理，由B引发的对WC4能力需求的期别都应该与相应B的PORC期别一致。由表3-82可知，WC4上第1、4、6、8期将有能力需求，见表3-83。

表3-83 按LT分配能力需求计算得来的CRP

物料	作业	属性	1	2	3	4	5	6	7	8	9	10	小计
WC1	E	50	在制	8.8										8.8
	E	50	计划					22.8*						22.8
	F	70	在制	11										11
	F	70	计划					21		21				42
WC2	E	60	在制		16.8									16.8
	E	60	计划					44.8#						44.8
	C	30	计划			32.6		40.6^		48.6$				121.8
WC3	C	40	在制	10.6										10.6
	C	40	计划					16.6		20.6		24.6			61.8
WC4	B	20	在制	5.4										5.4
	B	20	计划					8.4		10.4		12.4			31.2
WC5	A	10	在制	2.2										2.2
	A	10	计划		2.2	3.2	3.2	4.2	4.2	5.2	5.2	6.2	6.2	37.8
总计				38	19	35.8	51	110.6	35.2	74.8	42.2	6.2	6.2	418

（3）考察工作中心3（WC3）。在WC3只有C的后道作业40。C有先后两道作业且LT=2，通常假设该后道作业大致耗时就是1周。因SR（1）的100件C应该在第1周周末完成，故正好在第1周进行后道作业40的加工，那么该SR（1）将对WC3产生能力需求，即负荷（WC3，$t=1$）$=100\times0.1+0.6=10.6$。同理，因WC3对应C的后道工序，所以由C引发的对WC3能力需求的期别应与相应C的PORC期别一致。由表3-82可知，WC3上第1、4、6、8期将有能力需求，结果见表3-83。

（4）考察工作中心2（WC2）。WC2有C的前道作业30和E的后道作业60，各耗时1周。其中，C的SR（1）对应的前道作业30应该在过去时段已完成，不会再对WC2产生能力需求；而E的SR（2）对应的后道作业60恰好在第2周对WC2产生能力需求。相应地，因WC2上对应C的为前道作业，故由C引发的对WC2的能力需求的期别应比相应C的PORC期别提早1期；而因WC2上对应E的为其后道作业，故由E引发的对WC2能力需求的期别应与相应E的PORC期别一致。由表3-82可知，WC2上第2、3、5、7期将有能力需求，结果见表3-83。

（5）考察工作中心1（WC1）。WC1有E的前道作业50和F的作业70，各耗时1周。其中，E的SR（2）对应的前道作业50和F的SR（1）的作业70都会在第1期对WC1产生能力需求，即负荷(WC1, $t=1$) = $(80 \times 0.1 + 0.8) + (100 \times 0.1 + 1.0) = 19.8$。相应地，因 WC1 上对应 E 的为前道作业，故由 E 引发的对 WC1 能力需求的期别应比相应 E 的 PORC 期别提早 1 期；而 WC1 上对应 F 的为本道作业，故由 F 引发的对 WC1 能力需求的期别应与相应 F 的 PORC 期别一致。由表 3-82 可知，WC1 上第 1、4、5、7 期将有能力需求，结果见表 3-83。

注意：在表 3-83 中，属性为"计划"代表针对 PORC 之能力需求；而属性为"在制"代表针对 SR 之能力需求。另外，表中有几个数据右边带有特殊符号，这是为方便对比两种 CRP 编制方法所得结果而特意设定的。

3. 依据实际批量分配能力需求计算 CRP 的案例求解

各物料 LT 值是依据平均批量计算得出的提前期，它不随实际批量的变化而变化。因此，按 LT 计算 CRP 得到的工时需求与实际需求在时间上仍存在差异。为了更精确地反映实际加工对能力的需求，可采用时间倒推法来计算 CRP。这样的能力计划将精确到天，而不是周。当然，该方法仍是在 MRP 的基础上进行的，即以 MRP 的计划完成日期为起点倒排各道工序（即作业），求出工序开工时间。从工序开始时间到工序结束时间之差称为工序提前期，它与 MRP 的 LT 并不完全一致。工序提前期计算得出工序"实际"最晚开工日期，而物料 LT 值计算得出物料"平均"最晚开工日期。二者之差是订单下达的可宽裕时间。当然，也可能由于实际批量大于平均批量导致工序提前期大于物料提前期（LT）。

仍以上文案例为研究对象，补充必要的工作中心文件和工作日历等资料。在工作中心文件中将给出计算工作中心定额能力的必要信息，以及计划排队时间（即平均等待加工时间）、移动时间（等待整批加工完毕的时间和将整批转移到存放点或下一道工序的传送时间）等信息。工作日历将标明休息日、节假日、设备检修日等非工作日期，并能调整工作中心在不同日期的能力，比如周末或第三班加班。

此处假设各工作中心每周工作 6 天、每天 8h、效率 95%、利用率 85.3%，则每天各工作中心的能力 = 8h/天 × 95% × 85.3% = 6.48h/天。其他补充信息见表 3-84。假设每个物料加工的第 1 道手续都是为期 1 天的仓库取件，详细分析计算见下文。

表 3-84 产品 A 的制造信息（综合了工艺路线和工作中心文件数据）

工作中心	件号	工序号	批量准备时间/h	单件加工时间/h	排队时间（天）	移动时间（天）
WC5	A	10	0.2	0.1	2	1
WC4	B	20	0.4	0.1	2	1
WC3	C	40（后）	0.6	0.1	1	1
WC2	C	30（先）	0.6	0.2	1	1
WC2	E	60（后）	0.8	0.2	1	1
WC1	E	50（先）	0.8（）	0.1	1	1
WC1	F	70	1.0	0.1	1	1

（1）考察产品 A。A 只有 WC5 上的工序 10。对 SR（1）= 20 有移动时间 1 天，加工时间近似 1 天（$20 \times 0.1 + 0.2 = 2.2$，$2.2/6.48 \approx 0.34$），排队 2 天，库房取料 1 天。若要在第

一周末完工交付 20 单位 A，就应最迟在第一周第 2 天开工，见图 3-38。

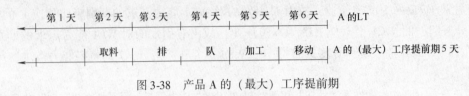

图 3-38 产品 A 的（最大）工序提前期

对最大批量 60，加工时间也近似为 1 天（$60×0.1+0.2=6.2$，$6.2/6.48=0.96≈1$）。同理，若要在某周末完工 60 就应最迟在该周第 2 天开工。依图 3-38，可将对 WC5 的负荷精确到各周的"第 5 天"。因 A 各实际批量的工序提前期都未超其 LT 值，故反映在以"周"为时间单位的负荷报表上将无变化（请对比表 3-83 与表 3-85）。

（2）考察物料 B。B 只在 WC4 开展的工序 20。对其最大批量 120 有：移动 1 天，加工时间近似 2 天（$120×0.1+0.4=12.4$，$12.4/6.48=1.9≈2$），排队 2 天，库房取料 1 天，见图 3-39。依该图，可将对 WC4 的负荷精确到各周第 4、5 两天。因 B 各实际批量的工序提前期都未超其 LT 值，故反映在以"周"为时间单位的负荷报表上看不出变化（请对比表 3-83 与表 3-85）。

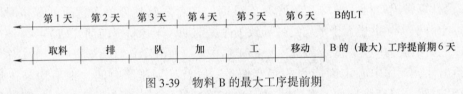

图 3-39 物料 B 的最大工序提前期

（3）考察物料 C。C 有 WC3 上的后道工序 40 和 WC2 上的前道工序 30。

① 对 C 的 SR(1)=100，其在 WC3 进行的后道工序 40 占用的加工时间为 2 天（$100×0.1+0.6=10.6$，$10.6/6.48=1.64≈2$）。在 WC2 进行的前道工序 30 占用的加工时间为 4 天（$100×0.2+0.6=20.6$，$20.6/6.48=3.18≈4$）。加上两道工序移动各 1 天、排队各 1 天、取料 1 天，相应工序提前期总计 11 天，见图 3-40。

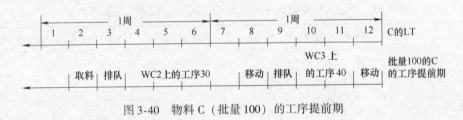

图 3-40 物料 C（批量 100）的工序提前期

由图 3-40 可知，批量 100 的 C 的工序提前期没有超过其 LT 值，并且其后道工序 40 落在相应 LT 第 2 周内，但前道工序 30 有一天加工时间滞后落入 LT 第 2 周内。对此处考察的 SR(1)，后道工序 40 引发的能力需求在以"周"为时间跨度的负荷报表上将没有变化，但前道工序 30 因部分加工时间滞后，将在 WC2 上第 1 周新增负荷 6.48（1 天）。这与 LT 计算 CRP 方法中"C 的 SR(1) 对应的前道作业 30 应在过去时段已完成，不会再对 WC2 产生能力需求"不同（请对比表 3-83 与表 3-85）。

② 对 C 的 PORC(4)=160，在 WC3 进行的后道工序 40 占用的加工时间约为 3 天

（160×0.1+0.6=16.6，16.6/6.48=2.56≈3）。在WC2进行的前道工序30占用的加工时间约为5天（160×0.2+0.6=32.6，32.6/6.48=5.03≈5）。同样考虑两道工序的移动、排队及取料后，其工序提前期总计12天，见图3-41。

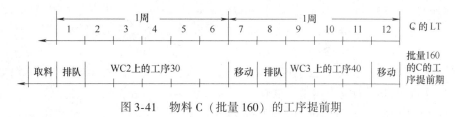

图3-41 物料C（批量160）的工序提前期

批量160的C的工序提前期超过LT 1天，但超期工作为不占用工作中心时间的取料（但需提前下达计划并提前开始工作），而且两道工序都落在各自相应一周内，故在以"周"为时间跨度的负荷报表无变化（请对比表3-83与表3-85）。

③ 对C的PORC（6）=200，在WC3进行的后道工序40占用的加工时间为4天（200×0.1+0.6=20.6，20.6/6.48=3.18≈4）。在WC2进行的前道工序30占用的加工时间为7天（200×0.2+0.6=40.6，40.6/6.48=6.27≈7）。最终的工序提前期见图3-42。

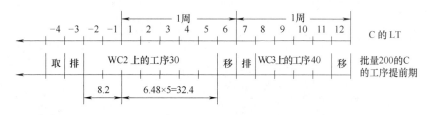

图3-42 物料C（批量200）的工序提前期

批量200的C的工序提前期超过LT 4天，并且WC2上前道工序30向前超期部分加工时间8.2h（=40.6-32.4），这将反映在以"周"为时间跨度的负荷报表上（请关注表3-83与表3-85中带"^"号数字的变化）。另外，其POR应在LT基础上再提前4天下达并提前开工。

④ 对C的PORC（8）=240，其在WC3进行的后道工序40占用的加工时间为4天（240×0.1+0.6=24.6，24.6/6.48=3.8≈4）；前道工序30占用的加工时间为8天（240×0.2+0.6=48.6，48.6/6.48=7.5≈8）。最终的工序提前期见图3-43。

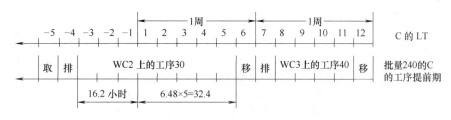

图3-43 物料C（批量240）的工序提前期

批量240的C的工序提前期超过LT 5天，并且WC2上前道工序30向前超期部分加工时间16.2h（=48.6-32.4），这将反映在以"周"为时间跨度的负荷报表上（请关注

表 3-83 与表 3-85 中带 "$" 号数字的变化)。另外,其 POR 应在 LT 基础上再提前 5 天下达并提前开工。

(4) 考察物料 E。E 有 WC2 上的后道工序 60 和 WC1 上的前道工序 50。

① 对 E 的 SR(2) = 80,其在 WC2 上进行的后道工序 60 占用的加工时间为 3 天（80 × 0.2 + 0.8 = 16.8, 16.8/6.48 = 2.6 ≈ 3）。前道工序 50 占用加工时间为 2 天（80 × 0.1 + 0.8 = 8.8, 8.8/6.48 = 1.36 ≈ 2）。最终的工序提前期见图 3-44。

批量 80 的 E 的工序提前期没有超出其 LT 值,而且两道工序都落在相应一周内,所以在以"周"为时间跨度的能力需求无变化,可对比表 3-83 与表 3-85。

② 对 E 的 PORC(5) = 220,后道工序 60 占用的加工时间约为 7 天（220 × 0.2 + 0.8 = 44.8, 44.8/6.48 = 6.9 ≈ 7）；前道工序 50 占用加工时间为 4 天（220 × 0.1 + 0.8 = 22.8, 22.8/6.48 = 3.5 ≈ 4）。最终的工序提前期见图 3-45。

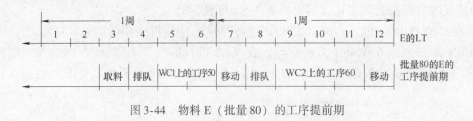

图 3-44　物料 E（批量 80）的工序提前期

图 3-45　物料 E（批量 220）的工序提前期

批量 220 的 E 的工序提前期超过 LT 4 天且前后两道工序都横跨两周。对 PORC(5) = 220,WC1 上前道工序 50 横跨第 3、4 周,第 4 周 12.96h,第 3 周 9.84（= 22.8 - 12.96）h；WC2 上后道工序 60 横跨第 4、5 周,第 5 周 32.4h,第 4 周 12.4（= 44.8 - 32.4）h。这些都反映在以周为时间跨度的负荷报表上,见表 3-83 与表 3-85 中带 "*" 和 "#" 号数字变化。

(5) 考察物料 F。F 只有工作中心 WC1 上的工序 70。此处仅考察最大批量 200,加工时间为 4 天（200 × 0.1 + 1.0 = 21, 21/6.48 = 3.24 ≈ 4）,相应工序提前期参见图 3-46。因它仅超 LT 1 天取料,故以周为时间跨度的负荷报表没有变化,请对比表 3-83 与表 3-85。

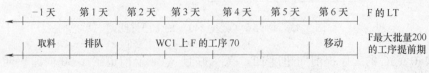

图 3-46　物料 F 最大批量 200 的工序提前期

以上所有分析、计算结果汇总至表 3-85，其负荷总计比表 3-83 中的原始数值增长了 6.48。

表 3-85 依据实际批量分配能力需求计算得来的 CRP

物料	工序	属性	1	2	3	4	5	6	7	8	9	10	小计
WC1	E	50	在制	8.8										8.8
	E	50	计划			9.84*	12.96*							22.8
	F	70	在制	11										11
	F	70	计划						21	21				42
WC2	E	60	在制		16.8									16.8
	E	60	计划				12.4#	32.4#						44.8
	C	30	在制	6.48										6.48
	C	30	计划			32.6	8.2^	32.4^	16.2$	32.4$				121.8
WC3	C	40	在制	10.6										10.6
	C	40	计划					16.6	20.6		24.6			61.8
WC4	B	20	在制	5.4										5.4
	B	20	计划					8.4		10.4		12.4		31.2
WC5	A	10	在制	2.2										2.2
	A	10	计划		2.2	3.2	3.2	4.2	4.2	5.2	5.2	6.2	6.2	37.6
总计				44.48	19	45.64	61.76	90	51.4	58.6	42.2	6.2	6.2	424.48

（二）CRP 的编制与调整

CRP 的编制步骤如下：①根据工艺路线和工作中心文件综合每道工序资料；②根据 MRP 计算每道工序在每个工作中心上的负荷；③确定每道工序的交货日期和开工日期；④依实际批量计算每个工作中心的负荷；⑤产生每个工作中心的负荷图或负荷报告。

CRP 与 MRP 间的平衡属于微调，而微调能力与负荷的方法也是从略微增加能力以适应负荷或略微减少负荷以适应能力两方面入手，见表 3-86。

表 3-86 CRP 与 MRP 的平衡调整措施

减轻负荷方法			增加能力措施			
集批生产从而减少准备时间	取消、重排订单或者修改订单数据	并行作业，即将顺序移动改为平行移动或者平行顺序移动	安排加班或者分包	提高工作中心的效率和利用率	增加工人或者提高技术水平	采用替代工艺，将超负荷工作中心上任务安排到能力富余的替代工作中心

（三）CRP 的软件案例解析

图 3-47~图 3-50 是 QAD 公司 ERP 编制 CRP 的案例结果解析用图。图 3-47 和图 3-48 是工作中心 1020 上 CRP 求解的周汇总负荷结果和日汇总负荷结果；图 3-49 是工作中心 1020 上由 02-0010 所致的 CRP 求解的详细负荷结果；图 3-50 是产品 02-0010 工艺路线中第一道标准工序 1012。

工作中心负荷量汇总查询

工作中心	设备	地点	起始日	结束日	D/W/M/P	周期/列
1020		train	09/29/19		W	1

摘要：BLISTER PACK　　操作人数：1.000
部门：20　　设备/中心：1.000
排队时间：1.0　　等待时间：0.0　　设备/工序：1

	过去 09/28/19	09/29/19 10/05/19	10/06/19 10/12/19	10/13/19 10/19/19	10/20/19 10/26/19	10/27/19 11/02/19	11/03/19 11/09/19
工作日	7	5	5	5	5	5	5
生产能力	56	40	40	40	40	40	40
负荷量	35	0	0	3	5	9	6
能力负荷差异	21	40	40	37	35	32	34
累计	21	61	101	138	173	205	239

	过去 11/09/19	11/10/19 11/16/19	11/17/19 11/23/19	11/24/19 11/30/19	12/01/19 12/07/19	12/08/19 12/14/19	12/15/19 12/21/19
工作日	37	5	5	5	5	5	5
生产能力	296	40	40	40	40	40	40
负荷量	57	0	5	5	5	5	4
能力负荷差异	239	40	35	35	35	36	36
累计	239	279	314	350	385	421	456

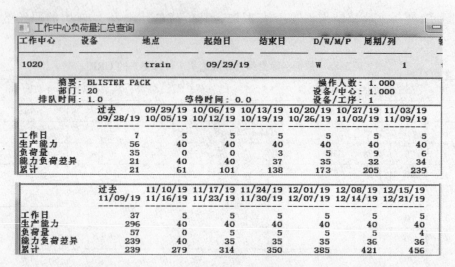

图 3-47　工作中心 1020 上 CRP 求解的周汇总负荷结果

工作中心负荷量汇总查询

工作中心	设备	地点	起始日	结束日	D/W/M/P	周期/列
1020		train	09/29/19		D	1

摘要：BLISTER PACK　　操作人数：1.000
部门：20　　设备/中心：1.000
排队时间：1.0　　等待时间：0.0　　设备/工序：1

	过去 10/10/19	10/11/19 10/11/19	10/12/19 10/12/19	10/13/19 10/13/19	10/14/19 10/14/19	10/15/19 10/15/19	10/16/19 10/16/19
工作日	16	1	0	0	1	1	1
生产能力	128	8	0	0	8	8	8
负荷量	35	0	0	0	0	3	0
能力负荷差异	93	8	0	0	8	5	8
累计	93	101	101	101	109	114	122

	过去 10/22/19	10/23/19 10/23/19	10/24/19 10/24/19	10/25/19 10/25/19	10/26/19 10/26/19	10/27/19 10/27/19	10/28/19 10/28/19
工作日	24	1	1	1	0	0	1
生产能力	192	8	8	8	0	0	8
负荷量	38	5	0	0	0	0	0
能力负荷差异	154	3	8	8	0	0	8
累计	154	157	165	173	173	173	181

	过去 10/28/19	10/29/19 10/29/19	10/30/19 10/30/19	10/31/19 10/31/19	11/01/19 11/01/19	11/02/19 11/02/19	11/03/19 11/03/19
工作日	28	1	1	1	1	0	0
生产能力	224	8	8	8	8	0	0
负荷量	43	9	0	0	0	0	0
能力负荷差异	181	−1	8	8	8	0	0
累计	181	181	189	197	205	205	205

图 3-48　工作中心 1020 上 CRP 求解的日汇总负荷部分结果

结合图 3-49 中的“短缺量”代表的 PORC 计划量和图 3-50 中的“准备时间”和“运行时间”，可应用 CRP（尤其一次批量准备时间对应多种加工数量的 CRP 计算思路）计算相应工作中心上的负荷。如：$1+360\times0.005=2.8$；$1+770\times0.005=4.85\approx4.9$；$1+1500\times0.005=8.5$；$1+910\times0.005=5.55\approx5.6$；$1+780\times0.005=4.9$；$1+750\times0.005=4.75\approx4.8$；$1+730\times0.005=4.65\approx4.7$；$1+700\times0.005=4.5$；$1+680\times0.005=4.4$。注意，图 3-47 中的“负荷量”3、5、9、6、5、5、5、5、4 等是图 3-49 中结果 2.8、4.9、8.5、5.6、4.9、4.8、4.7、4.5、4.4 等四舍五入的结果。

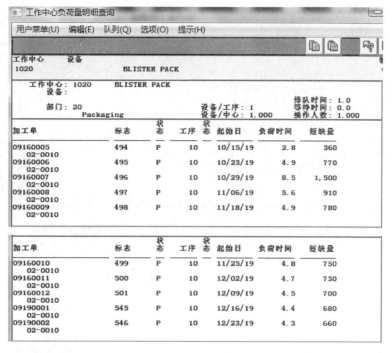

图 3-49　工作中心 1020 上由 02-0010 所致的 CRP 求解的详细负荷结果

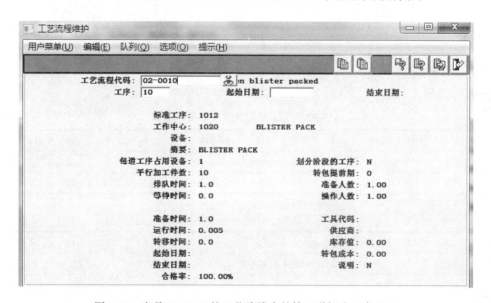

图 3-50　产品 02-0010 的工艺路线中的第一道标准工序 1012

思 考 题

1. 阐述用途表与溯源的区别。
2. 阐述计划订单发出（POR）、固定计划订单（FPO）和在途量（SR）的异同。
3. 何时需要启动"重排计划建议"功能？其运作机理如何？
4. 阐述再生法 MRP 和净变法 MRP 之间的差异。

5. 绘制制令作业相关数据流程图。
6. 绘制倒冲入账作业相关数据流程图。

习　题

1. 滚动逻辑案例：已知物料相互关系见表 3-87，请完全参照前文滚动逻辑案例（含隐含假设条件等），根据表 3-88 中的已知数据计算该表中其他空格数据。

表 3-87　所有物料相关 BOM

父件	X	X	Y	Y	A	A	B
子件	B	C	A	C	B	E	D
单位用量（QP）	2	1	1	1	1	1	0.25

表 3-88　下次 MRP 运作时各物料 OH 和 AL 取值计算

	上周 AL	上周 OH	SR 收料	SR 报废	AL 冲销	意外消耗	订单取货	这周 OH	POR 发放	AL 新增	这周 AL
X	0	200	400	0		0	100		400		
Y	0	180	180	0		0	150		180		
A	180	400	0	0		5	0		180		
B	800	1200	600	0		0	0		940		
C	580	1000	500	5		10	10		800		
D	200	400	400	10		20	0		400		
E	0	0	500	10		5	0		0		

2. 主生产计划案例：产品 A 独立需求资料见表 3-89，DTF、PTF 分别为第 4、第 10 期期末。请计算完成表 3-90 与表 3-91（要求 ATP 过程）。注意：此处未用 FPO 技术。

表 3-89　产品 A 的独立需求资料来源

期别	0	1	2	3	4	5	6	7	8	9	10	11	12
预测	0	20	22	18	17	16	16	30	28	26	25	22	21
订单	0	25	23	17	16	17	18	20	18	15	12	8	2

表 3-90　产品 A 的 TPOP

期别	0	1	2	3	4	5	6	7	8	9	10	11	12
A（LT = 1）	OH =	10	SS =	2	LSR =	FOQ	LS =	30	DTF =	4	PTF =	10	
GR													
SR	0	30	0	0	0	0	0	0	0	0	0	0	0
POH	X												
PAB	X												
NR	X												
PORC	X												
POR													

表 3-91　产品 A 的 MPS 与 ATP

期别	0	1	2	3	4	5	6	7	8	9	10	11	12
预测	0	20	22	18	17	16	16	30	28	26	25	22	21
订单	0	25	23	17	16	17	18	20	18	15	12	8	2
MPS	X												
ATP	X												

3. 多阶 MPS 案例：有一企业生产的空气压缩机在国内销售时常配电动机和空气桶并称为全套，但外销时只卖空气压缩机。现已知：全套和空气压缩机的材料主文件数据见表 3-92；BOM 数据见表 3-93；国内销售全套的订单与预测见表 3-94；海外独立销售空气压缩机的订单与预测见表 3-95；相关库存信息见表 3-96。请参照案例进行多阶 MPS 求解并填写表 3-97 和表 3-98。注意：全套和空气压缩机的 DTF、PTF 都分别取第 4 周（末）和第 8 周（末）。

表 3-92　材料主文件

件号	LT	SS	LSR	LS
全套	1	10	FOQ	100
空气压缩机	2	15	FOQ	100

表 3-93　BOM

父件	全套		
子件	空气压缩机	电动机	空气桶
QP	1	1	1

表 3-94　国内销售的全套的订单与预测数据

期别	0	1	2	3	4	5	6	7	8	9	10	11	12
订单		80	60	90	60	60	60	50	30	20	10	0	0
预测		100	50	100	50	100	50	100	50	100	50	100	50

表 3-95　海外独立销售的空气压缩机的订单与预测数据

期别	0	1	2	3	4	5	6	7	8	9	10	11	12
订单		45	45	43	38	36	30	25	18	15	10	5	0
预测		50	40	40	40	35	40	50	40	40	40	30	40

表 3-96　各相关物料库存状态信息

件号	OH	AL	SR											
			0	1	2	3	4	5	6	7	8	9	10	11	12
全套	50	0	0	100										
空气压缩机	120	100	0	100	100									

表 3-97　全套的 MPS 报表

全套（LT = 1）	OH =	50	SS =	10	LSR =	FOQ	LS =	100	DTF =	4	PTF =	8
期别	0	1	2	3	4	5	6	7	8	9	10	11	12
订单													
预测													
GR													

(续)

全套（LT=1）	OH=	50	SS=	10	LSR=	FOQ	LS=	100	DTF=	4	PTF=	8
期别	0	1	2	3	4	5	6	7	8	9	10	11	12
SR													
POH													
PAB													
NR													
PORC													
POR													
MPS													
ATP													

表 3-98 空气压缩机的 MPS 报表

空气压缩机（LT=2）	OH=	120	SS=	15	LSR=	FOQ	LS=	100	DTF=	4	PTF=	8
期别	0	1	2	3	4	5	6	7	8	9	10	11	12
GR													
SR													
POH													
PAB													
NR													
PORC													
POR													
MPS													
ATP													

表 3-99 空气压缩机的 ATP 计算详解（注意：其 AL=100）

期别	0	1	2	3	4	5	6	7	8	9	10	11	12
外销订单													
相关需求													
已承诺量													
MPS													
ATP													

4. 已知产品 X 和 Y 相关 BOM 见表 3-100，其中 M、N、K、H 为外购件；其他与能力需求规划有关的各物料 LT 值分别为 X=1 周、Y=1 周、A=2 周、B=2 周、C=1 周、D=1 周、E=1 周；简要工艺路线见表 3-101；主生产计划见表 3-102。请运用资源表法求解其能力需求并填写相应表 3-103 和表 3-104（注意，表 3-103 要有过程）；再运用产品负荷表法求解其能力需求并重新填写相应表 3-103 和表 3-104（注意，表 3-103 要有过程）。

表 3-100　X 和 Y 的 BOM

父件	X	A	X	B	X	E	Y	Y	C	D
子件	A	M	B	N	E	K	B	C	D	H
单位用量	1	2	2	1	3	2	1	2	2	1

表 3-101　简要工艺路线表

件号	X	Y	A	A	B	B	E	C	D
作业编号	10	20	30（先）	40（后）	50（先）	60（后）	70	80	90
工作中心	WC1	WC1	WC3	WC2	WC2	WC3	WC3	WC2	WC3
单件总时间	0.2	0.2	0.2	0.1	0.2	0.3	0.2	0.2	0.1

表 3-102　X 和 Y 的 MPS 结果

期别	0	1	2	3	4	5
X	0	0	0	30	40	30
Y	0	0	0	30	20	30

表 3-103　资源表或产品负荷表

父件					
子件					
单位用量					
冲销时间					

表 3-104　粗能力需求计划

期别	0	1	2	3	4	5
WC1						
WC2						
WC3						

第四章
制造资源计划（MRPⅡ）

本章要点：
- 制造资源计划 MRPⅡ 管理的基本逻辑、流程及其系统的特点。
- 制造资源计划 MRPⅡ 的制造标准之产品描述和生产工艺描述。
- 制造资源计划 MRPⅡ 的车间管理。

第一节 制造资源计划概述

一、MRPⅡ管理的基本逻辑与流程

制造资源计划 MRPⅡ 是以物流和资金流集成管理为核心的闭环生产经营管理系统，它依托物料清单、工艺路线等基础数据和客户、供应商信息等外部接口管理，围绕经营规划、销售规划、生产规划、资源需求规划、主生产计划、物料需求计划、粗/细能力需求计划、采购管理和车间管理这条物流计划与控制主线及成本管理、应付/应收账管理和总账管理这条资金流主线，对企业的生产制造资源进行全面规划和优化控制，把企业产、供、销、存、财等生产经营活动连成一个有机整体，形成包括预测、计划、调度和生产监控的一体化的闭环系统。MRPⅡ 由顶层的规划、衔接的 MPS、细化的 MRP 和相应能力需求计划组成的各计划层次，体现了由宏观到微观、由战略到战术、由粗到细的深化过程，并且良好地衔接计划与执行。

（一）MRPⅡ管理的基本逻辑

制造资源计划 MRPⅡ 着力提高企业生产计划的可行性、生产能力的均衡性、生产材料的计划性和生产控制的可靠性，从而使企业能适应多变的市场需求，满足现代化生产的需要。MRPⅡ 管理的基本逻辑如下。

（1）以市场需求为导向。MRPⅡ 管理加强了对企业赖以生存的外部信息的管理，强化了客户订单管理和市场需求预测管理，形成面向市场的决策支持模式。

（2）以企业计划、调度为重点。MRPⅡ 管理追求提高生产率、缩短生产周期、降低库存及在制品积压、均衡生产及按期交货、最终获得高额利润的目标，并通过合理的计划和计划执行中的有效测度控制来保证。

(3) 以物料需求为核心。MRPⅡ管理通过强化物料需求计划的功能，抓住企业经营中物料需求这一变化最快、最影响生产的环节，合理安排制造和采购/外包，有效控制库存和在制品。

(4) 以车间作业计划为基础。企业的生产活动集中在车间，根据主生产计划控制车间作业计划，使车间生产处于监控状态，保证企业资源的有效和合理使用。

(5) 以全过程闭环为根本。MRPⅡ扩展到生产的全过程，构成一个闭环系统，以使企业的运作分析处于（准）最佳状态。

（二）MRPⅡ管理的基本流程

MRPⅡ管理的基本流程是：①由销售管理获得产品订单，并将订单交给生产计划管理进行生产安排；②生产计划管理根据材料清单和库存状况，对需要外购的物资产生采购计划，对需要生产的物资安排生产；③采购来的物资，交给库存进行管理；④生产所需原材料从库存中获得；⑤生产出的产品交给库存管理；⑥采购的付款由应付账管理；⑦销售从库存中获得订单所需要的产品，销售款由应收账管理；⑧成本管理从车间、库存、总账获得校对好的实际数据，进行成本计算；⑨由总账管理所有的资金运作。

二、MRPⅡ系统的主要特点

MRPⅡ系统的主要特点可以归结为以下三点。

(1) 把企业中的各子系统有机地结合起来，形成一个面向整个企业的一体化的系统。MRPⅡ是在闭环式 MRP 的基础上，将 MRP 的信息共享程度扩大，使生产、销售、财务、采购、工程紧密结合在一起共享有关数据的一个全面生产管理的集成化模式。MRPⅡ可有效克服 MRP 系统的不足，增强生产能力管理、生产活动控制、采购和物料管理计划三个方面的功能，并将以上一切活动与财务系统结合起来。

(2) MRPⅡ的所有数据来源于企业的中央数据库，各子系统在统一的数据环境下工作。MRPⅡ是建立在数据集上的系统。作为 MRPⅡ核心的物料需求计划，按产品的结构信息完整地分解主生产计划，按各加工中心的生产与技术参数进行能力平衡与成本计算，按库存信息确定物料的净需求等。因此，企业各种数据资源的正确性、一致性、科学性和及时性，是MRPⅡ系统有效运行的前提条件。

(3) MRPⅡ系统具有模拟功能。它能模拟出将来的物料需求和能力需求，及时为企业管理者提供必要的信息，以便提前安排。MRPⅡ系统能够根据不同决策仿真模拟出各种未来可能结果，因此它也是高层决策领导的决策工具。首先，它具有灵活的动态应变能力，能对瞬息万变的外部变化及时做出响应，给出相应的建议对策，从而及时把握经营动态。其次，它具有充分的模拟预见能力，能够回答"What-if"问题，因此可以预见未来可能的变化，从而预防短缺、不配套、能力利用不均、延期交货等问题。注意：MRPⅡ并非代替人做决策的系统，而是把各种可能的情况及建议提供给管理者，在人机之间建立合理的分工，充分利用系统提供反映企业全貌的各种信息及多种工具，在各级人员参与下发挥作用。

第二节 制造标准之产品描述

MRPⅡ系统规划、控制一个企业的主要制造资源。若输入系统的基本资料有过多错误，那么 MRP Ⅱ 系统必然失效。与 MRP Ⅱ 系统紧密相关的制造基础资料主要分为两大类：产品描述和生产工艺描述。前者主要包括材料主文件（IM）和材料表（BOM）；后者主要包括工作中心文件和工艺流程/途程表。由于实际 MRP Ⅱ 系统中该部分包含属性较多并且每个软件都有独特的描述方式，故此处仅讨论共有核心要点并遵循"重点、难点突出而易点简要或忽略"的原则。本节范例主要采用美国 QAD 公司的 ERP 软件 MFG/PRO 单机版演示，必要时穿插 SAP 公司的 ERP 软件 R3 补充演示。

一、材料主文件

材料主文件（IM）描述一个公司所有材料的属性，包括原材料、在制品、半成品和完成品等。一个材料（Item）有很多属性，适当分类有利于数据管理和使用。在 MFG/PRO 汉译版中，"Item"被翻译成了"零件"，实质是指包含所有类型的物料项目。其界面见图 4-1。

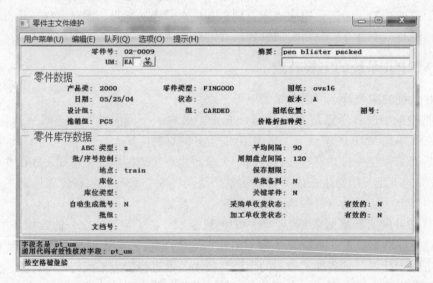

图 4-1　QAD 公司的 ERP 软件 MFG/PRO 中的 IM 界面

几乎每项功能都要使用零件号，因此零件主数据文件非常重要。有些零件数据属于静态的通用数据，这些数据出现在一些报表上（零件号、描述、版本、图纸），同时用于给零件分组以便供计划和报表使用（涉及产品类、零件类型和组）。注意：某物料上述静态数据是对所有地点通用的；如果不同地点中这些静态数据有不同就应将其设为不同物料。此外，大多数零件重要数据属于控制类数据（含库存数据、计划数据和成本数据三类），用于控制 ERP 功能。这些数据类别若因地点（如工厂）不同而有相异信息时，便可以使用区分地点/工厂的"零件–地点 XXX 维护"功能分别进行维护。

（一）材料主文件的表头信息

（1）零件号。作为零件/产品的唯一标识（唯一主关键字）的零件号是 ERP 系统中首要的设置项目，它不仅可以标识原料、采购或自制的半成品、最终零件或包装材料，还可标识计划零件、配置产品、现场服务项目及保修单。零件的工程信息对所有地点均相同；若希望不同地点的零件具有不同的信息，需要给每个地点分配不同零件号。零件号编码系统有显义的、非显义的和成组编码三种。显义编码常由字母或数字等组成，并且常分为产品分类和零件分类两段，分别用不同代码来区分产品的大、中、小分类及零件归属类别。编码若符合国家/国际标准更好。

（2）单位。零件/产品被收入库存或被计划时所用的计量单位，它可以用于当前库存量、预测、产品结构、工艺流程、制造工单、制订计划和报表等。该计量单位作为该零件的所有库存事务处理的默认计量单位显示，也可根据每个事务处理的需要加以变更。注意：在MFG/PRO中如果改变了一种零件的计量单位，整个系统均使用新计量单位，但系统不改变有关数量值（如当前库存量）以适应新计量单位，故需要自行修改库存、产品定义和计划信息。此外，基本加工零件的计量单位应该与它的物料清单/配料的计量单位相一致。"单位"值需要在"通用代码维护"中录入允许使用的代码，以便确保一致性。图4-1中当光标位于"UM"对应空格时同时按下〈Ctrl〉和〈F〉键后将在下方显示其字段名及其通用代码有效性核对字段"pt_um"。这意味着管理者需在系统"通用代码维护"功能模块中对"字段名"中"pt_um"输入合法的代码值。对任意零件，虽然所有库存余量的维护及所有计划的编制均使用该单位，但库存事务处理（入库/出库/发货/退货/转移）可使用任何计量单位，故需在事务处理中或永久地在"计量单位维护"中定义单位换算因子，它用于计算1个单位的替代计量单位零件等于多少库存保管的零件单位（即1个替代计量单位 = 1个计量单位 × 单位换算因子）。有时不同的换算因子适用于不同的零件，如每箱零件的件数常因零件而异，见图4-2。

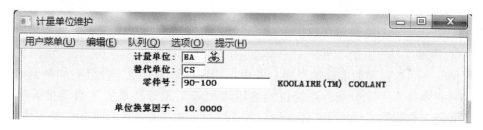

图4-2 "通用代码维护"功能中"计量单位"及"替代单位"的设置

（二）零件通用属性

静态的通用属性广泛使用在MRPⅡ系统中，通常包含产品类、零件类型、图纸、日期、状态、版本、设计组、组、图纸位置、图号、推销组、价格折扣种类等，见图4-1。其中，下面几个重要属性都需要在"通用代码维护"中录入预定值以便进行合法值验证。

（1）状态。一个用于标识零件/产品状态的可选代码，常用于标识零件的工程状态，如"A"（活动）、"I"（不活动）、"E"（工程设计）、"P"（原型）或"O"（淘汰）。当进行一个零件的事务处理时，系统要验证这不是该零件状态受限制的事务处理。零件状态可阻止用户输入限制性事务处理，但不能阻止系统要求的事务处理。若要限制对生成系统事务处理功能（如生成CST-ADJ事务处理的成本累加功能）的访问，应该用安全措施保护这些功能。零件状态代码和受限制的事务处理用"零件状态代码维护"功能定义，见图4-3。

（2）版本。标识零件工程版本的一个可选代码，每个地点的零件版本可不同。保持最新版本很重要，因其列入加工单、领料单和采购单。最好用"工程变更单维护"管理版本。

（3）产品类、零件类型和组。产品类、零件类型和组都可用来将零件分类：产品类指

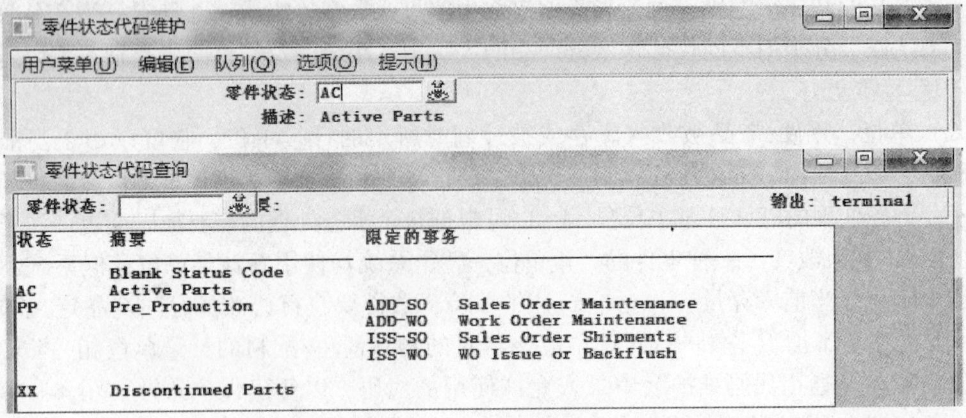

图 4-3 "零件状态代码维护"功能及其查询结果

明零件所属产品大类（必选项）；零件类型和组可将产品类加以细分或交叉细分，以提供更多零件视图。零件常根据相似特性（如制造方法）分组；分组或类型可用于标识有类似配置或工艺流程的制造零件，以便于同时下达这些零件的计划订单。另外，指定的分组或类型代码可以与子零件所在的产品结构中的层次相对应，以便于在计划过程中像运行 MRP 那样一层层地检查计划。通常可根据零件类型选择周期盘点零件。选择性 MRP 等可按零件分组及类型运行。

（三）零件库存数据

（1）ABC 类型。ABC 类型代码决定每个零件/产品的盘点频率和容差，即周期盘点工作单根据 ABC 类型选择盘点的零件。ABC 类型还可确定零件的管理方式，如"A"类零件常需更加严格的实际控制（如带锁的仓库）和更加严谨的计划参数，并且更加频繁地进行周期盘点。有些零件需手工分类，系统也能运用"ABC 类型分析报表"自动推算出零件的 ABC 类型代码，它根据零件年度占用金额对零件进行分类：通常排前面 20% 的零件为 A 类，其次 30% 为 B 类，其余为 C 类。ABC 分析报表仅处理有 A、B、C 类型或类型为空的零件，其他类型零件不处理。故任何并非真正的库存零件（如保修品、配置产品、虚零件及计划备件）都应划分到其他类型。

（2）批/序号控制。该值必须是空、L（Lot）或 S（Serial），用于指明物料使用或不用批/序号的情况。多数零件的该属性为不需要批/序号管理的"空"。若设为"L"，表示每当发放或接收该零件时都必须输入批号，该批号适用于输入的该次全部事务处理的数量。若设为"S"，表示每当接收或发放该零件时必须给每个零件输入唯一序号。如每个汽车发动机都有唯一序号。系统保持对全部批/序号的跟踪能力，这样就能查看"批/序号实际清单"或"何处使用批/序号"之类的报表，进而这种批/序号管理便于实现前文所述的溯源。

（3）地点。生产或存放该零件的地点，通常也是事务处理时默认显示的零件地点。该地点决定所使用的成本、制造方法及总账账户，但可以根据事务处理需要进行手工修改。可以用"零件—地点 XXX 维护"功能输入特定于某地点/工厂的某类属性。

（4）库位。它用于指明该零件的默认实际库位。如果总将某零件存放在同一地点，那么指定零件库位可最大限度减少数据输入的工作量并可避免差错。若一个零件存放在若干库位，那么既可将库位置空，也可输入常用库位。若库存中不存在与回冲零件的工作中心代码相同的零件数量,那么重复生产的库存回冲便使用本库位的零件。

(5) 库位类型。它用于标识该零件应存放库位类型的代码。这对于有特殊存储要求(如特定温度或湿度要求)的零件来说有用,库位类型可标出这种要求并用说明来描述确切要求。

(6) 平均间隔。"ABC 类型分析报表"使用该平均间隔计算平均销售发运量及按地点统计的平均合计发放量,默认值为 90 天。该值还可用于预测未来使用量,也可用于进行 ABC 分类。

(7) 周期盘点间隔。该值是构成零件周期盘点间隔的日历天数,通常是根据零件的 ABC 类型规定的,可用"ABC 类型分析报表"自动更新该值。在打印周期盘点工作单时,通常仅包括到期需要盘点的零件。为判断一个零件是否到了盘点期,系统将今天日期与所记录的对零件周期盘点的上次日期相比较,若比较结果大于指定的盘点间隔,则该零件已到盘点期。

(8) 保存期限。这是指该零件在变得不能使用前一般可以在库存中存放的天数(日历日)。

(9) 单批备料。该值指明客户订单或加工单是否总是由单批库存供货。当多批次的零件(如不同批次的织物染料或不同效力的化学溶液)不能混合时,单批备料属性设置非常有用。

(10) 关键零件。该值指定在下达加工单前是否需要检查该零件的可供货情况。被标为关键的零件通常是提前期很长或供货短缺的零件;当库存中缺少该关键零件时系统将显示警告。

(11) 采购单收货状态。该值为采购单收货使用的库存状态代码。库存状态代码用于确定库存余量是否可供备料,是否可供 MRP 使用,以及是否允许负值。状态代码也可限制在指定库位进行的特定事务处理,如可限制检验库位上的零件出库。单击该属性右侧"眼睛"图标,可看到备选的相关库存状态代码,见图 4-4。其后"有效的"属性指明对应库存状态是否用作库存入库的状态默认值。

(12) 加工单收货状态。该值是用于加工单收货的库存状态代码,其备选值类似于采购单收货状态的备选值,见图 4-4;其后的"有效的"字段也与采购单收货状态类似。

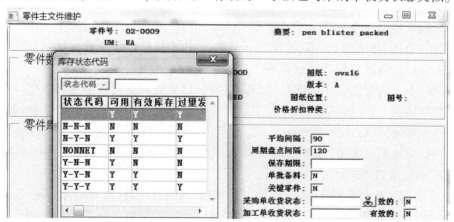

图 4-4 "采购单收货状态"和"加工单收货状态"备选的库存状态代码

(四) 零件计划数据

零件计划数据描述的计划属性是决定何时及如何补充库存，其众多属性值将影响 MRP、采购、制造（制令单、重复式排程和主生产计划）、配置产品和成本。主要的核心属性见图 4-5。

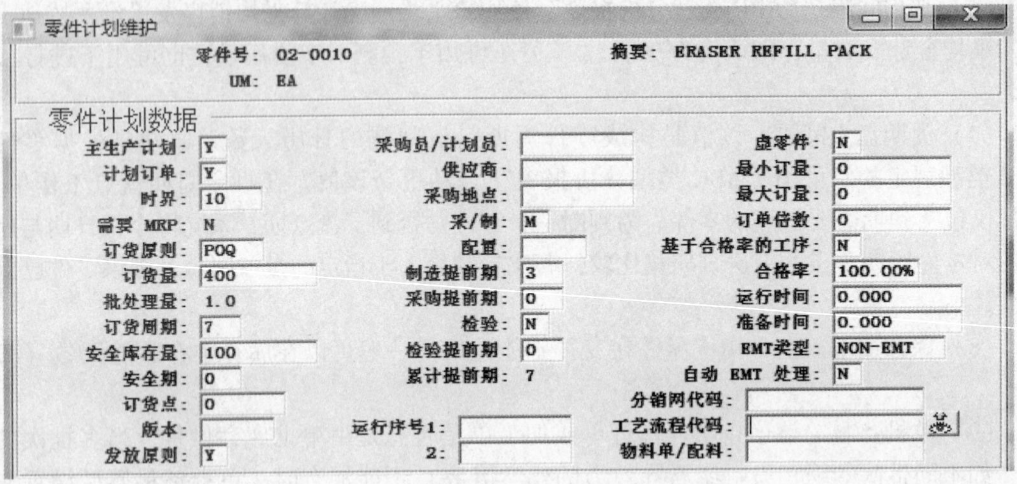

图 4-5 IM 的零件计划数据设置界面示例

(1) 主生产计划。它用于标识是否适用于 MPS，可选"Y"或"N"。MPS 物料是指那些需由计划员控制的物料，即需要人的判断以便评价 MPS 及生产计划对生产能力、物料、成本和客户服务的影响。若该属性设为"Y"，则其物料可用"选择性物料计划"功能安排独立需求性质的 MPS，然后再计划相关需求的零件。最高层次的最终产品一般是 MPS 物料，此外还有关键总成部件、关键备件/服务件等。建议采取"计算机辅助"的方法制订主生产计划，即在累计提前期内的 MPS 用手工维护，而超过累计提前期的时段则由 MRP 维护计划。为使用"计算机辅助"方法，设置 MPS 物料时应设置"主生产计划"为"Y"，设"计划订单"为"Y"，设"订货原则"为非空的任意选项，设"时界"为物料累计提前期。其解析参见上一章"MPS/ATP 软件案例解析"。

(2) 计划订单。它指明 MRP 是否应生成该零件计划订单，可选"Y"或"N"，即表明订货量和到期日是否均由 MRP 计算给出。"计划订单"标志与"订货原则"结合使用。若订货原则为"空"，则无论"计划订单"是什么，MRP 都不对零件进行计划安排，不生成需求量或操作提示信息。若"订货原则"非空且"计划订单"为"Y"，则每当净需求存在，MRP 都生成一份计划订单以满足该净需求量，订货量和到期日由订货原则、提前期和订货量调整所决定。若"订货原则"非空且"计划订单"为"N"，则 MRP 对该零件做出计划但不生成计划订单，仅产生操作提示信息提示应投放何种订单，用户需要手工输入这些订单。若用传统技术（即用操作提示信息报表和手工维护）来运作 MPS，则这类 MPS 零件的"计划订单"应为"N"。

(3) 时界。时界大多用于 MPS 零件，是 MRP/MPS 不能自动对计划实施变更的天数（日历日）。当"计划订单"为"Y"时，MRP 计算出净需求量并自动生成或调整计划订单以满足这些需求量。可是，有时用户希望在近期内制止 MRP 做这些工作。如想在一段时间内手工控制日程，可设置时界天数。MRP 将时界天数加到系统日期上，并生成处于该时间周期之外的计划订单。针对时界内的固定计划（FPO），MRP 会生成一条执行提示信息以告知应执行什么操作，同时生成“时界冲突”信息告知 MRP 为何未这样做。其案例参见上一章“MPS/ATP 软件案例解析”。

（4）需要 MRP。该属性是指明零件是否需要重新计划的系统自动维护的标志。“净改变式 MRP”功能根据该标志决定哪些零件包含在重新计划的范围之内，即它仅处理“需要 MRP”为“Y”的零件。每当对零件所做出的变更影响订货时间或数量时，零件便自动标上重新计划的标志。对零件的变更包括零件的计划数据、库存余量、产品结构、采购申请与订单、客户订单、加工单、主生产计划、重复排程或预测等。零件被“净变法 MRP”或“再生法 MRP”重新计划后，该标志便重新置为“N”，见图 4-6 ~ 图 4-8。

物料需求计划明细查询

零件号：05-0079　库存量：2,000.0　地点：train
Ink Cartridge 50ML　UM：EA　采/制：M
采购员/计划员：　订货原则：POQ　最小订量：0　制造提前期：2
主生产计划：Y　订货周期：7　最大订量：0　采购提前期：0
需要 MRP：N　时界：0　订单倍数：0　检验提前期：0
计划订单：Y　安全期：0　订货量：1,000　检验：N
发放原则：Y　安全库存量：0　合格率：100.00%　累计提前期：3

到期日	总需求量	计划收货量	预计库存量	计划订货量	详述
			2,000		开始有效
10/02/19	120		1,880		S/O: S0010050 序号：1
10/04/19	200		1,680		S/O: S0010049 序号：1
10/07/19	50		1,630		预测
10/11/19	300		1,330		S/O: S0010051 序号：1
10/14/19	20		1,310		预测
10/16/19	280		1,030		S/O: S0010053 序号：1
10/18/19	100		930		S/O: S0010054 序号：1
10/18/19	35		895		生产预测 02-0010
10/23/19	500		395		S/O: S0010052 序号：1
10/25/19	375		20		生产预测 02-0010
10/30/19	500		-480		S/O: S0010055 序号：1
10/30/19			905	1,385	W/O: 09160002 ID: 469 下达日期 10/28/19
11/01/19	405		500		生产预测 02-0010
11/04/19	50		450		预测
11/05/19	450		0		S/O: S0010056 序号：1
11/11/19	250		-250		预测

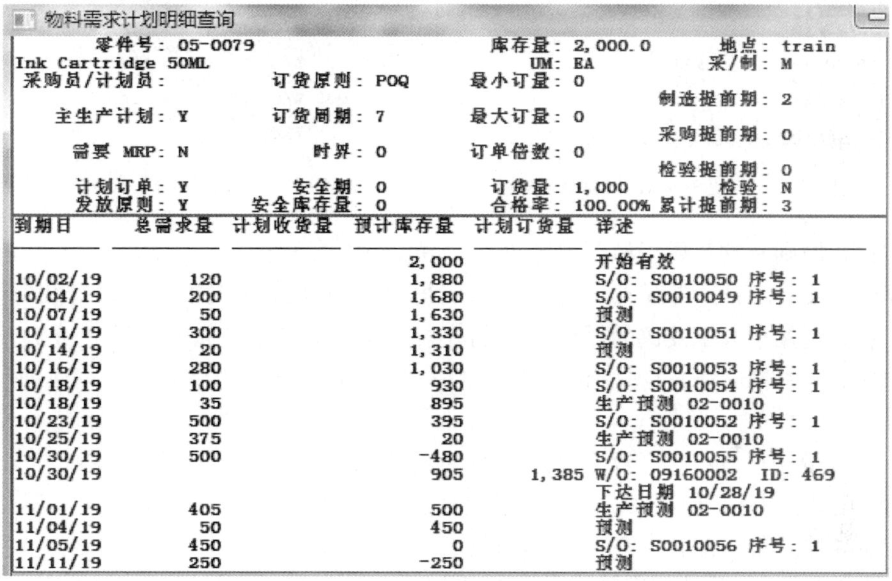

图 4-6 再生法 MRP 运作后“需要 MRP”为“N”

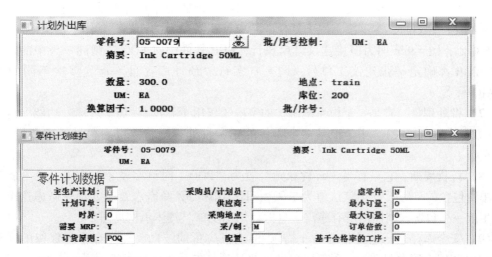

图 4-7 触发“需要 MRP”为“Y”的业务，系统自动再设“需要 MRP”为“Y”

企业资源计划（ERP）

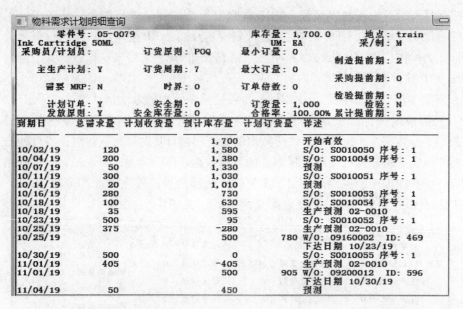

图 4-8 净变法 MRP 计算 05-0079 零件后"需要 MRP"为"N"的正常结果

（5）订货原则。它是用于控制该零件/产品的 MRP 过程的属性，其值可为 POQ（默认值）、FOQ、LFL、OTO，或置空。置空表明用再订购点法而非 MRP 方法，此时后续需设"订货点"；它适用于大批发放的零件（如钉子）、消耗性零件（如润滑油）或大量订货的零件。OTO（One Time Only）是指"仅一次且一个"，应用于原型物料、仅一次的事件或计划项目活动。

（6）订货量。它是对应订货原则为 FOQ 时零件的正常订货量。对于自制零件，该订货量还有其他用处：①标识零件的正常或平均订货量；②在用"按工艺流程成本累加"功能计算制造成本时，准备成本要除以该订货量；③计算制造提前期时，系统用该订货量除准备时间。若该数量为 0，系统假定订货量为 1 以进行成本计算。订单到期日可使用（标准订货量）标准制造提前期加以确定。若输入的订单的订货量变化很大，必须手工调整到期日。在一个加工环境中，零件订货量始终应该与配料批处理数量相同（须手工维护）。当为基本加工零件安排计划时，本字段不用于复合产品或副产品项目的计划。具体示例见图 4-9。与图 2-5 相比，图 4-9 表明为衔接建议订单执行，ERP 软件中对 FOQ 法则同一天中的每一份 PORC/POR 都确定一张建议工单号；同一日多行"预计库存量"指代多次不同的 POH 或 PAB。

（7）批处理量。它是一个由系统维护的字段，仅用于"配料/加工过程"功能（连续性生产/流程式生产相关），用于记录一个零件的正常批处理数量，可用"批处理数量变更"功能更新。

（8）订货周期。它只有当"订货原则"置为"POQ"时该字段才起作用，是一个 MRP 加工单所包含的日历天数（默认值为 7 天），即 MRP 计算净需求量时要预先考虑这个天数进而生成一个包含该周期内所有净需求量的计划加工单。具体示例见图 2-8。

（9）安全库存量。它是指为防止需求和/或供应量的波动，在库存中应保留的零件数量。MRP 将安全库存量看成一种需求量并安排计划订单满足它。直观示例见图 2-6。

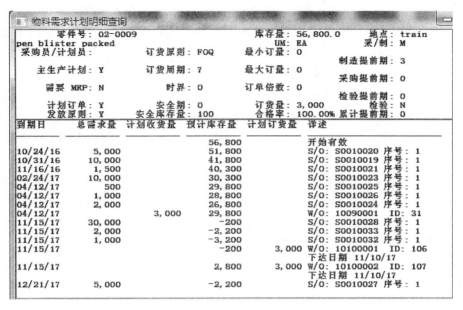

图 4-9 订货原则 FOQ 的计算示例（订货量为 3000）

（10）安全期。安全期即安全时间（ST），是为了避免供应商延期交货，MRP 安排提前接收零件订货的工作日天数。设置 ST 的 MRP 对比结果参见图 2-17 和图 2-18。

（11）订货点。这是指再订购点法中需要重新订购零件时的库存量水平。有些大批发放、消耗性或大量订货的零件，仅由计划员通过订货点手工控制其订货，此时订货原则还需设为空。

（12）发放原则。它用于指明该零件是否发放到加工单领料单上。"Y"意味需求量打印在加工单领料单上，"加工单零件发放"（或"入库—回冲"）将记录发放零件号。"N"表明需求量打印在加工单领料单上其他部位，如"车间库存"下方，但不发给加工单。

（13）采/制。它是一个指明零件是制造类还是采购类零件的代码。其选项有：表示采购类零件的"P"（Purchased）；表示制造的"M"（Manufactured）；常对应永远线上在制品的"R"（Routable）；为客户订单配置的"C"（Configured）；常对应双阶 MPS 相关产品族的"F"（Family）；常对应生产线上内部制造的"L"（Line）；表示从分销渠道获得的"D"（Distribution）；空值表明该零件是制造类。系统默认此格为空时等同取"M"。注意：实务中，零件/产品可能有多个来源，如某物料在时间允许时自制，时间紧迫时又可采购或从分销渠道中调拨，因此执行制造、采购等实际业务时键入的物料来源可与此处的来源不同。

（14）配置。它是表明配置类型 ATO（按订单装配）的代码。此时，不能在发货程序中回冲子零件，而要用"加工单零件发放"生成最终的装配加工单并发放子零件。

（15）制造提前期。这是指制造零件/产品所需的正常或平均工作天数，包括处理书面资料工作、发放子零件、检验它并将其接收入库的时间。对"采/制码"="M"的零件，可根据其工艺流程/加工过程计算制造提前期，作为按工艺流程成本累加的一部分。执行累计提前期累加功能时，复合产品将采用在它们的基本加工零件上找到的制造提前期和累计提前期的值。副产品采用基本加工零件的累计提前期，不更新制造提前期。

（16）采购提前期。这是指从确认需要采购之日起，至零件被接收之日止，完成该零件采购周期所需的正常或平均日历天数（其中不包括检验时间）。对"采/制"为"P"的零件，MRP使用采购提前期及检验提前期决定计划订单的建议下达日期。

（17）检验。它指明是否需要检验，可选"Y"或"N"。"检验"和"检验提前期"仅适用于采购零件。对制造零件，必须添加一个工序步骤用于自制零件的检验。

（18）检验提前期。它是指零件入库后对其进行检验所需的正常或平均工作天数（非日历天数）。

（19）累计提前期。它是一个由系统维护并由"累计提前期计算"功能进行计算的字段，用于记录用日历天数表示的零件累计提前期，一个在子零件无库存情况下从开始生产至拥有零件所需的最长时间。执行累计提前期累加功能时，复合产品将用在它们基本加工零件上找到的制造提前期和累计提前期的值。副产品采用基本加工零件的累计提前期，不更新制造提前期。

（20）虚零件。虚零件标志用于标识通常该零件是收入库存、还是简单地组装在一起作为高层装配件的一部分。"虚零件"为"Y"表示该零件及其产品结构为虚零件，常用于虚拟装配件或半成品。它们不被（且经常不能）接收入库，但可直接进入上层装配件或产品，即它们是过渡用的组装材料。如果一个零件的工程图样存在，那么它就可以被指定为虚零件；这意味着它是设计上存在、但管理上并不直接关注的物料。另外，若一类产品中有部分子件是共享的，也可将共享部分的整体看成一个虚零件，即该虚零件是每个共享子件的虚父件。MRP以处理其他零件同样的方式处理虚零件，只是常常没有库存虚零件。此外，MRP不对虚零件运算POR/PORC信息，进而无法展开后续实际运作，即对虚零件不可开立任何制令单等。万一库存中存在任何数量的虚零件，则计划系统首先使用这些虚零件。请对比中间层次物料04-0009设置为虚零件前后的图4-10～图4-13。

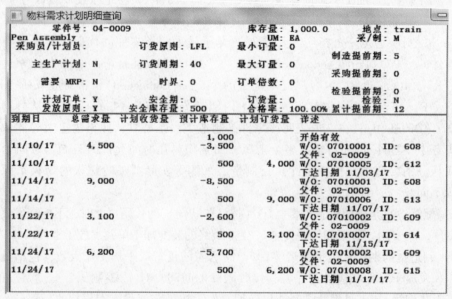

图4-10　实零件04-0009的MRP查询结果

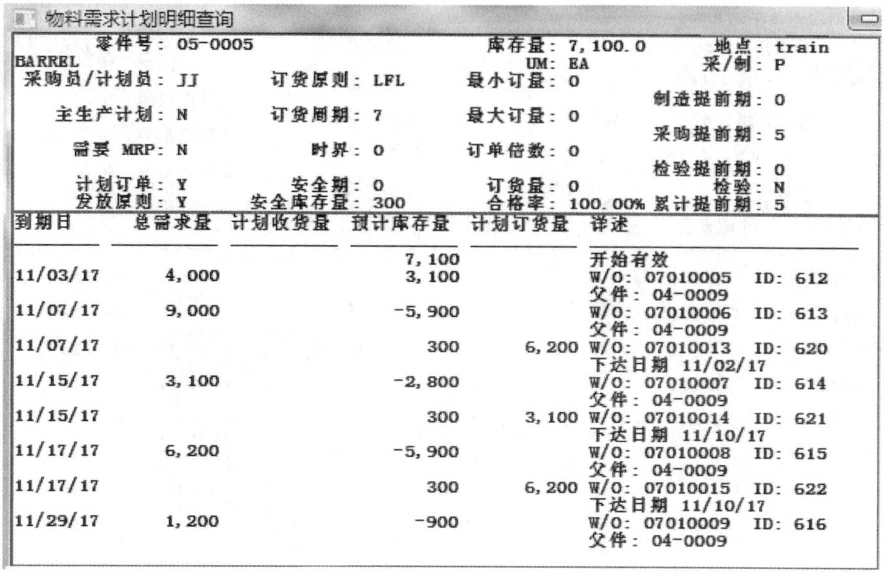

```
物料需求计划明细查询
零件号: 05-0005              库存量: 7,100.0        地点: train
BARREL                        UM: EA                采/制: P
采购员/计划员: JJ    订货原则: LFL    最小订量: 0
主生产计划: N       订货周期: 7      最大订量: 0      制造提前期: 0
需要 MRP: N         时界: 0          订单倍数: 0      采购提前期: 5
计划订单: Y         安全期: 0        订货量: 0        检验提前期: 0
发放原则: Y         安全库存量: 300   合格率: 100.00%  检验: N
                                                     累计提前期: 5
到期日      总需求量   计划收货量   预计库存量   计划订货量   详述
                                  7,100                     开始有效
11/03/17    4,000    3,100                                  W/O: 07010005  ID: 612
                                                            父件: 04-0009
11/07/17    9,000              -5,900                       W/O: 07010006  ID: 613
                                                            父件: 04-0009
11/07/17              300                    6,200          W/O: 07010013  ID: 620
                                                            下达日期 11/02/17
11/15/17    3,100              -2,800                       W/O: 07010007  ID: 614
                                                            父件: 04-0009
11/15/17              300                    3,100          W/O: 07010014  ID: 621
11/17/17    6,200              -5,900                       W/O: 07010008  ID: 615
                                                            父件: 04-0009
11/17/17              300                    6,200          W/O: 07010015  ID: 622
                                                            下达日期 11/10/17
11/29/17    1,200               -900                        W/O: 07010009  ID: 616
                                                            父件: 04-0009
```

图 4-11　实零件 04-0009 的子件 05-0005 的 MRP 查询结果（溯源至 04-0009）

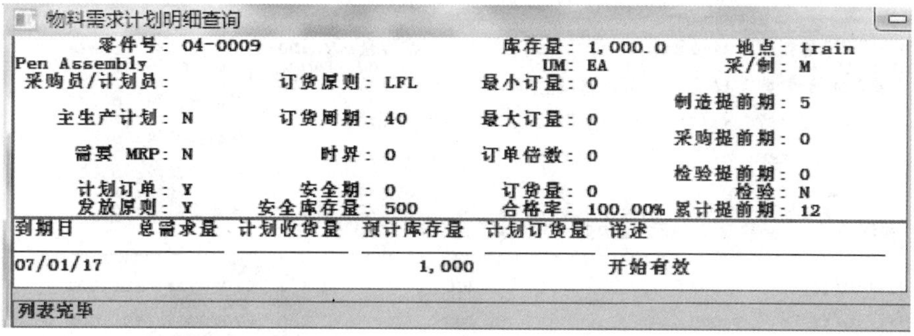

```
物料需求计划明细查询
零件号: 04-0009              库存量: 1,000.0        地点: train
Pen Assembly                  UM: EA                采/制: M
采购员/计划员:       订货原则: LFL    最小订量: 0
主生产计划: N       订货周期: 40     最大订量: 0      制造提前期: 5
需要 MRP: N         时界: 0          订单倍数: 0      采购提前期: 0
计划订单: Y         安全期: 0        订货量: 0        检验提前期: 0
发放原则: Y         安全库存量: 500   合格率: 100.00%  检验: N
                                                     累计提前期: 12
到期日      总需求量   计划收货量   预计库存量   计划订货量   详述
07/01/17                          1,000                     开始有效
列表完毕
```

图 4-12　实零件 04-0009 改为虚零件后的净变法 MRP 运作报表及其查询结果

注意：原正常物料 **04-0009** 在 **IM** 中变为虚零件后需在所有用到 **04-0009** 为子零件的 **BOM**（包括父件 **02-0009** 等的 BOM）中将 **04-0009** 设置为虚子件（此软件未自动实现此功能）。由这一系列图可以看出：**04-0009** 变成虚零件后 **MRP** 运算完全忽略它；而原 04-0009 子件的 05-0005 的毛需求现在直接源自 04-0009 的父件 02-0009。特别注意：①05-0005 的首次 GR 结果由原 04-0009 引发的 4000 自动变换为 02-0009 引发的 4500，这是去除了虚零件 04-0009 的库存量和安全库存量影响的原因。②05-0005 每连续两次的 GR 结果表明，部分保留父件 02-0009 下有两笔 04-0009 记录（源于不同冲销时间）的影响，因为图 4-10 和图 4-13 中，"详述"内容均出现了父件 **02-0009** 两笔相同 W/O 和 ID，如均有两次 "W/O：07010001" 和 "ID：608"；但 04-0009 两种冲销时间的影响消失了，因为成套的相应两笔 GR 记录落入同一天了。

（21）最小订量。这是指在一份订单上零件的最小订货量。MFG/PRO 软件中，该属性仅适用于批量法则为 POQ 或 LFL 的情形。如果净需求量低于该数量，那么 MRP 就生成一份该最小数量的订单。如果现有订单低于该最小订货量，MRP 就会生成一条操作提示信息。订货量调整常由供应商如何制造或销售产品决定，以反映生产能力、包装或发运量。可对比图 4-13 和图 4-14。

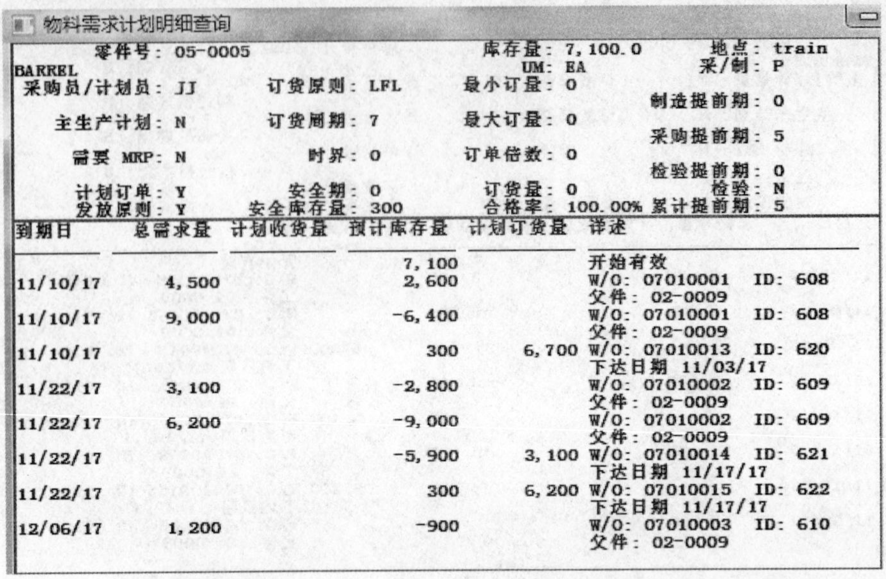

图 4-13 虚零件 04-0009 的实子件 05-0005 的 MRP 查询结果（溯源至 02-0009）

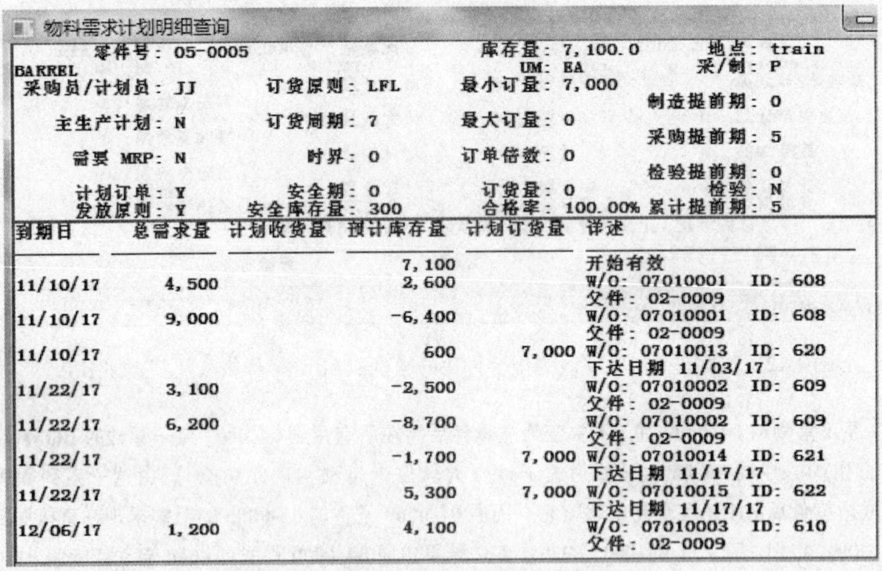

图 4-14 零件 05-0005 仅依据"最小订量"调整后的 MRP 查询结果

（22）最大订量。这是指零件在一份订单上的最大订货量，若为 0 则表示无最大订货量。最大订货量并不妨碍实际订货超过此数量，MRP 只会生成一条超出最大订量的警告信息。

（23）订单倍数。它表示订货量需为某个数字的整数倍，若为 0 则表示不用考虑。MFG/PRO 软件中该属性仅适用于批量法则 POQ 或 LFL。MRP 用订单倍数将净需求量圆整至该数量的倍数，以体现一些生产或包装的实际运作需要。图 4-15 是最小订量和订单倍数同时设置的示例。对比图 4-14，PORC 数量调整至最小订量后，再依倍数 3 调整至 7002。第二章指明：为应对物料部分自制、部分外包/采购情况，可在 ERP 软件后续改进中对任何批量法则都允许最小值和倍数调整。

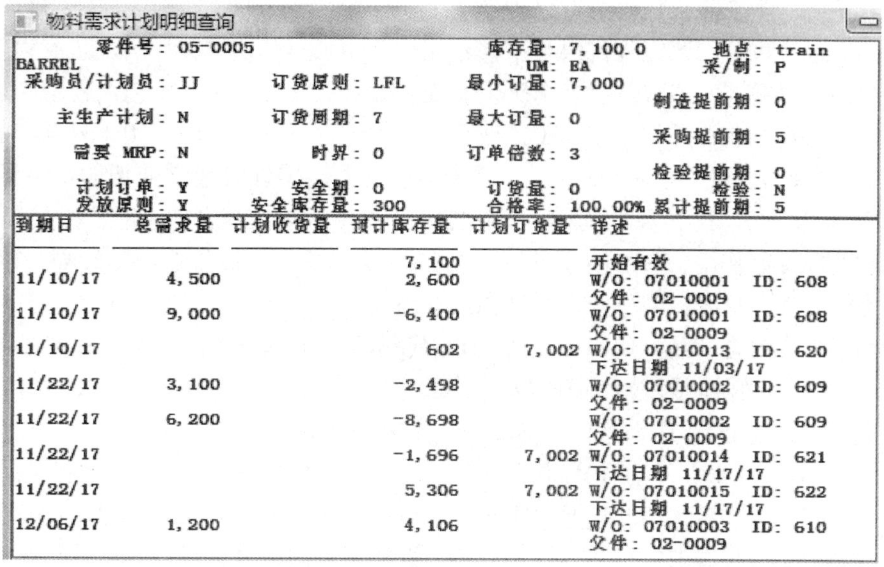
物料需求计划明细查询

零件号：05-0005　　库存量：7,100.0　　地点：train
BARREL　　UM：EA　　采/制：P
采购员/计划员：JJ　　订货原则：LFL　　最小订量：7,000
制造提前期：0
主生产计划：N　　订货周期：7　　最大订量：0
采购提前期：5
需要 MRP：N　　时界：0　　订单倍数：3
检验提前期：0
计划订单：Y　　安全期：0　　订货量：0　　检验：N
发放原则：Y　　安全库存量：300　　合格率：100.00%　　累计提前期：5

到期日	总需求量	计划收货量	预计库存量	计划订货量	详述
			7,100		开始有效
11/10/17	4,500		2,600		W/O：07010001　ID：608 父件：02-0009
11/10/17	9,000		-6,400		W/O：07010001　ID：608 父件：02-0009
11/10/17			602	7,002	W/O：07010013　ID：620 下达日期　11/03/17
11/22/17	3,100		-2,498		W/O：07010002　ID：609 父件：02-0009
11/22/17	6,200		-8,698		W/O：07010002　ID：609 父件：02-0009
11/22/17			-1,696	7,002	W/O：07010014　ID：621 下达日期　11/17/17
11/22/17			5,306	7,002	W/O：07010015　ID：622 下达日期　11/17/17
12/06/17	1,200		4,106		W/O：07010003　ID：610 父件：02-0009

图 4-15　零件 05-0005 依据“最小订量”和“倍数”调整后的 MRP 查询结果

（24）基于合格率的工序。它说明零件的工序是否考虑合格率，可选“Y”或“N”。

（25）合格率。合格率（即良品率）是指预计订单中处于可使用状态的物料所占的百分比，它对采购零件和制造零件都适用且默认值为 100%。若合格率低于 100%，则 MRP 在安排订货计划时要使订货量高于需求量。可以用“工艺流程成本累加”功能自动更新合格率。合格率的计算方法是每道工艺流程/加工过程工序的合格率百分比相乘。若两道工序合格率分别为 98% 和 99%，则零件合格率为 97.02%。合格率低于 100% 可能引起系统做出带小数的订货量计划，此时可用最小订货量和订单倍数对此加以调整。

（26）运行时间。它是仅供参考的用十进制小时表示的制造一个零件所需的标准时间（不含准备时间）。用“工艺流程成本累加”功能可计算零件的加工时间，亦即所有工序运行时间的总和。这个时间通常仅包括在零件工艺流程中的工序的运行时间，但也可包括低层零件加工时间。

（27）准备时间。它是仅供参考的用十进制小时表示的准备一批零件加工工序所需的标准时间。可以用“工艺流程成本累加”功能计算零件的准备时间。其计算方法是：所有工序准备时间的总和除以零件订货量。

（28）EMT 类型。该字段在“企业物料运输（Enterprise Material Transport，EMT）”订单处理环境中使用，指定销售零件时采用的 EMT 处理类型并定义发货方式（转运或直接交货）。允许的值为 01、02、03 或置空：01 为标准的客户订单过程（默认值）；02 为转运；03 为直接交货；空白表示通过“缺省处理程序”设置。

（29）自动 EMT 处理。它说明零件运输是否自动启用 EMT，仅有“Y”和“N”两个选项。

（30）分销网代码。它表示零件的源网络。

(31) 工艺流程代码。这是一个用于标识制造零件通常所用的工艺流程或加工的代码,默认值为零件号本身。该代码使用工艺流程工序步骤计算产品成本,并对物料和生产能力做出计划。若零件的工艺流程代码为空(通常为空),则系统使用以等于零件代码的工艺流程代码存储的工艺流程。工艺流程代码与零件号完全互相独立,这样,相同工艺流程就可用于多个零件,还可以使同一零件具有多个工艺流程,如替代流程。多个工艺流程中必须有一个作为用于成本核算和制订计划的基本工艺流程附加到零件上。该字段不用于复合产品。

(32) 物料单/配料。它是一个代码,用于标识制造该零件时通常使用的产品结构 BOM(适用于离散性生产)、配料和/或联合产品结构(适用于连续性生产/流程式生产)。BOM 代码只对制造零件起作用,它访问子件以计算产品成本并为物料需求安排计划。BOM 代码和零件号完全独立,这样,同一个产品结构或配料就可以用于多个零件。它也允许相同联合产品结构用于多个复合产品。使用独立的 BOM 代码后,同一个零件可有多种产品结构或配料,但其中一种产品结构或配料必须作为零件的主要 BOM 以便计算成本和安排计划,并可设置任何数量的其他 BOM 作为替代 BOM。产品结构或配料的父件必须是个有效零件号或预定义的 BOM 代码。如果零件的 BOM 代码置空,系统将使用等于该零件代码的父件的产品结构或配料。对于联合产品来说,这是基本加工零件的代码。联合产品结构的 BOM/配料或基本加工零件必须是一个有效零件号;它可以不是配置零件或联合产品的零件,但该零件不能有任何替代结构或作为非联合产品结构中的子件存在,并且零件 BOM/配料必须与零件号相同或置空。对于联合产品来说,基本加工零件有一个零件主数据号和一个 BOM/配料代码与联合产品和子件相连接;基本加工零件也可与工艺流程和加工工序相连接,但这不是必需的。基本加工零件作为联合产品的子件输入系统;复合产品和副产品根据基本加工零件代码来生产。

(五) 零件成本数据

零件成本维护功能可用于维护零件的价格、纳税状态和成本等数据,见图4-16。每种零件至少有两个成本集:总账成本集和当期成本集。其他成本集可以用成本管理模块进行维护。生成总账会计账务的各项功能均使用零件的总账成本,默认值为标准成本,但可用成本集维护将它变更为平均成本。用户可以手工修改标准成本,系统在处理库存会计账务时维护平均成本。用户可以用当期成本与两个系统中的任何一个结合,以便进行比较。系统中保留的当期成本有两种,一种是平均采购成本或制造成本,另一种是上次采购成本或制造成本。

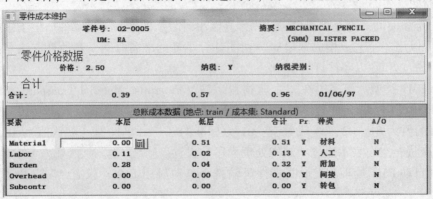

图 4-16 零件成本维护示例图

二、材料表

相对于材料主文件（IM）描述单个物料的属性，材料表（BOM）描述物料之间的直接关系。一个最终产品所含子件的层次结构往往比较复杂，ERP软件通常只建立单阶BOM，并通过关联相关BOM形成的多阶BOM展示完整的产品结构。如某产品由 m 个部件装配而成，而每个部件又由多个采购零件组成，则此产品共有 $m+1$ 个材料表。单阶BOM描述一个父件物料所用到的所有直接下阶子件物料及相关属性，见图4-17。

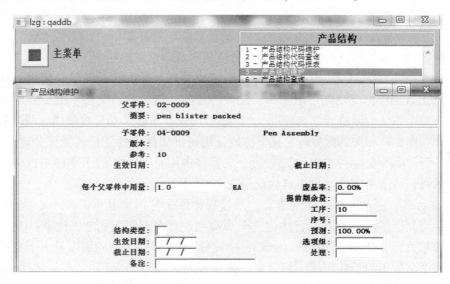

图4-17　QAD公司ERP软件MFG/PRO中BOM的维护界面

（一）BOM主要属性详解

（1）父零件。它是用于标识在该产品结构或配料中的父件的代码。注意："父零件"其实应该翻译为"产品结构代码"，因为BOM代码和零件号已经完全独立，这意味着它可以是一个有效的零件/产品号（即在IM中存在），也可以是IM中不存在但在"产品结构代码维护"中存在预定义的BOM代码（见图4-17上半部分）。若它是配置零件（即"采/制"属性选C），则必须是一个有效零件号。若描述联合产品，它是指该联合产品结构的基本加工零件代码。注意：正常情况下系统根据父件IM中的"物料单/配料"属性取得相应BOM；但在执行等环节可以重新选择相关的特定BOM（如替代BOM）。

（2）子零件。它用于标识该产品结构/配料中的子件的零件代码，必须存在于IM中。

（3）版本。这是父件的合并工程变更单的零件版本代码，是可选项目。

（4）参考。这是用于唯一标识一种父件/子件关系的代码。每种父件/子件关系均由父件、子件和参考（特征）代码的组合作为其唯一标识，这使得相同的子件在一份物料清单或配料中的同一层上可以多次出现，如满足不同冲销时间的设置。在一个装配产品的产品结构中，参考标志经常是一个位置指示符。例如在一个印刷电路板上一个特定电阻可接在4个位置上，使用参考代码就可以把它们直接标在物料清单上；而领料单将子件需求量加以汇总（此例中数量为4）。定义替代结构时也可输入参考号，以便标识替代所适合情况。这可以用于直观地将代用品与正常子件分开。

(5) 生效日期和截止日期。生效日期是该父件/子件关系开始生效的第一天；而截止日期是该父件/子件或 BOM/配料关系生效的最后一天。这两个日期可以有一个置空，也可以都置空。父件/子件关系可以定义在一段时间内有效。有效日期可用于分阶段进行工程变更，并联机维护产品结构历史记录。生产计划与控制功能总是使用在该日期有效的产品结构信息。新增加到物料清单或配料中的零件有一个起始生效日期。代替现有子件的新增子件也有一个起始生效日期。旧的子件修改时要记录生效的截止日期。为了修改现有子件属性（如修改在每个父件中的单位用量），首先在修改现有子件时要记录它生效的截止日期，然后将子件和它的参考标志及生效的起始日期再次添加到父件的产品结构中，通常参考号设置为工程变更单（Engineering Change Order，ECO）的单号。生效日期可以用于成本计算，用户可以对将来生效的产品结构进行变更，然后估计变更对成本带来的影响。

(6) 每个父零件中用量。它表示生产一个单位父件所需的子件数量，使用的计量单位是在"零件主数据维护"功能中用于标识父件的标准计量单位。父件中的子件用量和废品率数据用于整个系统的制造计划与控制。"产品结构成本累计"功能也使用这两个数据。当输入一种流程型生产相关的配料时，其子件数量用每批父件中的用量或批百分比来表示时，系统自动计算"每个父零件中用量"。"每个父零件中用量"为 0 的子零件不打印在领料单上，这样就可以将杂项零件（如工具）记录在 BOM 上。

(7) 废品率。它表示预计在制造父件的过程中该子件的废品率。要小心使用该属性，尤其对离散型制造零件，因为无论 MRP 还是库存回冲计算都要用到它。注意：QAD 软件中废品率解释相关译文 "MFG/PRO 在生成父件的制造需求时，子件的需求量由下式确定：订货量乘以每个父件中的子件用量，然后加上该乘积与废品率的乘积"，与其软件结果不同，见图 4-18。QAD 软件的废品率计算实际遵循的是本书第二章中讲到的废品率相关公式。对于离散型零件，若因废品率导致 GR 计算结果有小数位，可使用"订单倍数"来确保订货量为整数。注意：ERP 软件的发展是随管理发展而不断完善的。如 SAP 公司 ERP 软件中细化出"工序废品率"和"部件废品率"两种，并多出一个"净 ID"标识用以确定是否以净值需求数量为基础计算子件的报废，即是否不含 IM 中组件报废的需求数量（SAP 中 IM 没有"良品率"属性而只有"装配报废（%）"属性）；此外其公式遵循乘以（1 + 废品率）的算法而非第二章中的除以（1 − 废品率）的算法，对 IM 中的"装配报废（%）"也是如此，见表 4-1 和图 4-19。

表 4-1 SAP 公司 ERP 软件中两种废品率和"净 ID"属性设置所致子件 GR 结果

属性搭配分类	搭配 1	搭配 2	搭配 3	搭配 4	搭配 5	搭配 6
"部件废品"	5%	—	5%	5%	—	—
"工序废品"	6%	6%	—	—	—	—
"净 ID"	Y	Y	Y	N	N	Y
子件毛需求（GR）	1113 = 1060 × 1.05	1060 = 1000 × 1.06	1050 = 1000 × 1.05	1071 = 1020 × 1.05	1020 = 1000 × 1.02	1000

注：父件 POR 数据为 1000；父件 IM 中"装配报废（%）"取值 2%；父件 BOM 中该子件单位用量为 1。

(8) 提前期余量。提前期余量即指冲销时间是从开始生产父件至需要该子件这段时间内所需的工作日天数。制造领料单和 MRP 用提前期及提前期余量来决定需要子件的天数。

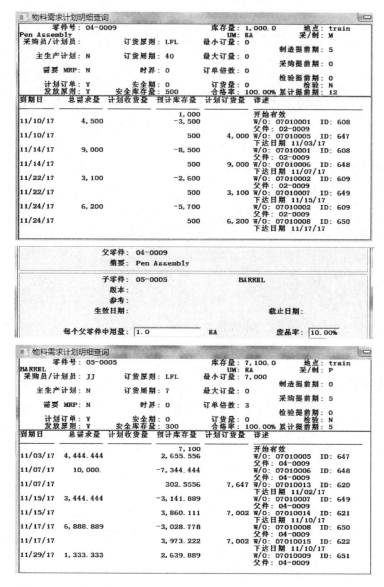

图 4-18　子件 05-0005 在父件 04-0009 的 BOM 中单位用量为 1 且损耗率为 10% 的 GR 结果

提前期余量可用于生产提前期较长且费用较高的子件，通过尽量推迟获取或生产费用较高的子件的办法来节省经费。或者当子件的保存期限有限时，也可以使用提前期余量。对父件生产投放日期前就需要的子件，可输入负的提前期余量。注意：为使提前期余量设置生效，在 QAD 软件中务必在"参考"和"工序"字段区分相同子件的两笔不同资料。其案例参见图 2-14 和图 2-15。注意：SAP 公司 ERP 软件中在以天为单位的"提前期偏置量"的基础上，又细化出以小时为单位的"工序提前期偏置"，见图 4-19。

（9）工序。它是指使用该子零件或联合产品的工艺流程或加工工序。若是联合产品，它仅作为参考并可能出现在某些指定报表和查询表中。虽然加工单不需要工序，但它可用来选择在加工单零件发放功能中发放的子件。如果使用合格率成本计算或重复加工模块，请勿置空。

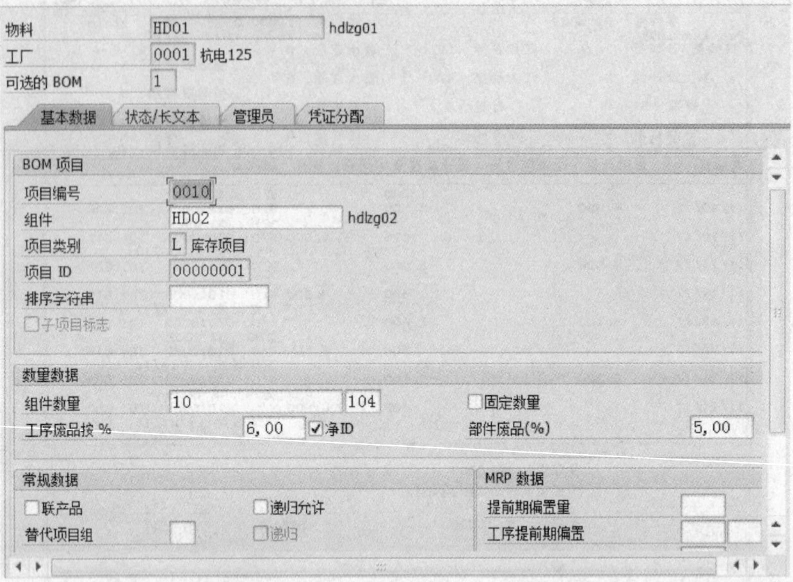

图4-19 SAP公司ERP软件中BOM属性示例（废品率和冲销时间有属性细分）

（10）序号。它是父/子件关系的可选顺序号，常用报表中，子件按子件序号顺序排列。

（11）结构类型。该属性用于定义如何使用该父件/子件关系的结构代码，其值可以是"（ ）""A""D""X""P"或"O"，分别对应"标准件""替代件（Alternate）""单据（Document）""虚子件（Phantom）""计划类子件（Planning）""选择类子件（Option）"。"标准件"表明零件是普通子件，没有特别属性。"单据"是不做计划安排、不分解且不计算成本的单据或工具。其他可选项的目的及用途比较复杂，分述如下。

1）结构类型"A"。替代产品结构常是指使用不同的子件集生产相同的父件；除了这种用一个等价替代的子件组替代原子件组之外，它也可以是针对不同批处理规模的不同配料/配方。当为一个父件设定了一种替代结构时，该替代结构的物料单/配料便作为该父件的子件记录下来，并用结构类型"A"加以标识（不可在该父件BOM中变更），见图4-20。它们将出现在产品结构报表和查询表上，但不进行分解，不计算成本，也不进行计划。替代分为三个步骤：首先用"产品结构代码维护"为替代结构输入一个物料单/配料代码，如图4-21中的02-0005A；接着使用"产品结构维护"或"配料维护"将一个替代用子件清单赋予该

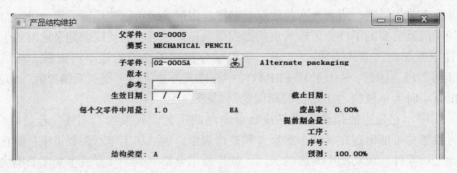

图4-20 "产品结构维护"中替代结构类型"A"的示意图

替代的物料单/配料，见图4-22；最后使用"替代产品结构维护"将批准的替代的物料单/配料赋予原零件，见图4-23；最终形成如图4-20所示的结果。

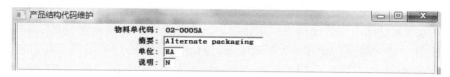

图4-21 "产品结构代码维护"建立替代结构代码02-0005A的示意图

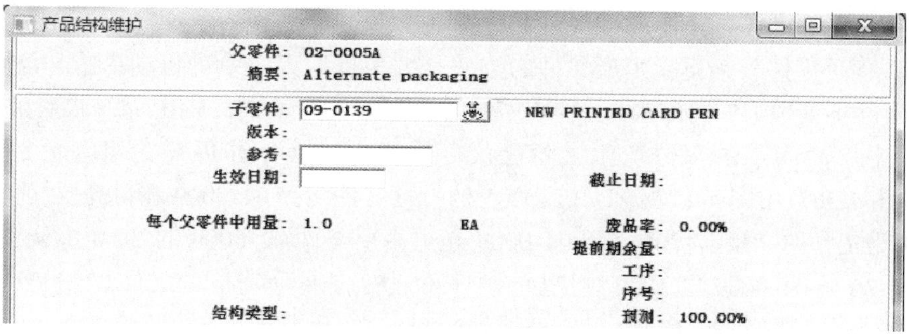

图4-22 替代产品结构02-0005A的BOM资料维护界面

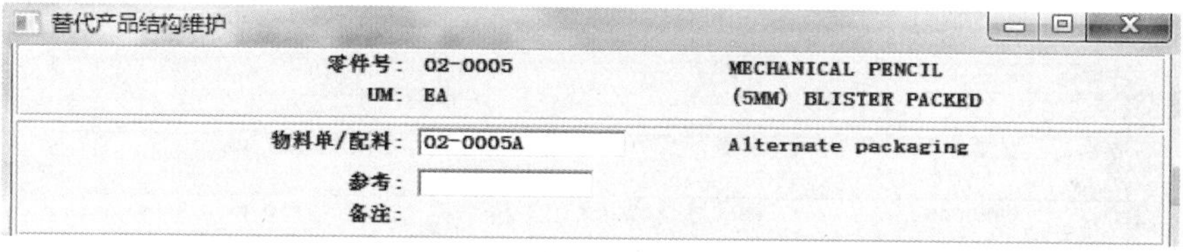

图4-23 "替代产品结构维护"功能运作界面

MRP和制造加工单总使用与"零件计划维护"或"零件—地点计划维护"中零件相关联的标准物料单/配料；不过执行环节可以手工将替代物料单/配料输入加工单中。已批准的替代产品结构可用于任何地点，并与任何工艺流程或加工过程一起使用。若一个替代结构总与特定的替代工艺流程/加工过程一起使用，可在"替代工艺流程维护"中定义它。

特别注意：上述BOM结构的替代与单个零件的替代稍有不同，后者由"零件替代维护"功能完成，即当标准子件出库时，若出现短缺或不合格，便可使用指定的替代零件，见图4-24。在MFG/PRO中，替代子件首先需在IM维护时将"主生产计划"和"计划订单"均置为"N"（即用再订购点法）；然后在"零件替代维护"程序中定义替代关系。实

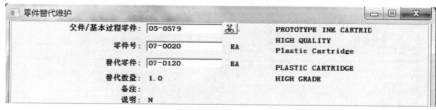

图4-24 "零件替代维护"运作示意图

际运作时,手工将所缺的标准子件的需求量转换为替代零件的需求量。当替代关系不适用于特定的父件或基本过程零件时,将"父件/基本过程零件"置空,否则输入适当特定父件。

2) 结构类型"X"。某些物料有时生产后入库,有时又属于"线上生产零件",即制造出来后立刻送入父件的生产线进行生产而非入库。为体现这种有时入库、有时又线上生产的特性,BOM 的"结构类型"新增"X"属性来体现这种局部的虚拟子件,即它在某些 BOM 而非全部 BOM 中是虚拟子件。这种情况下该物料应该在 IM 中置"虚零件"属性为"N",并在相应的部分 BOM 中设置"结构类型"为"X"。当某父件 A 的加工单需要加快其中某部分的生产进度时,可以在其 BOM 中将相关子件调整为虚拟子件(如调整 B 为虚拟子件),这样系统将在该物料 A 加工单的领料单上直接列出虚拟子件 B 的子件(即 A 的孙子零件)。这种领用"孙子零件"来直接生产父件的方法是缩短提前期的一种机动措施。与前文 MRP 计划系统实际不处理 IM 中永远线上生产零件的"虚零件"不同,MRP 系统将对虚拟子件在其他 BOM 中属"实"的部分产生实际建议订单 PORC/POR 并可开立相应制令单,参见图 4-25 和图 4-26。由图 4-25 可知:05-0005 的直接父件之一 04-0009 在更高层父件 02-0005 的 BOM 中为正常的"实"子件,但 04-0009 在更高层父件 02-0009 的 BOM 中调整为"虚"子件。图 4-26 的 04-0009 之 MRP 结果显示了其仅为实子件所对应的父件 02-0005 展开了计算和相应制令单。图 4-27 和图 4-28 表明 05-0005 的毛需求 GR,一部分来自直接父件 04-0009;另一部分直接来"爷辈"的零件 02-0009,即跳过中间的 02-0009 的虚子件 04-0009(单位用量为 3)。

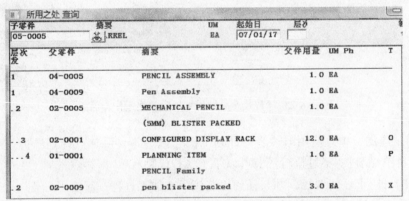

图 4-25 子件 05-0005 的多层"所用之处"查询结果

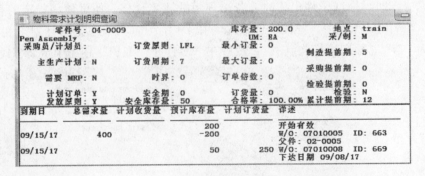

图 4-26 产品 02-0005 的实子件 04-0009 的 MRP 运作结果

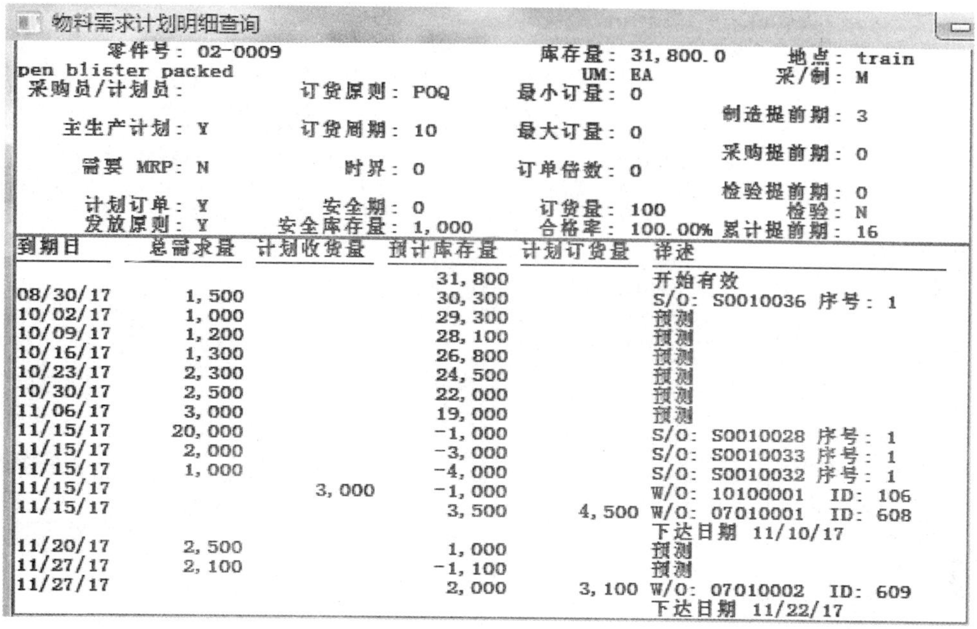

物料需求计划明细查询

零件号：02-0009　　库存量：31,800.0　　地点：train
pen blister packed　　UM：EA　　采/制：M
采购员/计划员：　　订货原则：POQ　　最小订量：0　　制造提前期：3
主生产计划：Y　　订货周期：10　　最大订量：0　　采购提前期：0
需要 MRP：N　　时界：0　　订单倍数：0　　检验提前期：0
计划订单：Y　　安全期：0　　订货量：100　　检验：N
发放原则：Y　　安全库存量：1,000　　合格率：100.00%　　累计提前期：16

到期日	总需求量	计划收货量	预计库存量	计划订货量	详述
			31,800		开始有效
08/30/17	1,500		30,300		S/O：S0010036 序号：1
10/02/17	1,000		29,300		预测
10/09/17	1,200		28,100		预测
10/16/17	1,300		26,800		预测
10/23/17	2,300		24,500		预测
10/30/17	2,500		22,000		预测
11/06/17	3,000		19,000		预测
11/15/17	20,000		-1,000		S/O：S0010028 序号：1
11/15/17	2,000		-3,000		S/O：S0010033 序号：1
11/15/17	1,000		-4,000		S/O：S0010032 序号：1
11/15/17		3,000	-1,000		W/O：10100001 ID：106
11/15/17			3,500	4,500	W/O：07010001 ID：608 下达日期 11/10/17
11/20/17	2,500		1,000		预测
11/27/17	2,100		-1,100		预测
11/27/17			2,000	3,100	W/O：07010002 ID：609 下达日期 11/22/17

图 4-27　虚子件 04-0009 对应的父件 02-0009 的 MRP 运作结果

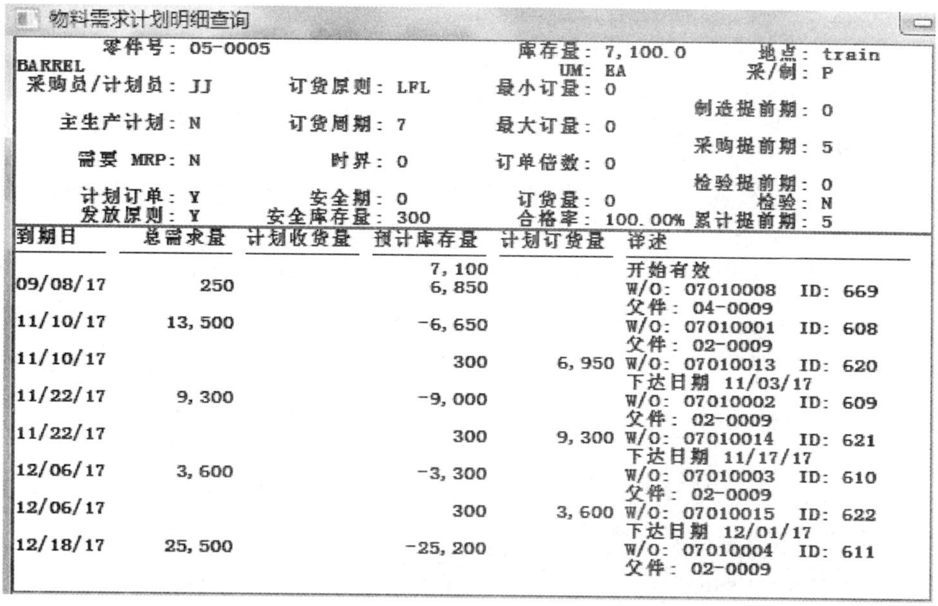

物料需求计划明细查询

零件号：05-0005　　库存量：7,100.0　　地点：train
BARREL　　UM：EA　　采/制：P
采购员/计划员：JJ　　订货原则：LFL　　最小订量：0　　制造提前期：0
主生产计划：N　　订货周期：7　　最大订量：0　　采购提前期：5
需要 MRP：N　　时界：0　　订单倍数：0　　检验提前期：0
计划订单：Y　　安全期：0　　订货量：0　　检验：N
发放原则：Y　　安全库存量：300　　合格率：100.00%　　累计提前期：5

到期日	总需求量	计划收货量	预计库存量	计划订货量	详述
			7,100		开始有效
09/08/17	250		6,850		W/O：07010008 ID：669 父件：04-0009
11/10/17	13,500		-6,650		W/O：07010001 ID：608 父件：02-0009
11/10/17			300	6,950	W/O：07010013 ID：620 下达日期 11/03/17
11/22/17	9,300		-9,000		W/O：07010002 ID：609 父件：02-0009
11/22/17			300	9,300	W/O：07010014 ID：621 下达日期 11/17/17
12/06/17	3,600		-3,300		W/O：07010003 ID：610 父件：02-0009
12/06/17			300	3,600	W/O：07010015 ID：622 下达日期 12/01/17
12/18/17	25,500		-25,200		W/O：07010004 ID：611 父件：02-0009

图 4-28　直接子件和跨层（孙辈）子件 05-0005 的 MRP 结果（含 GR 来源）

3）结构类型“O”。为满足顾客多样化个性需求，制造商在较高阶开发出来并供顾客自由选择的必选件和可选附件，其结构类型为“O”（选择类）。顾客通过对它们的选择组合出满意产品；其中的必选件属产品必备的基本部件，顾客必须从有限选择中选择其一，而附件是可增强产品功能或外观等的非必备部件。这种选择通过类似“产品结构维护”的“配置结构维护”来设置，见图 4-29。

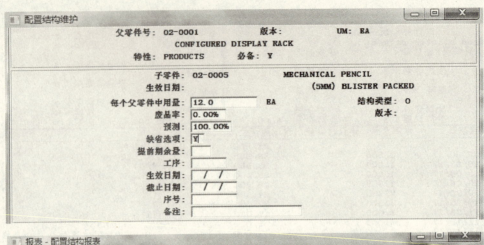

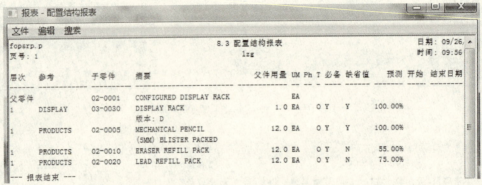

图4-29 结构类型"O"相关"配置结构维护"的设置和报表示例

图4-29中,"缺省选项"若设为"Y"表示该子件是必选件,相应"预测"需为100%;若为"N"表示它是可选附件,其"预测"值需小于100%。特别注意:表头"特性"属性用于标识一个配置产品中的特定特性集,即标识一组选项或附件;而特性集中的子件均与该特性相关。如一份"汽车"配置清单的特性集可能包括"车身式样""发动机"及"附件"等;"车身式样"的子件可以是"轿车"或"小型客车"。大多数报表按特性代码将子件分组;在订单输入过程中,系统提示用户从每个特性集中选择子件,见图4-30和图4-31。

由图4-29所示"配置结构维护"形成的配置BOM也称为选用材料表(Optional BOM)。它是以产品族为父件并以各必选件及可选附件为子件的BOM,而这种产品族是对必选件及可选附件的多种选择形成的所有产品的集合。选用材料表的结构类型均为"O",其中的单位用量为各种子件在单个产品中的实际用量。图4-30和图4-31都是在维护客户订单时针对选用材料表进行选配的过程示意,相应结果是生成该张订单相关产品的制造材料表,制造材料表的结构类型均应为标准结构的"( )"。注意:图4-29中,"配置结构报表"表明该版本ERP软件中暂未对配置设置进行适当的稽核。如针对某类"特性",基于"每组必选件必选其一、每组可选附件可选其一或不选"的原则,应该形成必选件的预测之和等于100%且可选附件的预测之和小于100%(差额即为顾客不选的比例)的控制,对任何违反该原则及相关控制的选择,系统都应报错。本书所用MFG/PRO版本BOM中的"选项组"虽然是用于

第四章 制造资源计划（MRP Ⅱ）

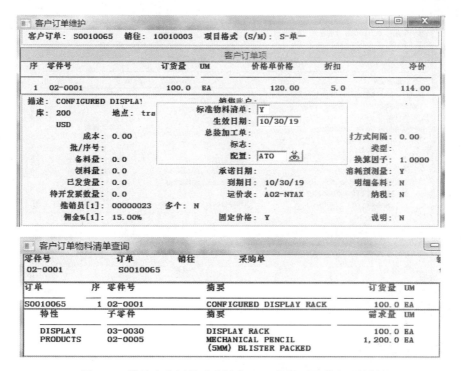

图 4-30 维护客户订单时选标准 BOM 的界面及其配置结果

对产品结构上的子零件分组的一个可选代码，但暂未遵循上述原则且未实现这种控制。另外，"配置结构维护"所致配置 BOM 中"特性"属性的值将自动转为"产品结构维护"中的"参考"属性的值。配置产品的总账（标准）成本通常是 0，因为产品结构成本累加不考虑产品的特性（子件的结构类型为"O"）。可用"产品结构维护"输入需要的子件，这样这些子零件的成本将包含在产品的基本总账成本中。

4）结构类型"P"。鉴于用户对较高阶的必选件和可选附件的多种选择可能导致最终产品有太多种规格，公司难以预测个别完成品的需求，只能预测整个产品族的需求及各种必选件和可选附件的需求分配比例。以产品族为父件，并以各必选件、可选附件及共享件的集合为子件的材料表，称为超材料表（Super BOM）。其中，各必选件或可选附件的集合称为模块件号；所有共享件的集合称为共享件件号；以模块件号为父件并以集合内必选件或可选附件为子件的材料表称为模块材料表（Modular BOM）；以共享件件号为父件并以各共享件为子件的材料表称为共享件材料表（Common Parts BOM）。超材料表、模块材料表和共享材料表统称为计划材料表（Planning BOM）。产品族件号、模块件号及共享件件号在 IM 中均是虚的"幽灵材料"，故计划材料表也称为"虚材料表"（Pseudo BOM）。注意：无论哪种计划材料表，其中所有子件的"结构"属性都应设为"P"（计划）。

① 超材料表。超材料表是产品结构中最高层次的材料表，它把数个模块件号和一个共享件件号连在一起以定义一个产品族。超材料表中，若子件为模块件号，其单位用量表示每个必选件或可选附件的实际用量；若子件为共享件件号，则其单位用量必然为 1。

② 模块材料表。模块材料表是以模块件号为父件、该模块各必选件或可选附件为子件的材料表，其单位用量为各种选择在一个产品族中的需求预测百分比。必选件的预期需求百

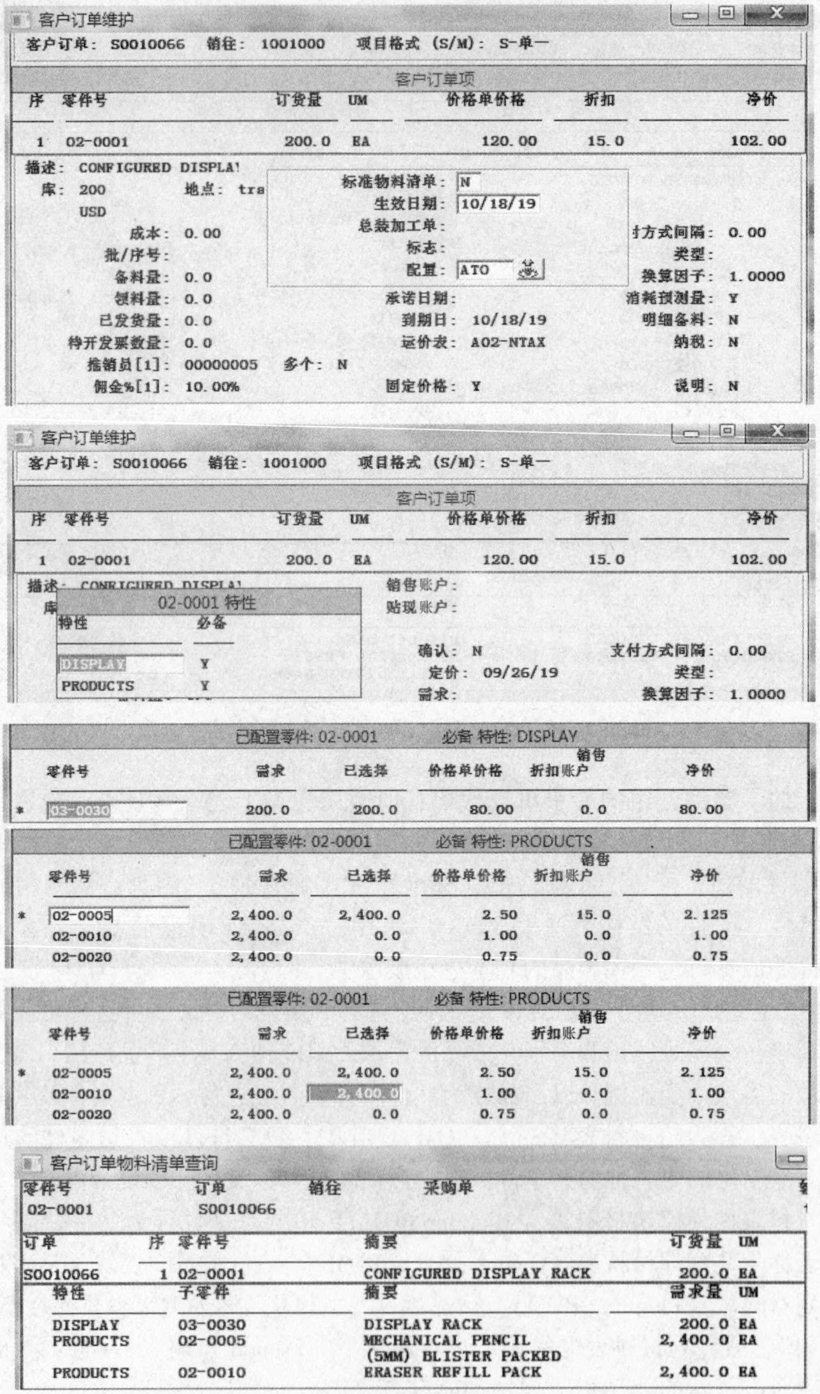

图 4-31 维护客户订单时选非标准 BOM 后的选配过程与结果

分比加起来为 100%；可选附件的预期需求百分比之和则小于 100%，不足部分为客户不选的。

③ 共享材料表。产品中除了可供顾客选择的各种必选件及可选附件外，其他顾客不能

选择的部件构成共享件件号。以共享件件号为父件，以所有最高阶的共享件为子件的材料表为共享件材料表，其单位用量为 1 单位实际最终产品中所需该共享部件的数量。比如一台计算机中共享的螺丝的需求数量为 20 个，则共享件材料表中子件螺丝的单位用量即为 20。

④ 计划材料表案例。假设桑塔纳 STNXX 系列的汽车，其发动机（每车一台）有 MOT1、MOT2 和 MOT3 三种选择，顾客选择的大致比例依次为 20%、30% 和 50%；轮胎（每车四个）有 JINHU 和 CHAOYANG 两种选择，顾客选择的大致比例依次为 30% 和 70%。高级音响（最多一套）有 YAMAHA 和 SHANHE 两种选择，顾客选择的大致比例依次为 20% 和 40%。其他所有部件都被假定为共享部分 COMPART。全部计划材料表见表 4-2。对应的选用材料表见表 4-3。

表 4-2 产品族 STNXX 的全部计划材料表范例

材料表类别	结构代码	序号	子件件号	单位用量	预测	结构类型
超材料表	STNXX	10	MOTMODE	1	100%	P
		20	LUNTAIMODE	4	100%	P
		30	YINXIANGMODE	1	100%	P
		40	COMPARTMODE	1	100%	P
模块材料表	MOTMODE	10	MOT1	1	20%	P
		20	MOT2	1	30%	P
		30	MOT3	1	50%	P
模块材料表	LUNTAIMODE	10	JINHU	1	30%	P
		20	CHAOYANG	1	70%	P
模块材料表	YINXIANGMODE	10	YAMAHA	1	20%	P
		20	SHANHE	1	40%	P
共享件材料表	COMPARTMODE	10	COMPART	1	100%	P

表 4-3 产品族 STNXX 对应的"配置结构维护"（即选用材料表）范例

结构代码	STNXX							
特性	MOTMODE			LUNTAIMODE		YINXIANGMODE		COMMODE
必备	Y	Y	Y	Y	Y	N	N	Y
子零件	MOT1	MOT2	MOT3	JINHU	CHAOYANG	YAMAHA	SHANHE	COMPART
单位用量	1	1	1	4	4	1	1	1
结构类型	O	O	O	O	O	O	O	O
预测	20%	30%	50%	30%	70%	20%	40%	100%

（12）预测。对该子件的预测百分比（默认值 100%），用于编制生产计划。若"结构代码"为"P"（计划）或"O"（选项），MRP 处理过程便用该百分比计算子件的生产预测量。其具体计算方法为：父零件的可供货量乘以每个父零件中该子件的单位用量，再乘以对子零件的预测百分比。

（13）生效日期。物料清单/配料可定义为一段时间内有效，该值指明生效的第一天。制造计划和控制功能只能在该日期有效的产品结构信息上使用。它可用于成本计算，允许修改将来生效的产品结构以评估 BOM 变化给成本带来的影响。添加的新零件有一个起始生效日期，替代现有零件的新零件按起始生效日期来输入。原零件修改时要记录其截止日期。若要修改一个现有的零件（如改单位用量），首先要修改现有零件以记录截止日期，然后用一个参考标志和生效日期将它再次添加到 BOM 中。

（14）截止日期。这是指该物料清单/配料有效的最后日期。生效日期与截止日期可兼容，但不能重叠；其中可以有一个置空，也可以两个都置空。

（15）选项组。这是用于对产品结构上的子零件分组的一个可选代码。若是联合产品，本字段仅供参考，并可出现在某些选定的报表和查询表上。它可与"入库向前分解"功能一起运行。

（16）处理。此属性用于根据加工过程给子件分组。若是联合产品，本字段值仅供参考，并可以出现在某些选定的报表和查询表上。它可与"倒推分解收货"功能结合运行。

（17）备注。其内容是关于该父件/子件关系或 BOM/配料关系的可选备注，如可标识何时和何处使用替代产品结构。本字段仅供参考，可以出现在选定的报表和查询表上。

IM 和 BOM 是 MRPⅡ系统之基础数据维护的重中之重。正确、灵活地设置它们，完整、准确地理解其属性及各个属性对 MRP 逻辑实现流程的影响，是学好、用好 MRPⅡ系统从而让其发挥应有效益的关键之一。所以，请仔细阅读并很好地理解下文讲解的案例与知识点。

（二）BOM 与 IM 实践

1. 企业上线 MRPⅡ系统后灵活设置 BOM 与 IM 数据的案例

某公司生产两种化工产品。其中，客户经常订购的产品 A 依销售预测和储存槽中的库存来生产，库存产品出货前根据顾客订单要求分装在 1、2、3 三种容器中。另外非经常订购的产品 B 只有在客户下单后才开始在反映槽和混合槽中生产并从混合槽中分装到指定的 1、2、3 三种容器中。安装 MRPⅡ系统之前，因忽略分装过程而将完成的化工产品定义为最终产品，即每个化工产品和容器都有件号，但是已分装完成的产品却没有件号。此时，化工产品位于 BOM 顶层，而容器被当作包装材料而未列入 BOM 中。虽然化工产品实际上储存在储存槽及各种容器中，不过其单位一律是"kg"。由于存货以千克计量，因此盘点时员工必须手动计算化工产品的重量。安装 MRPⅡ系统时，公司重新审阅基础数据，将最终产品定义为已分装完成的产品（计量单位为"个"），将储存槽中的化学产品定义为半成品库存（计量单位为"kg"），见表4-4的IM和表4-5的BOM。至于 A 和 B 自身的材料表（即其子件），则是各自具体的化学产品配方，此处省略。此时，半成品 A 是 MPS 的对象，预测也是以"kg"为准，生产制令单发给 A、B1、B2 及 B3，而对 A1、A2 及 A3 则发出包装制令单，盘点时可自动计算 A 的存货数量。

表4-4 企业上线 MRPⅡ系统后的 IM（材料主文件）

件号	A1	A2	A3	B1	B2	B3	A	B	包装1号	包装2号	包装3号
描述	20kg	50kg	200kg	20kg	50kg	200kg	化学品1	化学品2	20kg	50kg	200kg
单位	个	个	个	个	个	个	kg	kg	个	个	个
MPS 物料	N	N	N	N	N	N	Y	Y	N	N	N

表 4-5　企业上线 MRP Ⅱ 系统后的 BOM 文件

结构代码	A1		A2		A3	
子零件	A	包装 1 号	A	包装 2 号	A	包装 3 号
单位用量	20	1	50	1	200	1

2. 双阶主生产排程案例

前文讲解计划材料表时介绍过：如果产品有相当多的必选件或可选附件，通常很难针对个别产品做计划，对整个产品族做计划较为可行。此时，生产方式通常为订单组装（ATO），即用 MPS 规划产品族和必选件/可选附件的需求计划，再用 MRP 展开必选件/可选附件下各子件的需求计划，然后按计划生产一定的必选件/可选附件备用，一旦接到顾客订单，立刻用最终组装排程（FAS）安排最后的组装并及时出货。因为在 MPS 程序中，不仅规划产品族，也规划必选件/可选附件，故称为双阶 MPS。

（1）案例已知条件。对桑塔纳 STNXX 系列汽车，其发动机（每车一台）有 FDJA、FDJB 和 FDJC 三种选择，顾客选择比例大致为 50%、30% 和 20%，轮胎（每车四个且没有其他独立需求）也有 JINHU、CHAOYANG 和 GOODYI 三种选择，顾客选择比例大致为 30%、40% 和 30%，其他部件都假定为共享部件 Compart。因发动机有三种选择，故含 JINHU 轮胎的产品个数应为三种，现假设其件号依次为 STN01、STN02 和 STN03，见表 4-6。相关的订单数据汇总至表 4-7。产品族 STNXX 的独立需求资料见表 4-8，计划材料表节选资料见表 4-9。相关物料计算所需 IM 和库存信息分别见表 4-10 和表 4-11。系统的 DTF 和 PTF 分别设为第 3 周周末和第 7 周周末。

表 4-6　所有含 JINHU 的汽车的制造材料表

结构代码	STN01			STN02			STN03		
子件件号	FDJA	JINHU	Compart	FDJB	JINHU	Compart	FDJC	JINHU	Compart
单位用量	1	4	1	1	4	1	1	4	1

表 4-7　仅与 JINHU 相关的产品订单数据（单位：辆）

期别	0	第 1 周	第 2 周	第 3 周	第 4 周	第 5 周	第 6 周	第 7 周	第 8 周	第 9 周	第 10 周
STN01	0	45	44	42	40	35	25	15	10	5	1
STN02	0	25	24	24	22	16	12	7	4	2	0
STN03	0	20	18	16	14	10	8	5	3	1	0

表 4-8　产品族 STNXX 的独立需求资料

期别	0	第 1 周	第 2 周	第 3 周	第 4 周	第 5 周	第 6 周	第 7 周	第 8 周	第 9 周	第 10 周
订单	0	300	280	280	260	200	150	110	70	30	5
预测	0	300	250	300	250	260	220	200	220	240	250

表 4-9 产品族 STNXX 的计划材料表节选

结构代码	STNXX			LUNTAIMODE		
子零件	FDJMODE	LUNTAIMODE	XUCOM	JINHU	CHAOYANG	GOODYI
单位用量	1	4	1	1	1	1
预测	100%	100%	100%	30%	40%	30%
结构类型	P	P	P	P	P	P

表 4-10 相关物料计算所需的 IM 资料

件号	提前期	安全库存	批量法则	最小订购量	倍数	固定订购量
STNXX	1 周	30 辆	FOQ	—	—	10
LUNTAIMODE	0	0	LFL		1	
JINHU	1 周	20	FOQ	—	—	400

表 4-11 相关物料计算所需的库存状态信息

件号	OH	AL	SR										
			0	1	2	3	4	5	6	7	8	9	10
STNXX	100	0	0	300									
LUNTAIMODE	0	0	0	0									
JINHU	200	40	0	400									

(2) 案例已知条件注解。由于实际完成品(如 STN01)是由必选件/可选附件和共享件这些最高阶子件最终组装形成的,故其 LT 值就等于这段最终组装时间。此时,为保证接单后总装车间有足够时间进行最终组装排程,应设定产品族的 LT 值等于实际完成品的 LT 值,并且各虚拟模块的 LT 值都为 0。为保证在中间过渡的虚拟计划展开阶段不无端扩大需求或减少需求,对各个虚拟模块(如 LUNTAIMODE),批量法则都应设为 LFL(最小订购量不设,但倍数为 1);SS 都应设为 0;库存状态信息 OH、AL 和 SR 也都应设为 0。但是,对产品族 STNXX,其批量法则和安全库存最好是与产品族中代表产品(如 STN01)的批量法则和安全库存相同。此处,将其批量法则设为 FOQ 且 LS=5,SS 设为 30。至于产品族的库存状态信息 OH 和 SR,则由所有最终汽车产品的数据合计得来。因最终产品为实际产品中最高阶物料,没有保留数量,所以,产品族也没有保留数量,即 AL=0。对顾客的当期该领取的订单,如果有货则直接从仓库中取货并消减该实际产品和产品族的 OH 值,如果没货则记录为该产品的逾期订单数量,这个记录将进一步影响产品族的逾期订单数量。注意:所有物料(包括产品族)的逾期订单数量都将形成逾期 GR 并转什纳入第 1 期的 GR 进行处理。对必选件 JINHU,批量法则、OH、AL、SR 都依实际而定;其 AL 是由 STN01、STN02 和 STN03 的最终组装排程 FAS 有关生产指令引发的。

(3) 案例求解。类似前文多阶 MPS 案例,运作 MPS 前需先确定 DTF 和 PTF。此处,STNXX 和 JINHU 的 DTF 和 PTF 都取系统默认值。随后的求解过程如下:首先计算 STNXX 的 MPS;其次将 STNXX 的 POR 通过计划材料表层层展开,计算得出 JINHU 的预测数据;最后结合由订单展开计算得出的 JINHU 的订单数据来规划 JINHU 的 MPS。求解过程见

表 4-12 ~ 表 4-17。

表 4-12 产品族 STNXX（LT = 1）的 MPS 报表

STNXX	OH =	100	SS =	30	AL = 0	LSR =	FOQ	LS =	10	DTF = 3	PTF = 7
期别	**0**	**1**	**2**	**3**	**4**	**5**	**6**	**7**	**8**	**9**	**10**
订单	0	300	280	280	260	200	150	110	70	30	5
预测	0	300	250	300	250	260	220	200	220	240	250
GR	0	300	280	280	260	260	220	200	220	240	250
SR	0	300									
POH	100	−180	−250	−230	−230	−190	−170	−190	−210	−220	
PAB	100	30	30	30	30	30	30	30	30	30	
NR	0	210	280	260	260	220	200	220	240	250	
PORC		0	210	280	260	260	220	200	220	240	250
POR	0	210	280	260	260	220	200	220	240	250	0
MPS		300	210	280	260	260	220	200	220	240	250
ATP		30	0	0	0	60	70	90	150	210	245

表 4-13 LUNTAIMODE 模块（LT = 0）的 MRP 报表

LUNTAIMODE	OH =	0	SS =	0	LSR =	LFL	倍数	= 1	AL =	0
期别	**0**	**1**	**2**	**3**	**4**	**5**	**6**	**7**	**8**	**9**	**10**
GR	0	840	1120	1040	1040	880	800	880	960	1000	0
SR	0	0									
POH		−840	−1120	−1040	−1040	−880	−800	−880	−960	−1000	0
PAB		0	0	0	0	0	0	0	0	0	0
NR		840	1120	1040	1040	880	800	880	960	1000	
PORC		840	1120	1040	1040	880	800	880	960	1000	
POR		840	1120	1040	1040	880	800	880	960	1000	0

将 LUNTAIMODE 的 POR 数据乘以 LUNTAIMODE 模块材料表中子件 JINHU 的单位用量 1 和预测值 30%，得出的是对 JINHU 的需求量。但请注意：这个由超材料表和模块材料表层层展开的需求仅代表我们对该选用件大致需求的预测数据，见表 4-14。

表 4-14 必选件 JINHU 的预测数据

期别	0	1	2	3	4	5	6	7	8	9	10
预测	0	252	336	312	312	264	240	264	288	300	0

在求解出 JINHU 的预测数据后，还需要其订单数据，这将由表 4-7 中 STN01、STN02 和 STN03 的订单汇总数据计算得来。计算时首先需要将表 4-7 订单汇总数据前移实际完成品的 LT 期，此处即为前移 1 期，因为 JINHU 的需求日期应该对应最终实际完成品的生产计划下达日（POR），而非最终实际完成品的订单交货日或需求日（PORC）。虽然 STN01、STN02

和 STN03 的生产计划与执行监控由另外的最终组装排程程序（FAS）完成，相应 PORC/POR 数据此处暂时无法得知，但鉴于解说重点为双阶 MPS，故简化处理为"仅将订单汇总数据前移适当 LT 期"。还有一点需要说明的是，对于前移后落入逾期的订单汇总数据忽略不计，因为，通常情形下这些订单已落入执行阶段，不再是计划的对象。前移适当 LT 期别之后再乘以表 4-6 中这些产品对子件 JINHU 的单位用量，即可得出已有顾客订单对必选件 JINHU 的需求（订单），见表 4-15。

表 4-15 必选件 JINHU 的订单数据

期别	0	1	2	3	4	5	6	7	8	9	10
订单	0	344	328	304	244	180	108	68	32	4	0

表 4-14 的预测数据和表 4-15 的订单数据又汇总形成 MPS 物料 JINHU 的独立需求来源，见表 4-16。对表 4-16 中独立需求来源数据，再次依 DTF 与 PTF 判断可得出 JINHU 的毛需求，从而可以进一步规划 JINHU 的 MPS，见表 4-17。由必选件或可选附件之 MPS 报表中的 POR 可展开下阶子件的 MRP 报表。至此，可以理解双阶 MPS 如何规划产品族和实际必选件与可选附件的需求并与后续 MRP 集成，它与多阶 MPS 是两种完全不同的方法。

表 4-16 必选件 JINHU 的独立需求来源

期别	0	1	2	3	4	5	6	7	8	9	10
订单	0	344	328	304	244	180	108	68	32	4	0
预测	0	252	336	312	312	264	240	264	288	300	0

表 4-17 必选件 JINHU（LT = 1）的 MPS 报表

JINHU	OH = 200		SS = 20		AL = 40	LSR =	FOQ	LS = 400		DTF = 3	PTF = 7
期别	0	1	2	3	4	5	6	7	8	9	10
订单	0	344	328	304	244	180	108	68	32	4	0
预测	0	252	336	312	312	264	240	264	288	300	0
GR	0	344	328	304	312	264	240	264	288	300	0
SR	0	400									
POH		216	-112	-16	72	-192	-32	104	-184	-84	316
PAB		216	288	384	72	208	368	104	216	316	316
NR		0	132	36	0	212	52	0	204	104	0
PORC			400	400		400	400		400	400	
POR	0	400	400	0	400	400	0	400	400	0	0
MPS		400	400	400	0	400	400	0	400	400	
ATP		140	0	0		220	224		368	396	

3. MRP 逻辑实现再探

本书第二章服务业 MRP 案例结束部分曾提出了一个问题：MRP 程序如何实现 X 之子件

A 不需再展开至子件，而 Y 下子件 A 需要展开至 B、C、D、E 呢？这个问题在学习了 IM 和 BOM 之后可以解答了，其原因就在于 IM 和 BOM 中还有一些其他属性的设置也会影响到 MRP 逻辑流程的计算机实现。例如，当 MRP 运作时，会检查 BOM 中某子件的"结构类型"属性。若为虚子件"X"，则对该虚子件进行 MRP 运算后会对该虚子件之子件继续进行 MRP 运算。若不是虚子件"X"，则系统会检查该子件件号在 IM 中来源性质的"采/制"属性。若为制造类（含外包），则在计算完该子件件号的 MRP 后会继续对该子件之子件进行 MRP 运算；若为无须提供原料的采购类，则计算完该子件件号的 MRP 后不再继续展开，这就意味着：该子件件号即使还有子件也不会再对该子件之子件进行 MRP 运算。其逻辑如图 4-32 所示。

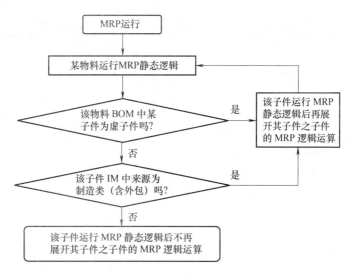

图 4-32　MRP 的部分实现逻辑

在服务业案例中，可将物料 A 在其 IM 中"采/制"属性设为"采购"，然后在父件 X、子件 A 的 BOM 中将子件 A 对应的"结构类型"属性定为标准的"()"，而在父件 Y、子件 A 的 BOM 中将子件 A 对应的"结构类型"属性定为虚子件的"X"。如此一来，X 的 MRP 逻辑运算结束后，展至子件 A；因为父件 X、子件 A 的 BOM 中 A 不是虚子件，继续进行下一个"采/制"属性的判断；此时由于 A 的来源为采购，故 A 运行自身 MRP 静态逻辑之后不再展开 A 的子件的 MRP 逻辑运算；而 Y 的逻辑运算结束后展至子件 A，因为父件 Y、子件 A 的 BOM 中 A 为虚子件，故 A 的 MRP 逻辑运算结束后将会继续进行 A 的子件 B、C、D、E 的 MRP 逻辑运算。这样就可以实现 X 之子件 A 计算完成后不再继续展开，而 Y 之子件 A 计算完成后继续展开出 B、C、D、E 的 MRP 运算。事实上，MRP 的逻辑流程实现中还有其他 IM/BOM 属性要考虑。

图 4-33 是一个考虑更多 IM/BOM 属性的范例，这个范例描述了由 NR 和批量法则相关属性确定 PORC 的计算机实现流程示意图。注意：这个流程并不是 MRPⅡ软件的标准流程，因为每个软件商对共同的批量法则逻辑都有自己独特的实现流程，放在此处只为抛砖引玉，让读者理解 MPS/MRP 逻辑的完整实现需要考虑 IM 和 BOM 等基础资料，以及一些执行记录中（如图中的 FPO 设定）每一个可能影响逻辑流程的属性。

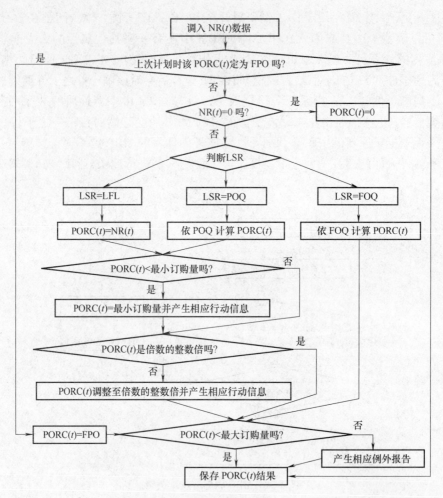

图 4-33 由 NR 和批量法则相关属性确定 PORC 的计算机实现流程示意图

第三节 制造标准之生产工艺描述

生产工艺描述的建立顺序如下：先建立车间日历，再定义部门、工作中心和标准工序，最后描述工艺流程/途程表。

一、车间日历

在使用制造或计划功能前，必须设置一个车间日历。车间日历的维护见图 4-34，用于为一个地点及该地点的工作中心甚至更细的设备定义标准工作周，还可定义正常日历中的例外日子，如计划加班日或者停工期。注意：首先给地点（即公司/工厂）设置一个总的车间日历，为整个公司/工厂定义一个正常情况下的工作周，此时工作中心和设备需置空。然后，输入例外情况。图 4-34 表明，还可以为每个工作中心或为生产线输入车间日历。若为一个给定的工作中心代码定义了多个设备代码，那么可为每个工作中心与设备特定组合设置一个日历。如果未给某个特定工作中心/设备定义车间日历，它将使用默认的车间日历。在流水生产线的日历上,设备将永远置空。

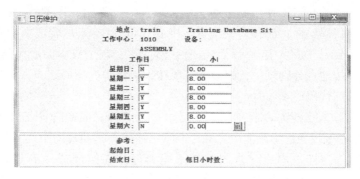

图 4-34 车间的"日历维护"功能界面

(1) 工作日。该属性指明本周的这一天通常是否为工作日。默认从星期一至星期五 5 天为工作日。对于每周要运行 7 天的工作中心而言,每天的标志均置为"Y"。当计算日程的到期日和下达日期时,系统只查看已排程的工作日而不管例外日和假日。

(2) 小时。该属性为在该工作日工作的所有班次排程的合计小时数(可大于 24h),只反映可为生产安排的工作小时数。如果一天工作的 8h 中有 1h 为午餐时间,则小时数应输入"7"。默认从星期一至星期五开工,每天 8h。

(3) 参考、起始日、结束日和每日小时数。正常日历上的例外情况用一个参考代码和一个起、止日期来标识,并配以每日小时数调整值,用于安排加班、增加或减少班次、预防性维护或停工。用于标识车间日历例外情况的参考代码,描述各种例外情况的类型。"每日小时数"是向指定范围中的每天增加或扣除的小时数,正数表示增加、负数表示扣除。若通常每天工作 8h,则完全停工的日期需输入"–8"的"每日小时数"。若节假日只适用于某些工作中心,则例外情况只记录节假日。若节假日适用于所有工作中心,则使用"节假日维护"功能。若已安排某天为工作日但工时为 0,此日将为例外。在星期六被定义为工作日但工时为 0 时,若从今天起三周内安排每天加班 2h,系统也将给星期六安排 2 个工时。为避免出现这种情况,可输入多个起止日期范围以跳过星期六。

二、部门

输入工作中心或工艺流程前必须要有一个"部门"。QAD 公司 ERP 软件中的"部门维护"界面见图 4-35。

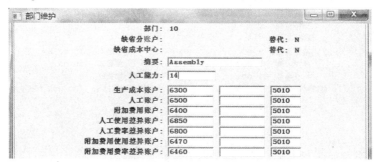

图 4-35 "部门维护"界面

"部门"是指为了报告和会计核算的需要而设置的一组工作中心。每个工作中心必须归属于一个部门。为了给转包工作中心分组,也应设置一个部门。图 4-35 中各类账户后的空格指明相应分账户代码,而"5010"对应成本中心(可置空)。尽管成本中心常用于跟踪部门的费用,但部门代码与成本中心代码并没有必然联系,一个成本中心可能跟踪多个部门。此外,各类账户不按地点分别维护,故而若需要按地点维护的不同账户,可为每个地点定义一个不同分组的部门代码。

(1) 人工能力。人工能力表示在一个部门中每天能够完成的合计工作小时数,它等于部门中全部工作中心及设备的生产能力之和,需手工输入。车间日历中定义了每个工作中心/设备的工作日长度,这样一周或一月内的人工能力打印在按周或月的"生产能力需求计划"报表上,通过已计划的负荷量与部门生产能力进行比较,可预估负荷量不足或超量的情况。

(2) 生产成本账户。该属性用于跟踪在该部门中杂项生产成本的总账账户代码。若报告某部门任何工作中心的非生产性人工工时及停工时间,都会生成一个总账会计账务。它把标准人工成本和附加成本乘以报告的工时所得值,记入生产成本账户的借方;人工成本和附加成本的附属账户将被冲减。

(3) 人工账户。该账户用于跟踪与该部门代码有关的应计人工成本的总账账户代码。

(4) 附加费用账户。该账户用于报告该部门中任何工作中心的附加成本。

(5) 人工使用差异账户与人工费率差异账户。这两个账户分别用于记录该部门所有工作中心的人工使用差异与人工费率差异。

(6) 附加费用使用差异账户与附加费用费率差异账户。该账户用于表示在该部门中的所有工作中心的附加费用使用差异或附加费用费率差异。

以上从生产成本账户至附加费用费率差异账户的多个账户均不按地点分别维护。若需按地点维护的不同账户,可为每个地点定义一个不同分组的部门代码。

三、工作中心

工作中心是一个部门中用于制造的计划与控制工作的基本生产单位,其维护信息见图 4-36 和图 3-25。注意:此处工作中心暂未涉及工作中心利用率和效率等。

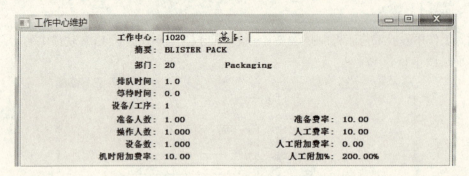

图 4-36 "工作中心维护"界面

(1) 工作中心和设备。工作中心由一人或多人、一台设备或多台设备组成,也需标识为转包工序提供外协加工的每个供应商。然而,工作中心和设备才唯一地确定一个工作中心。因为一个工作中心内的多名职工或多台设备若能互相替代使用（即只有一类设备），那么可将设备代码置空；若不能互相替代使用，则需进一步设置若干不同的设备代码以示区别。

（2）排队时间。一项作业在进行准备和处理前，会在工作中心等待，其标准排队时间用十进制小时计。排队时间与订货量无关，在可能出现逾期情况下可以压缩。如果排程的起始日期 POR 早于当日，那么就要重新进行排程，只允许安排某个百分比的排队时间，或者根本不安排排队时间。进行工序排程时，系统要检查工作中心的车间日历，以便确定每个日历期间还有多少小时可用于排队。

（3）等待时间。这是指加工完成后在该工作中心等待的标准时间，以十进制小时计。等待时间不受车间日历影响，即如果工厂停工这类等待的处理过程仍需进行。

（4）设备/工序。这是指为执行某道工序而在该工作中心并行使用的设备的数量，默认值是1。随着每道工序上的设备数量的增加，制造提前期将会缩短，零件成本则会上升。生产能力计划的计算将使用设备数量来确定工作中心/设备的生产能力。

（5）准备人数和操作人数。这是仅作为参考的为准备或操作它所需要的人数。

（6）设备数。这是工作中心拥有的设备数（或职工数）。一个工作中心的合计生产能力等于在工作中心的车间日历中定义的工时数乘以该设备数。

（7）准备费率和人工费率。这是指为准备该工作中心或者运行它而给每个工时支付的平均人工费率。标准人工成本中的准备成本等于标准工序准备时间乘以准备费率；加工成本等于标准工序运行时间乘以加工的人工费率。人工附加费百分比适用于准备成本和加工成本的计算，并要加到标准附加成本上。实际准备成本等于实际准备时间乘以报告有准备时间的工作中心的准备费率。实际加工成本等于实际加工时间乘以报告加工时间的工作中心的人工费率。

（8）机时附加费率和人工附加费率。该属性的值适用于该工作中心的设备运行时间和准备时间的每小时附加费率。该值用于计算零件成本，并由人工反馈功能用于对实际成本和成本差异进行计算和过账。标准附加成本中的设备附加成本的计算方法是工序的准备时间和运行时间乘以每道工序的设备数量，再乘以设备机时附加费率。实际设备附加成本的计算方法是工序的实际准备时间和运行时间乘以每道工序使用的设备数，再乘以执行工序的工作中心的设备机时附加费率。标准成本与实际成本之间的差额均过账至差异账户。费率差异是造成不同工作中心之间标准费率差异的原因。使用差异是造成不同的准备时间与运行时间差异的原因。

（9）人工附加%。该属性的值适用于该工作中心合计人工成本的人工附加费百分比。

四、标准工序

标准工序的维护参见图4-37。相关属性解释如下。

（1）标准工序。标准工序代码必须唯一，用于标识一道标准工序，即几种产品通用的加工工序或适用于不同工序序列的不同工艺流程的加工工序。它不能直接使用，但在增加新的工艺流程或加工工序时，可引用标准工序（其信息可修改）。使用"工艺流程更新"功能可对标准工序进行修改。注意：对标准工序的修改不会改变引用它的工艺流程或加工工序。

（2）工作中心和设备。这两个属性指向执行该标准工序的工作中心和所用的机器。每

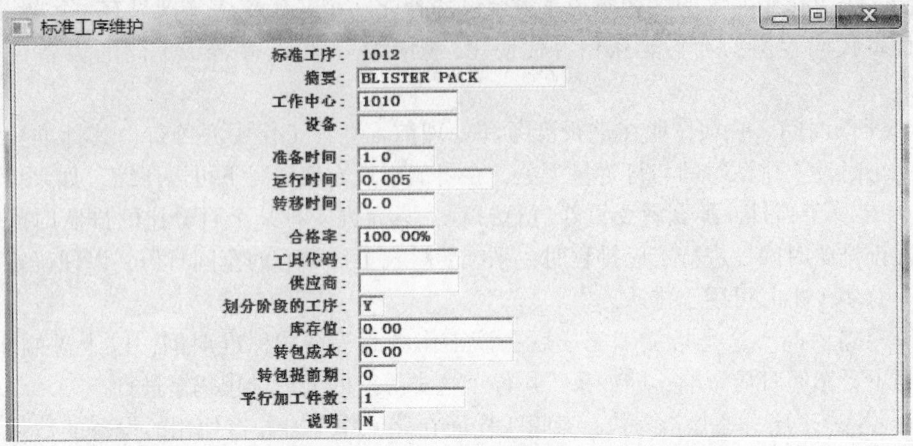

图4-37 "标准工序维护"界面

道标准工序均定义了在该工作中心及其相应设备上执行该工序的准备时间、运行时间和转移时间（或转包时间）、合格率、重叠及工序操作规程。当输入一个引用该标准工序代码的工艺流程或加工工序时，上述信息作为默认值显示并可修改。

（3）准备时间、运行时间和转移时间。这是指该工作中心为了执行该道工序而进行准备工作、加工工作、转移工作通常所花费的时间，均以十进制小时计。运行时间是在本道工序上加工一个零件通常所花费的时间，而准备时间和转移时间是与订单大小无关的。

（4）合格率。该道工序的正常合格率百分比（即工序的良品率），是指执行该道工序后预计订单中合格零件的百分比，默认值为100%。

（5）供应商。有时候可能将工序转包给外协供应商，这是该转包工序的正常（或择优）供应商的地址代码。为转包供应商设置的工作中心代码可以不同于供应商地址代码。

（6）划分阶段的工序。该属性只适用于重复式生产，可选"Y"或"N"，规定是否可以报告本工序的完成。工序完成将启动对本工序和所有以前的非阶段性工序（即回溯至上一个划分阶段的工序）的回冲。若选"Y"，则允许所有会计账务的处理，相应重复生产的工时事务处理将按标准以回冲物料、人工、附加和转包等成本，同时报告非阶段性工序上的准备成本，以免按标准回冲准备成本。若选"N"，则可以在重复生产相关的准备事务处理、次品事务处理、返工事务处理及在回冲报废零件的废品事务处理中报告工序完成情况。MFG/PRO假设最后一道工序是阶段性工序，而不考虑本字段中的值是什么。

（7）库存值。它是"重复在制品成本报表"中使用的一个值，表示通过这道工序的累计成本。

（8）转包成本和转包提前期。如果标准工序是一个被转包工序，转包成本和转包提前期是转包商执行本道工序对每个工件通常收取的平均成本和花费的平均车间日历天数。对于一道工序，既可以输入转包成本和提前期，也可以输入准备时间、加工时间及转移时间。如果两者都记录下来，就夸大了成本和提前期，工序的排程就会出错。

（9）平行加工件数。该属性是指在下道工序的工作开始前，本道工序必须完成的工件数。在排程计算法中要考虑工序重叠的问题，其作用是缩短总的制造提前期。比如，如果重叠数量为10，那么在开始执行下道工序前，系统只要安排足够10个零件需要的准备、运行、等待和转移时间。如果下道工序的加工时间比第一道工序的时间长,则总的提前期就缩短了。若不用重叠,则重叠数量应为0。在加工流程工业中,重叠数量一般为1。

五、工艺流程/途程表

维护工作中心和标准工艺之后,可维护各物料或其工艺流程代码的工艺流程/途程表,见图4-38。对照图4-36和图4-37可知,物料的工艺流程可含多个(标准)工序;相关属性除"起始日期"和"结束日期"外,是"部门维护"和"标准工序维护"功能中的属性。

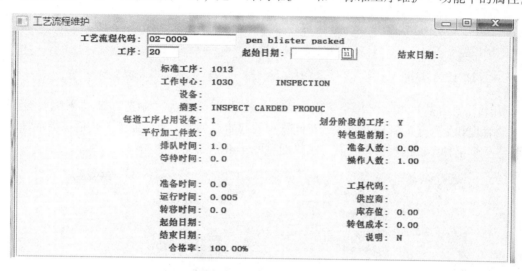

图4-38 "工艺流程维护"界面

(1)工艺流程代码。该属性用于标识制造一件零件/产品所需的一组工艺过程或加工工序。它常是制造零件的零件号。但对于替代工艺流程或不同地点的类似工艺流程或加工过程来说,它们可以各不相同。可在"零件计划维护"或"零件—地点计划维护"中设定不同工艺流程代码。

(2)工序。一项工艺流程中的工序号必须是唯一的,用于标识一个特定工艺流程代码中的制造步骤。当报告人工活动信息时总要输入一个工序号码;此外至少还需要一道工序来处理重复加工的工时反馈。工序应按10、20、30或100、200、300这样的数字序列编号,以便后续插入新工序(如将新工序编号定为15或150)。用"转包成本"和"转包提前期"设置转包工序。通常不必为转包工序输入准备时间或加工时间,若用户输入了这些资料,那么应将工作中心的准备费率和人工费率置为0,否则工序成本将被重复计算。

第四节 制造资源计划的车间管理

制造企业的关键管理流程是从销售管理部门的订单与预测开始,计划部门按实际约束平衡做出可行的MRP采购计划与生产计划,采购部门依计划向供应商进行采购作业,库存管理部门执行收料作业,并将原材料由发料作业交给生产车间,完工后生产车间将产品入库,库存管理部门最后进行出货作业将成品交付给顾客,见图4-39。以下围绕车间管理展开讲解,并将销售、采购、库存相关的进销存管理及相应财会管理留至第五章讲解。

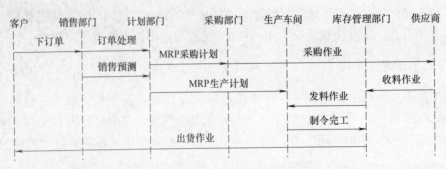

图 4-39 制造企业的关键管理流程

一、加工单管理

MRP 计划结果 PORC/POR 将依据 IM 中"采/制"属性为"制造"或"采购"分别进行采购管理和生产车间管理。而生产车间管理的起始点为加工单。加工单是指在指定日期生产指定数量某种零件的授权单,其维护界面见图 4-40。

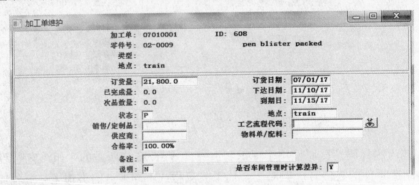

图 4-40 "加工单维护"界面

(一) 加工单的处理周期

加工单的处理周期见图 4-41。

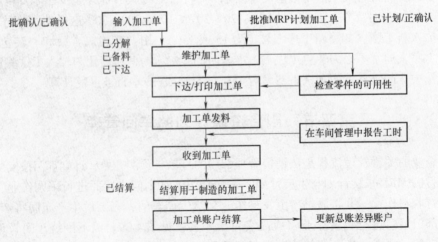

图 4-41 加工单的处理周期

(二) 加工单的状态代码

加工单的状态代码表示加工单处于处理周期的哪个阶段。该周期若由 MRP 结果 POR 开始，就以计划状态开始；若手工生成，就直接以确认状态开始。加工单一结算，周期也就结束。

加工单的状态代码包括七种。①计划加工单（P）：由 MRP 生成的加工单，当需求发生变化时可以重新计划，除非它们已被批准。②已确认计划（F）：确认的计划加工单（即 FPO）由计划员批准，批准前计划员必须检查是否有足够的资源可用于生产零件；MRP 不会重新计划它，但会提供必要执行信息；即便如此，加工单的物料清单和工艺路线也都不会被冻结。③批量（B）：当大量加工单需手工输入系统时，这是较好的方式，此时不产生 MRP 需求，加工单的物料清单及工艺路线也不会生成，一直到状态改变为已分解、已备料或已下达时为止。④已分解加工单（E）：若加工单状态为已分解，其物料清单重新计算后，物料清单及工艺路线都将冻结。⑤已备料加工单（A）：根据一个地点中零件的可用性来为加工单储备物料，这称为一般备料。⑥已下达加工单（R）：此时冻结加工单的物料清单和工艺路线，并对物料做明细备料；然后按车间需求进行领料发放，其工序在加工单下达时也会做排程。⑦已结加工单（C）：零件入库后就可关闭，在大多数情况下已结的目的是结束加工单处理周期，但此时工时信息还可报告出来，直到进行账户结清或在"车间管理"中关闭工序。总之，计划加工单由 MRP 控制，只要加工单状态为"P"，就不能人为修改数量、日期、物料清单或工艺路线。还可以对确认的加工单做一些维护改变：对状态为"F"的加工单，日期和数量都能改变；对状态为"E""A"或"R"的加工单，物料清单和工艺路线也能够修改；而经批准的可替换工艺路线或物料清单可以输入给"F""E""A"或"R"状态的加工单。

(三) 加工单的物料清单

生成一个加工单时，系统为标准 BOM 生成备份。当加工单在车间中进行处理时，任何变化都会在备份中维护和储存，以便必要时与标准 BOM 对比。特殊情况下，加工单的物料清单指明零部件按加工单数量进行的调整并维护这些已备料、已发放或已领料的数量。一旦加工单状态变成"E""A"或"R"，加工单物料清单就冻结。此后若要修改就需使用"加工单物料清单维护"功能，见图 4-42。对状态为"A"或"R"的加工单，领料库位可指定，子零件可增、删。

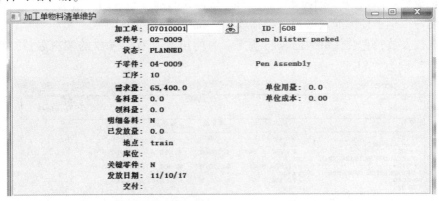

图 4-42 "加工单物料清单维护"界面

（四）加工单的工艺流程

生成一张加工单时，标准工艺流程的备份会由系统生成。加工单的工艺流程对加工单来说是特定的，它不仅列出每道工序和工作中心，还有工序数量、工具、标准工时等工艺流程的详细数据。当加工单在车间中进行处理而且有所变化时，就会在该备份中维护和储存，以便必要时与标准流程进行比较。车间反馈信息后可维护每道工序状态、实际的工时和加工数量。加工单工艺流程在加工单状态为"E""A"或"R"时冻结，"加工单工艺流程维护"同"加工单物料清单维护"类似，允许改变加工单工艺流程，能够增加或修改工序，见图4-43。按工序开始和结束日期排程的加工单可以改变，而且在CRP和加工单调度报表中反映。但若运行"重新计算CRP"，它会将日程安排返回到初始日期。为避免这种情况，不能重新计算"E""A"或"R"状态的加工单，也不要改变工序的排队或等待时间。

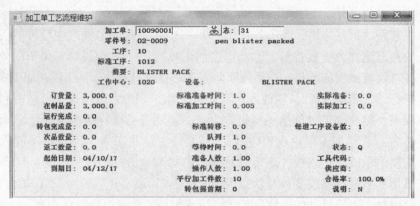

图4-43 "加工单工艺流程维护"界面

（五）加工单的下达与打印

当准备把一份加工单送到车间时，需改变其状态以准备让系统和实际车间能接收并开始制造。此过程称为加工单下达。此时加工单的状态变成"R"。另外，进行加工准备时会发生以下活动：①检查加工单可用零件，见图4-44；②打印加工单，见图4-45和图4-46；③将第一道工序转入排队状态。打印出的加工单上会包括物料清单和工艺流程代码。当加工单已下达且打印出领料单时，系统会对以前没有明细备料的所有物料做明细备料，生成一份明细备料记录显示已领料的库位和数量。领料逻辑和明细备料都由"库存控制文件"控制。领料原则允许根据多种标准做选择，包括库位、批/序号、生成日期、截止日期。若发放过程中物料未被发放，它会保留为已领料状态。为能再次查看未发放的领料数量，将"重打印领料数量"设为"YES"。

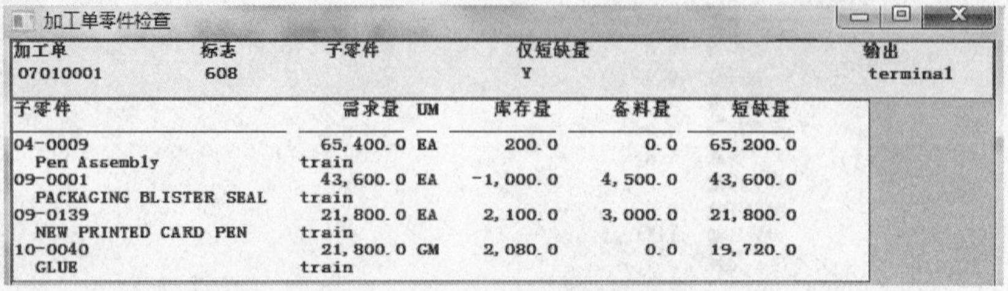

图4-44 "加工单零件检查"界面

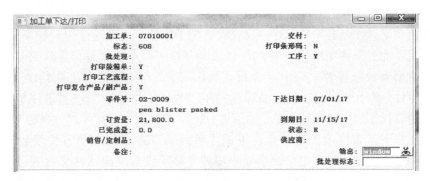

图 4-45 "加工单下达/打印"界面

图 4-46 执行"加工单下达/打印"后的输出结果

(六)加工单的零件发放

一旦加工单下达,就必须从库存中发放需要的子零件。这可通过用"加工单零件发放"事务处理完成。此过程将实际原料发放量扣减库存量,取消备料量。为减少输入过程操作量,可将"领料发放"置为"YES",系统会默认明细备料的发放,见图4-47。某些时候可能会用替代零件。有此需求时,替代品应首先在"替代结构维护"或"零件替代维护"中设立。当一种替代零件发放给加工单,对原零件的需求会减少。在处理一张加工单时,备料数量是由加工单下达来决定,此时允许发放零件。通过在"加工单零件发放"事务中将"包括发放备料"设成"Y",也可快速发放零件。该项设置能确认已发放或已备料的数量已包括在待发放的数量中。当该加工单领料单打印出来时,已领料数量标志会复位,反映已备料的数量。

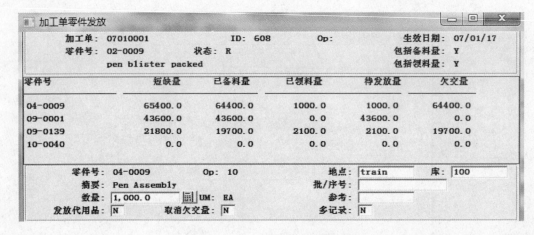

图4-47 "加工单零件发放"界面

(七)加工单的入库

加工单指示的加工任务在车间里完成后,成品必须送到仓库中去。"加工单入库"事务处理就是用来记录这项活动的,见图4-48。注意:实际转移不一定真正发生,但要记录下入库以表示加工单已完成。加工单的入库会导致两种情况发生:①根据入库数量增加库存;②根据入库数量减少未完成加工单数量。在加工单入库过程中,可通过置结束标志为"Y"

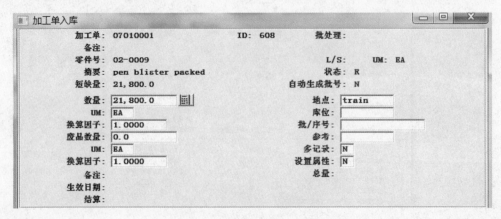

图4-48 "加工单入库"界面

来关闭加工单。一旦加工单被关闭,就不能对其发料和入库。关闭一张加工单并不会结清在制品余额,这个过程要用"加工单会计结算"来完成。加工单入库的数量被分配到已输入的库位中。次品的数量会记录到废品账户中,并且不会计入库存。加工单一旦入库就不能修改或直接删除。一种纠正方法是输入负的数量来抵消不正确事务处理的影响。

当零件供应给一张加工单时,系统自动从其当前库存余额中减去相应数量。在某些过程中,不经过发放事务处理,物料也可实际转入加工单,此时就要使用"加工单入库回冲"功能。这两种事务处理的不同之处主要在于库存余额被更新的时间。选择回冲会导致系统根据已入库父件数量来分解父件产品结构,从而计算出已使用的标准的子件数量,即用倒冲入库,原材料库存量减少是发生在成品入库时,而不是实际发料时刻。

(八) 加工单的会计结算

关闭一项加工单并没有结清在制品或结算未完成工序。为了结算这些,就要进行加工单会计结算,见图4-49。这需要定期进行,至少每个月末将已完成的加工单进行会计结算。会计结算将在总账的在制品账户中调节所有加工单余额。已完成零件的总账成本和零部件的总标准物料、人工、附加费及转包成本之间的差异,要过账到加工单差异账户。当使用成本不同于标准成本时,要过账费率差异。例如当标准转包成本是10元而采购单成本为12元,则转包费率差异为2元。在此,物料转包的价差也将计算。若使用了工资模块或"实际工资率维护",还会计算人工价差。当使用数量不同于标准成本时,使用差异就要过账。例如若某道工序应花5h完成但实际花6h才完成,则要过账1h的人工使用差异。加工单差异被过账后,在制品余额就不能改变。所有车间库存量在结算期间都要过账,同时所有的剩余差异也要过账到相应差异账户。一旦会计结算完成,就要删除加工单或将其存在历史文件中。

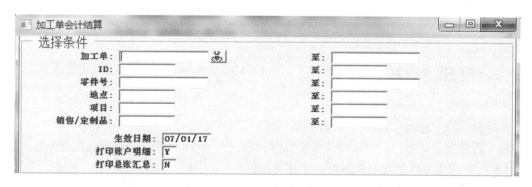

图4-49 "加工单会计结算"界面

(九) 加工单的成本报表

加工单成本报表跟踪一张加工单上的零件和工序成本、在制品成本和已完成加工单的物料及人工事务处理。加工单成本报表能反映出加工单数量、成品数量和次品数量、加工单日期和加工单物料清单,以及详细的工艺路线,见图4-50。物料清单上每个零件的应计成本和每个工艺流程的零部件会显示出来。此外,加工单在制品成本报表可显示加工单的物料成本、人工成本、附加费和转包成本。未完成数量、已完成数量、完成部分的平均在制品成本等都会在这里显示或计算。最后,要计算已完成成本和在制品成本。

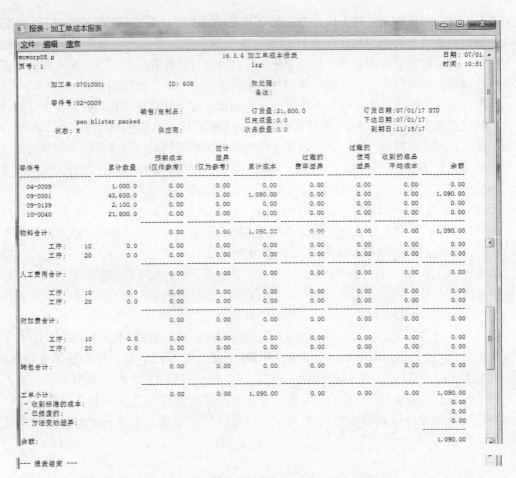

图 4-50 "报表—加工单成本报表"输出界面

二、车间作业控制

车间作业控制(Shop Floor Control,SFC)是管理者对生产作业按计划、调度、控制和评估等进行管理。它与采购作业管理同属计划执行层次。SFC 主要是针对离散机群生产方式的控制,若含重复式生产,则统称为生产作业控制(Production Activity Control,PAC)。

(一)车间作业计划的编制原则、流程与目标

SFC 的信息来源是 MRP、加工中心文件和工艺路线文件,其关键在于根据以上信息编制车间作业计划。车间作业计划的编制有两个原则:①根据是否考虑实际能力的限制,可采用无限负荷计划(Infinite Loading)或有限负荷计划(Finite Loading)两种方法。②根据排序时间的方向,可采用顺排法与倒排法。顺排法又称前向排序(Forward Scheduling),能得出订单能完工的最早日期。倒排法又称后向排序(Backward Scheduling),能得出为满足交货期要求,一个作业必须开始的最晚时间,即从未来某个日期约定的交货日期开始,按从后向前的顺序对所需作业进行排序。参考以上原则,MRPⅡ系统可类似看成无限负荷、后向排序的例子。即首先由后向前排序求得物料需求的优先级计划 MRP,再运用无限负荷计划方法求解 CRP。注意:CRP 不能直接提供超/欠负荷的解决方案。要处理能力与负荷的矛盾,

需要依靠计划人员的分析与判断，依靠计划人员对系统的熟练应用。有限顺排计划（Finite Forward Scheduling）是在考虑能力限制下向前排负荷，由于这种方法全由计算机自动编排，人的能动作用降低了，所以应注意它的适用范围和条件。对超负荷，可先调整能力（如加班），再用调整后的可用能力进行顺排。

车间作业计划编制流程依次为：作业分配→作业排序→作业调度→作业监控。编制车间作业计划的目的有：①满足交货日期要求，即提高准时完工的百分比；②减少加班时间；③极小化提前期、准备时间或成本；④极小化/降低在制品库存；⑤极大化/提高工人和设备的利用率（此目标有争议）。

（二）作业分配（工作中心的负荷控制）

将作业分配到工作中心称为车间负荷分配，它决定了工作中心收到的作业。当几个工作中心都有能力执行同一作业且多个作业需加工时，负荷分配就比较困难，这时需要依据成本、对人员的技术要求或处理时间等，确定恰当的工作中心接受作业。无限负荷分配和有限负荷分配是典型的负荷分配方法，后者须依据某些准则确定作业优先权。三种作业分配方法如下。

1. 加权法

若多个工作中心都能完成同一作业但成本或时间不同，计划人员必须决定如何安排大量作业以达到生产成本较低或处理时间较短的要求。加权法总是首先将作业分配到对成本或时间指标而言最理想的工作中心去。当因能力限制不允许做此分配时，再将此作业分配到次理想工作中心，见表4-18。用加权法分配作业后可做人工调整以求改进。它是一种既快速、代价又不高的解决负荷分配的启发式近似优化方法。

表4-18 加权法作业分配示例

作业	WC1		WC2		WC3	
	工 时 数	加 权 值	工 时 数	加 权 值	工 时 数	加 权 值
10C	(100)	100/100 = 1.00	150	150/100 = 1.5	125	125/100 = 1.25
20A	200	200/100 = 2.00	(100)	100/100 = 1.0	220	220/100 = 2.20
30G	25	25/20 = 1.25	50	50/20 = 2.5	(20)	20/20 = 1.00
40B	(40)	40/30 = 1.33	30	30/30 = 1.0	——	——
50E	60	60/50 = 1.20	50	50/50 = 1.0	(70)	70/50 = 1.40
计划	140		100		90	
可用	160		110		150	

2. 图表法

图表法种类繁多，有图形或列表，可手工也可信息化。在监控设备的实际负荷方面，图表法可计算各工作中心的剩余能力。但在多个工作中心都能完成同一个作业而需决定将作业安排到哪个工作中心时，图表法作用不大。

3. 线性规划法

如果作业分配的已知条件等符合线性规划的要求，那么可以运用线性规划程序求得作业分配的最优方案，详情参见运筹学教材。

(三) 作业排序（工作中心上各作业的优先权控制）

作业排序常常又称为工作分派，一旦作业被分配到工作中心后，随后的任务是排列作业的执行次序。这属于作业的优先权控制。一个加工车间是一个由作业等待行列组成的网络，相互竞争有限的资源。在等待行列里，各作业相对紧急程度不断变化。作业排序中主要考虑的对象是 N 个作业经过 M 个机床的加工。随着作业和机床的增加，作业排序变得更加冗长和复杂。从理论上讲，排序问题的难度随机床数量的增加而增大。

作业排序的常用方法有以下四种：①图表法，如甘特图，只是记录，无助于优化决策；②优先权法则，如先到先服务（First Come First Service，FCFS）和最小松弛时间法，主要是启发式方法；③最优化方法，如对 $n/2$ 决策问题的约翰逊规则；④模拟仿真法，也称为高级生产排程，主要针对 n/m 决策问题，因为有多达 $(n!)^m$ 个备选排序方案，故大多用人工智能。

(四) 作业调度（作业的修改与分发）

对已排序作业安排生产，称为调度（Dispatch）。由于加工车间的实际情况不断变化，计划可能很快就不切实际了，于是多作业的优先权随着时间的推移和作业之间相互关系的变化而必须加以修正。在生产控制系统中，重新计划和安排进度是很普遍的，所以负荷分配和作业排序必须灵活，能随情况变化而加以修正。调度单是一种面向工作中心说明加工优先级的文件，说明工作中心在一个时期内要完成的生产任务，还说明哪些工作已到达或正排队等，见图 4-51。通过调度单，车间调度员和工作中心操作员对目前和将到达的任务一目了然，如果能力上有问题也容易及早发现并采取补救措施。

工作中心：8513　　名称：车床　　日期：05/05/17 至 05/05/17

料号	物料名称	加工单号	数量 需用	数量 完成	工序	日期 开始	日期 完成	订单	剩余时间 准备	剩余时间 加工	上工序 WC	下工序 WC
正加工的工件												
831	D	087	20	16	20	0504	0504	0506		1.0	1028	8601
501	C	098	50		20	0504	0506	0509	0.2	15.0	1028	8603
已到达的工件												
888	F	120	40		40	0506	0507	0512	0.2	10.0	8420	入库
877	G	376	20		30	0507	0507	0513	0.1	5.0	8510	8523
将到达的工件												
500	M	501	25		15	0510	0511	0530	0.1	8.0	7100	8200

图 4-51　调度单的典型格式

(五) 作业监控

作业监控是在作业进行过程中，检查其状态和控制其速度，如加快为期已晚的作业和关键作业。作业监控的工具有甘特图、输入/输出控制报告、日常调度单，以及各种状态和例外报告（如作业总结报告、预计延期报告、废品报告、返工报告等）。

1. 甘特图

甘特图是一种按时间绘制任务的横道图，它不仅用于协调已计划好的活动，还用于项目计划的制订。

2. 输入/输出报表

输入/输出报表（Input/Output Report，I/O）是控制能力计划执行的方法，或者说是一种衡量能力执行情况的方法，见图4-52。它也可用来计划和控制排队时间，是一种需要逐日分析的控制方法。

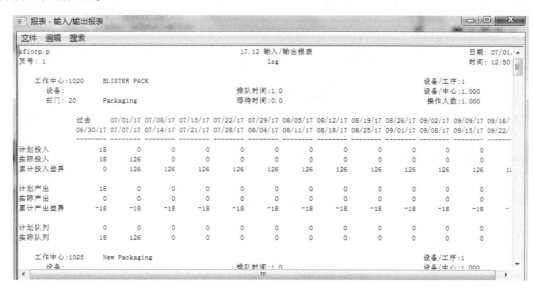

图4-52 "报表-输入/输出"界面

计划投入需考虑工作中心真实可用能力，并使高峰/低谷负荷趋于平缓。实际投入来自加工单或派工单，在处理加工件送工作中心的移动事务时，把实际投入信息加给该工作中心。计划产出一般是工作中心可用能力产出率。实际产出是在处理工序完成事务时得到的信息。

分析输入/输出报表（投入/产出报表）时，首先分析产出，通过对比来分析工作中心是否执行了能力计划。例如，实际产出小于实际投入，而实际投入又与计划投入相当，说明该工作中心在执行能力计划上存在问题，或是设定的工作中心能力偏大，或是以"工时/件"表示的工时定额偏小。这对于瓶颈工序来讲尤为重要。投入/产出报表不仅可分析本工作中心的能力状态，还可分析上道工序工作中心能力。例如，当实际投入小于计划投入时，可能是上道工序能力不足，不能按计划提供下道工序的投入量。如果用 I_p 和 I_a 表示计划投入和实际投入，O_p 和 O_a 表示计划产出和实际产出，通过对比可分析存在的问题，见表4-19。

表4-19 输入/输出分析

结果	$I_p > I_a$	$I_p = I_a$	$I_p < I_a$	$I_a > O_a$	$I_a = O_a$	$I_a < O_a$	$O_p > O_a$	$O_p = O_a$	$O_p < O_a$
说明的问题	加工件推迟到达	加工件按计划到达	加工件提前到达	在制品增加	在制品维持不变	在制品减少	工作中心落后于计划	工作中心按计划进行	工作中心超前计划

投入/产出报表还可以用来分析物料流动和排队状况。排队时间相当于已下达订单但尚未完成的"拖欠量"，并不意味着一定是拖期。排队时间的变化可用式（4-1）表示。

$$时段末的排队时间 = 时段初的排队时间 - 产出量 + 投入量 \qquad (4-1)$$

如果要减少排队时间，就必须使产出量大于投入量。永远不要投入超过该工作中心可用能力的工作量。当拖欠量增大时，不加分析地用延长提前期（放宽工时定额）的办法，过早地下达过多的订单、增加投入，只会增加排队时间，积压更多的在制品，人为地破坏优先级，从而造成更多的拖欠量，形成恶性循环。由于能力问题造成的拖欠量只能从能力入手解决，即加大/加快产出。当某工作中心发生作业积压时，减少该瓶颈工作中心的输入是生产顾问通常推荐的解决方案的第一步，当然也可以努力提高瓶颈部位的生产能力。其他作业监控的详细内容可阅读更专业的生产运作书籍。

思 考 题

1. 阐述材料主文件（IM）中虚零件与BOM中虚子件的异同。
2. 阐述材料主文件（IM）中设置"物料单/配料"属性的用途与意义。
3. 阐述BOM中"结构类型"属性的几种类型及其对应的内涵。
4. 阐释ERP与有限顺排计划的差异。
5. 简述加工单的处理周期及其相应的状态代码。

习 题

1. 请运用加权法将表4-20中的作业分配到合适的工作中心。

表4-20 加权法作业分配

作业	工作中心					
	WC1		WC2		WC3	
	工时	加权值	工时	加权值	工时	加权值
ZY1	100		130		125	
ZY2	110		100		120	
ZY3	35		40		40	
ZY4	40		35		30	
ZY5	60		50		70	
ZY6	50		60		70	
计划工时汇总						
可用工时	150		150		150	

2. 计算并分析表4-21的输入/输出报表。

表4-21 工作中心WC1的输入/输出报表（单位：h；能力：16h/日；允许偏差：+3h）

时段（日）	当期	1	2	3	4	5
计划投入		16	16	16	16	16
实际投入		15	15	16	17	15
累计偏差						
计划产出		17	17	17	17	17
实际产出		17	15	18	16	18
累计偏差						
计划队列		34	33	32	31	30
实际队列	35					

3. 双阶 MPS 案例：考虑桑塔纳系列汽车 STNXX，其发动机有 FDJA、FDJB 和 FDJC 三种选择，顾客选择的大致比例为 50%、30% 和 20%。轮胎（每车四个）有 JINHU、CHAOYANG 和 GOODYI 三种选择，顾客选择大致比例为 40%、30% 和 30%，其他部件都假定为共享部件 COM。请据此编写全部的超材料表、模块材料表、选用材料表及仅与 JINHU 相关的制造材料表（已依上述发动机顺序定义相关最终产品为 STN01、STN02 和 STN03）并填入表 4-22 ~ 表 4-24。现已知与 JINHU 轮胎相关部分的产品订单数据（见表 4-25）和产品群 STNXX 的 MPS 报表结果（见表 4-26）。注意：表 4-25 中第 1 周各产品订单的生产正在执行中，无须再由计划考虑。请计算 JINHU 的预测和订单数据并填入表 4-27。假设 JINHU 的 DTF 和 PTF 分为第 3、7 周（末），请计算其 MPS 报表并填入表 4-28。注意：此处未用 FPO 技术并要求有 ATP 计算过程。

表 4-22　计划材料表（不包括共享件材料表）

结构代码							
子零件							
单位用量							
预测							
结构类型							

表 4-23　选用材料表

结构代码							
特性							
必备							
子零件							
单位用量							
结构类型							
预测							

表 4-24　制造材料表

结构代码							
子件件号							
参考							
单位用量							
结构类型							

表 4-25　仅与 JINHU 相关的产品订单数据　（单位：辆）

期别	0	1	2	3	4	5	6	7	8	9	10
STN01	0	50	45	42	40	35	25	15	10	5	1
STN02	0	30	27	24	22	16	12	7	4	2	0
STN03	0	20	18	16	14	10	8	5	3	1	0

表4-26 产品群 STNXX 的 MPS 报表(DTF=3,PTF=7)

STNXX(LT=1)	OH=	50	SS=	30	LSR=	FOQ	LS=	10	AL=	0	
期别	0	1	2	3	4	5	6	7	8	9	10
GR	0	300	280	280	260	250	220	200	220	240	250
SR	0	300									
POH		50	−230	−250	−230	−220	−190	−170	−190	−210	−220
PAB		50	30	30	30	30	30	30	30	30	30
NR		0	260	280	260	250	220	200	220	240	250
PORC		0	260	280	260	250	220	200	220	240	250
POR	0	260	280	260	250	220	200	220	240	250	0
MPS	X	300	260	280	260	250	220	200	220	240	250
订单	0	300	280	280	260	200	150	110	70	30	5
ATP	X	30	0	0	0	50	70	90	150	210	245

表4-27 JINHU 的预测和订单数据 (单位:个)

来源	0	1	2	3	4	5	6	7	8	9	10
预测	0										
订单	0										

表4-28 JINHU 的 MPS 报表(DTF=3,PTF=7)

JINHU(LT=1)	OH=	200	SS=	20	LSR=	FOQ	LS=	400	AL=	0	
期别	0	1	2	3	4	5	6	7	8	9	10
GR	0										
SR	0	400	0	0	0	0	0	0	0	0	0
POH	X										
PAB	X										
NR	X										
PORC	X										
POR											
MPS	X										
ATP	X										

第五章
企业资源计划（ERP）

本章要点：
- 企业资源计划 ERP 的销售管理。
- 企业资源计划 ERP 的采购管理。
- 企业资源计划 ERP 的库存管理
- 企业资源计划 ERP 的财务管理。

第一节 企业资源计划的销售管理

销售管理涉及所有创造企业利润的相关工作，是驱动整个企业运作的根源所在，因此，销售管理是企业一个重要管理环节，其核心功能包括预测管理、产品类计划与资源需求规划、订单管理。

一、预测管理

市场预测通常是对过去和现在的销售数据进行分析，同时结合市场调查的统计结果，对未来产品销售的市场情况及发展趋势做出推测，用以指导今后的销售活动和企业生产活动。

（一）预测的分类与步骤

按所涉期间长短可将预测分为三类。①长期预测：用于工厂扩展与添置新机器设备，以便提前 5 年或更早地去计划资本投资。②中期预测：用于长提前期物料的购买或作业的计划，提前 1~2 年考虑季节性或周期性产品。③短期预测：用于为采购件或自制件确定恰当的订货量与订货时机，计划恰当的制造能力，并考虑提前 3~6 个月平整工作负荷是否值得。有的预测还包括近期预测，用于每周或每日的装配进度与成品库存的分配。

预测经常包含以下五个主要步骤：①明确预测目的；②准备数据；③选择预测方法；④做出预测（包括估计的预测误差）；⑤跟踪预测，修正与调整预测。

（二）预测方法

1. 判断预测

判断预测，常为销售专家和/或销售人员所做的预测或预报，见图 5-1。

企业资源计划（ERP）

周	预测	周	预测	周	预测	周	预测
01/02/17	0	04/03/17	0	07/03/17	2,000	10/02/17	2,500
01/09/17	0	04/10/17	0	07/10/17	2,200	10/09/17	2,700
01/16/17	0	04/17/17	0	07/17/17	2,000	10/16/17	2,800
01/23/17	0	04/24/17	0	07/24/17	1,800	10/23/17	3,000
01/30/17	0	05/01/17	0	07/31/17	1,600	10/30/17	3,200
02/06/17	0	05/08/17	0	08/07/17	1,600	11/06/17	3,200
02/13/17	0	05/15/17	0	08/14/17	1,700	11/13/17	3,300
02/20/17	0	05/22/17	0	08/21/17	1,800	11/20/17	3,300
02/27/17	0	05/29/17	0	08/28/17	2,000	11/27/17	3,500
03/06/17	0	06/05/17	0	09/04/17	2,100	12/04/17	3,300
03/13/17	0	06/12/17	0	09/11/17	2,200	12/11/17	3,300
03/20/17	0	06/19/17	0	09/18/17	2,300	12/18/17	3,200
03/27/17	0	06/26/17	0	09/25/17	2,400	12/25/17	3,600
合计	0	合计	0	合计	25,700	合计	40,900

图 5-1 "预测维护"界面

2. 统计预测

统计方法是根据产品自身的需求史去做未来销售的预测（使用内生因素，诸如平均值或历史趋势），或根据多元相关分析（使用外生因素，诸如 GDP、新住宅建筑数、汽油消耗等）去预测并非与这些活动直接关联的产品的销售。趋势外推是最简单的预测方法之一。长期趋势线可以帮助实现稳定的预测，而不致对短期事件做出过度的反应。这类常用的方法包括移动平均法、加权移动平均法、指数平滑法、最小二乘法等，见图 5-2。

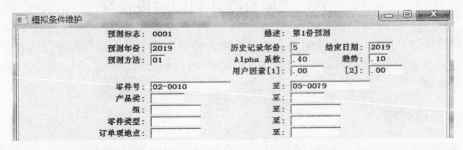

图 5-2 与趋势外推预测相关的"模拟条件维护"界面

季节性变动是指经济变量每年的定期变动，如与气候或节假日有关的某些经济量（如羽绒服销量）的变化。其维护和结果见图 5-3 和图 5-4。例如，如果需要在 10 月 1 日有另外的 600 件可供货量，可在前三个月以每月 200 件速度制造出来，相关季节性制造预测量可输入：7 月 31 日 200 件、8 月 31 日 400 件、9 月 30 日 600 件、10 月 1 日 0 件。这时 MRP 只计划制造每个月的增量数（即 200 件）。

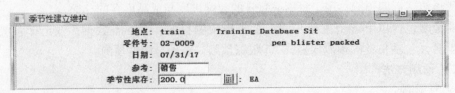

图 5-3 与季节性预测相关的"季节性建立维护"界面

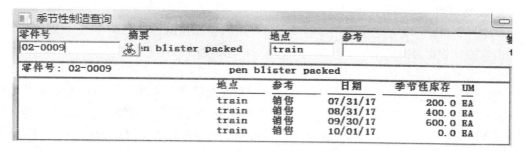

图 5-4 "季节性制造查询"结果界面

预测时考虑趋势与季节性因素后,还有无法预测的随机性。但随机性范围可表达为一个误差百分数,使得预测需求的极大值与极小值可由平均值来确定。若随机因素大,生产计划与个别产品的订货点需包括足够大的安全库存量。反之,随机性小时较小安全库存量也够了。人工神经网络、小波分析、模拟与仿真方法等智能预测法,可很好地应对随机性强的预测问题。

(三)预测的类型

按照预测业务量的多少,可以将预测分为以下三种类型:

1. 总业务量的预测

要使详细的产品或其组合的预测有用,首先需对公司总业务量做预测。这类预测有许多方法,其中之一是以使用一个领先指标的时间序列为基础。如新住宅建筑动工数等信息会定期公布,统计局与民间研究机构也定期公布许多经济序列数据,它们可成为预测各种需求的基础。即使找不到一个领先指标的时间序列,往往也可找到相关序列,例如某公司的销售量与其活动在时间上是重合的甚至是滞后的,可以根据活动来预测销售量。

2. 大类产品的预测

总业务量预测必须分解为更细的产品分类预测,对市场营销与生产才有重要意义。产品分类预测的重要目的是给确定生产水平提供参考,"产品类计划维护"界面见图 5-5。

月份	发货预测	订单预测	欠交量	成本预测	生产预测	库存预测	毛利%
			0.0			1,000.0	
一月:	200.0	500.0	300.0	60.0	500.0	1,440.0	70.0
二月:	300.0	1,000.0	1,000.0	90.0	500.0	1,850.0	70.0
三月:	1,000.0	1,500.0	1,500.0	300.0	500.0	2,050.0	70.0
四月:	1,500.0	2,000.0	2,000.0	450.0	500.0	2,100.0	70.0
五月:	2,000.0	3,000.0	3,000.0	600.0	500.0	2,000.0	70.0
六月:	2,000.0	3,500.0	4,500.0	600.0	500.0	1,900.0	70.0
七月:	3,000.0	4,000.0	5,500.0	900.0	500.0	1,500.0	70.0
八月:	3,000.0	4,000.0	6,500.0	900.0	500.0	1,100.0	70.0
九月:	2,500.0	4,000.0	8,000.0	750.0	500.0	850.0	70.0
十月:	2,000.0	3,000.0	9,000.0	600.0	500.0	750.0	70.0
十一月:	1,500.0	1,000.0	8,500.0	450.0	500.0	800.0	70.0
十二月:	1,000.0	500.0	8,000.0	300.0	400.0	900.0	70.0
合计:	20,000.0	28,000.0		6,000.0	5,900.0		70.0

图 5-5 "产品类计划维护"界面

3. 物品预测

确定订货点、订货量与主生产计划日程都要用到物品预测,见图5-1。它最好使用简单的、内生的(根据自身需求历史)统计方法。每一类产品中各单个物品预测之和应等于为计划生产水平而准备好的分类预测。但通常需经过调整才能使二者相等。

成功使用统计预测的关键是选择适于被测物品需求模式的方法。这些模式分为四大类,见表5-1。水平的需求代表有稳定需求的成熟产品;间歇的需求代表处于生命周期早期或晚期的低需求量物品,以及大多数的维修零件;趋势性的需求显示较为稳定的增长或下降;而季节性的需求品每年要经历高峰与低谷。此外,还有正规的周期性需求和长于一年的周期需求等。

表 5-1 不同模式的需求

模 式	月 份											
	一	二	三	四	五	六	七	八	九	十	十一	十二
水平的需求	45	55	35	55	60	40	65	50	45	60	40	50
间歇的需求	6	0	5	0	0	7	3	0	1	4	0	2
趋势性的需求	10	15	20	15	20	30	25	25	30	35	30	40
季节性的需求	65	60	50	40	25	30	35	50	60	70	75	70

4. 特殊预测

为促销产品与新产品做预测比为稳定物品做预测要困难得多,大多需要借助于某种类型的市场调查,以便在大规模投产前先确定产品的可接受性。

二、产品类计划与资源需求规划

(一) 产品类计划

产品类计划对应第三章所讲的生产规划(PP)。企业每年都需为下一年度建立发货、订单和生产的预测,产品类计划允许用户把来源不同的计划分别在系统的不同地方输入,并对它们的相互关系进行调整。在订单、发货和生产之间的联系有助于监控企业的毛利、库存量及订单欠交量。对于图5-5的产品类计划维护,鉴于财务报表和预算通常按产品类划分,为保证单位一致,所有的产品类计划均以本国货币或千美元为单位,标明年度内每月该产品类占用的金额值。通常由三个管理部门提供输入的信息:①销售部门提供客户订单预测并建立欠交量目标;②执行部门提供发运/货和成本预测的预算;③生产部门提供生产和库存预测。随后,需综合平衡产品类计划,但平衡标准各不相同,取决于制造种类、制造者的当前余额及产品类计划的目标和限制,其目标通常根据销售、欠交量、生产、库存和毛利而定。注意:计划被分为收入和成本两部分,收入部分的发货预测、订单预测和欠交量预测以销售价计价;成本部分的成本预测、生产预测和库存预测以成本计价。计划员必须通过协调发货和成本预测来平衡全部计划以尽可能获得最佳毛利指标。而一旦已实现了收入和成本的平衡,将容易对两部分内部的预测进行平衡。企业既可调整订单预测和发货预测以平衡收入,也可调整成本预测和生产预测以平衡库存。一旦每个产品类的计划制定完毕,汇总后的计划将根据销售预测、订单预测、欠交量预测、发货预测、生产预测和库存预测情况而影响公司每年、每月的财务计划。一旦产品类计划已输入并达到平衡,那些输入各部分计划的部门管理人员还需回到各自预测界面，输入每月或每季的实际值，这将为未来的产品类计划提供一个越来越现实基础。

(二) 资源需求规划

与生产规划（PP）对应的资源需求规划（RRP）是一个全局性能力需求计划，它由产品类计划及每月生产预测来计算生产资源负荷，以保证有足够资源满足特定的生产。RRP主要是对关键资源进行检查，关键资源是指生产中必需的、一旦短缺则不能进行生产的资源，包括现金、人工、生产能力、特定物料等，其资源单位为元/美元、人时、工时、千克等。在"资源维护"模块中要输入资源名称或代码、生产地点、资源描述及计量单位，见图5-6。图中，每个资源第一个参考号应设定为工作日最基本、常用的资源数量，其开始和结束日可分别定为1月1日和12月31日；其他参考号可用于例外情况下的资源可用量的增或减。当系统计算生产预测所需的资源负荷时，会用该地点上的标准车间日历计算每月工作日，然后在基本资源量的基础上，考虑其他参考行上加上或减去的资源量后确定该月总资源能力。

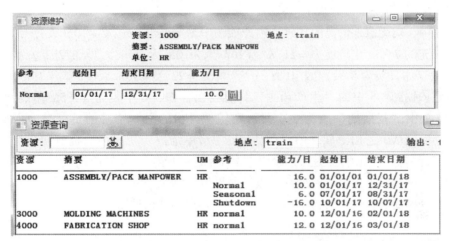

图5-6 "资源维护"界面及其查询结果

每个资源随着来自产品类计划的生产预测被调用。为按同一单位进行处理，系统需确定一个转换因子以实现货币单位向资源单位的换算，即确定生产1单位（货币）的产品类计划需要多少资源。该换算因子为图5-7中"单位产品用量"字段的值。如生产1000美元的产品需投入0.02小时的人工，则0.02就是人工资源的换算因子。"资源提前期"表明需要该资源所持续的月份数，用它来除所需资源量便是单位周期（即每月）的需求量。

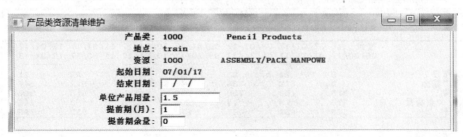

图5-7 "产品类资源清单维护"界面

如果正确地设置了车间日历，并且已输入了所有资源及其换算信息，那么就可用 RRP 计算产品类资源负荷，通过汇总查询查看特定产品类计划及对资源的负荷情况，见图 5-8。该产品类资源负荷汇总中，能力减去负荷，其差值为正表明能力欠载，为负则表明能力过载。

产品类资源负荷量汇总查询

地点	资源	起始日	结束日	月份数/列
train	1000	07/01/17		1

	过去 06/30/17	07/01/17 07/31/17	08/01/17 08/31/17	09/01/17 09/30/17	10/01/17 10/31/17	11/01/17 11/30/17	12/01/17 12/31/17
工作日	0	21	23	21	22	22	21
生产能力	0	672	736	546	492	572	546
负荷	0	750	750	750	750	750	600
超/欠负荷量	0	-78	-14	-204	-258	-178	-54
累计	0	-78	-92	-296	-554	-732	-786

图 5-8 “产品类资源负荷量汇总查询”结果示例

图 5-8 中，对无意外情况的 9 月，生产能力 = 21 天 ×（16h/天 + 10h/天）= 546h；对有季节能力补充的 7 月，生产能力 = 21 天 ×（16h/天 + 10h/天 + 6h/天）= 672h；对有一周检修设备（去除双休日实为 5 天）的 10 月，生产能力 = 22 天 × 16h/天 − 5 天 × 16h/天 = 492h。负荷量则是依据图 5-5 中的“生产预测”计算得出，如 500 千美元 × 1.5h/千美元 = 750h。如果将图 5-7 中“提前期”改为 2 个月，则均摊得出的另一个月的负荷是向前提的，见图 5-9。注意：QAD 之 ERP 软件中“产品类资源清单维护”功能中“提前期余量”正负的影响方向正好与其 BOM 中“提前期余量”的影响方向相反，“提前期余量”（单位为月）为正表明生产开始前需用该资源的月份数；如果生产结束后才需要该资源，则月数为负值。将图 5-9 中“提前期余量”改为“−1”，则往后延迟的结果见图 5-10。

产品类资源清单维护

产品类： 1000 Pencil Products
地点： train
资源： 1000 ASSEMBLY/PACK MANPOWE
起始日期： 07/01/17
结束日期： / /
单位产品用量： 1.5
提前期(月)： 2
提前期余量： 0

产品类资源负荷量汇总查询

地点	资源	起始日	结束日	月份数/列
train	1000	07/01/17		1

	过去 06/30/17	07/01/17 07/31/17	08/01/17 08/31/17	09/01/17 09/30/17	10/01/17 10/31/17	11/01/17 11/30/17	12/01/17 12/31/17
工作日	0	21	23	21	22	22	21
生产能力	0	672	736	546	492	572	546
负荷	375	750	750	750	750	675	300
超/欠负荷量	-375	-78	-14	-204	-258	-103	246
累计	-375	-453	-467	-671	-929	-1,032	-786

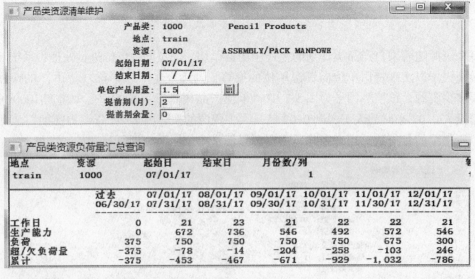

图 5-9 “提前期”调整为 2 个月后的“产品类资源负荷量汇总查询”结果

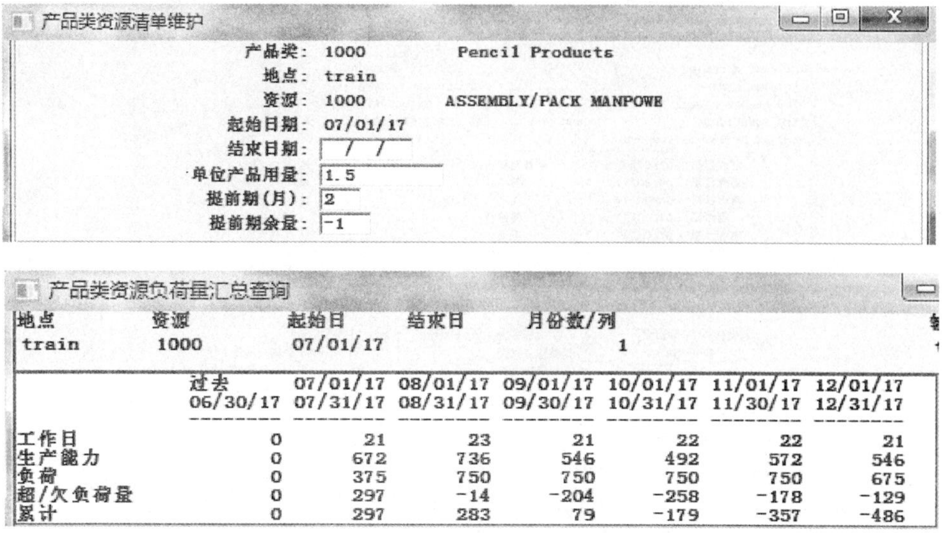

产品类资源清单维护

产品类：1000　Pencil Products
地点：train
资源：1000　ASSEMBLY/PACK MANPOWE
起始日期：07/01/17
结束日期：/ /
单位产品用量：1.5
提前期(月)：2
提前期余量：-1

产品类资源负荷量汇总查询

地点	资源	起始日	结束日	月份数/列
train	1000	07/01/17		1

	过去 06/30/17	07/01/17 07/31/17	08/01/17 08/31/17	09/01/17 09/30/17	10/01/17 10/31/17	11/01/17 11/30/17	12/01/17 12/31/17
工作日	0	21	23	21	22	22	21
生产能力	0	672	736	546	492	572	546
负荷	0	375	750	750	750	750	675
超/欠负荷量	0	297	-14	-204	-258	-178	-129
累计	0	297	283	79	-179	-357	-486

图 5-10　“提前期余量”设为“－1”后的“产品类资源负荷量汇总查询”结果

三、订单管理

（一）销售订单维护

销售订单是企业销售活动最重要的一环，是企业生产、销售发货和销售货款结算的依据。对销售订单的管理，是销售工作的核心。“客户订单维护”界面见图 5-11。

订单管理一般应包括以下一些内容：①产品报价：企业可根据销售计划和开拓市场需要，针对不同客户群制定相应的价格策略，以便建立长期稳定的销售渠道。②客户信用审核及查询：制造企业的销售一般是面对分销商或代理商的赊销模式，需对客户的信用额度进行核定，并在当应收款总量大于给客户的信用额度时不予交易。③产品库存查询：信用审核通过后需查询产品库存，确定可供货情况，以便决定何时发货或是否要延期或分批发货等。④交货期确认及交货处理。按销售订单的交货期（亦即图 5-11 中的“到期日”）组织生产、发货及安排相应事务。⑤订单输入、变更与跟踪。当信用、库存和报价均已得到确认后，就可与客户进行交易，签订订单，而订单输入后也可以修改或撤销，以及进行订单的跟踪分析。

（二）销售订单对预测的冲销

销售订单不断冲销预测，而这首先需要在“客户订单控制文件”中定义冲销规则，见图 5-12。

图 5-12 中的“消耗量预测”中的“向前消耗周期”和“往回消耗周期”分别是指如果在订单到期的当前周期中无剩余预测量时，这个客户订单可以消耗的未来预测周期数或可以消耗的过去预测周期数。注意：①只有已确认的客户订单才会消耗预测量；②先消耗邻近的往回周期、再消耗邻近的向前周期，再消耗次邻近的往回周期和向前周期，依次类推，直至所有周期被使用，若最后仍有未被冲销的订单则不再冲销；③净预测量不包含生产预测量。冲销案例见图 5-13。其中，第 46 周的 23000 个订单先冲销本周的 3300 个，再依次冲销第 45 周的 3200 个、第 47 周的 3300 个、第 44 周的 3200 个、第 48 周的 3500 个、第 43 周的 3000

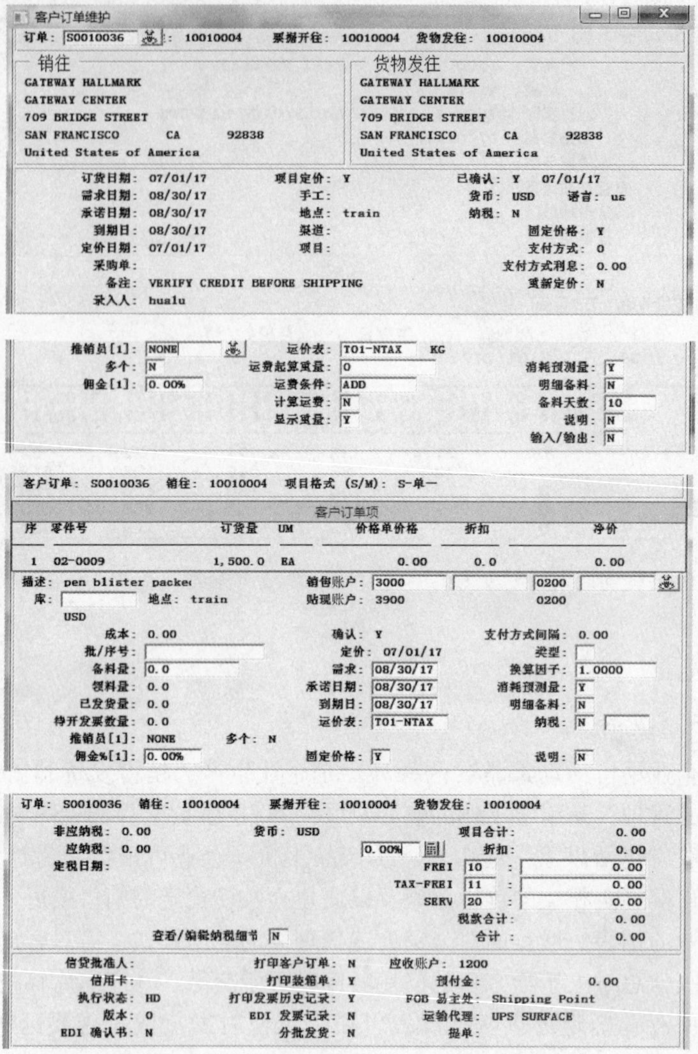

图 5-11 "客户订单维护"功能的连续运作界面

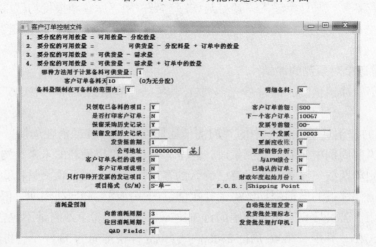

图 5-12 "客户订单控制文件"设置界面（节选）

个、第 49 周的 3300 个，剩余的 200 个冲销第 42 周预测 2800 个将导致该周净预测降至 2600 个。

```
预测查询
零件号: 02-0009        地点: train        起始日期: 10/02/17        输出: 1
pen blister packed

Wk  起始日      预测     销售量    非正常需求   生产预测   净预测
40  10/02/17   2,500      0          0           0       2,500
41  10/09/17   2,700      0          0           0       2,700
42  10/16/17   2,800      0          0           0       2,600
43  10/23/17   3,000      0          0           0           0
44  10/30/17   3,200      0          0           0           0
45  11/06/17   3,200      0          0           0           0
46  11/13/17   3,300   23,000        0           0           0
47  11/20/17   3,300      0          0           0           0
48  11/27/17   3,500      0          0           0           0
49  12/04/17   3,300      0          0           0           0
50  12/11/17   3,300      0          0           0       1,500
51  12/18/17   3,200   5,000         0           0           0
52  12/25/17   3,600   3,500         0           0         100

合计          40,900  31,500         0           0       9,400
```

图 5-13　订单冲销后的"预测查询"结果界面

众多 ERP 软件遵循共同的 MRP/MRPⅡ相关核心原理，进而在 MRP/MRPⅡ计划子系统中差异很小，但各种 ERP 软件在进销存子系统方面差异明显。这些差异体现了各 ERP 软件开发商不同的开发思路和管理业务信息化的不同能力，这也是各种 ERP 软件的核心区别。鉴于各种 ERP 软件在进销存子系统方面差异较大且都在不断进化，尤其为对接电商业务所做的转型发展，此处不再展开，有兴趣的读者可参考各类介绍某 ERP 最新版本软件操作流程的教程或软件使用手册。

第二节　企业资源计划的采购管理

采购管理是为支持企业生产和/或销售而购进原材料、部件甚至产品的相关工作，也是决定企业顺利运作的关键因素所在。对需要采购的物料来说，ERP 系统用采购管理子系统来管理，相关业务见图 5-14。同样，各种 ERP 软件在进销存子系统方面的差异明显，此处仅以 QAD 公司的 ERP 软件为例，简要讲解。

图 5-14　ERP 采购管理子系统的业务

一、请购单的维护与批准

一张请购单是一个采购需求信息，包含需求的物料、需求日、数量和申请人等。QAD 公司 ERP 软件中的请购单需在"采购申请维护"中输入，见图 5-15。如果请购单需要批准，则应将"采购单控制文件"中的"批准采购申请"字段置为"Y",并建立规则类的"采购批准维护",见图5-16。要完成"批准"事项,还需遵循规则做好"采购申请批准维护"操作,见图5-17。申请单一旦被批准,就可打印并被采购单引用,见图5-18。

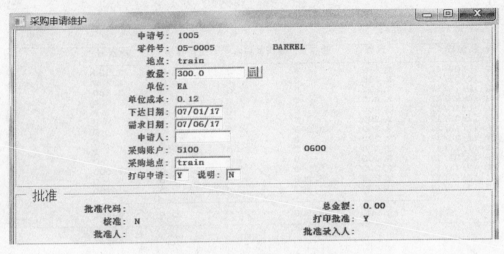

图 5-15 "采购申请维护"界面

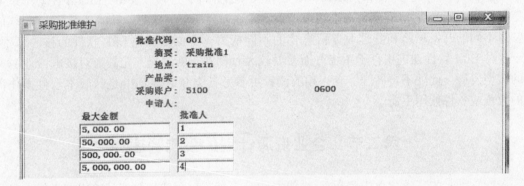

图 5-16 "采购批准维护"界面

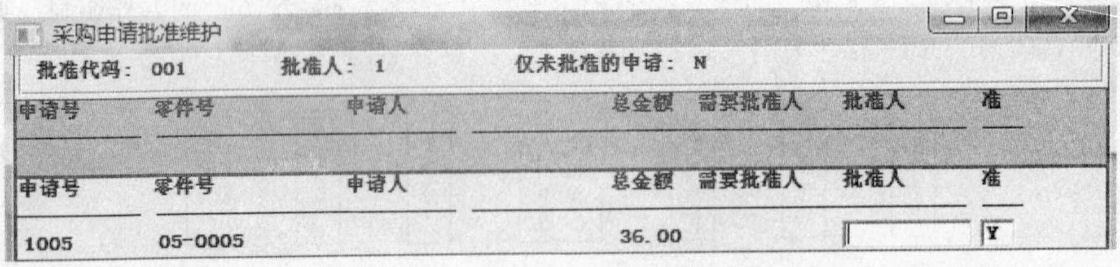

图 5-17 "采购申请批准维护"界面

采购申请也可来源于 MRP 采购物料的 PORC/POR,但必须人工确认,见图5-19。由此图上半部的批准条件可知:"计划采购单批准"在需要时也可应对自制零件的运作;而由此图下半部不可修改的"订货量""发布日期"和"到期日"看,这种源于 MRP 计划的采购物料 PORC/POR 已通过信息系统做好采购的控制。

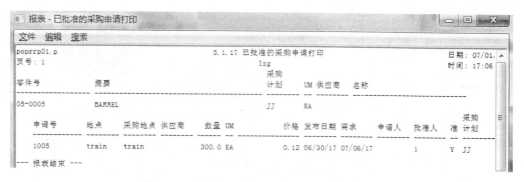

图 5-18 "报表-已批准的采购申请打印"界面

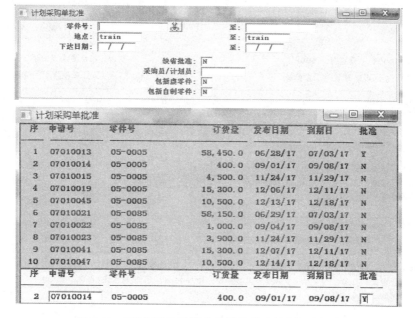

图 5-19 "计划采购单批准"的条件选择和批准操作

二、采购单的运作

(一) 采购单维护

采购单是与外部供应商之间的契约,约定在某个到期日以某个价格采购某数量的某产品,见图 5-20。与销售订单一样,采购单有三个部分:订单头,行零件和费用。对于某次向某个供应商采购多个零件的情况,需在"采购单维护"的后续界面中输入多行采购详细信息。图 5-20 中还将之前批准后的请购单信息也勾选出来了。

当然,在输入采购单前,必须在"供应商维护"中建立供应商信息,包含地址、账户、价格、支付方式、纳税信息等。此外,可能还需在"供应商零件维护"中维护供应商提供的零件信息及其价格,并允许将供应商提供的零件信息与公司内部零件相关联。最后,"采购单控制文件"控制采购单的默认值,包括:票据开往/货物发往、全部接收、需要的价格表、需要折扣对照表、要求确认、检验库位、发货单类型、容差百分比等,见图 5-21。

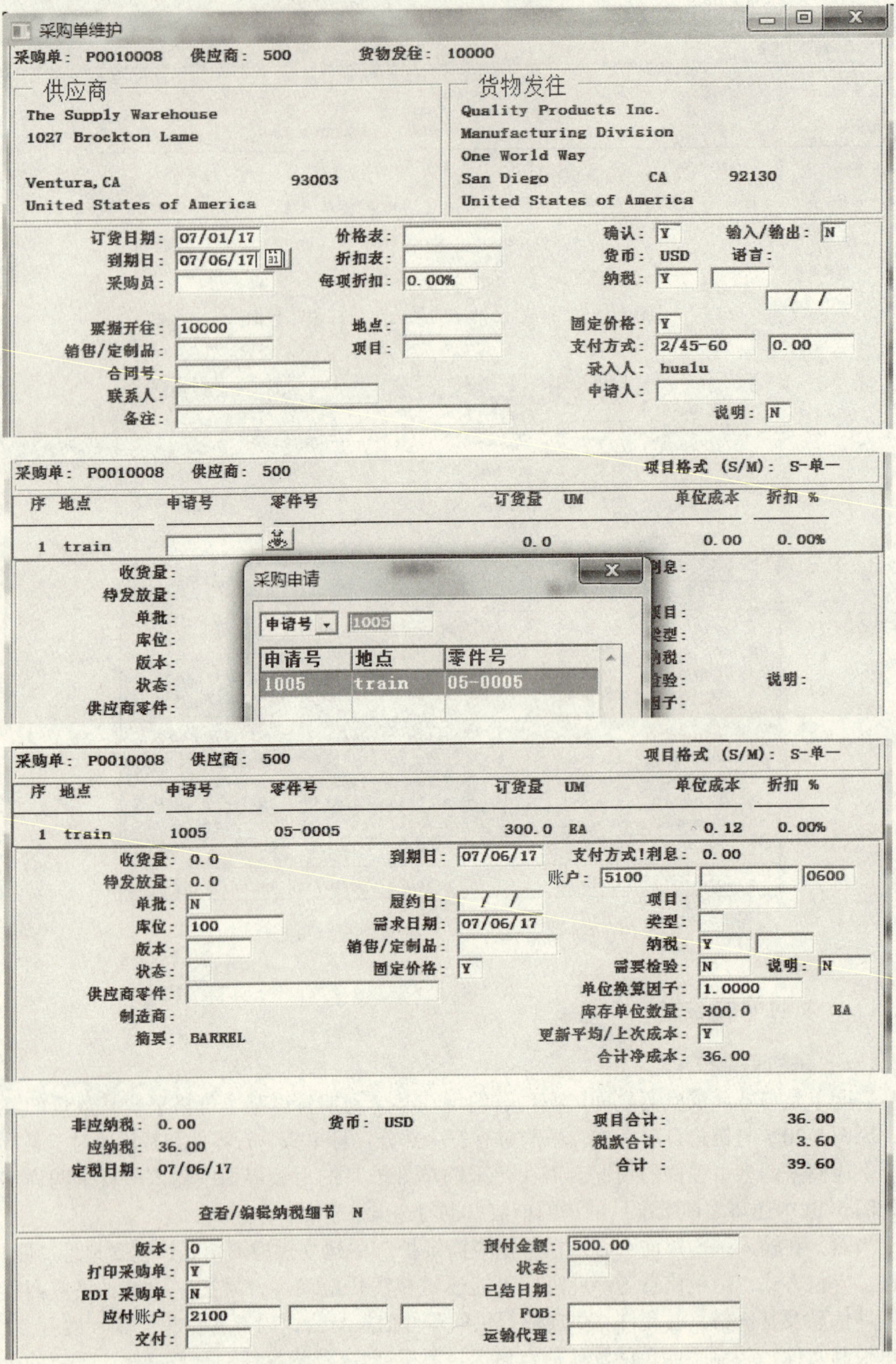

图 5-20 "采购单维护"的连续运作示例

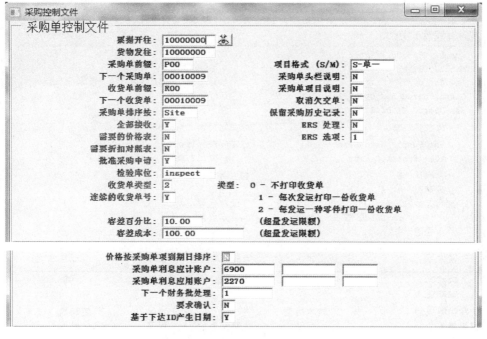

图 5-21 "采购控制文件"维护示例

(二) 采购单打印与发放

由于采购单是一个重要文件,它的复制必须受控制。在"采购单维护"的费用部分有一个采购单打印标志,默认值是"Y"。此时,可通过"采购单打印"打印采购单复印件,见图 5-22 和图 5-23。打印完毕后,经相关人员签字后发放。

(三) 采购单收货

"采购单收货"用来记录某供应商通过提交物料而全部或部分地完成了供货承诺的情况。相应地,库存零件来说自动地创建总账事务处理并更新库存余额。用"采购单收货"程序,可以一次全部接收订单的零件,也可接收部分发货,见图 5-24。其打印报表见图 5-25。

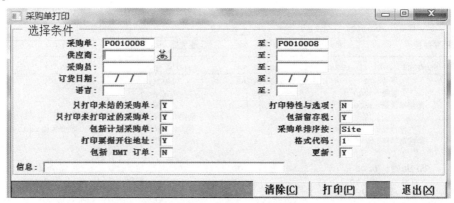

图 5-22 "采购单打印"的选择条件界面

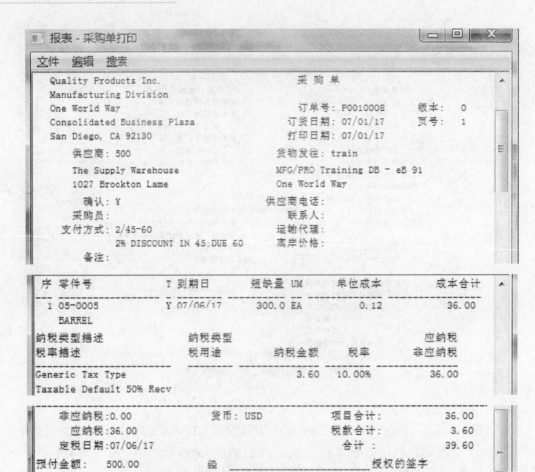

图 5-23 "报表-采购单打印"结果

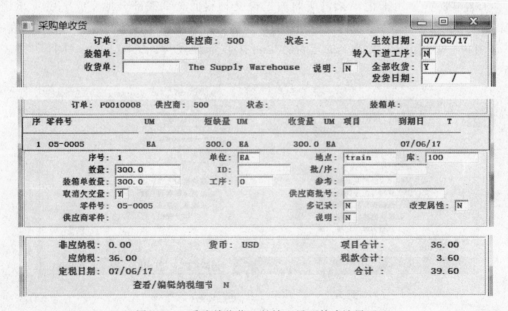

图 5-24 "采购单收货"的输入界面其确认界面

图 5-25 "报表-采购收货单打印"结果界面

(四)采购单退货

采购单退货表示用户将物料退回给供应商，其原因也许是因为供应商超量送货，或是零件不合格。用户可以根据任何未结的或已结的采购单进行退货的处理，退货量最多可等于收货量。如果用户想更换零件，可将零件更换单输入采购单维护，或者增加未结采购单上的零件数量。退货将生成收货历史记录，以便与应付账中的供应商发票进行对照。退货还会影响供应商履行合同情况报表。采购单退换货运作参见图 5-26 ~ 图 5-29。因对于收货单类型为 2 的收货，其单号由系统设置，故图 5-26 中关键"退货号"需先置空并在图 5-28 完成界面自动生成。

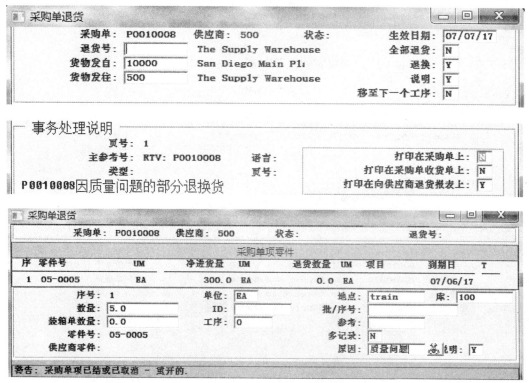

图 5-26 "采购单退货"主处理流程的连续运作界面

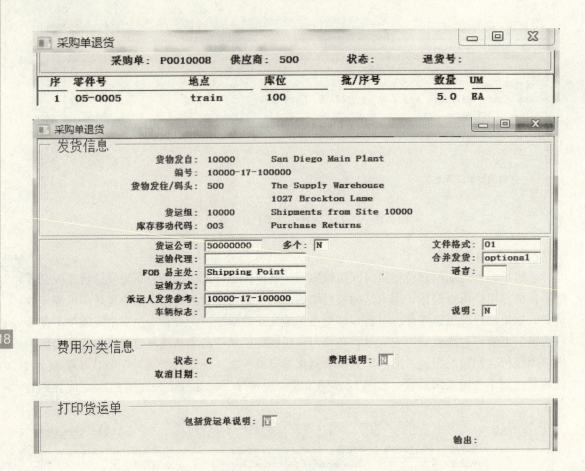

图 5-27 "采购单退货"详情处理流程的连续运作界面

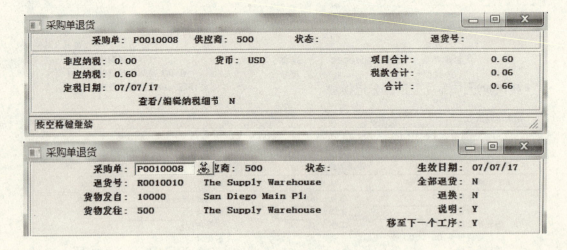

图 5-28 "采购单退货"最终完成的连续运作界面

第五章 企业资源计划（ERP）

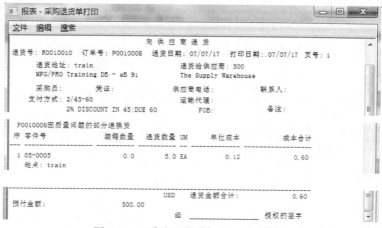

图 5-29 "采购退货单打印"输出结果

（五）采购单结算

采购结算时一般需进行以下事务：采购订单成本更新、创建收货单与应付账、财务结算、总账过户、供应商履行合同情况评价。其中，两大非财会事务见图 5-30～图 5-32。

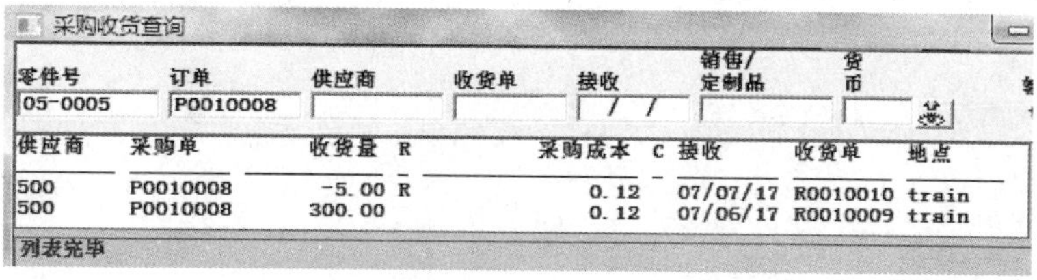

图 5-30 "采购收货查询"的条件与结果

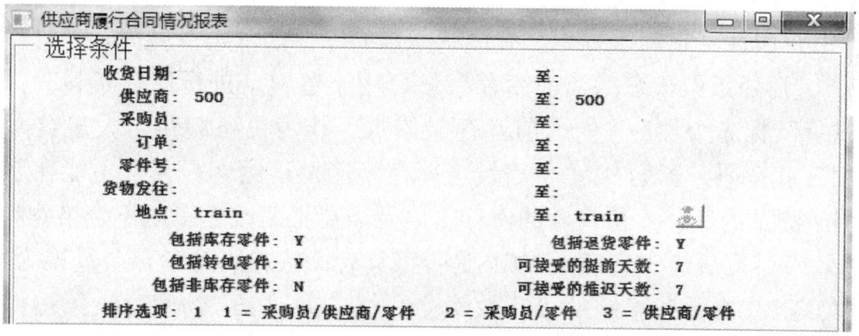

图 5-31 "供应商履行合同情况报表"输入条件

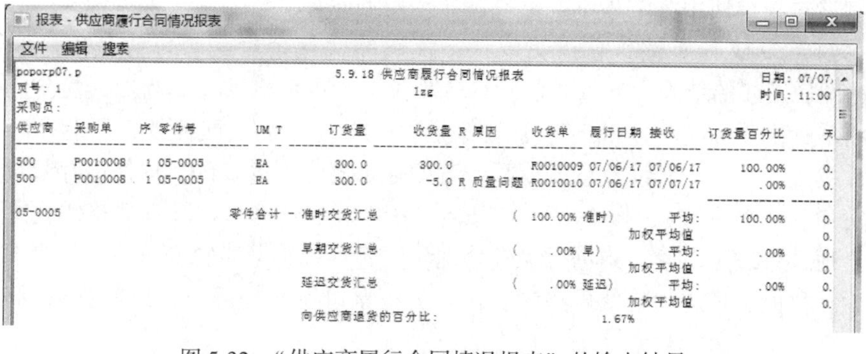

图 5-32 "供应商履行合同情况报表"的输出结果

第三节 企业资源计划的库存管理

库存管理的大致流程见图 5-33。下面以 QAD 公司的 ERP 软件操作为例简要介绍。

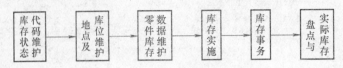

图 5-33 库存管理的大致流程

一、库存的基础与控制文件

（一）库存状态代码

库存状态代码定义了指定地点和库位的库存状态，该库存状态决定现有的指定库存余额是否可以分配给销售订单或加工单，是否可被 MRP 所用，是否允许出现负数。"库存状态代码维护"界面见图 5-34。需要设置空白作为默认状态代码，表示零件可供货，是有效库存，没有限制事务。

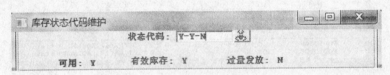

图 5-34 "库存状态代码维护"示例

（1）"可用"属性。它用于标识具有该状态码的库存余量是否可为客户订单和加工单备料。若为"Y"，则处于该状态的当前库存余量可用于备料。进行库存备料时，系统将所有库位中"可供货"标志为"Y"的当前库存量累加，作为可备料量。大多数库存都将被分配一个"可用"状态码。若为"N"，表示该库存不能发运给客户，或不能在制造过程中使用；通常是用于测试的库存、待检验的库存，以及需要报废或返工的不合格物料的库存。

（2）"有效库存"属性。它表示 MRP 是否将具有该状态码的库存余量视为当前库存量。在计划过程中，MRP 将所有库位中"有效库存"标志为"Y"的库存量累加得出当前的净库存，故计算中不考虑"有效库存"标志为"N"的库位。"N"表示库存不能发运给客户或不能在制造过程中使用，常指不合格或留作他用的库存。

（3）"过量发放"属性。它指明该状态代码的库存余量是否可为负值。该属性若为"Y"，表示即使发放的结果可导致当前库存量为负值，也可以发放。当然，为防止此种情况发生，可将该标志设为"N"。此时，它将停止除"重复加工"回冲外的所有库存事务处理的过量零件发放。为什么允许过量发放呢？若库存是实际可供货的，即使库存收货数据输入被延迟（分批输入时常有），操作者应能记录下发料事务处理。在管理严格的仓库中，多数零件可安全地进行过量发放。当进行事务处理时，库存余量可能暂变负值，但当输入了所有事务处理后，负值余量的问题便可解决。在一个有章可循的环境下，或零件由批/序号控制的情况下，也可将"过量发放"标志设置为"N"，同时制定一套数据输入过程以确保库存事务处理的及时输入。使用平均成本计算法时，"过量发放"字段始终都应置为"N"。

（二）地点维护

"地点维护"的界面见图 5-35，该功能控制是否可以在一次库存事务中自动加入新库位。

图 5-35　"地点维护"界面

"自动生成库位"指明是否必须为该地点预先定义库位。用户可以控制是否在库存事务处理之际自动增加新库位。若该标志置为"N"，必须用"库位维护"功能首先设置新的库位。自动增加库位很方便，但如果失误就可能会带来麻烦，特别是允许超量发料的情况。例如，用户收到 100 个零件放入库位"STOCK"，自动增加库位时系统便会给"STOCK"增加一个新的库位记录；如果又收到 50 个该零件，但不小心输入了库位"STOKC"，系统会在警告"库位不存在"的同时，仍会增加一个新库位 STOKC，然后继续下去。在允许超量发料的情况下，如果你后来从"STOCK"发出 150 个零件，那么最后库存量结果是：STOCK 中为 –50，STOKC 中为 +50。因此，如果库位很少，那么始终应把"自动生成库位"置为"N"；只有当库位识别方案很复杂、组合很多、无法进行预定义的情况下，自动库位才置为"Y"。但即使如此，用户也可以考虑把"自动生成库位"置为"N"，并预定义一些库位，然后使用批参考字段设定分库位，如排、架、箱、托盘或卷等。

（三）库位维护

库位用于标识库存的存储地点中的一些物理区域，可以是整个库房、一个箱子、货架或通道；其参数用来标识那里可以存储什么货物，以及如何使用那里的库存品。"库位维护"界面见图 5-36。如果为"地点"设定了自动生成库位，那么库位就设置为处理入库时输入的代码。只有当用户将零件分配到特定库位（永久库位），或者当用户想要建立库位参数时，才必须预先定义库位。

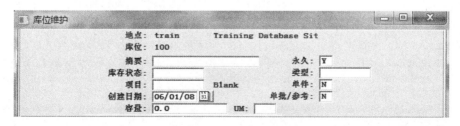

图 5-36　"库位维护"界面

库存中的每个零件都与库位有关。一个给定零件可能存放在多个库位中。每项库存事务处理（出库、入库、转移、盘点）均须指定库位代码。此外，库位是地点的一个子集，所以不同地点可以有相同库位代码。如果您在多个地点使用同一种零件，建议您为多个地点定义相同的库位代码。因为每种零件只有一个默认（回冲）库位，而不是每个零件和地点都有一个默认库位。选择库位编码方法时，首先要查看在库存控制文件中选择的领料顺序。

(1) 永久。"Y"表示库位是永久的，即使当前库存余量为 0 也要保留该库位；"N"表示库位是临时的，它由系统建立与删除并且只有在当前库存余量大于 0 时才存在。

(2) 单件。该属性指明该库位是否可存放多种零件或产品。将其设置为"Y"可防止一个库位接收多种零件。

(3) 单批/参考。该属性指明是否可以将多个批/序号的相同零件存储在本库位。将其设置为"N"可以防止将多个批/序号的相同零件接收入同一库位。

（四）库存控制文件

"库存控制文件"界面见图 5-37。

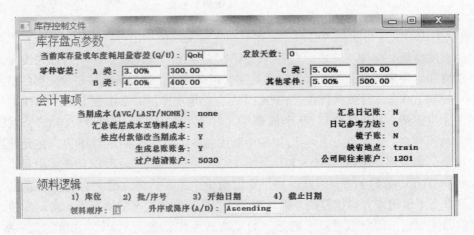

图 5-37 "库位控制文件"界面

(1) 当前库存量或年度耗用量容差（Q/U）。该属性指明计算每个 ABC 类型中零件容差所使用的方法：Qoh（默认）或 Uoh。当输入的盘点数与系统中记录的当前库存量有出入时，周期盘点和实际库存功能使用本字段的值。计算出的容差用来决定是否接受输入的盘点数，还是将其注明有误。容差百分比和容差金额都要核实，盘点的差额必须在容差金额与容差百分比的范围内才可被接受。若容差计算方法为"Qoh"，零件容差按当前库存量的百分比来计算；若选择"Uoh"，则零件容差作为年度使用金额的百分比来计算。例如，一个 A 类零件，其当前库存量为 100 个，年度使用金额为 1000 元，总账成本为 10 元，容差水平设置为 3% 或 300 元。若容差计算方法设为"Qoh"，那么盘点数量差额超过 3 个（100 个 × 3%），零件就被标为超出容差；若容差计算方法设为"Uoh"，那么盘点金额差额超过 30 元（1000 元 × 3%），零件就被标为超出容差。此外，无论容差百分比是多少，只要盘点金额差额超过 300 元也要被标为超出容差。总账成本 10 元，意味着只要盘点数与系统当前库存量的差额超过 30 个，就会被标为错误。

(2) 发放天数。该属性指明具有有限保存期限的零件在到期前可领料或发料的日历天数。某些零件有一个根据其保存期限确定的到期日。

(3) 领料顺序。该属性用于指定为加工单和客户订单明细备料时零件的领料顺序。明细备料用于"保留"一定的库存量给订单发运或发料。若从不同库存领料，需人工修改发料事务处理。

二、零件库存数据维护

零件库存数据维护除了 IM 中库存相关数据外,还有图 5-38 的"库存明细维护"。为零件备料时,"检定%"和"等级"十分重要。"等级"是与该库存量相关的等级,常用于标识零件的质量或物理特性;"检定%"是与该库存量相关的检定百分比。

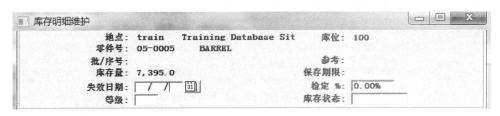

图 5-38 "库存明细维护"界面

三、库存实施

从手工管理模式转为 ERP 管理时,各物料初始的 OH、AL、SR 等信息通过初始库存的实施输入信息系统。库存实施并非指一个特定模块或程序,而是管理中的一个概念,其活动涉及多个程序,如"计划外入库"(见图 5-39)和"计划外出库"(界面类似于图 5-39)。

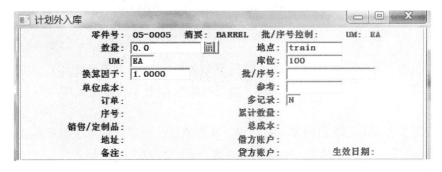

图 5-39 "计划外入库"界面

一般来说,除初始库存实施外,库存实施活动比较少用,仅当需调整库存数量直至正确并且不影响其他模块时才能使用。例如,一旦设置了库存数量,就用"采购单入库"替代"计划外入库"接收增加的库存并对之实行跟踪。某些事务当代替它们的模块安装后,是不允许运行的。例如,安装采购模块后就不能执行"出库—向供应商退货"操作,因为系统想通过"采购单退货"来跟踪这一事务,此时若仍使用原操作向供应商退货来处理返工,将不能影响供应商履行合同的记录,也不影响应付账户。又如"计划外出库"允许额外发料给加工单,但未能将它记入该加工单成本。通常是产生错误时,才用到这些计划外的事务处理。

四、库存事务

物料从供应商处获得后,经检验、存储,送至车间,再作为产成品返回仓库,然后发货。下面的分类汇总了库存移动及相关事务处理。

(1) 库存转移。转移是指从一个库位到另一个库位的移动,如从检验到存储,相关操作界面见图 5-40 和图 5-41。

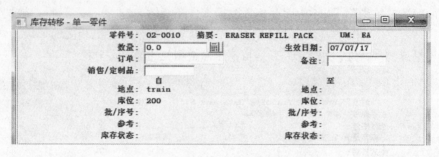

图 5-40 "库存转移-单一零件"界面

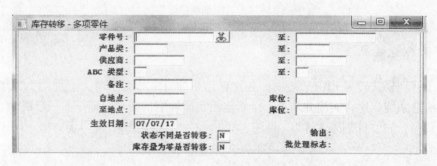

图 5-41 "库存转移-多项零件"界面

(2) 进出库。入库是指从供应商或车间那里收到零件;出库是指零件离开仓库的加工单发料。采购单收货入库参见图 5-24,加工单的领料出库和完工入库分别见图 4-47 和图 4-48。

(3) 发货。产成品往客户的移动是发货。其业务可经由客户订单手工备料或自动备料、客户订单装箱单和客户订单货物发运等业务组成,见图 5-42~图 5-45。

(4) 调整。调整是库存某一库位的改变,由周期盘点或实际库存产生。

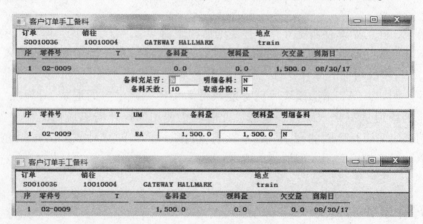

图 5-42 "客户订单手工备料"的连续运作界面

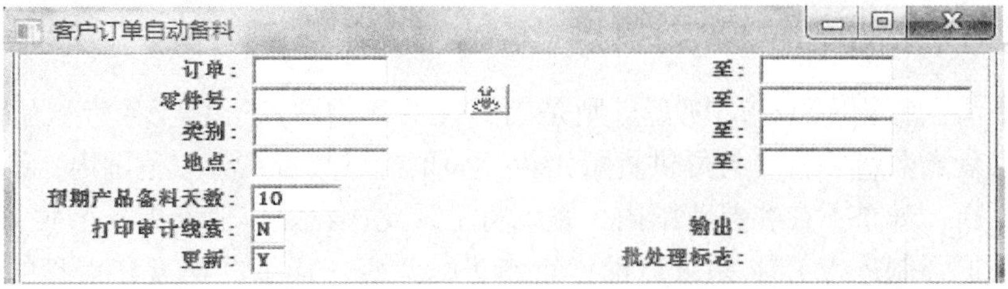

图 5-43 "客户订单自动备料"界面

图 5-44 "客户订单装箱单"界面

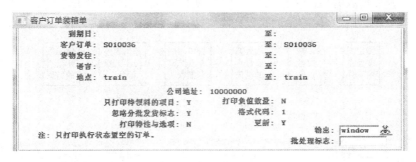

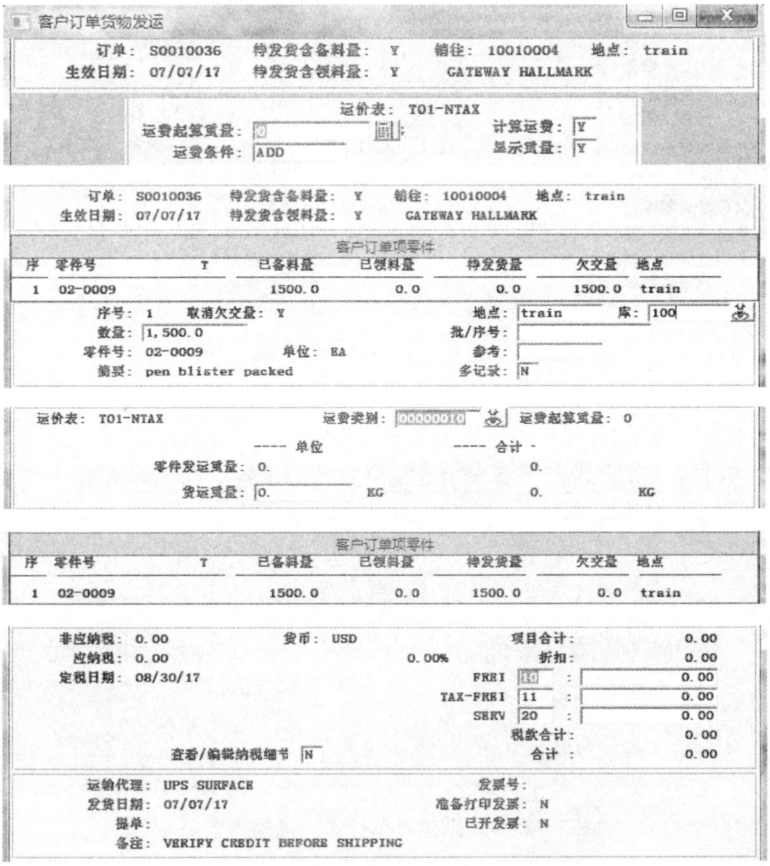

图 5-45 "客户订单货物发运"连续运作的界面

五、盘点与实际库存

盘点就是清点货物库存,周期盘点则是周期性的货物清点,其业务流程见图 5-46。在盘点后,输入盘点数目并将之与可供货量比较,如果盘点数目在容差范围内,则可供货量将按盘点数量更新;如果不在容差范围内,系统将记录此次盘点,但不更新余额。在超出容差范围的数量被迫强制进入 ERP 系统以前,重新进行盘点。详细的初盘和重盘的盘点业务流程示例见图 5-47 ~ 图 5-55。

(1) 指定需要盘点的零件。在如图 5-47 所示的界面中设置盘点的条件。

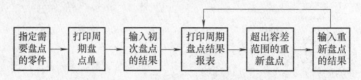

图 5-46　盘点的业务流程

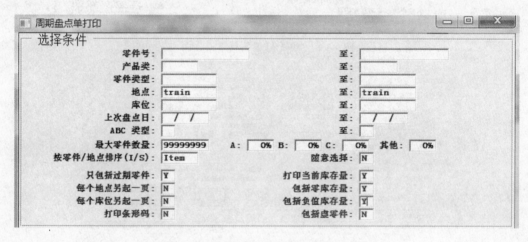

图 5-47　"周期盘点单打印"的输入条件

(2) 打印周期盘点单。其结果如图 5-48 所示。

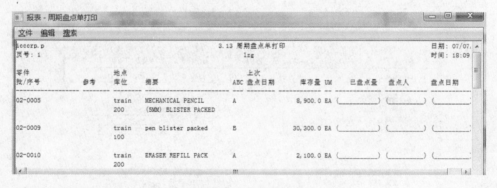

图 5-48　"周期盘点单打印"的输出结果

(3) 输入初次盘点的结果。初盘结果输入见图 5-49 和图 5-50,其中超差的库存量不变。

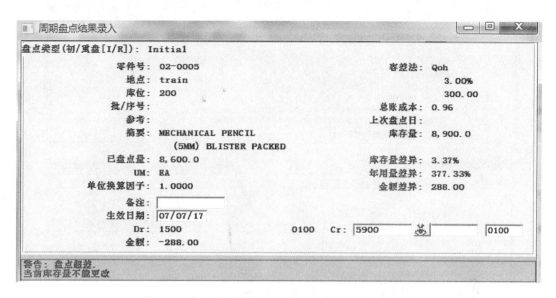

图 5-49　初盘结果超差的"周期盘点结果录入"示例

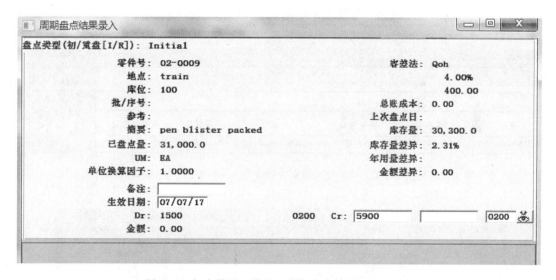

图 5-50　初盘结果正常的"周期盘点结果录入"示例

（4）打印周期盘点结果报表。图 5-51 是周期盘点的结果报表。注意：有报错的初盘结果会有"ERR"错误标志并且其结果不能修改原库存记录结果；而容差范围内的将直接修改原有库存量，如图 5-52 所示，02-0009 的库存量已调为 31000。

（5）超过容差范围的重新盘点。初盘超出容差范围的物料，需要进行重新盘点，系统操作界面见图 5-53。若重盘时仍旧超差，不再出现"当前库存量不再修改"警示，而将以重盘后的实际库存量修正原有库存量，见图 5-54。在图 5-54 中，02-0005 的库存量最终调整为 8600。

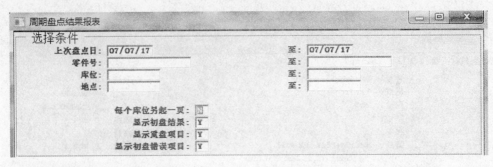

图 5-51 "周期盘点结果报表"的输入和输出示例

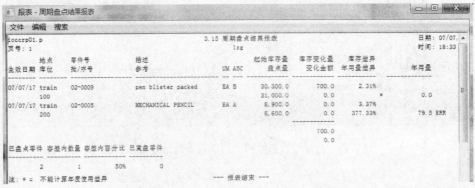

图 5-52 初盘时容差正常的 02-0009 的"库存可用性查询"输入和输出示例

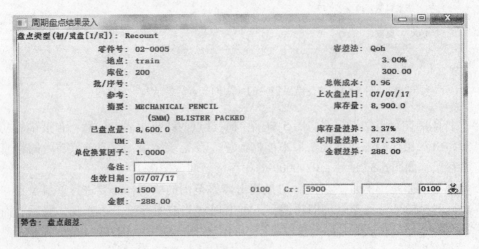

图 5-53 重新盘点的"周期盘点结果录入"示例

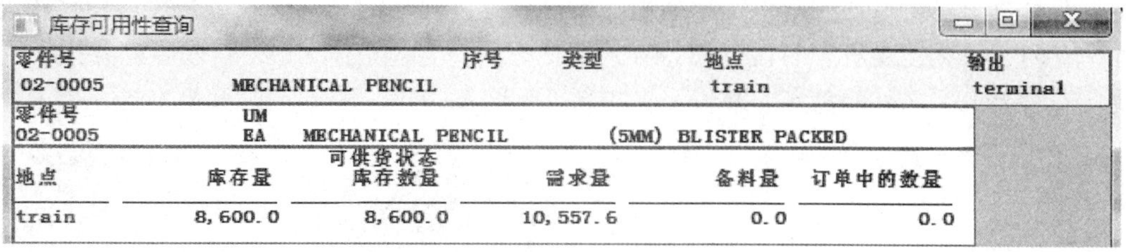

第五章 企业资源计划（ERP）

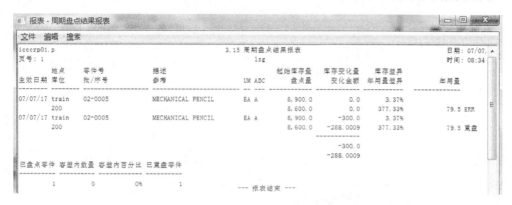

图 5-54 重盘时仍超差的 02-0005 的"库存可用性查询"输入和输出示例

（6）重盘后的周期盘点结果报表打印。重盘后必修改原库存量的盘点结果报表见图 5-55。

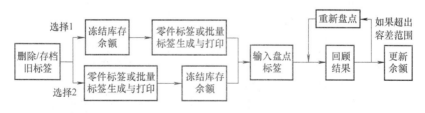

图 5-55 重新盘点的"报表-周期盘点结果报表"输出示例

（7）实际库存。一个完整的"实际库存"业务流程通常涉及以下几个步骤：①对以前的实际库存标签进行删除/存档；②冻结库存余量；③生成并打印盘点标签（或者在冻结之前进行）；④输入初盘标签盘点量；⑤如果必要，应检查盘点结果并输入重盘数量；⑥使不用的标签无效；⑦更新库存余量。以上步骤见图 5-56。

图 5-56 "实际库存"的业务流程

"实际库存"模块允许创建和打印多个零件标签，也可以创建不与任何实际零件或库位相关联的空标签，见图 5-57。有些公司在进行实际库存业务时希望公司业务继续正常运转，这可以通过冻结库存余额实现，见图 5-58 左半部分；而库存正在清点时所做的处理作为库存增加或减少将被记录，即库存事务可以在库存余量冻结后进行处理。但应记录冻结后的库存事务，因为盘点数量必须反映这些事务处理的情况。"库存余量更新"将加上或减去冻结库存零件数量与盘点的库存零件数量间的差异，而不是用盘点得出的数量来更新库存余量，见图 5-58 右半部分。例如，若冻结量为 100，盘点量为 40，则库存调整量是 -60。但是，如果这 60 在冻结后已被发运，那么库存已经减少了 60，如果用户再用 -60 去调整库存量，这就重复计算了发运量，故需跟踪冻结后的库存事务，通常情况下最好是暂缓运转。在进行实际库存时，系统接受所有的盘点和差异，即使它们在容差范围之外。"库存差异报表"将注明所有容差范围之外的盘点。警告：在更新任何余额以前，小心运行和批准这一报表。

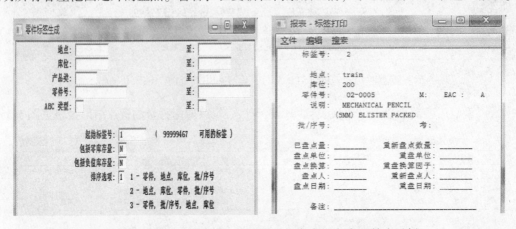

图 5-57 "零件标签生成"输入和"报表-标签打印"输出示例

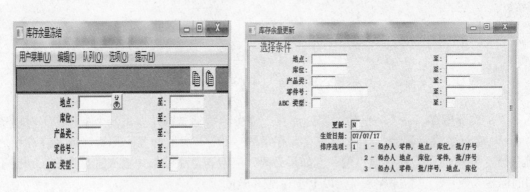

图 5-58 "库存余量冻结"和"库存余量更新"输入界面

第四节 企业资源计划的财务管理

财务管理是基于企业经营过程中客观存在的财务活动和财务关系产生的货币数值形式的资金运动。它是一种综合性管理，表现在通过统一货币计量进行价值形态管理并渗透企业全面的经济活动中。制造企业 ERP 财务管理与一般财务管理软件不同，因为它与复杂物流运作紧密集成。在制造企业 ERP 管理模式下，可由生产活动直接产生与财务活动有关数据，把实物形态的物流直接转换为价值形态的资金流，保证生产与财务数据的实时性和一致性，使财务部门得到及时、准确的资金信息，用于控制成本、参与决策、指导和控制生产经营等。

一、财务管理概述

制造企业 ERP 的财务系统通常包括会计核算和财务管理两部分，前者是后者的基础。

(一) 会计核算

会计核算主要是记录、核算、反映和分析资金在企业经济活动中的变动过程及其结果。它通过会计报告、会计账簿、会计凭证等会计资料向企业管理者提供管理上所需要的资料，帮助他们做出正确决策。更重要的是，企业通过财务报告向外部信息使用者提供诸如企业的财务状况、经营业绩和现金流量变化等财务信息。会计核算处理基本步骤为：

(1) 设立账户。企业经济业务多种多样、错综复杂，要想描述它们需要建立与之相适应的会计系统，以全面、连续、系统、综合地反映企业发生的经济业务的实质，为决策者提供有用经济信息。建立这个系统首先要做的事情就是设置账户。每个账户反映某一类经济业务。我国企业的账户是按国家统一会计制度中的会计科目设置的，可酌情增设、减少或合并科目。

(2) 编制会计分录。每一项经济业务发生后要编制会计分录，也就是分析该业务对哪些账户有影响，影响的数量是多少，影响的方式如何（增加或减少账户的余额）等。实际工作中，编制会计分录就是根据记载经济业务的原始凭证对经济业务做相应的记账凭证。

(3) 过账。过账就是将会计分录所记载有关账户的金额登记到相应账簿中。因记账凭证或普通日记账记录的经济业务是按其发生的先后顺序登记的，并未体现一定时期某账户应该记载的经济内容增减变化的结果，不能满足管理上的需求。为反映各账户的增减变化和结存情况，会计人员需把分录簿中的业务事项按类别分别记入有关账簿。由于所登记账簿是按经济业务的内容分门别类地反映的，故称分类账，这种分类账可满足管理上的要求。

(4) 试算平衡。把会计事项编成会计分录并过入分类账后，就可编制试算平衡表。试算平衡表是检验各个分类账户借方余额合计与贷方余额合计是否相等的测算表格。任何情况下借贷金额都必须相等，故在试算平衡表中所有借方余额的总和与所有贷方余额的总和总是相等，但这并不能保证在编制分录和过账程序中没有错误。科目记得不对、个别分录未计入分类账、重复过账等都能影响试算平衡表中的平衡关系。试算平衡也为后续会计程序做进一步准备。

(5) 调整分录。把已发生经济业务全部登记入账后，根据会计原则需对是否归属本期的收入和费用做调整。一般每月末对需调整的内容编制会计分录并过到有关账户。账项调整主要包括：①确认应计而未入账的收入；②确认应计而未入账的费用；③确认已支付但尚未计入本期的费用；④固定资产折旧的计提；⑤费用的分配。除此之外，企业可能还有外币的收入和支出，应按规定方法及时确认汇兑损益并做调整分录和过账。企业若有长期股票投资，年末应根据权益变化调整长期投资的账面价值，有时要提取坏账准备和各种资产减值准备。

(6) 结账。结账是在月末编制结账分录，将各临时性账户的余额转入永久性账户，以便后续会计程序的运行。临时性账户主要包括主营业务收入、其他业务收入、营业外收入、投资收益、主营业务支出、其他业务支出、营业外支出、财务费用、管理费用、销售费用等。

(7) 编制会计报表。结账程序结束后就可以进行会计报表的编制工作。会计报表是会计信息系统对企业会计信息的输出，是反映企业财务状况、经营成果和现金交易情况的综合性文件。外部各界人士主要通过会计报表来了解企业的情况，故会计报表对于投资人和债权人来说非常重要。会计报表包括主表和附表：主表包括资产负债表、利润表和现金流量表；附表包括资产减值准备明细表、股东权益增减变动表、应交增值税明细表、利润分配表等。

以上七个步骤需要在企业各会计周期内周而复始地不断进行，又称会计循环。制造企业ERP中的会计核算是集成信息的会计核算，它不仅可以完成上述会计循环的全部账务处理，而且还与销售管理、采购管理、库存管理、生产管理等模块紧密集成，能够根据上述模块中各种业务单据自动生成会计凭证，实现了物流与资金流的统一。

（二）财务管理

财务管理的功能主要是对会计核算的数据加以分析，从而进行相应预测、管理和控制活动。它侧重于财务分析、财务预算和财务控制。

财务分析是指企业财务人员以财务报表和其他资料为依据和起点，采用专门方法，系统分析和评价企业过去和现在的经营成果、财务状况及其变动，目的是了解过去、评价现在、预测未来，帮助企业经营管理者进行决策。财务分析的最基本功能是将大量报表数据转换成对特定决策有用的信息，减少决策的不确定性。它所使用的数据主要来源于企业的财务报表，分析的结果包括企业的偿债能力、盈利能力和抵抗风险的能力，并做出评价或找出问题所在。

财务预算是一系列专门反映企业未来一定预算期内预计财务状况和经营成果，以及现金收支等价值指标的各种预算的总称，具体包括现金预算、预计利润表、预计资产负债表和预计现金流量表等内容。在全面预算的体系中，经营预算和资本预算是财务预算的基础。

财务控制是在全面预算的基础上对影响企业财务活动即资金活动的各种因素加以管理。从控制论的角度看，控制的组成部分包括标准、反映、责任中心和纠正偏差。财务控制就是预先确定企业财务管理目标，将实际工作中的资金运行情况、成本、费用情况比较，以此来衡量管理的业绩，并对违反标准的情况及时采取措施加以纠正。

制造企业ERP的财务管理功能主要用于事后收集和反映财务数据，相应模块主要侧重财务报表和财务分析。在大数据分析支持下，其管理控制和决策支持方面的功能正在加强。

二、财务管理业务基础信息

（一）系统/账户控制文件

系统/账户控制文件必须在向系统内输入信息之前就先设置。这是一个特殊的控制文件，其主要功能是定义账户参数，比如货币、税收系统和总账账户的默认值，见图5-59。ERP系统还需为买卖的零件和产品（库存物料）设置账户信息，关键是对物料所属产品类做好类似账户信息的维护，主要是按库存相关账户、销售相关账户、采购账户、加工单账户、服务账户重新归类，如图5-59中的"差异"类账户信息重新分别归入上述账户。

（二）银行和支付方式

公司通过"银行维护"设置银行账户代码，并且维护其地址信息、支票存款账户、汇票账户、税标志等，确定用于应付账和应收账等的银行账户。"客户/供应商银行"可记录用户给供应商付款的银行和从客户那里收款的银行。最后，在交易前必须设置支付方式。

（三）税收

用户需设置和维护税收的类型、类别、用途、基数和圆整方法等参数，以及维护国家代码、纳税区和纳税等级等。

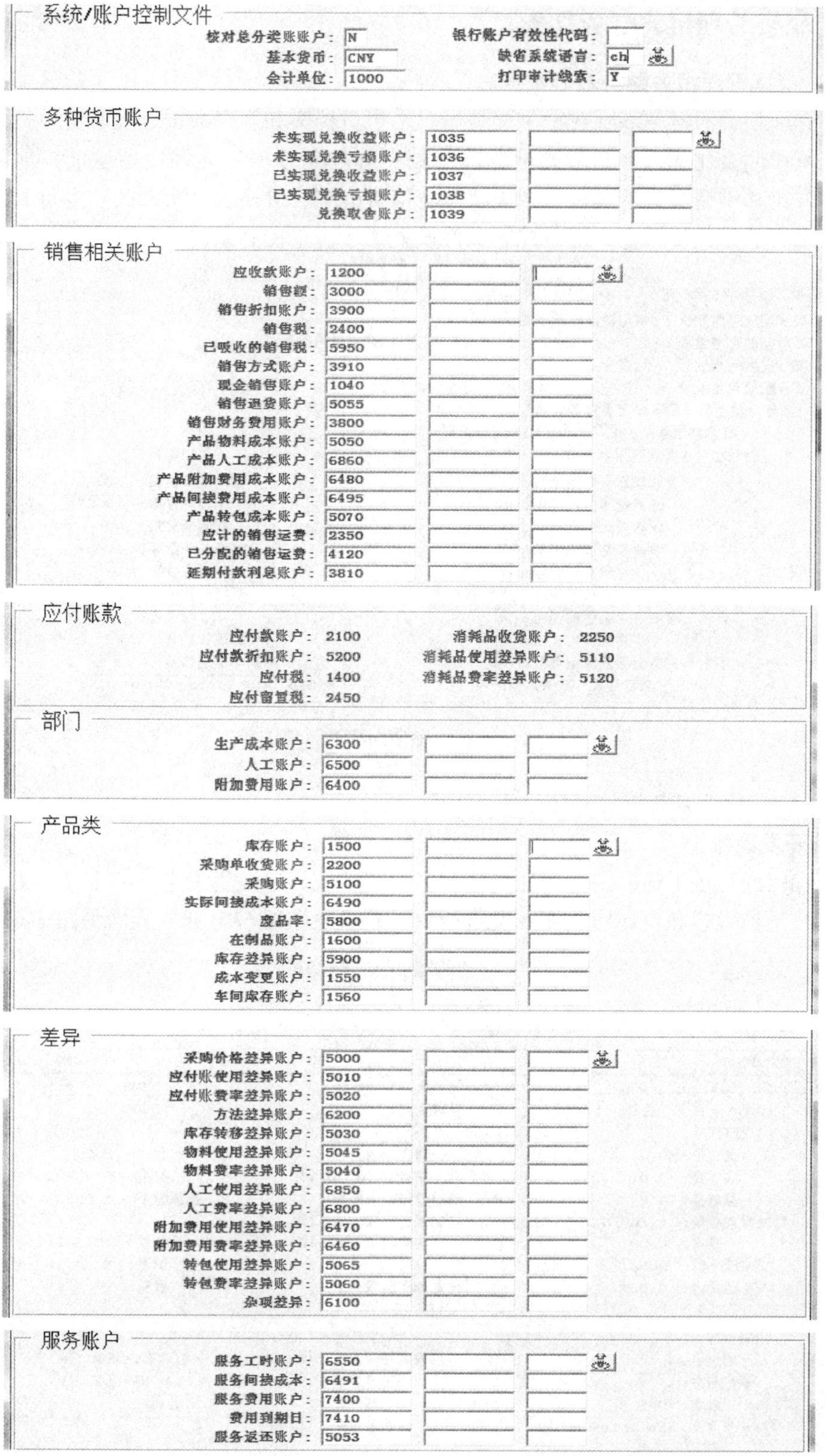

第五章 企业资源计划（ERP）

系统/账户控制文件
- 核对总分类账户：N
- 基本货币：CNY
- 会计单位：1000
- 银行账户有效性代码：
- 缺省系统语言：ch
- 打印审计线索：Y

多种货币账户
- 未实现兑换收益账户：1035
- 未实现兑换亏损账户：1036
- 已实现兑换收益账户：1037
- 已实现兑换亏损账户：1038
- 兑换取舍账户：1039

销售相关账户
- 应收款账户：1200
- 销售额：3000
- 销售折扣账户：3900
- 销售税：2400
- 已吸收的销售税：5950
- 销售方式账户：3910
- 现金销售账户：1040
- 销售退货账户：5055
- 销售财务费用账户：3800
- 产品物料成本账户：5050
- 产品人工成本账户：6860
- 产品附加费用成本账户：6480
- 产品间接费用成本账户：6495
- 产品转包成本账户：5070
- 应计的销售运费：2350
- 已分配的销售运费：4120
- 延期付款利息账户：3810

应付账款
- 应付款账户：2100
- 应付款折扣账户：5200
- 应付税：1400
- 应付留置税：2450
- 消耗品收货账户：2250
- 消耗品使用差异账户：5110
- 消耗品费率差异账户：5120

部门
- 生产成本账户：6300
- 人工账户：6500
- 附加费用账户：6400

产品类
- 库存账户：1500
- 采购单收货账户：2200
- 采购账户：5100
- 实际间接成本账户：6490
- 产品率：5800
- 在制品账户：1600
- 库存差异账户：5900
- 成本变更账户：1550
- 车间库存账户：1560

差异
- 采购价格差异账户：5000
- 应付账使用差异账户：5010
- 应付账费率差异账户：5020
- 方法差异账户：6200
- 库存转移差异账户：5030
- 物料使用差异账户：5045
- 物料费率差异账户：5040
- 人工使用差异账户：6850
- 人工费率差异账户：6800
- 附加费用使用差异账户：6470
- 附加费用费率差异账户：6460
- 转包使用差异账户：5065
- 转包费率差异账户：5060
- 杂项差异：6100

服务账户
- 服务工时账户：6550
- 服务间接成本：6491
- 服务费用账户：7400
- 费用到期日：7410
- 服务返还账户：5053

图 5-59 "系统/账户控制文件"功能连续运作的界面

三、销售管理相关财务业务

(一) 销售管理相关财务基础数据

销售管理相关的财务基础数据主要是设置销售员档案和客户数据。前者主要提供销售员负责的区域和佣金比例。客户数据分为静态数据和控制数据：前者包括地址、地区、联系人、联系方式和类型等；后者包括纳税状态、信贷冻结、价格表、折扣表、运价表、应收账户、银行账户等。此外，客户订单控制文件设置诸多订单控制条件，其首界面见图5-60。

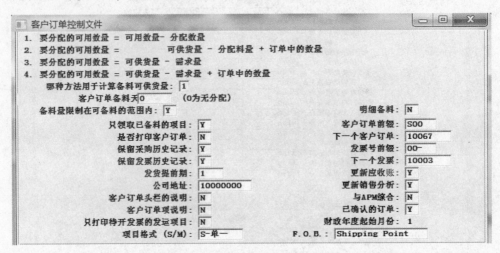

图5-60 客户维护功能的首界面

(二) 销售管理事务相关财务业务

1. 待开发票维护

待开发票既可手工输入，也可通过输入客户订单或订单发货来生成，主要作为一种打印单据用于发送给客户和更新应收账。发货所致"待开发票维护"业务界面见图5-61。

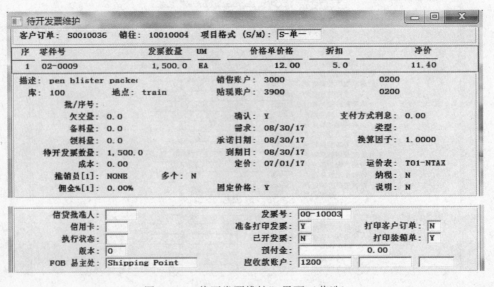

图5-61 "待开发票维护"界面（节选）

待开发票与客户订单间的唯一差异在于待开发票数量，即已发货但尚未开发票的数量。每次为客户订单进行一次发货，待开发票数量便会递增；而给发票打印和过账时，待开发票数量便复置为0。一旦生成待开发票，就要进行检查并有选择地纠正错误，之后打印和过账。发票一旦过账就不能修改。如果出错，应重新生成并处理一份待开发票，以纠正其错误。当发票过账后，它便更新推销员佣金历史、销售分析历史、发票历史、纳税日记簿，并将发票金额过账到应收账和总账。用来控制待开发票打印和过账的是待开发票尾栏上的三个字段：发票号、准备打印发票和已开发票。输入客户订单时"发票号"为空，"准备打印发票"和"已开发票"均为"N"。零件发运时"准备打印发票"被置为"Y"，同时"发票号"可输入。打印发票时"发票号"存入发票号码，"准备打印发票"置为"N"，而"已开发票"置为"Y"，表示正准备过账。过账前若要重新打印发票，请用"待开发票维护"功能并将"已开发票"复置为"N"。

2. 发票打印

发票打印将详细列出向客户发运产品后客户欠企业的款项；发票打印后通常要送往客户以供核实和付款时使用，见图5-62。当发票被打印或输出时，ERP便将"已开发票"标志置为"Y"，将"准备打印发票"标志置为"N"，并记录被打印发票的发票号。只要发票尚未过账，就可重新打印发票。此时需在"待开发票维护"中将"已开发票"标志变为"N"，将"准备打印发票"置为"Y"，然后重新运行发票打印。除非删除"待开发票维护"中的发票号，否则重新打印发票时发票号不变。

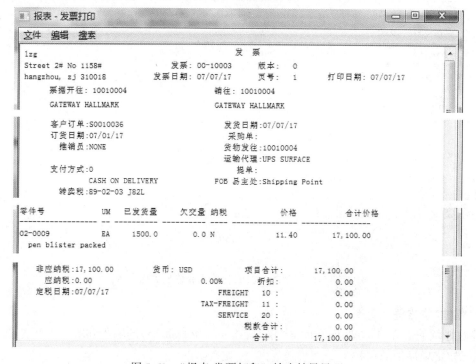

图5-62 "报表-发票打印"输出结果界面

3. 发票过账

如果将一份发票过账，系统会执行以下操作：①更新应收账，并为该发票生成一份借/

贷项通知单，同时更新客户的未结余额；②更新总账，并借记应收账和销售折扣账户，贷记销售账户、纳税账户和分类费用账户；③更新销售分析历史信息，包括推销员佣金和定额历史信息；④更新发票历史信息；⑤删除客户订单（只有当订单上的所有项目栏均已发货时才予删除）。发票过账的业务界面见图5-63。注意：其中的金额由美元按照一定的汇率（此处1美元=7.12345元）转换为系统默认货币的人民币了。

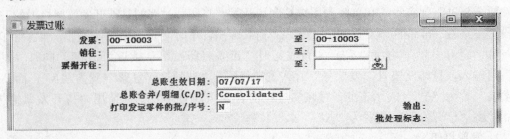

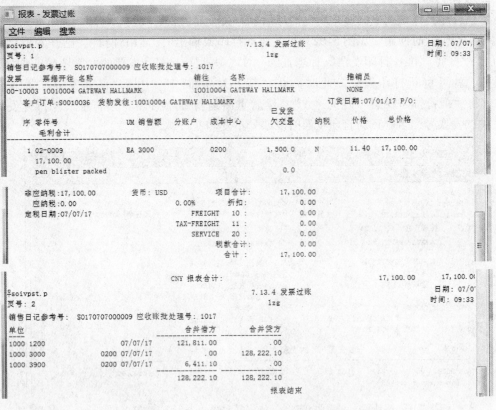

图5-63 "发票过账"输入和输出界面

4. 借方/贷方凭证查询

应收账款的借方/贷方凭证查询（"借/贷项通知单查询"）的输入和输出界面见图5-64。

5. 借/贷项通知单维护

借/贷项通知单可说明客户欠企业一定的款项，它可以手工输入，但大多数由发票过账自动生成，其维护界面见图5-65。客户付款或汇票被用于未结借/贷项通知单的付款，并减少客户的余额和未结金额。一旦该金额变为0，借/贷项通知单便为已结并可删除。

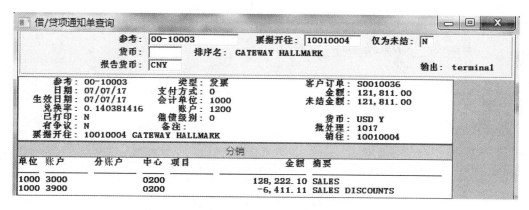

图 5-64 借/贷项通知单查询的输入和输出

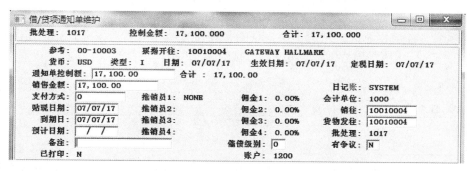

图 5-65 "借/贷项通知单维护"界面

6. 付款维护

付款维护功能用于记录企业收到的款项,并相应地增加现金账户余额。针对前述发票 00-10003 的"付款维护"见图 5-66,对应使用了支票 1007。相应的"付款查询"见图 5-67, 其中"未结金额"已为 0。

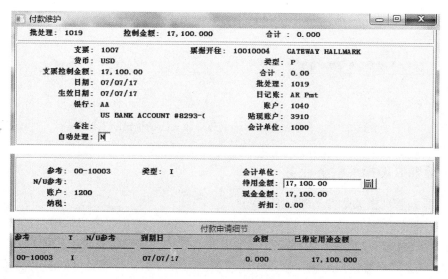

图 5-66 "付款维护"的连续运作界面

企业资源计划（ERP）

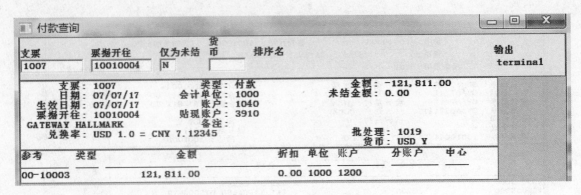

图 5-67 "付款查询"界面

7. 应收账-总账会计账务报表

打印"'应收账-总账'会计账务报表"，可以审核已生成的会计账务，它是按会计单位、账户和成本中心汇总的，见图 5-68。注意：涉多种货币时若有汇兑损益，需调整汇兑损益账户。至此，销售所致的应收及其付款的财务运作完毕。

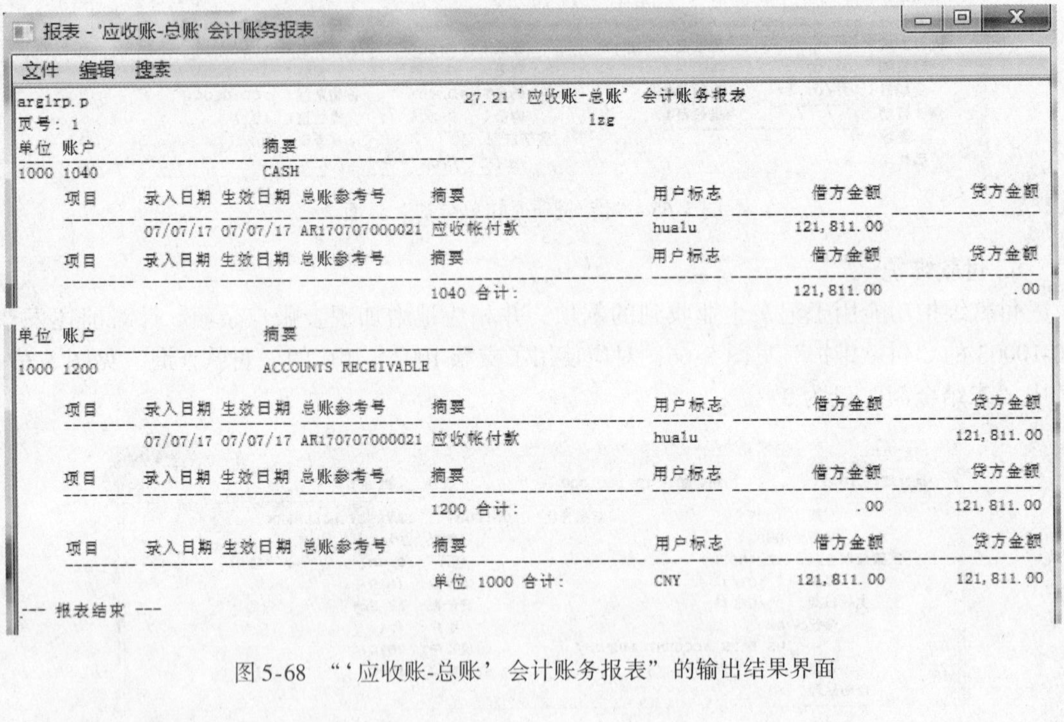

图 5-68 "'应收账-总账'会计账务报表"的输出结果界面

四、采购管理相关财务业务

（一）采购管理相关财务基础数据

采购管理相关的财务基础数据主要是设置供应商数据。类似于客户数据，它也分为静态数据和控制数据；其控制数据包括类型、价格表、折扣表、支付方式、采购账户、应付账户、银行、纳税状态等，用来确定何时和如何给供应商付款，并确定付款的金额和/或提前付款的折扣金额。此外，"采购控制文件"见图 5-21，"应付账控制文件"界面见图 5-69。

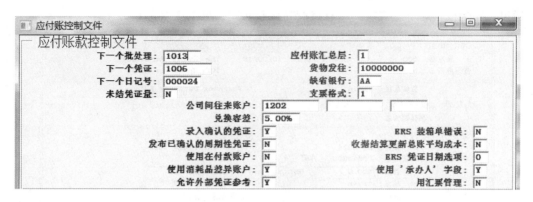

图 5-69 "应付账控制文件"界面

(二) 采购管理事务相关财务业务

此处采购管理事务相关财务业务基于一张新的采购单进行后续财务业务, 见图 5-70。对其进行"采购单打印"签发后, 按照与前文"采购单收货"不同的另一条路径做收货, 即按货运单维护、货运单确认、采购单财务收货来衔接财务运作。

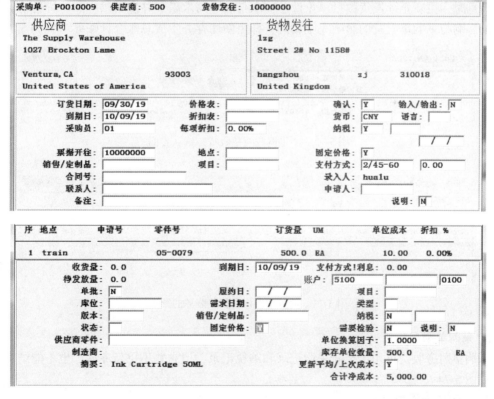

图 5-70 "采购单维护"业务连续运作的界面

1. 货运单维护

当货物离开供应商时, 企业可能提前收到一份发货通知的货运单。当货物抵达时, 确认货运单,完全按货运单上规定的信息将产品接收入库,见图 5-71。

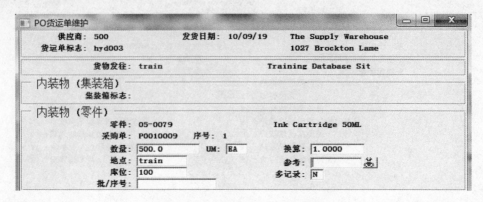

图 5-71 "PO 货运单维护"界面

2. 货运单确认

货运单确认可用于接收供应商的提前发货通知(即货运单),并将该批货物接收入库,见图 5-72。若实际收到的货物数量与货运单上的数据不同,请在确认货运单前在"货运单维护"中修正发货数量,它可以修改或纠正(但不能重新确认)已确认的货运单。确认货运单信息时,更新累计发货数量、累计总需求量和净需求量,并发给供应商。货运单确认对库存的影响与采购单收货的影响完全相同,即更新库存并生成总账会计账务(见图 5-73)。

图 5-72 "采购收货单收货"确认界面

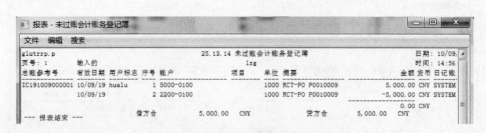

图 5-73 货运单确认对相关账务的影响

3. 采购单财务收货

采购单财务收货可用于更新采购记录和纳税记录,但它并不更新库存,也不能结算采购单,见图 5-74。

4. 采购凭证维护

采购凭证主要用于监控欠供应商或支付给供应商的金额,见图 5-75。在处理凭证之前,先要确认应付控制文件的设定,参照正确设定才能在后续运作中得到正确结果。因此,需参照图 5-69 已输入的"批处理"和"凭证"的号码,才能正确维护。

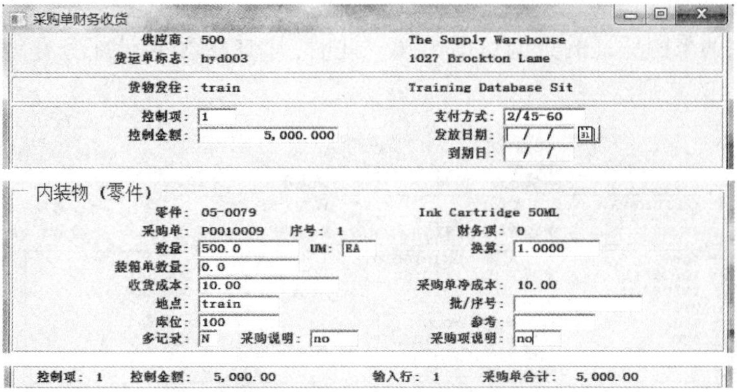

图 5-74 "采购单财务收货"界面

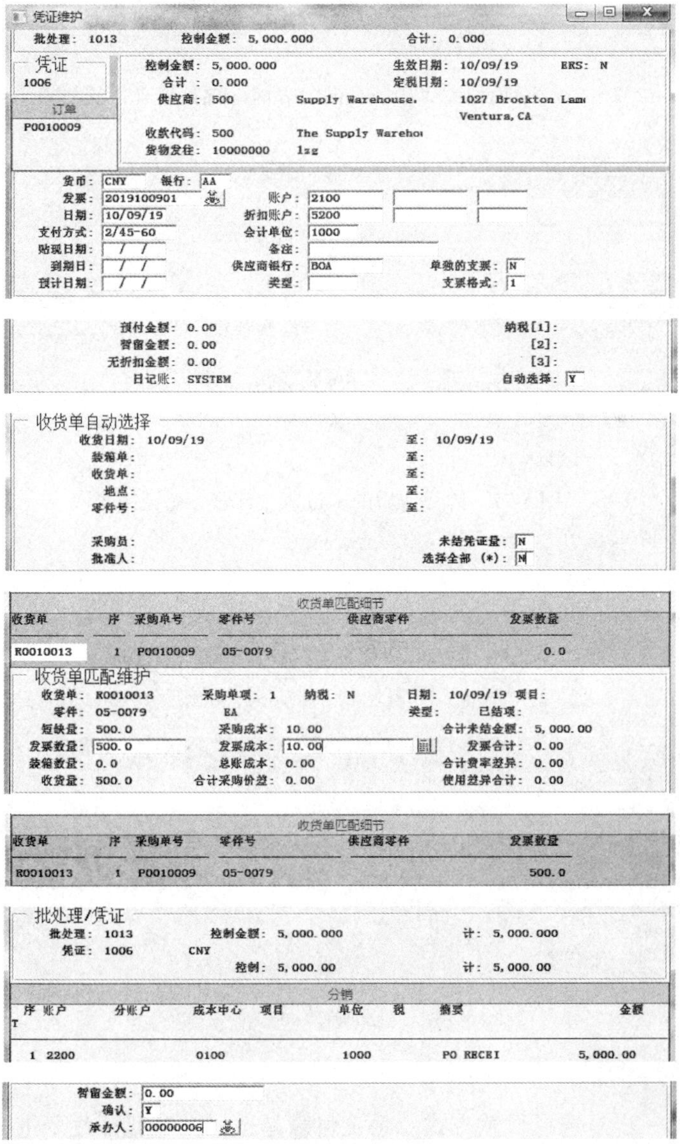

图 5-75 采购相关"凭证维护"业务连续运作的界面（此例无税）

5. 采购凭证查询

以上确认过的采购凭证的查询见图 5-76。此时,"未过账会计账务登记簿"见图 5-77,注意其与图 5-73 的差别。

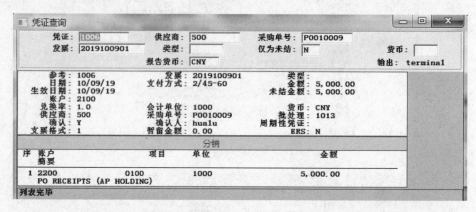

图 5-76 采购相关"凭证查询"界面(确认后且付款前)

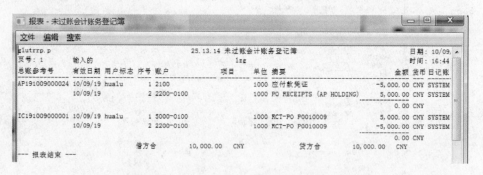

图 5-77 制凭证后的未过账会计账务登记簿

6. 凭证确认

已确认的凭证是企业准备为之付款的凭证,通常这表示该凭证已由管理部门核实和批准。凭证确认分为手工确认和自动确认。图 5-75 中的凭证已确认了,见图 5-78,注意其中的"未结金额"。

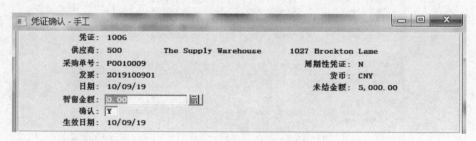

图 5-78 "凭证确认-手工"界面

7. 付款选择

付款过程的第一步是选择付款方式。手工付款是选择一些凭证逐个进行付款;自动付款是按某种标准选择一组凭证进行付款。使用自动付款方式时，在打印支票或生成电子资金转账文件前仍可进行手工修改。"付款选择-手工"业务界面见图5-79。

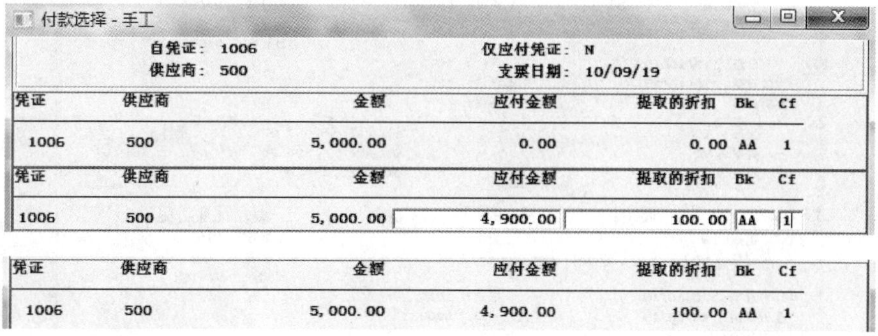

图5-79 "付款选择-手工"界面（运作前后）

在"付款选择-自动"功能中，若将"重写原选择"设置为"Y"，那么ERP系统首先将所有被选凭证上的应付金额重新置为零；接着符合选择标准的凭证被逐个选出；只要没有超过设定的最大金额，凭证就被选出，系统为之付款，此时只要将应付金额设置为未结金额减任何暂留金额即可。如果某项付款可以获得提前付款折扣，也应设置要提取的贴现的值。当达到最大金额时，上述选择过程便停止。

8. 打印付款选择登记簿

运行"付款-自动打印支票"功能前，务必打印"付款选择登记簿"（见图5-80），以列出要付款的凭证及其金额。简便做法是查看这份报表，修正选择的项目，而不是打印支票然后又将其作废，或在电子资金转账的单据送出后又去修改它。

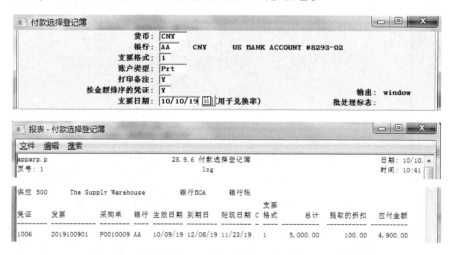

图5-80 采购相关"付款选择登记簿"界面（节选）

9. 支票付款

用支票向供应商付款的处理，既可以使用"付款-手工书写支票"一次处理一项付款，也可以使用"付款选择"功能及"付款—自动打印支票"进行成批处理。"付款-手工书写支票"用于记录用户已经支付的款项，并相应减少现金余额，见图5-81。

企业资源计划（ERP）

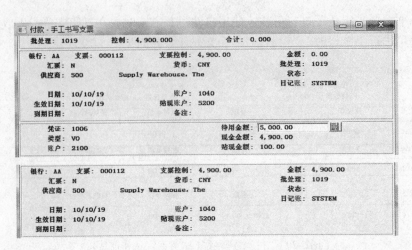

图 5-81　采购相关"付款-手工书写支票"界面

10. 付款登记簿

采购凭证在付款后将从"付款选择登记簿"转入"付款登记簿"，此时可以查看总账明细，见图 5-82。

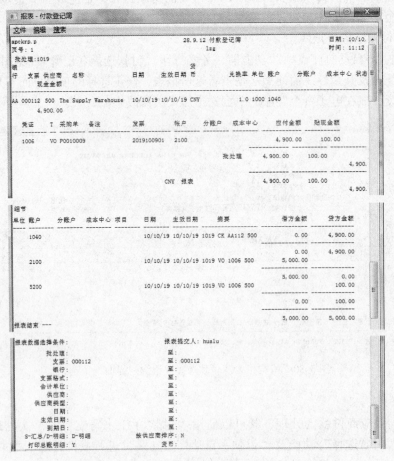

图 5-82　采购相关"付款登记簿"界面及其报表

11. 采购凭证查询

付过款的采购凭证的查询见图5-83。此时，其与付款前（图5-76）的变化就是"未结金额"变为0，以及多了"付款"详情信息。

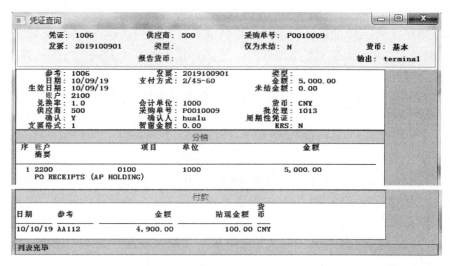

图5-83　采购相关"凭证查询"连续运作的界面（付款后）

12. 供应商活动查询

"供应商活动查询"界面见图5-84，注意支票（AA112）是怎样同支付的凭证（1006）联系在一起的。

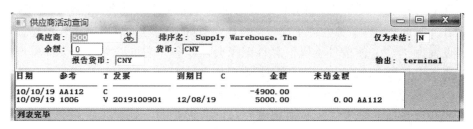

图5-84　采购相关"供应商活动查询"界面（付款后）

五、库存管理相关财务业务

（一）库存管理相关财务基础数据

库存管理相关的财务基础数据主要是设置库存控制文件中的会计事项，见图5-85。

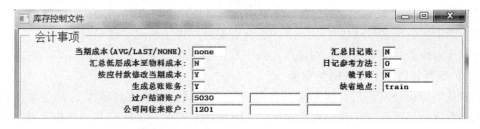

图5-85　"库存控制文件"界面（节选）

（1）当期成本（AVG/LAST/NONE）。该属性是表示当前物料、工时和工时附加成本在系统中是否要进行维护或如何维护的一个代码值，其值可为"平均""上次"或"不"。

（2）汇总低层成本至物料成本。该属性规定低层成本如何过账到产品销售成本。"N"表示对每个成本要素都将低层成本加到本层成本上，并将总成本过账到产品销售成本。如物料总成本（本层加低层）过账到"产品—物料成本"，工时总成本（本层加低层）过账到"产品—工时成本"，其余的（本层加低层）过账到相应的"产品—工时附加成本"、间接成本，转包合同等。"Y"表示将所有低层成本汇总入"产品—物料成本"，只将本层的成本过账到"产品—工时成本""产品—工时附加成本"、间接成本及转包合同成本等。该标志常设为"N"，每个成本要素的产品销售成本金额是分别维护的。但有些公司认为最终产品的物料成本，除了包括直接物料成本外，还应包括所有与采购或制造零件有关的成本，此时应设为"Y"。

（3）按应付款修改当期成本。该属性指明应付账模块中计算的采购价格差异是否影响当前成本。"Y"表示应更新当前物料成本以反映应付账中采购价格的差异，这是供应商发票成本与采购单成本间的差异。"N"表示这些价格差异不反映在当前成本中。当前成本可由系统自动维护，这反映了应计实际成本，并可与总账（标准）成本相比较。当前成本可更新为"上次"或"平均"成本。它可以受采购零件的实际凭证成本的影响，也可以不受。

（4）生成总账账务。该属性指明库存活动是否生成总账会计账务。默认值"Y"表示所有库存的出库、入库、盘点调整和转移均生成一项总账会计账务，以反映库存资产平衡的变化情况。另外，任何影响在制品库存的事务处理都将生成总账会计账务，包括加工单发料、收货和工时成本事务处理。"N"表示上述任何活动都不生成总账会计账务。

（5）汇总日记账。所有库存事务处理通常都会生成总账日记会计账务，既可以生成明细会计账务，即每一库存事务处理生成一个总账会计账务，也可以按批生成汇总会计账务。此属性若设置为"Y"，便按日生成汇总日记账会计账务，它可以为每个会计单位、账户、分账户、成本中心和项目的组合只生成一项会计账务；若为"N"，则生成明细会计账务。

（6）日记参考方法。所有的库存事务处理通常都生成总账日记会计账务。它们有一个以模块代码开头的日记参考号，后面跟随年/月/日形式的日期，接着是六位数字的序号（系统自动递增）。根据处理库存事务所使用的功能，模块代码可为"IC""PO""SO"或"WO"。

（7）镜子账。镜子账户仅用于有增值税的情况。当库存给在制品发料时，在制品的增加反映在损益表及资产负债表中。例如，当从库存给在制品发料时，需要两种会计账务：①在资产负债表账户中借方为"在制品"而贷方为"库存品"；②在损益表账户中借方为"原料费用"而贷方为"在制品的增加"。

（8）默认地点（缺省地点）。数据库中用户通常使用的地点代码。在大多数维护、查询和报表功能中，它作为默认值显示出来，若有需要可以手工修改。若只有一个地点，该地点代码应与地点维护功能中所输入的地点代码一致；若有多个地点，不可以将该属性置空。

（二）库存管理事务相关财务业务

物料从供应商处获得后，经检验、存储，送至车间，再作为产成品返回仓库，然后发货。大多数移动以同样方式改变着库存价值。下面的分类汇总了库存移动及相关财务事务处理。①转移：转移是从一个库存库位到另一个库位的移动，如从检验到存储，在同一地点内转移不影响库存价值。②进出库：入库是指从供应商或车间那里收到零件，它将增加库存值，库存账户为借方；出库是指零件离开仓库，如果是加工单发料，在制品 WIP 账户为借方（增加），库存账户为贷方（减少）。③发货：产成品往客户的移动是发货，库存是贷方，应收账户为借方。④调整：调整是库存某库位的改变，由周期盘点或实际库存产生，根据盘点或实际库存方式，调整库存借方或者贷方并对库存差异账户做相反的处理，它也可用来调整零件的总账成本。任何库存处理都对总账有所影响，特别是计划外出库和入库，参见表5-2。限于篇幅，库存处理对总账的影响不再一一举图例来说明，有兴趣的读者可参考相应财务软件的操作手册。

表 5-2　库存处理对总账的影响

事务	借方账户	贷方账户
计划外入库	库存	采购费用
计划内入库	销售成本	库存
销售退货	库存	销售成本
退货给供应商	采购费用	库存
退货至仓库	库存	在制品
退货—返工	库存	在制品
	在制品	库存
	在制品	人工
	在制品	附加
	在制品	加工单差异
周期盘点调整	库存	差异

六、生产管理相关财务业务

生产管理相关财务业务主要聚焦于成本管理。QAD 公司 ERP 软件中成本管理的详细业务种类见图 5-86。其中，成本集维护见图 5-87。图 5-88 是一种成本累加的图示，而表 5-3 是相应成本物料单表格示例。更深入的生产管理相关财务参见 ERP 财务类操作手册。

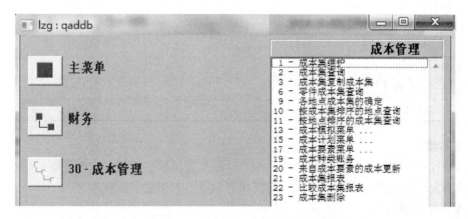

图 5-86　"成本管理"相关功能界面

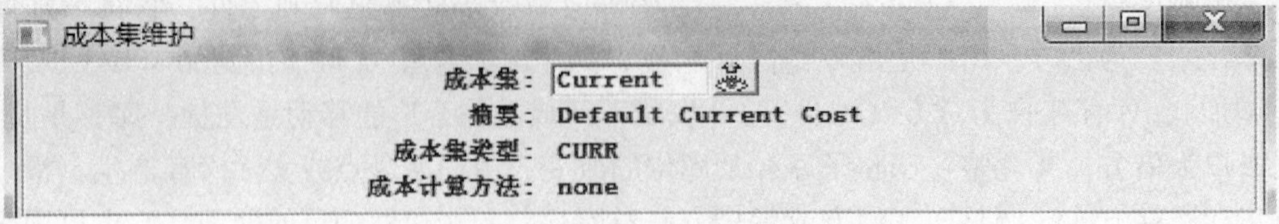

企业资源计划（ERP）

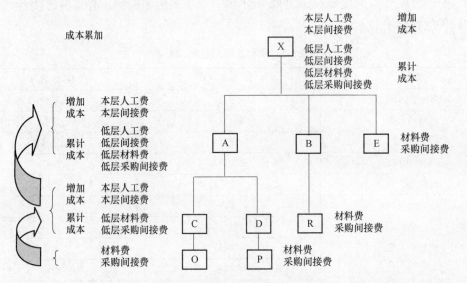

图 5-87 "成本集维护"界面

图 5-88 成本累加方法示例

表 5-3 产品 X（编号 10000）标准成本类型的成本物料单示例

层次	物料号	名称	单位	数量	材料费（元）	人工费（元）	变动间接费（元）	固定间接费（元）	合计（元）
本层					—	2.50	3.00	2.00	7.50
1	11000	A	件	1.0	—	1.95	1.90	2.00	5.85
.2	11100	C	件	2.0	—	0.80	1.00	0.60	2.40
..3	11110	O	件	2.0	8.25	—	—	—	8.25
.2	11200	D	件	1.0	—	1.50	2.00	1.00	4.50
..3	11210	P	件	0.5	6.00	—	—	—	6.00
1	12000	B	kg	1.0	—	1.00	1.20	0.80	3.00
.2	12100	R	件	1.0	5.50	—	—	—	5.50
1	13000	E	件	1.0	4.75	—	—	—	4.75
合计					24.50	7.75	9.10	6.40	47.75

1. 成本集

成本集代码用于标识一组特定、唯一的产品成本。例如，用户可以在必备的标准成本集和当期成本集之外，考虑平均成本、本年度预算成本、上年度实际成本等。

2. 成本集类型

该值可以是 GL、CURR（默认值）或 SIM，指明存储在该成本集中的成本类型并决定它们如何使用。"GL"成本集包含可以用于生成总账会计账务的成本。"CURR"成本集包含当期成本,它不用于总账会计账务,但用于存储当日产品的实际成本。它还用来与总账成本加以比较,以标识异常差异。"SIM"成本集包含模拟成本,用于存储预估或"如果—怎么样"的成本,如模拟计算人工成本增加10%时的结果。

3. 成本计算方法

有多种更新成本集的方法。如果成本集类型是 CURR,那么成本计算法必须是 AVG(平均值)、LAST(上次成本)或 NONE(手工更新);如果是 GL,成本计算法必须是 AVG(平均值)或 STD(标准成本);如果是 SIM,成本计算法自动置为 NONE(手工更新)。

除了以上销售管理、采购管理、库存管理和生产管理相关的财务业务外,ERP 系统的财务管理通常还包括总账、现金管理、固定资产。限于篇幅,这些业务相关财务运作不再一一详述,详情请参见 ERP 财务类软件的操作手册。类似地,ERP 系统常有的质量管理、人力资源管理、知识管理、电子商务管理等模块的内容,限于篇幅此处不再详述。

习　题

1. 绘制 ERP 系统中采购管理业务的生命周期图。
2. 绘制库存管理的大致流程图。
3. 绘制盘点的业务流程图。
4. 绘制实际库存的业务流程图。

第六章
企业资源计划的实施管理

本章要点:
- 启动 ERP 项目与 ERP 项目实施规划。
- ERP 项目实施步骤与过程控制。
- ERP 系统实施的运行管理。
- ERP 系统实施的关键成功因素分析与评估。

ERP 系统实施是一项专业性很强的工作,需要由专业咨询人员和客户方骨干成员组成项目组共同完成。实施过程是一个"有目的、有计划、有组织、有正确的方法指导和完整策略体系保障"的系统化过程。本章主要阐述 ERP 项目启动的时机选择、实施规划与步骤、ERP 实施成功的关键因素、实施过程控制及实施效果评估等内容。

第一节 启动 ERP 项目与 ERP 项目实施规划

一、启动 ERP 项目

(一) ERP 项目意向的提出

在意向提出阶段,业务部门发现需要由信息化手段来实现的业务需求,并提出建设信息化系统的期望。意向的产生经常集中在业务规划期间,比如在财年末,业务对自身的模式进行盘点期间,往往产生业务模式的改进或改革的需求,从而产生信息化工具需求。这时产生的想法或需求,往往不是很成熟,不确定性很大,后期变化的风险也很高。但这一时期,也是意向最集中、最易于统筹规划的时期。信息化部门通常在这一时期对所有意向进行收集,分类整理,初步形成项目建设清单,并考虑公司战略重点与资源投入的约束,对项目进行排序,以确定建设重点。

对于不在集中规划时期提出的项目意向,往往会影响到原有的整体规划与计划,各方面的论证更应谨慎,比如项目的必要性、投入的合理性、资源到位的可能性、对已建和在建系统的影响等。

信息化管理部门可以通过建立一些制度与流程,对业务需求的意向进行引导,尽量使意向在集中规划时期提出。

作为规范化管理过程的一个阶段，意向提出的标志性文件是项目建议书，其主要内容包括投资机会分析与选择、ERP 项目需求及建设条件、建设意义及价值、投资经济效益评估等。

（二）初步需求分析

在受理了项目的意向以后，就进入对项目需求的初步分析阶段。这一阶段需要有信息化人员与业务人员组成的小组，对业务需求进行初步调研与分析。需求分析采用的方法主要包括各业务层次人员访谈、会议。

这一阶段经常出现的典型情况是，信息化人员可能认为业务的需求不清晰，而业务部门认为自己的需求已经十分清晰。解决这个矛盾的关键在于要有详细的管理控制方法，引导业务人员进行需求的细化，如制定需求分析报告的框架、针对关键点形成文档。一般来说，需求分析包括以下内容：①当前业务流程分析；②未来业务流程分析；③当前业务与未来业务的差异分析；④信息化功能点需求；⑤对将来系统的非功能需求，如性能需求、环境需求、安全需求等；⑥需求的优先次序等。

需求分析报告形成以后，还需要组织对需求的评审，以达成项目关系人对需求的一致认可。这一过程可包括：

（1）制定评审计划。制定评审的工作计划，确定评审小组成员，准备评审资料。

（2）需求预审查。评审小组成员对需求文档进行预审。

（3）召开评审会议。召开评审会议，对初步需求分析报告进行评审。

（4）调整需求文档。根据评审发现的问题，对需求进行重新分析和调整。

（5）重审需求文档。针对评审会议提出的问题，对调整后的需求文档进行重新审查。

（三）方案可行性论证阶段

方案的可行性论证是项目启动阶段的关键活动，它的质量直接影响项目的实施效果。论证小组一般由企业内部的业务人员与 IT 技术人员组成，视项目的重要程度、难度与规模，可能还需要企业外部的专业顾问人员。其目的是从管理和技术等角度论证方案是否有效。

可行性论证立足于项目，对管理上、技术上、实现上的难点进行阐述，逐步理清楚客户的需求，并在需求分析的基础上规划总体解决方案，以作为项目投入产出评估的依据、产品选型的依据，以及后续实施方案的约束。

建立在业务需求分析基础上的项目投入与价值分析，往往是比较粗略的宏观感受。业务部门在提出信息化需求时，并没有充分考虑它与其他系统之间的关系，这样得出的投入与产出分析也是很粗略的。如果在此基础上，通过可行性论证，确认该项目的定位及与其他系统的关系，相信投入产出的分析将更有说服力。

制定可行性方案的依据是业务需求，它不受任何产品影响，并且是后续产品选型的依据。企业应按论证后的方案在产品选型过程中始终坚持以自身的需求和规划为原则选择产品与方案，而不受供应商解决方案的误导。

可行性方案与实施方案是总体设计与详细设计之间的关系。可行性方案描绘了总体的业务方案与技术架构，而实施方案是可行性方案在各方面的细化。

当项目的可行论证通过以后，一般由信息主管部门（或由高层指定的部门）提出项目立项申请书，提交董事会进行讨论和决策。一旦形成决议，就意味着项目可以正式启动。

[案例 6-1] 思科公司启动 ERP

思科（Cisco）公司成立于 1984 年，并于 1990 年公开上市。公司最初的产品是路由器，包含硬件和软件。随着 Internet 技术的发展，市场对思科产品的需求剧增，公司很快开始主导其市场。1997 年，思科在税收和资产回报上列入《财富》500 强的前五名。1998 年思科仅成立 14 周年时，它的市值已超过 1000 亿美元，是 1997 年的 15 倍。

1993 年以前，公司的生产、销售和研发分散在三条产业线中，采用基于 Unix 的核心事务处理软件，支持的功能涉及财务、生产和订单输入系统。随着业务的快速增长，公司管理层意识到现有的事务处理系统的可靠性、可量测性和灵活性将无法满足未来公司预期增长的需要。

根据公司快速增长的业务需要和远大的发展前景，公司管理人员认为需要改革，希望能建立一个集中式管理组织机构，将生产、客户支持、财务、人力资源、IT 和销售集成在一起，但是，出于对"超百万元大项目"的担忧和节省 IT 预算的需要，ERP 的解决方案最初被回避掉了。公司信息执行官（CIO）让每个职能部门自己决定是否继续使用或适时替换各自的业务系统，但为了保持思科业务系统的标准化，要求所有职能部门用统一的结构体系和数据库。

接下来的一段时间，企业信息系统的运营陷入了困境。终于在 1994 年 1 月，原有系统出现了明显的问题，以致系统的缺陷不能再被忽视。系统功能失效（故障）促使一种未经许可的方式访问了公司的中心数据库工作区，导致中心数据库被破坏，公司被迫关闭两天。信息管理部门努力恢复，以避免公司系统全面瘫痪。此时管理人员认识到他们主张采取的系统局部替换的方法并不能解决问题，需要有替代方案。因此，"用单一集成系统置换所有应用系统"的方案被提了出来。在二月份（即公司停工故障一个月之后），公司组织了替换原有系统的调查，最后决定用 EPR 的解决方案替换现有的系统，并经过论证解除了公司高层对项目风险的担忧。

（资料来源：哈佛商学院案例集。）

二、ERP 项目实施规划

ERP 项目实施规划是依据企业的战略，对 ERP 近、中、长期的使命和目标，实现策略和方法，实施方案等内容所做的统筹安排。该规划是在企业战略层次，把企业作为一个有机的整体，全面考虑企业所处的环境、本身的潜力、具备的条件以及企业进一步发展的需要，勾画企业在一定时期内，所需开发的应用项目。它采用"自顶向下"方式，一步一步地达到建立企业管理信息系统的目标。

ERP 是一项投资大、周期长、复杂度高的系统工程，科学的规划可以减少其盲目性，保证系统的整体性和适应性，保证建设工作有良好的阶段性，节约开发费用。

（一）ERP 实施规划的内容

ERP 的实施规划总体上应该有四个方面的内容：实施前期任务，实施目标规划，实施过程管理，实施后期管理。

1. 实施前期任务

这一部分是对企业的需求和现有条件进行细致分析，确定项目实施的总体范围和期望值，而且这个期望值是合理并且能够实现的。用户企业与 ERP 软件供应商对需求分析、实施内容和范围达成一致，对实施中必要的人力和财力投入达成共识，以确保双方对今后项目实施过程中可能遇到的困难和阻力有充分的估计并能制定对策。

2. 实施目标规划

成立项目实施小组，写清楚项目实施各阶段的时间进度和阶段定义，描述评价达到这些目标的标准和方法，与用户企业中高层领导讨论并获得最终的实施方案。

3. 实施过程管理

因为实施 ERP 是一项长期而细致的工作，应依据需求分析将整个大项目拆分成阶段性的小任务，体现整体规划、分步实施的原则。每个小阶段的需求和解决方案都应该用文字描述清楚。实施过程中要经常召开阶段性的会议，保持必要的信息沟通，注重实施文档的建立和保存。

4. 实施后期管理

实施方案在这一部分要详尽描述规划目标与实施工作安排的吻合程度，说明实施后所达到的效果。一般是将需求分解成三部分，首先是软件能够直接实现的，这部分应该占 60% 左右；其次是需要用户适当修改流程来变通解决的，这部分一般占 30% 左右；最后是需要结合企业特殊情况和实际问题进行二次开发的，最好不超过 10%，否则实施周期会过长而且不易控制。

（二）实施规划应注意的问题

1. 认清自身，树立 ERP 战略意识

实施 ERP 的企业应该在人力、物力、财力、技术、制度和文化等方面做好自身资源的详细调查与能力评价工作，认清哪些是企业的优势，哪些是约束条件，尽力利用与增强自身的优势资源，通过合作等途径弥补自身资源的瓶颈。战略决定胜负，企业在考虑企业自身能力的基础上，要做好 ERP 战略的制定和明确的 ERP 战略指导。ERP 的实施是一个非常复杂的社会系统工程，企业内外的微观和宏观环境也在不断变化，为此必须充分分析企业内外部环境，制定一个动态的 ERP 实施战略。

据报道，国外实施 ERP 成功的企业花在 ERP 战略思考、战略研究上的时间占全部 ERP 实施工作时间的 60%，而我们实施 ERP 的企业对此却很少有深入的思考和研究。许多企业从一开始乃至直到 ERP 系统完全失败也没有制定出一个 ERP 实施的战略，只是走一步看一步，走到哪里算哪里；有些企业虽然制定了 ERP 发展战略，但不能根据内外环境的发展变化对战略进行及时修订调整，适时实行战略转移。然而，战略上的失误往往是致命的，受到的损失与打击也是无法估量的。因此，企业实施 ERP 应该增强战略意识，强化战略思维，花大力气做好 ERP 战略研究与战略设计工作，并根据形势的变化适时调整 ERP 的战略重点，从而实现实施 ERP 提高企业效率、效益与竞争力的最终目的。

2. 建立有执行力的 ERP 战略

有了良好的战略意识与战略思维，同时还应考虑战略的执行力。如果 ERP 实施战略仅在理论上、逻辑上可行，不一定是一个好的战略，还要看它在时间、空间、人力、物力、财力、技术、制度等方面是否有保障，因此企业在制定好自己 ERP 战略的同时更要制订一个相当详细的 ERP 系统实施计划，在组织安排、人员培训、阶段划分、制度建设、管理沟通和文档管理等方面做好计划，统筹安排。

3. 分析环境，抓住实施 ERP 的时机

21 世纪，没有危机感是最大的危机。企业的竞争已经进入白热化的程度，企业必须时刻关注和识别企业的内外环境变化，并对变化做出快速反应。企业实施 ERP 也是同样的道理。现在企业的竞争不再是单纯的技术的竞争，而是机会和供应链与供应链之间的竞争，只有在第一时间适应供应链竞争的变化，才能保持自身在供应链中的核心竞争力。因此，企业在多变的环境下，一定要根据企业自身的能力和所在供应链的位置，抓住实施 ERP 的时机。

4. 认清实施 ERP 的最终目的

ERP 系统建立在"以客户为中心"的管理理念的基础上，是把企业的物流、资金流和信息流高度统一的系统。它的实施满足了企业的事前预测、事中控制与事后监督的目的，可以把企业的问题消除在萌芽之中。企业应该把 ERP 看作企业问题的预防工具和管理思维的变革，而不是企业问题的解决工具。企业实施 ERP 的最终目的是通过对企业信息一体化帮助企业做出正确的、及时的预测与决策，对内外环境的变化做出反应与预防。

ERP 的实施是一个系统工程，涉及企业的战略、管理者的思维、人、财、物等各个方面，为此，要实施 ERP 的企业必须充分调查企业的内外环境，树立 ERP 实施战略意识，做好实施计划，抓住实施时机和充分认识实施 ERP 的最终目的。只有这样才能为 ERP 系统的成功实施夯实基础，提高成功率，最终提高企业的盈利水平和竞争力。

第二节　ERP 项目实施步骤与过程控制

一、ERP 项目实施步骤

企业实施 ERP 系统总体上可分为三个阶段：前期工作、项目实施和业绩考核。

（一）前期工作

前期工作是指企业在考虑采用 ERP 系统之前首先要做的事情。前期工作主要包括成立筹备小组、ERP 知识培训、可行性分析与立项、需求分析和软件选型。

1. 成立筹备小组

成立项目筹备小组是前期工作中应首要完成的事项。其重要性有以下几点：

（1）为企业正式导入 ERP 概念和必要的理论基础知识，为下一步工作打好基础。

（2）对企业的 ERP 项目进行可行性研究，提出分析报告，做好项目的预算与总体计划，为领导决策提供依据。

（3）进行企业实施 ERP 项目的需求分析，提供分析报告，为企业 ERP 系统的选型工作做好准备。

（4）进行 ERP 系统的选择，包括选择 ERP 软件系统、实施的顾问公司等。

筹备小组的成员一般包括：企业的管理者代表，企业管理部门主要领导，信息部门主要领导，各业务部门的特选业务人员或管理人员。此外，企业最好请专门的咨询机构来参与筹备，便于以后开展工作。

2. ERP 知识培训

筹备小组成立以后，接下来要做的事情就是进行 ERP 的知识培训。要让小组的成员了解 ERP 的基本原理和管理思想，这样才能为后续的可行性分析、需求分析及 ERP 的选型提供理论基础。

进行ERP的知识培训，可以外派人员去学习，也可以请一些有关的咨询机构、软件公司来企业授课。较好的方法是请ERP领域的咨询机构来培训。这样一方面可以使企业了解较多的ERP行业情况，另一方面也可以使企业更多的人员接触ERP知识。

3. 可行性分析与立项

可行性分析的任务是明确ERP项目在企业应用的必要性和可行性。必要性来自实现开发任务的迫切性。虽然ERP系统对企业的管理和运营有着巨大的作用，但并不是每个企业都适合用ERP系统来管理。员工的整体素质、企业的硬件设施、管理层的支持程度等都会约束ERP的采用。可行性分析取决于实现和应用系统的资源和条件，此项工作需要建立在初步调查的基础上。如果领导或者管理人员对ERP系统的需求不是很迫切，或者条件尚不具备，就是不可行的。

可行性分析的内容主要包括：

（1）管理上的可行性。这是指管理人员对开发应用项目的态度和管理方面的条件。如果高、中层管理人员的抵触情绪很大，就有必要等一等，积极做工作，创造条件。管理方面的条件主要是指管理方法是否科学、相应管理制度改革的时机是否成熟、规章制度是否齐全，以及原始数据是否正确等。

（2）技术上的可行性。分析当前的软件、硬件技术能否满足系统提出的要求。ERP系统属于知识密集型，对技术要求比较高，企业如果缺乏足够的技术力量，是很难成功的。

（3）经济上的可行性。这主要是预估费用支出和对项目的经济效益进行评价。在费用支出方面，不仅要考虑硬件费用，而且要考虑相关设施建设费用、软件开发费用、人员培训费用和将来系统投入运行后的经常费用（如管理、维护费用）和备件费用。经济效益应从两方面综合考虑，一部分是可以用钱衡量的效益，如加快流动资金周转、减少资金积压等；另一部分是难以用钱表示的，例如提供更多更高质量的信息、提高取得信息的速度等。

筹备小组要从企业整体利益出发，客观地反映问题，根据分析结果撰写可行性分析报告。其内容包括：系统简述，项目的目标，所需资源，预算和期望效益，对项目可行性的结论。经过领导决策批准后，正式对ERP项目进行立项，做出项目的预算，筹备小组对有关的资源需求计划进行落实，同时启动各项计划。

4. 需求分析

在立项后，筹备小组要对企业进行详细需求分析。每个企业都有自身的特点，有不同的管理需求。需求分析的时间可能比较长，而且专业性要求较高。由于分析结果的好坏关系到以后ERP的选型工作，因此最好是在有关专家或咨询公司的指导下进行。需求分析报告是企业ERP软件选型的主要依据。需求分析的内容主要有：

（1）各个部门需要处理的业务需求。分析有关业务的数据流入、业务数据处理方式、业务数据流程的情况，尤其要注意产品的结构特点、物料管理特点、生产工艺特点与成本核算特点等。再根据各项业务需求，标识出企业需求的分类级别，如重点需求、一般需求和最佳需求等。

（2）考虑业务数据使用权限的设置。有时企业的权限需求很特殊，例如，不只是对功能的控制权限有要求，而且对字段、甚至是对字段内容的控制权限也有要求。

（3）业务报表需求。列出报表需求清单，标识出必要需求、一般需求和最佳需求等。

(4) 数据接口的开放性。企业已有或未来会有各种各样的信息系统，如 CAM、CAD、PDM、DSS 等，要考虑这些系统间的数据传输问题。

5. 软件选型

需求分析之后，重要的工作就是软件选型。企业在进行 ERP 软件选型时，首先必须就引进商品化的 ERP 软件还是自行开发 ERP 系统做出选择。这两种模式各有利弊。自行组织开发软件需要企业自身有很强的 IT 队伍，而且要保持人员的长期相对稳定，只有这样才能保证软件系统的运行和升级维护。因此，对于绝大多数企业来讲，购买商品化的 ERP 软件是比较合适的。企业在外购商品化软件时应参考以下三个原则：

（1）要选择一个适用的产品而不是"最好的"产品。ERP 市场上软件产品种类繁多，功能差别很大，选型时要考虑适合本企业业务需求及未来发展的产品，而不要选择大而全的产品。有的 ERP 产品功能很强大，支持的企业类型也很多，但有相当多的功能企业根本用不上。如果选择这样的产品，不仅要为这些不需要的功能付费，还会增加企业使用及维护的工作量，实施的周期也会加长。

（2）要选择有成功用户先例的软件产品。成功的用户可以校验软件产品以及相关服务的有效性。实施 ERP 是企业的一项重大投资决策，因而不要贸然选择那些未经实践证明的产品。企业应多考察那些具有成功先例的 ERP 产品，然后加以分析选择。

（3）应注意供应商的实力、售后服务与支持。选型时要考虑软件供应商在系统维护、二次开发、售后服务与支持等方面的综合实力。企业有自身的管理特点，因而可能会有二次开发的工作，而且是长期的。因此，软件供应商的维护、二次开发支持能力也要作为选型的重要依据。有些 ERP 软件供应商二次开发的成本相当高，甚至不提供二次开发，这一点企业需要加以考虑。同时，软件供应商的服务能力也是决定选型的重要因素之一。ERP 厂商实施服务能力的积累、对客户流程的理解，都直接影响到 ERP 实施的成败。在这方面，可以从 ERP 厂商是否有完整的服务体系、持续发展能力如何、是否有完整的产品体系等几个方面来进行综合考虑。此外，良好的性价比，也是企业在选择 ERP 厂商时需要考虑的问题。

（二）项目实施

ERP 项目实施一般按项目管理的原则进行。实施的一般流程如下：①成立项目三级组织；②制订项目实施计划；③调研与咨询；④系统软件安装；⑤培训与业务改革；⑥准备数据；⑦原型测试；⑧用户化与二次开发；⑨建立工作点；⑩同步运行；⑪正式运行。以上步骤在不同的情况下可以进行取舍，如不需要二次开发的就可以省略⑦、⑧两个步骤，甚至改变流程的顺序。下面具体讨论各步骤工作的内容。

1. 成立项目三级组织

项目的实施必须落实责任与权利，按照对项目实施的作用把项目组织分为三个级别：领导小组、项目实施小组、项目应用组。通常，这三级项目组织的成立都是在 ERP 咨询机构的指导下完成的。

项目领导小组是整个项目的领导，必须有足够的权威性，通常以企业的"一把手"为核心，由与 ERP 系统有关的厂级领导（如财务总监、企管部主管、计划部主管）、实施小组组长（企业实施 ERP 的项目常务负责人、项目经理）组成。通常称之为"一把手原则"。领导小组的工作职责如下：①进一步明确 ERP 项目总体要达到的目标；②推进管理改革；③检查工作进度；④检查项目成果；⑤确定实施小组的人选；⑥审批考核制度。

项目实施小组是ERP项目实施的常务机构，又称为"核心小组"，因为ERP的实施工作主要是由项目实施小组来推动完成的。高效、强有力的项目实施小组往往使领导小组的工作轻松而高效。项目实施小组的组长（也就是该项目的项目经理）的人选很关键，一般来说要具备以下条件：

（1）非常熟悉企业的管理情况，并对企业的产品、工艺流程有深刻认识，而且在企业中具有一定的权威，能够做到及时排除实施阻力，无法解决的问题及时提交领导小组。

（2）具有百折不挠、勇于创新的工作精神，而且要一定的管理水平。

（3）具备较强的组织能力。ERP项目涉及企业各个部门的人员，因此要求实施组组长有较强的组织、领导能力，可凝聚、团结整个项目组成员，在遇到困难时，可以召集项目成员讨论并共同解决。

（4）具备良好的项目管理能力。实施组组长还必须熟悉项目管理方法，控制项目的进度、成本，确保项目的目标能达到。

从上面可以看出实施组组长的重要性与工作量。实施组组长一般应该会脱产或分阶段脱产，以保证投入全部的精力。实施组的人员一般由主要业务部门主管、业务骨干、计算机系统维护人员等构成。顾问参与的形式有两种：一种是直接增派实施顾问、咨询顾问到领导小组、实施小组；另一种是成立顾问组，在需要的各个地方、时间参与领导小组、实施小组、应用小组的实施活动。这两种方式可以根据顾问公司情况及企业的管理情况等做相应的安排。项目实施小组一般有以下职责：①制订实施计划，并监督执行；②在软件公司、咨询公司的有关顾问的指导下，安排企业项目的日常实施工作；③负责指导、组织和推动应用工作，积极提出并参与业务改革；④负责组织原型测试，模拟运行ERP软件系统，并提出有关意见；⑤负责企业的内部培训工作，把ERP的培训贯彻落实到企业的各个层次，每个项目实施组成员都要充当培训教员的角色；⑥负责按要求收集数据，监督数据录入处理，并编制企业的ERP数据规范；⑦制定岗位工作准则；⑧负责系统的安全和保密工作；⑨提交各个阶段的工作报告。

实施小组在整个ERP项目实施过程通常应有计划地组织安排例会，一般每一到两周开一次实施工作例会。会议的讨论事项有项目的进度、项目的难度、需要共同充分调动的事项、近期工作总结、下阶段工作安排与要点及资源调配等。

项目应用组一般由各个部门的主要业务操作人员组成，完成部门的ERP项目实施工作任务或进行ERP项目专题讨论。应用组要在项目实施小组的领导下，根据部门工作的特点，制定出本部门的ERP项目实施方法与步骤，熟练使用与本部门各业务工作点有关的软件，提出具体意见，包括业务改革的执行意见。

总之，项目领导小组、项目实施小组和项目应用组是紧密联系的项目整体，下一级项目组的负责人是上一级项目组的成员，如应用组的负责人是实施小组的成员，实施小组的组长是领导小组的成员，整个项目的负责人是企业的"一把手"。这样能为成功实施ERP项目打下坚实的组织基础。

2. 制订项目实施计划

项目的实施计划一般由经验丰富的咨询公司制订，或在其指导下制订，之后由企业的项目实施小组根据企业具体情况讨论和修改，最后由项目领导小组批准。项目实施计划一般分为两类，即项目进度计划与业务改革计划。

一般来说，ERP 的项目实施会分为两到三个阶段，也就是常说的二期、三期或更多。期数的划分要依据企业的 ERP 软件模块需求、二次开发量、企业的业务工作量、项目资源、企业的市场销售情况进行。要制订分阶段、分步实施的系统模块详细计划，详细到各个业务的具体实施，并对负责人提出要求。

3. 调研与咨询

该阶段是对企业的 ERP 业务管理需求进行全面调研，并根据企业的管理情况提出管理改革方案。如果企业的业务复杂、规模较大，则调研花费的时间会比较多。调研报告与咨询方案要经实施组与领导小组讨论并通过。ERP 的调研报告与咨询方案通常包括以下几个部分：

（1）企业管理现状的描述，即对企业的各种业务、各个部门的业务职责及关系进行准确描述。这能保证咨询、实施方对企业的业务和管理有充分的了解。

（2）ERP 的管理方式，即描述与本 ERP 软件结合的管理方式。

（3）业务实现与改革，即根据对企业业务、管理的理解与 ERP 系统相互结合，说明企业管理流程、业务流程是如何利用 ERP 系统来实现的。同时，根据 ERP 系统的需要与企业的实际管理现状提出业务改革方案，即业务流程重组（BPR）方案。

（4）达到的效果，如管理数据与报表、直接效益及管理效益等。

4. 系统软件安装

系统安装包括软、硬件的设计与安装，尤其是硬件的方案，可以与调研同步进行。一定要考虑企业的现有资源，提供多种参考方案，并通过与供应商合作，建立企业的系统建设方案。在未详细规划企业的 ERP 应用工作点前，必须优先考虑在计算机中心或一些主要的业务部门建立初步的系统安装与测试工作点，等到建立后续的应用工作点时，再安装相应的软件。

5. 培训与业务改革

应该说企业在推行 ERP 前，各部门人员对 ERP 的理解参差不齐或理解不深。培训的目的就是为了企业顺利地实施 ERP 系统，深入理解 ERP 的思想与理论，使企业的管理再上一个台阶。ERP 培训的类型有理论培训、实施方法培训、项目管理培训、系统操作应用培训、计算机系统维护等。要根据不同的层次、管理业务对象制订不同的培训计划。

ERP 是管理软件，它的数据流反映企业的业务流程，各个子模块之间存在严密的逻辑关系。因此，制定培训计划要注意软件的逻辑流程，否则在培训时就会经常遇到流程不能通过的现象，影响培训效率与受训人员的学习兴趣。另外，各部门人员除了掌握本业务岗位操作方法外，还要熟悉相邻流程业务的操作。

各级领导，尤其是领导小组、实施小组，在进行 ERP 的相关培训后，增强了对 ERP 理论、管理思想、业务流程的理解。调研咨询报告中的业务改革的内容是有关专家、顾问在了解了企业的实际管理运作后，利用他们的 ERP 实施工作经验，以及丰富的管理知识，提出的综合管理解决方案。经过系统的培训，领导小组、实施小组成员就可以对业务改革提出更为详细的执行计划，并且还会有一些补充意见与建议。因此，业务改革从这里开始较为成熟。

6. 准备数据

经过培训后，就可以开始收集业务数据了。这并不需要在培训完全结束后进行。其目的是给实际操作业务处理模块提供基础数据，并检验软件处理结果。前期工作中已经涉及对测试软件系统的测试数据的收集，但那个时候数据录入多由软件公司完成并用于测试，如物品编码、库存初始等数据只是用来测试用，没有规范性。在加深了对 ERP 的理解后，可以在实施顾问的指导下，重新对业务数据进行收集。这些数据分为以下三类：①初始静态数据，有物品代码、物品工艺路线、初始库存数据、工作中心数据等；②业务输入数据，有物品入库数据、出库数据与销售订单数等；③业务输出数据，有物品库存数据、可用库存量与物品的计划需求量等。

7. 原型测试

将收集的数据录入 ERP 软件，进行原型测试工作。在这个阶段，企业的测试人员应在实施顾问的指导下，进行系统测试工作。因为 ERP 的业务数据、处理流程相关性很强，必须按系统的处理逻辑处理，否则录入的数据无法处理，或者根本无法录入。例如，要录入物品的入库单，则必须先录入物品代码、库存的初始数据等。原型测试的目的概括如下：

（1）通过实战模拟，进一步熟悉 ERP 的业务处理及操作的使用方法。

（2）检验数据处理的正确性。

（3）通过查询、分析业务数据，获得高效的处理成果，增强实施信心与兴趣，并为数据共享与数据报表的利用提供依据。

（4）感性认识 ERP 的业务管理方法。

（5）对比 ERP 的处理流程与企业现行实际流程的异同，为业务改革提供依据。

（6）理解各种数据定义、规范的重要性与作用，为制定企业数据规范提供依据。

（7）根据使用情况、业务需求提出二次开发的需求。

8. 用户化与二次开发

因为企业有自身的特点，ERP 的软件系统可能会有一定量的用户化与二次开发的工作，例如为用户创建的特殊操作界面、报表和处理特殊业务等。用户化一般是指不涉及流程程序代码改动的工作，这种工作可以由实施顾问对系统维护人员进行培训，以后长期的维护工作就由这些人员完成。这些工作大部分是报表工作。有些灵活些的软件，含有工作流程定义的功能（各类业务处理的流程自定义，例如定义多级审核等），这也必须由用户自己维护。二次开发通常是指为了增加或者修改软件的功能而改动程序的工作，需要 ERP 供应商提供支持二次开发的工具，还可能需要有软件的源程序。这些可能需要支付额外的费用，因此应慎重考虑。一般需考虑以下几个方面：

（1）临时性的业务、非重要性的业务一般不进行二次开发。

（2）输出的工作效益不大的工作一般不进行二次开发。

（3）若企业的业务流程（管理思路）与 ERP 软件不符，要综合考虑哪个更合理、涉及的业务改革量及变化程度，并比较二次开发与管理改革的成本与效益。

（4）二次开发会增加 ERP 的实施成本和实施周期，并影响实施人员（服务方与应用方）的积极性。

（5）二次开发的工作应考虑与现有的业务流程实施并行操作与管理，减少实施周期，这也是制定实施计划要注意的一点。

当用户化或二次开发完成后，要进行实际数据的模拟运行，通过对处理过程及输出结果的检验确认成果。该过程类似于原型测试。

9. 建立工作点

工作点也就是 ERP 的业务处理点、计算机用户端及网络用户端。ERP 的业务、管理思想就是通过这些工作点实现的。工作点不等价于实际的计算机终端。不同业务处理点，如系统的采购订单处理工作点与订购单处理工作点，可以在一个计算机终端上。另一方面，工作点也不同于企业的业务处理点。例如采购订单处理与订购单处理可能是一个业务处理点，但可以根据流程的需要划分为两个工作点。建立工作点时一般要考虑以下几点：

（1）一般先考虑 ERP 的各个模块的业务处理功能，如采购系统基础数据、采购订购单录入与维护及采购订单处理等来划分工作点。

（2）结合企业的硬件分布，如计算机终端分布、工作地点等。

（3）考虑企业的管理状况，如人员配置、人员水平和管理方式等。

建立工作点后，要对各个工作点的作业规范做出规定，即确定 ERP 的工作准则，形成企业的标准管理文档。

10. 同步运行

在相关的工作准备（如系统安装、培训、测试等）就绪后，就进入系统的同步运行阶段，即 ERP 系统与现行的手工业务处理系统或单一软件系统同步运行，保留原有的账目资料、业务处理与有关报表等。同步运行是为了保持企业业务工作的连续性和稳定性，同时是 ERP 正式运行的磨合期（此阶段的业务改革依然在继续进行）。该阶段的数据准备工作包括静态数据收集、系统基础资料录入，一般应做到：①物品代码资料必须准确，无重复；②BOM 资料准确率在 98% 以上；③库存数据准确率在 95% 以上；④工艺路线准确率在 95% 以上；⑤产品提前期数据的准确。

如果数据准备工作未做好，很可能会导致系统运行与实际业务处理不顺畅（数据不准、影响计划或加大手工补充处理等），而且容易导致正式运行的时间拖后，影响实施周期与实施效率。同步的时间一般为三个月，可以根据企业的具体情况制订相应的并行计划。同步阶段的工作量较大，时间不宜过长。企业在该阶段要全力支持，做好资源调配工作，重点突击，各个击破，争取第一次就把工作做好。

11. 正式运行

正式运行也叫系统切换。同步运行认证了新的系统能正确处理业务数据，并输出满意的结果，新的业务流程也已顺利运行，员工学会了系统操作，就可以将相关业务完全转入 ERP 系统。如发现问题要及时讨论解决，不符合正式运行的业务处理坚决不能转入正式运行。正式运行要分系统模块、分步骤、分业务与分部门地逐步扩展。

（三）业绩考核

实施的业绩考核内容分为总体效果、计划与控制过程、数据管理、推进过程、计划与控制评价、企业工作评价等六个主要方面。具体可以考核以下指标：①库存准确率；②产品准时交货率；③生产周期；④采购周期；⑤产品开发周期；⑥废品率；⑦库存占用资金；⑧原材料利用率；⑨成本核算工作效率；⑩产品销售毛利润增长。

ERP 对企业的影响是全方位的，效益也是多方面的，除了可量化的经济指标外，还有一些不能量化的管理效益，有的是通过影响业务而带来的经济效益，如企业的经营机制和改革、员工素质的提高、用人制度的改革及企业文化建设等方面带来的隐性或长期的效益。必须说明的是，ERP 带来的效益并不是与各个部门的投入成比例的，有的部门会有较大的付出，如管理物品编码、BOM 的技术部门，但使用得最多的却是库存部门、采购部门和计划部门等。因此，要做好企业各层管理者、业务人员的思想工作，尽量从全局出发，做好本职工作。

[案例 6-2] 思科公司选择 ORACLE

思科公司在实施 ERP 过程中，管理层从公司范围内选择了约 20 人组成项目团队，其选人标准之一是具有"绝对不想放弃"精神的人。同时，公司管理层认识到需要强大的合作伙伴，以协助公司选择和实现任何一个解决方案，而丰富的技术技能和业务知识是选择合作伙伴的先决条件。因此，思科公司选择 KPMG 作为全面合作者。

与 KPMG 一起工作的团队开始面向市场，用多路并进的方法寻求最好的软件系统，团队的策略是尽可能多地吸收别人的经验以丰富自己的知识。他们咨询了大公司和六大会计事务所，也咨询一些研究中心，如 Gartner 集团等。通过一系列评估，项目团队最后确定两个主要的候选软件系统，即 Oracle 和另外一个 ERP 的主要竞争对手。在选择决策过程中，他们始终遵循"不应该将思科的未来放在一个比我们小得多的公司的手中"的原则。

团队用了 10 天时间完成了建议征集书（RFP）并发送给销售商，要求销售商两个星期内做出回复。当销售商准备回复时，思科团队继续其调研——参观访问一系列销售商提供的相关用户。在思科团队分析了 RFP 的回复之后，每一销售商被邀请做为期三天的软件展示，并要求他们演示软件如何能适应思科信息处理的需求。思科提供抽样数据，而销售商解释软件如何适应（或不适应）关键的需求。思科公司最后确定了 Oracle 作为软件供应商，主要因素有三个：

（1）项目要求有完善强大的生产系统，而在这方面 Oracle 有比其他销售商更强的优势。

（2）Oracle 做了很多关于长期提升软件功能的承诺，思科公司有理由相信 Oracle 有能力使项目成功。

（3）思科公司的项目将是 Oracle 新发布的 ERP 产品的第一个主要的实践者。Oracle 宣传其新版本主要的改进是支持生产系统。Oracle 急切地想赢得这个项目，以树立其新产品的市场样板。

从选择的开始到结束，思科团队共用了 76 天。最后的决定是由项目团队集体通过的。紧接着就与 Oracle 进行合同谈判，工作的重点立即变为"项目需要多久"以及"它将花费多少成本"。

（资料来源：哈佛商学院案例集。）

二、ERP 实施过程控制

ERP 系统的实施是一个长期、复杂的系统工程，ERP 系统实施过程的控制将直接影响到 ERP 的成败。ERP 实施过程控制主要包括投资控制、进度控制、风险控制和质量控制。

（一）投资控制

ERP 是企业的一项重要投资项目，对企业的信息化建设和发展起着举足轻重的作用。必须对其进行正确的投资预算和控制，方能保证 ERP 项目的顺利实施。在选择和实施 ERP 系统的过程中，企业 CIO（首席信息官）要明确系统功能、价格、实施等方面的因素，才能做好 ERP 系统投资预算。

很多人认为建设一个信息系统，大部分钱应该花在购置硬件平台、软件、咨询、实施和服务上。但是根据总拥有成本概念，在整个系统投资中购买软件、硬件、咨询服务的投入只占32%，更多的费用投入在系统的管理、技术支持和培训方面。用户培训往往被忽略。ERP系统本身不具备产生数据的能力，用户输入什么系统就认什么，如果用户培训不够，会使得系统效率降低。那么怎样才能降低系统的成本呢？应该从四个方面来考虑：降低初期投资，加速收益时间，缩短实施时间，提高效率。而省钱的方法也有四个：

（1）实施服务产品化。咨询公司有没有服务产品化的经验非常重要。

（2）系统管理套件化。要有一套有效的管理服务体系，否则IT部门就变成了"救火队"，浪费资源，扩大成本。

（3）技术支持层次化。IT部门后面有供应商进行技术支持，但企业自己也应该建立自己的在线咨询，让使用者得到有层次的技术服务。

（4）业务流程标准化。从CIO的角度来讲，越标准化的业务流程，管理的有效性就越好，从而成本控制就更有效。但这个问题不是CIO有能力解决的，这是对企业整体管理水平的要求。

总之，通过服务的改造，可以使ERP项目总拥有成本下降50%以上。企业信息化实际上有很多方法实现，认识到以上几个问题，在实施ERP项目时，就会有较好的方向感，使得整个ERP项目在合适的总拥有成本下获得最大的回报。

（二）进度控制

进度控制就是比较实际状态和计划之间的差异，并做出必要的调整使项目向有利的方向发展。这其实也说明计划和实际状态之间总会存在一些差异，也就是"计划跟不上变化"。其实，没有"计划"便无从谈"变化"，也就是说计划只是一个基准，它是对未来的"预测"。工作中计划的作用是协调工作、分析变化，如果不根据计划执行并进行必要的控制，计划就没有什么意义。也就是说，控制过程中的计划才能发挥作用。进度控制可以分成四个步骤：Plan（计划）、Do（执行）、Check（检查）和Action（行动），简称PDCA。

ERP项目的实施大体上分为三个阶段：前期主要是基础数据准备，进行标准化；中期进行交接面界定，重组业务流程；后期是实施适应期，实行手工与计算机并行作业，逐步解决原手工作业对计算机作业的不适应性。每一阶段都需要领导强力推进和各方协调，否则会有中断、延时、超预算的风险。实施过程中可能出现的问题有：忘记预期目标，在各种利益均衡和困难面前降低原有目标；项目可能暂时影响正常的业务，产生负效应；不可预见性因素影响项目进程，动摇领导的决心。针对以上种种情况，项目负责人必须谋划得当，意志坚定，监督有力，及时沟通，及时分析过程中偏失的原因，积极寻求对策。

（三）风险控制

风险多指对项目"不利"的不确定因素。风险存在于任何项目中，并往往会给项目的推进和项目的成功带来负面影响。风险一旦发生，它的影响是多方面的，如导致项目产品/服务的功能无法满足客户的需要、项目费用超出预算、项目计划拖延或被迫取消等，其最终体现为用户满意度的降低。因此，识别风险、评估风险并采取措施应对风险，即风险管理，有着十分重要的意义。

为了提高信息化项目的成功率，许多用户在项目实施之初，已经开展了不少的工作，比如开展可行性论证、加强项目监管等，但似乎仍然难以抵挡风险的袭击。项目风险管理主要有以下几个步骤：风险识别，风险分析，风险应对计划编制及风险监控。

风险识别是指识别并记录可能对项目造成不利影响的因素。风险识别不是一次性的工作，需要更多系统的、横向的思维。几乎所有关于项目的信息都可能作为风险识别的依据，如项目进度及成本计划、工作分解结构、项目组织结构、项目范围、类似项目的历史信息等。

通过风险识别过程所识别出的潜在风险数量很多，但这些潜在的风险对项目的影响各不相同。风险分析即通过分析、比较、评估等各种方式，确定各风险的重要性，对风险排序并评估其对项目可能产生的影响，使项目实施人员可以将主要精力集中于为数不多的主要风险上，从而使项目的整体风险得到有效的控制。

最常采用的应对风险的几种措施是：规避、减轻、转移、接受。

风险监控主要包括以下任务：①在项目进行过程中跟踪已识别风险、监控残余风险并识别新风险。②保证风险应对计划的执行并评估风险应对计划执行效果。③对突发的风险或"接受"的风险采取适当的权变措施。

ERP项目面对的风险有其特殊性，在实施过程中应特别关注以下几方面的风险。

1. 项目范围的风险

项目采购通常有三种合同方式，即固定价或总价合同、成本报销（加奖励）合同、单价合同。通常，不确定性越大、风险越大的项目，越趋向于采用靠后的合同方式。这也是国外及国内部分ERP供应商在实施服务中采用按"人天"提供服务并收取费用的原因。但采用这种方式，买方（即用户）存在较大的风险。因此，国内很多客户倾向于以固定价格订立服务合同。这种合同方式则对于卖方（即顾问方）不利。在此前提下，若项目范围定义不清晰，可能导致买卖双方对项目范围的认知产生分歧：卖方希望尽量缩小实施范围，以最小的成本结束项目；而买方则希望将ERP系统的所有功能尽可能多地实施，以固定的价格获得最大的收益。若双方的分歧较大，不能达成一致，则必然会造成效率低下，相互扯皮。

因此，ERP项目合同中，应对项目的实施范围做尽可能清晰的界定，切不可停留在"实施财务模块"或是"实施应收、应付、总账管理"之类的层面上。宁愿多花一些时间在项目实施前的范围界定工作上，也不要在项目实施过程中面对ERP繁多的功能各部门互相争执。

2. 项目进度的风险

关于ERP项目实施的周期，目前在宣传上有强调"快速"的倾向。但ERP项目进度的控制绝非易事，不仅取决于顾问公司的能力，同时也在很大程度上受到用户对ERP期望值是否合理、对范围控制是否有效、对项目投入（包括人员时间的投入和资金等的投入）是否足够等因素的影响。

例如，由神州数码提供ERP系统并负责实施的昆山世同金属项目，在较短时间内成功上线，原因之一就是用户对项目分阶段实施有强烈的认同，在第一阶段仅强调对基本功能的实现，而将大量的工作留到上线后或持续改进过程中。

而实际操作中，并非所有用户对ERP实施都有这种理解与认同，因此，在项目进度计划时，一味求快，甚至或是刻意追求某个具有特殊意义的日期作为项目里程碑，将对项目进度控制造成很大压力。

事实上，很多项目的失败，正是起因于项目拖延，导致项目团队士气低落，效率低下。因此，ERP项目实施的时间管理，需要充分考虑各种潜在因素，适当留有余地；任务分解详细度适中，便于考核；在执行过程中，应强调项目按进度执行的重要性，在考虑任何问题时将保持进度作为先决条件;同时,合理利用赶工及快速跟进等方法,充分利用资源。

3. 项目人力资源的风险

人力资源是 ERP 项目实施过程中最为关键的资源。要降低项目的人力资源风险,就要保证进入项目并承担角色的各类项目人员满足项目要求。因此,实施双方应对参与人员进行认真的评估,这种评估应该是双方面的,不仅是用户对咨询顾问的评估,也应包括咨询公司对参与项目的用户方成员(在国内目前的环境下,主要是指关键用户)的评估。同时,应保证项目人员对项目的投入程度。应将参与 ERP 项目人员的业绩评估与 ERP 项目实施的状况相关联,明确 ERP 项目是该阶段项目相关人员最重要的本职工作;制定适当的奖惩措施;在企业中建立"一把手工程"的思想,层层"一把手",即各级负责人针对 ERP 实向下行使全权、对上担负全责。

4. 对 ERP 认识不正确的风险

有的企业把 ERP 视为企业管理的"灵丹妙药",认为既然 ERP"功能强大",只要上了 ERP,企业的所有问题便迎刃而解;或者以为企业的所有流程都可以纳入到 ERP 中来;还有的人简单地将 ERP 视为当前业务流程的电子化。

要防范或减轻这种风险,需要对用户进行大量的培训,培训内容如 ERP 的由来、ERP 的功能、实施 ERP 的目的与期望等,尽可能在用户产生"ERP 不能满足我的需求和期望"这种想法之前,让用户知道"现阶段对 ERP 合理的需求期望是什么"。

可以采取以下措施对 ERP 项目实施中的风险进行监控:①建立并及时更新项目风险列表及风险排序;②项目管理人员应随时关注与关键风险相关的变化,及时决定何时采取、采取何种风险应对措施;③开展风险应对审计,随时关注风险应对措施(规避、减轻、转移)实施的效果,对残余风险进行评估;④建立报告机制,及时将项目中存在的问题反映到项目经理或项目管理层;⑤定期召集项目组员开会,对风险状况进行评估,并通过各方面对项目实施的反应来发现新风险;⑥更新相关数据库和风险识别检查表,以利于今后类似项目的实施;⑦引入第三方咨询,定期对项目进行质量检查,以防范大的风险。总而言之,风险意识是首要的。

(四)质量控制

质量控制是指采取一定的方法和手段使 ERP 项目在实施过程中保证预期的质量。质量控制应贯穿 ERP 项目实施的始终——从前期规划到中期的实施直至最后项目的验收。为加强质量控制,应该由企业的领导层组成 ERP 项目实施质量控制小组,对 ERP 实施过程中的关键环节做检查。

1. ERP 实施准备阶段的质量控制

ERP 的实施是一个大型的系统工程,需要组织上的保证。为了顺利实施 ERP 系统,在企业内部应成立完善的三级组织机构,即领导小组、项目小组和职能小组。其中,职能小组是实施 ERP 系统的核心。ERP 系统不仅是一个软件系统,它更多的是先进管理思想的体现,关系到企业内部管理模式的调整、业务流程的变化及相关人员的变动,所以企业的最高决策人要加入领导小组,负责计划优先级的确定、资源的合理配置、重大问题的改变及政策的制定等。ERP 实施除需要组织上的保证外,还需要准备各种数据及参数。在运行 ERP 系统之前,要准备和录入一系列基础数据,这些数据是在实施系统之前没有或未明确规定的。这需要做大量的分析研究工作,包括一些产品、工艺、库存等信息,还包括一些参数的设置,如系统安装调试所需信息、财务信息和需求信息。

2. ERP 实施过程中的质量控制

ERP 实施过程中的质量控制主要有以下四点。

（1）对项目实施计划和目标把关。在项目的实施过程中，监督和控制的依据是计划和目标。企业实施 ERP 系统实际上是一项管理工程。企业如果缺乏大型管理系统的实施经验，可能会导致过程失控；ERP 系统涉及企业的各个管理部门，可能会在实施过程中产生一些问题和阻力，需要进行协调；完整实施 ERP 系统需要较长的实施周期和较多的资源投入，需要进行周密的计划和控制。因此，需要认真负责地制订出项目实施计划和目标，并对其进行把关，确认这个计划与目标是合理的、切实可行的。

（2）监督和控制投入的各种资源。企业资源，主要是指人、财、物、技术、设备、信息和时间七大资源。对这些资源的利用直接影响到企业的基本经营目标。实施 ERP 是一种系统工程，把企业所有与经营生产直接相关部门的工作联系成一整体，每个部门都从系统总体出发做好本岗位工作，每个人员都清楚自己的工作质量与其他职能有着密切的关系。企业各部门都依据同一数据信息进行管理，任何一种数据变动都能实时地反映给所有部门，做到数据共享，提高了信息"透明度"，保证了数据的及时、准确和完整。管理人员应随时根据企业内外环境条件的变化迅速做出响应，及时调整决策。

（3）岗位责任制的量化管理。建立岗位操作规范，用文字和软件明确岗位责任。对业务操作过程中工作效果的全面记录，能对某一岗位建立反映其工作效果的指标体系。利用真实业务数据，对各岗位工作定时定质，从而形成岗位操作规范。比如，外勤（销售人员）的业绩考核，不仅要考察绝对数字，还要综合考虑实际收入的组成与欠款的分布。建立健全总部与分支机构的汇报与审计机制，收集传输上行报告，同时对出轨业务和工作责任问题要调查原因，并且确定各个岗位间的业务衔接和传递规范。对生产、经营的每一个环节进行文件化、系统化控制，帮助企业达到质量控制的目的。

（4）ERP 实施过程中项目实施人员的质量控制。无论是国内的公司还是国外的公司，ERP 的实施都是一个大问题。其根本原因是实施人员的管理基础知识和理论知识不足，特别是缺乏对企业背景和业务的理解，从而缺乏解决企业管理中实际问题的能力。实施人员本身的素质与实际所需求的能力差异是导致 ERP 项目屡遭败绩的主要原因。对人的质量进行管理是质量保障系统的首要环节和出发点。其次，应对操作员进行计算机基础知识和 ERP 系统操作方面的培训。总而言之，质量教育是质量保障系统的一项重要内容。

3. 项目后期维护的质量控制

项目后期维护，是指在项目实施完成以后，再对项目整个实施过程进行回顾、分析和评判，考察项目实施结果，分析项目实施的得与失。ERP 系统是对企业物流、资金流、信息流进行一体化管理的软件系统，其核心管理思想就是实现对供应链（Supply Chain）的管理。软件的应用将跨越多个部门，甚至多个企业。为了达到预期设定的应用目标，实现集成化应用，在系统运行起来后应建立企业决策完善的数据体系和信息共享机制。应分析整个系统实施工作和计划目标的吻合程度，分析系统的实施效果，分析系统还存在哪些需要改进和提高的地方，总结出一套适合本企业的大型管理系统的实施方法。

第三节　ERP 系统实施的运行管理与关键成功因素

ERP 的实施需要付出艰苦的努力，但在运行过程中，仍然需要持续的维护和经常的信息反馈。ERP 的运行和管理要达到以下两个目标：首先要保持已有的水平不降低，进而争取越来越好。企业在 ERP 系统运行过程中应注意以下几个方面的问题。

一、ERP 系统实施的运行管理

（一）清醒的认识

清醒意味着不能骄傲，不能盲目乐观。ERP 是一个应用工具，稍有松懈，应用水平就会降低；要把 ERP 用得越来越好，人是最关键的因素。

（二）有效的组织

ERP 的实施任务完成以后，不要解散 ERP 项目实施小组，虽然他们的工作方式与 ERP 实施过程中将有所不同，但他们的作用却是同样重要的。ERP 的项目实施小组应有如下变化：①不再有专职的工作人员，因此小组规模可以小些；②ERP 已成为一个正在运行的系统，而不再是一个在建项目，因此应将项目小组更名为"ERP 运行管理小组"或者其他类似名称；③小组会议由每周一次改为每月一次，每年更换组长 1~2 次；④组长在小组成员中产生，市场部门经理、生产部门经理、财会部门经理、工程技术部门经理和采购部门经理都可以成为组长，这样做可以增强 ERP 运行管理小组成员的集体感，同时强调 ERP 的整体运行情况。

（三）建立 ERP 运行管理制度

ERP 系统上线后，如何保证其最大限度地发挥作用，制度化是很重要的一点。只有建立合理的系统运行管理制度，才能保证 ERP 系统的稳定运行，达到预期效果。

要制定系统运行管理制度，首先应该了解其内容。企业信息化系统的运行管理工作主要包括日常运行管理、运行情况记录，以及对系统运行情况进行检查与评价三方面内容。

日常运行管理工作十分繁重，一般包括数据的收集、例行的信息处理及服务工作、计算机本身的运行与维护、系统的安全管理等四项任务。这四项任务必须通过制定严格的规范来执行。另外，常常会有一些临时性的信息服务要求会向信息系统提出，这些信息服务不在系统的日常工作范围之内但却可能很重要，因此通过制定具有弹性的规范来满足这种要求也不可或缺。

运行情况的记录对系统管理、评价是十分重要和宝贵的资料，企业相关的主管人员应该从系统运行的一开始就注意积累系统运行情况的详细材料。需要收集和积累的资料包括以下方面：有关工作数量的信息，如开机时间、报表数量、系统中积累的数据量等；有关工作效率的信息；系统所提供的信息服务的质量；系统的维护修改情况、故障情况等。

对系统运行情况的检查与评价能为系统的改进、扩展及后续开发提供依据。这项工作应该在"一把手"的直接领导下，由系统分析员或专门的审计人员会同各类开发人员和业务部门经理共同参与，定期进行。需要强调的是，信息化系统的管理不仅是对计算机硬件进行管理，更重要的是对人员、数据及软件的管理。

在结合企业实际和对 ERP 运行管理内容有深刻认识的基础之上，应该制定相关制度。

首先是信息中心管理制度的建立。对于实施 ERP 的企业来说，或者有专门的机房作为"神经中枢"来运行信息系统，或者有专门的办公室（比如中小企业）来运行这些系统。对于这样的"重地"，应该有严格的管理制度。这种制度一般包括：出入人员及出入时间的规定，出入人员对系统操作行为的规定，计算机硬件设施的管理措施，安全措施等。

其次是对企业人员管理的制度。系统的运行是长期的，要使每一位操作计算机的人养成遵守管理制度的习惯，其工作职责应该以条款的形式写下来。其中，对员工进行考核和检查是很有必要的，这样才能给员工一定压力，保证其完成工作任务。

另外，系统中的数据管理也是极其重要的，应该有相应的规章制度。对于企业来说，某些数据可能意味着重大商机，对这类数据应该规定查看权限和操作权限，以防止企业因此受损。数据管理还包括数据备份，这是保证系统安全的一个重要措施，能够保证在系统发生故障后能恢复到最近的状态。数据备份也应该写入管理制度，如多久备份一次等。

最后，就是对信息系统运行的档案管理，主要包括系统开发阶段的可行性分析报告、系统说明书、系统设计说明书、程序清单、测试报告、用户手册、操作说明、评价报告、运行日记、维护日志等。这些文档的管理同样很重要，因为这些文档保证了系统的可追溯性。相关档案的借阅也必须建立严格的管理制度和必要的控制手段。

（四）认真的检测

检测 ERP 的效果需要用到运营和财务两方面的指标。运营指标又可以分为明细指标和综合指标两个方面。运营明细指标用来不断地检查 ERP 的运行情况，可以起到早期报警的作用。当某些运行开始出错，它就会给出提示，从而帮助企业不断地改进系统的性能。下面列出的指标可为企业提供一个建立、健全指标体系的基础。

对于销售与运作规划编制，关键指标包括销售与预测之比、实际生产与计划之比、实际库存或未完成订单与计划之比。这些指标一般都是月指标，它们构成销售与运作规划编制的基础。

对于主生产计划，包括以下关键指标：①准时交货情况，对 A 级用户来说这些指标应接近百分之百才算正常；②主生产计划的完成情况应达到 95%；③在紧急情况下主生产计划的变化量应该非常小；④当重排主生产计划时，提前的订货量和推迟的订货量应接近相等；⑤对面向库存生产的企业，应考察产品的库存周转率，一般情况下库存周转率每月统计一次，其他指标每周统计一次。

对于物料需求计划，应做如下检查：①是否缺货，对制造项目和采购项目都要检查；②库存周转率，对于制造项目和采购项目同样都要检查；③异常信息量，这是指每周由 ERP 产生的行为建议的数量，对于传统的制造商（如加工和装配）而言异常率应该在 10% 以下，对于流程式和重复式生产的企业，由于对每项物料有多道处理工序，所以异常率可能会高一些；④订单下达的延误情况，延误是指当订单下达时距离需求日期的天数已不足计划提前期的情况，预期的目标是这类订单不应超过所下达订单总数的 5%；⑤当重排生产订单时，提前订货量和推迟订货量应接近相等，当重排采购订单时也有同样的要求。一般情况下，库存周转率每月统计一次，其他指标每周统计一次，由计划员和采购员负责。

对于能力需求计划，要追踪误期工作量。目标是不超过半周的计划工作量，按周统计。

对于车间作业管理，有如下一些重要指标：①按订单需求日期准时完成车间订单，应达到 95%；②按下道工序的需求日期考察车间订单，一个好的检测方法是对每个工作中心记录早到/晚到的作业数和早离开/晚离开的作业数并进行对比，从而使工长不会因晚到的作业而受到处罚；有些企业进一步扩展为对每个工作中心分别记录到达和离开的总的迟滞时间，而不仅仅记录作业数，这就有助于明确造成迟滞的责任，因为有些工长虽然他们的作业完成得晚一些，但可能已经弥补了一些迟滞的时间；③完成计划的能力，在一定时间内将实际产出的标准工时与计划产出的标准工时作比较，目标是保持误差在 ±5% 之间。以上指标的统计频率为每周一次，由工长负责。应当强调，这些仅仅是和 ERP 相关的指标，不能代替效率、生产率和其他一些指标。

关于采购，应当就所采购的物料来度量缺货量和库存周转率，从中考核供应商、采购员和采购计划员的工作。这里同样不应忽略其他重要指标，如质量、价格等。

此外，建议每周给出关于库存记录、物料清单和工艺路线等方面数据准确性的报告，目标都应接近 100%。

除了运营指标的检测之外，ERP 运行管理小组每年还应至少一次就财务方面的运行情况对 ERP 进行检测，把检测的结果和成本论证中预计的效益进行比较。

（五）继续教育和培训

ERP 的继续教育是一个伴随企业经营的长过程，应当紧密地和企业的运行机制相结合，应当对企业中的每个岗位建立最基本的 ERP 教育标准。这些基本标准可能会要求一些新员工到企业外部参加培训。但是，ERP 的继续教育大部分可以通过企业内部的学习班来完成，学习班应当由运行管理人员或者其他关键人员来主持。为了使 ERP 的继续教育纳入企业的经营机制，最好由企业的人事部门来做这项工作。高层管理人员的变更后，新的高层领导比其他任何人都更需要接受 ERP 教育，这是绝对必要的。

继续教育是必需的，有如下几个原因：①有新员工加入企业，还有些现有员工在企业里更换了工作岗位进而承担了新职责。对这些新任职者来说，如果教育不及时会产生很多麻烦。②经营条件变更，任何一个企业经营环境可能会随时发生变化，如发展了新的生产线，进入了新的市场，变革了生产工艺，执行了新的政府法规，增加了新的子公司，市场状况由卖方市场转变为买方市场等等。③使用 ERP 意味着运用成套工具来经营企业。ERP 的各种工具不易变化，但是经营环境却在变化，可能和几年前 ERP 投入使用时有很大变化，这就要定期维护这些工具，以适应新的环境和目标。

（六）做好软件维护工作

已经成功地实施了 ERP 的企业，应当做好由自己来维护 ERP 软件的准备。不要认为软件供应商能够永远提供对软件的维护。几年之后，他们可能已经转产，甚至可能会倒闭。ERP 软件是一套对于企业运营极为重要的工具，对于这样重要的资源主要依靠外部能力来维护显然不是明智之举。

总之，企业不应该停留在已有的水平上，也不应该满足于已取得的成绩，而应当去追求进一步提高生产率的工具、更好的竞争策略、更好的工作方式和环境。ERP 所带来的经济效益，可以为这些进一步的计划提供资金。

二、ERP 项目实施关键成功因素分析

成功实施一个企业级的管理信息系统工程，需要注重的环节和把握的方面很多，但核心是要把握影响项目实施的关键成功因素。所谓关键成功因素，是指实现目标必须进行的事项

或活动，它们贯穿于ERP项目实施的各个阶段，直接影响着ERP项目实施的效果。关键成功因素是ERP实施过程中必须着重关注和应对的各个方面的总结，是企业领导管理和控制ERP系统实施的基础，为企业成功实施ERP项目提供了明确的努力方向。ERP项目实施成功的关键因素主要有以下几个方面：

（一）高层领导的参与和全面支持

高层领导是企业战略的制定者，他们的参与和全面支持是ERP项目成功的根本保证。企业的ERP实施在很大程度上是自上而下的，也就是说，首先要从高层领导做起，要求他们对企业的ERP项目有正确和清楚的认识，然后发挥他们的领导魅力和魄力，积极参与和支持ERP建设，从而带动全员，保证项目的顺利进行。

有些企业的高层领导认为，企业的ERP建设是一种纯粹的技术行为，于是把权、责全部交给企业的信息主管（CIO）。这样做是错误的。这是因为，企业的ERP建设，虽然离不开计算机和通信技术，但它绝不是纯粹的技术行为，它涉及人、财、物、管理方式的变革，涉及人们行为方式的改变，涉及业务流程优化（甚至重组），还涉及组织机构及人事岗位的变动，甚至涉及权力的重新分配等。所有这些，如果没有高层领导行政力量的号召和推动，仅靠企业的CIO来推动是绝对不可能的。

ERP实施是一个复杂的过程，在该过程中需要解决和协调许多问题，所以必须成立一个由企业高层领导挂帅、专职项目负责人参与的ERP项目领导小组，对项目计划进行监督和支持。通过对实施项目小组的执行情况进行定期审查，及时解决各种问题，协调各种矛盾，从而确保ERP项目的顺利进行。

（二）贯穿始终的教育培训

教育培训是企业ERP项目成功的"润滑剂"。企业进行ERP建设，是对企业传统管理方式的一种变革。要想获得管理上的提升，必须对企业原有的管理思想和方法进行改革。但是，因为种种因素，人们往往很难欣然接受变革。如果企业在开展ERP项目时，没有正确的预期和足够的准备，就会在变革过程中遇到种种阻力和障碍，延误项目进展，甚至导致ERP实施的失败。针对这样的情况，教育培训是最有效的手段。

教育培训不仅能够增加从企业领导到一线员工的ERP知识，而且能够改变人们的传统思维方式和行为方式。当人们经过教育和培训学习，了解了什么是ERP、ERP将给企业带来哪些好处后，就会逐渐接受ERP的新的、科学的管理思想和方法，自觉自愿地深化对ERP的认识，使ERP实施顺利进行。

在实际中，一些企业往往把焦点集中在软硬件的功能上，对软硬件的投资毫不吝啬，教育培训却预算不足，其结果是在实施ERP建设的过程中引发许多问题，有的甚至致使ERP夭折。为此，高层领导一定要重视并且积极号召和支持教育培训工作，并且要指定专门的负责人员，有计划地、始终如一地组织和安排好企业全员的教育和培训工作。尤其是对信息系统的最终用户，更应该如此。

教育培训工作可以按员工在企业中的职位，分成三个不同层次，即战略层——高级管理人员，管理层——中层管理人员，操作层——广大员工。对于战略层和管理层的人员，可以首先让他们走出企业，到外部接受相关的教育培训，也可以充分利用咨询公司等外部资源，将咨询公司请进来，进行教育和培训。通过外部、内部多种形式的教育和培训，一方面可以造就企业的ERP专家队伍，强化他们对ERP的认识和理解；另一方面可以通过本企业的专家，针对企业要实施的 ERP 目标，对全体员工进行定向培训。特别要强调的是，不论是企业的外部教育还是内部教育，企业的高层领导都必须以身作则。有些企业领导在接受了外部培训后，认为企业内部的教育培训与己无关，这种认识是错误的。企业高层领导只有通过参加企业内部的教育和培训，才能真正了解本企业在实施 ERP 建设中存在哪些问题，有针对性地解决它，也才能成功地运用企业的 ERP 系统。

（三）制定科学的系统规划

系统规划本应该是 ERP 建设过程中的关键环节，但经常被忽视。一些企业往往是在日常管理中对很多问题感到力不从心，于是在懵懵懂懂中觉得要上计算机项目加以解决，然后在未经科学规划和认真进行需求分析的情况下仓促上马，结果事与愿违，最后不了了之。

"做正确的事比正确地做事要重要得多"。明确企业建设 ERP 系统的目标和建设范围，是确保 ERP 系统成功的关键第一步。因为 ERP 项目涉及的范围较广，管理的优化和改进又是无止境的，所以必须设立明确的目标，即在多长的周期内、以多大的投入、在哪些业务或管理内容上达到什么样的标准。这样才能使项目在总体规划的指导下，阶段性地建设和总结，持续性地改进和投入。目标和范围界定不好，容易使项目实施走一步看一步，陷入技术和管理细节而忽略整体效果。长时间缺乏阶段成果的确认，会使双方人员身心疲惫，热情降低，最后使整个项目功亏一篑。

ERP 实施是一个复杂的系统工程，项目启动前的统一规划是进入实施阶段后指导阶段目标实现和计划实施的纲领性文件，只有目标计划和阶段计划二者紧密结合，才能真正实现企业的信息化目标。

（四）正确选择软件和实施顾问

正确选择软件和实施合作伙伴是 ERP 成功的基础。有关软件选型的内容及原则，请参见本章前面的有关内容。在软件选型之后，企业也应充分重视实施顾问的选择。有经验的实施顾问会给我们带来其他企业实施 ERP 项目的经验和教训。在业务流程重组中，他们会给企业的领导提供多种业务流程重组的方案，同时可以详细地阐述各种流程的利弊，优化企业的管理；在实施过程中，能把更多的知识和经验传授给企业自己的实施人员，不断提高实施人员的技能，为将来的优化和完善打下扎实的基础。

（五）做好基础数据准备工作

实现知识化管理的前提是必须先打好信息化管理基础，而信息的流动来源于数据的集中和统一管理。没有准确的数据，就得不到有价值的信息，因此在 ERP 实施过程中，前期的基础数据准备是保证系统正确运行的关键。企业中的各类数据可以概括地分为相对静态数据和动态数据，对于要录入计算机进行管理的每个数据都要进行分类和编码。编码是否合理很重要。有不少用户因为对编码的意义不明确而导致实施后期的返工，事倍功半。编码体系要结合企业的行业特点和实际并且考虑到今后的发展来编制。例如，机械制造行业的企业可以参考国家 CIMS 分类编码标准体系有选择地对信息加以分类编码，以便今后与 CAD、PDM 等系统相集成。对于企业规模较小的用户，有些信息本身并不复杂，因此建议这类信息不必进行编码，而以其自然形式表示；而有些信息相对比较复杂，共享的频率高，如不进行编码，会导致信息不一致，出现差错。在编码时，应尽量以国家标准和行业标准为基准。在没有相应标准可参照的情况下，应按照企业标准及约定进行分类编码，在编码的同时兼顾与相关标准的兼容。

基础数据的整理和录入应首先考虑物料档案主数据、库存基础数据、财务基础数据、采购业务基础数据、固定资产档案、销售业务基础数据、生产管理数据、工艺路线及设备数据、供应商和客户档案、产品价格和采购报价、机构与人力资源、系统维护及其他相关基础数据等。

(六) 在良好的管理基础上实现企业业务流程重组

企业的产权制度、法人治理结构、激励约束机制等基本制度是企业建立和使用信息系统的动力源泉，也是突破实施障碍的关键。虽然 ERP 能以最快的速度提供产品、物资或劳务，满足企业或顾客的需要，扮演"交易中枢"或是"信息骨干"的重大角色，以致各类企业纷纷效仿、引进，但并非 ERP 在每一个企业中的实施都"样样红"。ERP 软件的业务流程是根据物流、资金流、信息流等流程来设计的，它取代了旧的信息采集、汇总、统计与传递等工作。旧的业务流程是按部门分工（职能）来设计的，且长期以来已习惯于按专业职能处理信息。因此，这两者之间出现了一道鸿沟。比如 ERP 系统中的"订单完工汇报"功能，该功能可以一次性同时采集生产完成信息、质量信息、设备信息，但在实际应用中通常是按专业部门分别采集信息或设计业务流程的，又由于在信息采集、信息共享方面没有建立整体的管理规则，因此在需要进行整体决策时又需重新整理、加工、制表，再进行人工传递，以致 ERP 并没有起到对过程及时控制的作用。这造成了信息传递的速度并未提高，反而降低。只有把良好的制度固化下来，才能实现企业的业务流程的相对固定，不然将会导致企业的系统不断更改。

(七) 注重实施过程中的项目监控

ERP 实施是一项风险很高的工程，需要进行认真的项目监控。具体包括以下措施：定期召开由 ERP 项目领导、各业务部门的领导及实施咨询人员参加的项目实施例会，协调解决实施过程中出现的部门协调、人员沟通、技术支持、时间和成本控制等问题。分阶段对项目实施进行评估，如果出现偏差，研究是否需要更新计划及资源，同时落实所需的更新措施；如果达到要求，就部署下一阶段的工作。同时，规范项目实施过程中的文档管理也是一项关键工作。详尽而规范地实施文档记录不但有利于企业、ERP 软件厂商、管理咨询公司之间的交流，而且对于 ERP 项目的后期维护和持续改进都十分重要。

(八) 对 ERP 的实施和应用有持久性的认识和准备

时代在飞速发展，企业也在迅速成长和扩大，对管理的要求也在不断升级。ERP 系统的实施应用必然是要伴随企业共同成长的永久性项目，企业除了在网络维护方面拥有自己的技术人才外，还应该重视培养自己的 ERP 专家。特别对于一些规模较大的集团企业，可以通过局部的实施应用培养出自己的实施顾问，对今后以点带面的推广可以起到事半功倍的效果，大大减少实施费用、缩短实施周期。

随着 ERP 应用的不断深入、ERP 系统功能的不断挖掘，灵活应用 ERP 系统功能以满足企业不断挖掘潜在效益的需要是项目小组的一项重要工作。ERP 系统深化应用和升级改进过程是不断体现 ERP 应用效果的过程。在这个环节主要应注意进一步完善制度管理，按制度执行，并确定考核指标，将责任与个人利益挂钩，做到奖罚分明。最终目的是使全体员工树立长期意识，主动将本职工作与 ERP 应用相结合，提高整个团队的素质，增强整体竞争能力。

第四节 ERP 系统实施评估

如何来评价 ERP 系统产生的效果，是实施 ERP 企业普遍关心的问题。评价的价值在于校正、改善和提升 ERP 效果。测评是企业行为，不是政府和行业规定，是企业自我测评。测评包括 ERP 实施过程中的测评和实施后的测评。

一、ERP 实施过程中的测评

企业实施 ERP 都要制订全面实施计划，分阶段与步骤实现。为达到最终实施效果，可在每个阶段制定一个检测表，进行评估。下面给出的检测表 6-1 至表 6-7，将 ERP 实施过程分为七个阶段——成本论证和正式立项、项目组织与责任、教育和培训、数据和策略、软件系统、实现基本 ERP、实现闭环和财务管理功能，详细列举了在每个阶段上必须完成的主要任务，每项任务作为一个问题以"是"或"否"回答。只有对每份检测表中的每个问题都能给出肯定的回答时，才能确保 ERP 的实施沿着可靠的路线进行，直至获得成功。

表 6-1 检测表 1——成本论证和正式立项

序号	检查项目	检查结论
1	总经理和关键人员参加了先行教育	是/否
2	所有部门的领导参加了先行教育	是/否
3	成本论证由高层管理人员和所涉及的全部操作级管理人员联合进行	是/否
4	成本论证得到了总经理和所有必要人员的批准	是/否
5	确定 ERP 的实施作为企业最重要的工作	是/否
6	取得了共识，形成了 ERP 实施的书面文件，并由参加论证的所有高层领导人员正式签字确认	是/否

表 6-2 检测表 2——项目组织与责任

序号	检查项目	检查结论
1	从企业业务部门领导人中选择了一位关键人员作为项目专职负责人	是/否
2	成立了主要由所有有关部门操作级管理人员组成的项目小组	是/否
3	成立了由总经理、副总经理和项目负责人组成的指导委员会	是/否
4	正式指定了指导委员会的主持人	是/否
5	项目小组至少每周召开一次会议	是/否
6	指导委员会至少每月召开一次会议	是/否
7	聘请了具有实施 ERP 经验的顾问，每月到现场进行一至两天的指导	是/否
8	项目小组制订了在认可的时间框架内实现 ERP 的详细计划，按天或周表示，明确任务职责并指明承担人	是/否
9	项目小组要在周例会上根据指导委员会的意见修订项目实施详细计划	是/否

第六章　企业资源计划的实施管理

表 6-3　检测表 3——教育和培训

序号	检查项目	检查结论
1	指导委员会所有成员，包括总经理，都参加了 ERP 的外部课程学习	是/否
2	项目小组全体成员都参加了 ERP 的外部课程学习	是/否
3	有一系列的内部教育，面向操作管理人员，从而造就企业内的"专家队伍"	是/否
4	有一系列的内部教育，由"专家队伍"主持，面向企业广大员工，其中包括总经理及其副手	是/否

表 6-4　检测表 4——数据和策略

序号	检查项目	检查结论
1	库存记录准确度在 95% 以上	是/否
2	物料清单准确度在 98% 以上	是/否
3	企业所用的物料清单格式统一，结构良好，完全满足 ERP 的要求	是/否
4	工艺路线（工序和工作中心）的准确度在 98% 以上	是/否
5	物料项目数据完整、合理	是/否
6	工作中心数据完整、合理	是/否
7	有阐述销售与运作规划策略的书面文件，已经得到批准并且已经用于运行企业的业务	是/否
8	有阐述主生产计划策略的书面文件，已经得到批准并且已经用于运行企业的业务	是/否
9	有阐述物料需求计划策略的书面文件，已经得到批准并且已经用于运行企业的业务	是/否
10	有阐述工程改变策略的书面文件，已经得到批准并且已经用于运行企业的业务	是/否

表 6-5　检测表 5——软件系统

序号	检查项目	检查结论
1	已经做出购买 ERP 软件的决定	是/否
2	所选软件产品已有 A 级用户或比较好的 B 级用户，而且正在使用着	是/否
3	软件系统费用的估算与成本论证相符	是/否
4	已建立管理软件改变要求的规程	是/否

表 6-6　检测表 6——实现基本 ERP

序号	检查项目	检查结论
1	销售与运作规划的编制已经完成	是/否
2	MPS/ERP 试点已经选定	是/否
3	计算机试点已经完成	是/否
4	模拟试点已经完成	是/否
5	库存记录准确度达到 95% 以上，物料清单的准确度达到 98% 以上	是/否
6	在整个企业范围内，80% 以上的员工接受了初始教育和培训	是/否
7	指导委员会批准进行现场试点	是/否
8	现场试点获得成功，用户签字确认	是/否
9	关于生产和采购的反馈联系（拖期预报）已经建立	是/否
10	临时的车间作业管理系统已准备就绪	是/否
11	所有供应商均转换到采购计划法	是/否
12	财务计划接口完备且已实现	是/否
13	模拟功能已经实现	是/否

表 6-7 检测表 7——实现闭环和财务管理功能

序号	检查项目	检查结论
1	所有工艺路线的准确度均达到了 98% 以上	是/否
2	车间作业管理的试点已经完成	是/否
3	车间作业管理全面完成	是/否
4	派工单可以产生正确有效的优先级	是/否
5	能力需求计划已经实现	是/否
6	投入/产出控制已经实现	是/否
7	供应商教育程序已经完成	是/否
8	采购计划法试点已经完成	是/否
9	对主要供应商已实行采购计划法	是/否
10	执行情况考核系统已经实现	是/否
11	所有供应商均转换到采购计划法	是/否
12	财务计划接口完备且已实现	是/否

二、ERP 实施后的评价

对于 ERP 实施后的评价，国内外已经有了一些参考标准，如 Oliver. Wight 公司推出的 ABCD 检测表、美国标准化研究机构 Benchmarking Partners 的 ERP 项目评价体系，以及上海市生产与库存管理研究会制定的现代工业生产管理评价规范等。另外，部分 ERP 软件中含有实施的评价模块，也可以在实施后加以采用。下面重点介绍 Oliver. Wight 公司推出的 ABCD 检测表。

ABCD 检测表按基本的企业功能划分成五章内容：战略规划、人的因素和协作精神、全面质量管理和持续不断的改进、新产品开发、计划和控制过程。每一章均以简明的定性描述开始，说明对于该章所考虑的问题，ABCD 四个等级不同的定性特征。然后列出一些综合问题，每个综合问题又被分解成若干明细问题。其中，第五章是关于 MRP Ⅱ/ERP 实施和应用的，表 6-8 仅介绍第五章——计划与控制过程的定性特征描述及综合问题，其中"﹡"标记是说同样的问题出现在其他章节中也受到关注。

使用这份检测表的最好的方法是把它作为企业追求的目标，并且积极地、系统地、毫不松懈地去实现它，从而构成企业业绩不断改善的过程。具体可以采取以下步骤：

（1）现状评估。使用 ABCD 检测表改善企业业绩的过程从评估企业现状开始，许多企业选择他们最关心的问题来开始这个评估过程。

可以把参加评估的人分成 5～10 人的小组来讨论检测表中的问题，通过讨论、争论和分析，对所关注的问题取得一致的意见。参加评估的人，应当具有丰富的知识，了解检测表中所涉及的术语和技术，要充分理解企业为什么应当按高标准来运行。对综合问题和明细问题的回答是从 4～0 分按五个等级计分。其含义为：①优秀（4 分），完成该项活动得到了所期望的最好结果；②良好（3 分），完成该项活动并达到了预期目标；③一般（2 分），大部分的过程和工具已经准备就绪，但尚未得到充分的利用，或者尚未得到所期望的结果；④差

(1分)，人员、过程、数据和系统尚未达到规定的最低水平，如果有效益，也是极低的；⑤没有（0分），该项活动是必须做的，但目前没有做。

每一章的评估，首先应从回答明细问题开始，然后，根据明细问题的答案来回答综合问题。一旦完成了综合问题的计分，则可根据所有综合问题的平均分值来确定该章所讨论的问题的ABCD等级。标准如下：平均值大于3.5分为A级，2.5~3.49分为B级，1.5~2.49分为C级，低于1.5分为D级。

（2）确立目标。这个步骤是根据评估的结果建立企业的目标，确定企业要在哪些领域得到改善，应当达到什么样的标准，要完成哪些任务，谁来负责，以及计划何时完成等。

（3）根据公司最紧迫的需要剪裁检测表。通常的做法是从某一项最紧要的功能开始，如提高质量，当在这方面取得显著成绩后，再开始另一项企业功能的改进。

（4）制订行动计划。在建立了目标、确定了要完成的工作和有关人员的职责后，应制订实施计划，指明如何达到目标、如何改善能力、完成任务或实现改善的日期等。

（5）评估所取得的成绩。根据所制订的实施计划记录所取得的成绩。某些问题可以进行定量的描述，有些问题的回答可能会有更多的主观因素，但仍然可以度量。

（6）高层领导每月进行检查。企业高层领导每月应进行一次检查，检查时通常考虑以下问题：①是否已达到了预定的目标？②如果尚未达到预定目标，原因是什么？③应当做哪些工作才能回到计划的轨道上？④必须排除哪些障碍或解决哪些问题才能继续取得进步？

ABCD检测表是一个很好的工具，它可帮助企业明了自己当前情况，确定未来改善目标。应强调的是，即使A级企业也有可继续改进之处，正确使用ABCD检测表是不断改善的过程。

表6-8　ABCD检测表第五章：计划与控制过程的定性特征描述及综合问题（节选）

定性特征描述	A级：在整个企业范围内，自顶向下、有效地应用着计划和控制系统，在客户服务、生产率、库存及成本方面取得重大的改善	
	B级：计划和控制过程在高层领导的支持下由中层管理人员使用，在企业内取得了显著的改善	
	C级：计划和控制系统主要作为一种更好的订货方法来使用，对于库存管理产生了比较好的效果	
	D级：计划和控制系统所提供的信息不准确，用户也不理解，对于企业的运营几乎没有帮助	
综合问题	5-1　力争达到优秀	在整个企业组织中，从高层领导到一般员工，对于使用有效的计划和控制技术达成了共识并付诸实践。这些有效的计划和控制技术提供一组统一的数据供企业组织的所有成员使用。这些数据代表了有效的计划和日程，人们相信它们，而且用来运行自己的企业
	5-2　销售和运作规划	有一个制订销售和运作规划的过程，用来维护有效的和当前的生产规划，以便支持客户需求和经营规划。这个过程包括每月由总经理主持召开的正式会议，并覆盖足够长的计划展望期，以便有效地做出资源计划
	5-3　财务计划、报告和度量检查	企业的所有职能部门可以使用统一的数据作为财务计划、报告和度量检查的依据
	5-4　"如果……将会……"模拟	"如果……将会……"模拟用来评价运营计划的备选方案，并可用来建立例外情况下的应急方案

(续)

	5-5 负责的预测过程	有一个关于预期需求的预测过程,以足够长的展望期提供足够详细的信息,用来支持经营规划、销售和运作规划以及主生产计划。对于预测的准确性要进行度量,以便使预测的过程得到不断改进
	5-6 销售规划	销售部门负责制订、维护和执行销售规划,并协调销售规划和预测的不一致
	5-7 客户订单录入和承诺的集成	把客户订单录入和承诺过程与主生产计划及库存数据集成起来。有一种将所收到的客户订单与预测相匹配并处理非正常需求的方法
	5-8 主生产计划	主生产计划的制订和维护是一个不间断的过程,通过这个过程确保在生产稳定性和及时响应客户需求之间取得平衡。主生产计划要与从销售和运作规划导出的生产规划保持一致
	5-9 物料计划和控制	有一个物料计划过程和一个物料控制过程,前者维护有效的计划日程,后者通过生产计划、派工单、供应商计划和/或"看板"方法传递优先级信息
	5-10 供应商计划和控制	供应商计划和调度过程对于关键的物料在足够长的计划展望期内提供明确的信息
	5-11 能力计划和控制	有一个能力计划过程,该过程使用粗能力需求计划,在适当的生产环境中也使用能力需求计划,根据实际的产出,使得计划能力与需求的能力相平衡。通过能力控制过程度量和管理工厂中的生产量和加工队列
	5-12 客户服务	建立了按时交货的目标,取得了客户的同意,并按照所建立的目标度量交货业绩
综合问题	5-13 销售规划绩效	明确了关于销售规划绩效的责任,确定了度量方法和目标
	5-14 生产规划绩效	明确了关于生产规划绩效的责任,确定了度量方法和目标。除了经高层领导批准的情况之外,生产规划与每月计划的差异不超过2%
	5-15 主生产计划绩效	明确了关于主生产计划绩效的责任,确定了度量方法和目标。主生产计划的实现率达到95%~100%
	5-16 生产计划绩效	明确了关于生产计划绩效的责任,确定了度量方法和目标。生产计划的实现率达到95%~100%
	5-17 供应商交货绩效	明确了关于供应商交货绩效的责任,确定了度量方法和目标。供应商交货计划的实现率达到95%~100%
	5-18 物料清单结构和准确性	有一组结构良好、数据准确和集成的物料清单(公式,配方)及相关数据,用来支持计划和控制过程。物料清单的准确度达到98%~100%
	5-19 库存记录准确性	有库存控制的过程,可以提供关于仓库、库房及在制品的准确的库存数据。在所有物料项目的库存记录中,至少有95%与实际盘点的结果在计数容限内相匹配
	5-20 工艺路线准确性	在工艺路线适用的生产环境中,有一个建立和维护工艺路线的过程,该过程提供准确的工艺路线信息。工艺路线的准确度达到95%~100%
	5-21 教育和培训*	经常和定期地面向全体员工进行教育和培训,这些教育和培训关注于企业和客户两方面的问题及其改善,其目标包括:持续不断的改进,提高员工的工作和决策水平,工作的灵活性,雇佣关系的稳定性,以及如何满足未来的需求
	5-22 分销资源计划(DRP)	在适用的运营环境中,分销资源计划用来管理分销活动的后勤事务。DRP信息用于销售和运作规划、主生产计划、供应商计划、运输计划以及发货计划

思 考 题

1. ERP 系统的实施规划主要包括哪些方面？
2. 描述 ERP 系统实施的步骤。
3. 调查 ERP 项目实施成功的关键因素，分析哪些因素具有可重复性。
4. 风险控制需要注意哪些方面？
5. 国内实施 ERP 的企业，大多数都超预算，试分析其可能的原因。
6. 分析选型过程的控制要点。

参 考 文 献

[1] 蔡颖,唐春明.精益实践与信息化:基于 ERP 的精益制造体系的设计 [M].北京:电子工业出版社,2009.
[2] 高德拉特,斯拉根海默,柏德克.仍然不足够 [M].罗嘉颖,译.北京:电子工业出版社,2006.
[3] 程控,革扬.MRPⅡ/ERP 原理与应用 [M].3 版.北京:清华大学出版社,2012.
[4] 陈启申.ERP——从内部集成起步 [M].3 版.北京:电子工业出版社,2012.
[5] 李健,王颖纯,董锴.企业资源计划(ERP)及其应用 [M].4 版.北京:电子工业出版社,2013.
[6] 刘翔,施文.ERP 原理与应用 [M].北京:清华大学出版社,2011.
[7] 刘正刚.对 ERP 核心——MRP 逻辑模型的研究 [J].计算机工程与应用,2005(35):221-225.
[8] 刘正刚,田军.ERP 制造系统原理 [M].北京:机械工业出版社,2013.
[9] 罗鸿.ERP 原理·设计·实施 [M].3 版.北京:电子工业出版社,2006.
[10] 任振清.SAP ERP 应用案例详解 [M].北京:清华大学出版社,2013.
[11] 沃尔曼,贝里,怀巴克,等.制造计划与控制:基于供应链环境 [M].韩玉启,等译.北京:中国人民大学出版社,2008.
[12] 汪定伟.敏捷制造的 ERP 及其决策优化 [M].北京:机械工业出版社,2003.
[13] 杨建华.企业资源计划:ERP 原理、应用与案例 [M].2 版.北京:电子工业出版社,2015.
[14] 叶宏谟.企业资源规划:制造业管理篇 [M].北京:电子工业出版社,2001.
[15] 叶宏谟.企业资源规划 ERP:整合资源管理篇 [M].北京:电子工业出版社,2002.
[16] 张真继,邵丽萍.企业资源计划 [M].北京:电子工业出版社,2009.
[17] 郑称德,陈曦.企业资源计划(ERP)[M].北京:清华大学出版社,北京交通大学出版社,2010.
[18] 周玉清,刘伯莹,周强.ERP 原理与应用教程 [M].3 版.北京:清华大学出版社,2019.
[19] ERP 应用教程编委会.ERP 生产制造管理应用教程 [M].上海:立信会计出版社,2011.
[20] 蔡斯.制造与运营管理:制造与服务 [M].任建标,译.北京:机械工业出版社,2003.
[21] 高德拉特.绝不是靠运气 [M].周怜利,译.北京:电子工业出版社,2006.
[22] 高德拉特,科克斯.目标 [M].齐若兰,译.3 版.北京:电子工业出版社,2006.
[23] 河田信.丰田管理方式:会计逻辑和生产逻辑相整合的管理方式 [M].牛占文,等译.北京:中国铁道出版社,2008.
[24] 兰伯特.供应链管理:流程、伙伴、业绩 [M].王平,译.北京:北京大学出版社,2007.
[25] 桑福德,泰勒.开放性成长——商业大趋势:从价值链到价值网络 [M].刘曦,译.北京:东方出版社,2008.
[26] 李晓,刘正刚.面向可持续发展的企业产品服务系统价值流管理 [M].北京:中国社会科学出版社,2013.
[27] 马士华,林勇.供应链管理 [M].2 版.北京:高等教育出版社,2006.
[28] 波特.竞争优势 [M].陈小悦,译.北京:华夏出版社,1997.
[29] 乔治,威尔逊.突破增长极限:沃尔玛、丰田等顶级企业如何驾驭商业复杂性 [M].郑磊,等译.北京:当代中国出版社,2006.
[30] 沃麦克,琼斯.精益解决方案 [M].张文杰,等译.北京:机械工业出版社,2006.
[31] 沃麦克,琼斯.精益思想 [M].沈希瑾,等译.北京:机械工业出版社,2008.